"十三五"国家重点图书出版规划项目

国家出版基金项目
NATIONAL PUBLICATION FOUNDATION

《中国经济地理》丛书

孙久文　总主编

广东经济地理

覃成林　姜文仙　贾善铭　熊雪如　杨　霞◎著

GUANGDONG

经济管理出版社

ECONOMY & MANAGEMENT PUBLISHING HOUSE

图书在版编目（CIP）数据

广东经济地理/覃成林等著．—北京：经济管理出版社，2022.7
ISBN 978-7-5096-8590-7

Ⅰ.①广…　Ⅱ.①覃…　Ⅲ.①区域经济地理—广东　Ⅳ.①F129.965

中国版本图书馆 CIP 数据核字（2022）第 120217 号

组稿编辑：申桂萍
责任编辑：申桂萍　杜羽茜
责任印制：黄章平
责任校对：陈晓霞

出版发行：经济管理出版社
　　　　　（北京市海淀区北蜂窝 8 号中雅大厦 A 座 11 层　100038）
网　　址：www. E-mp. com. cn
电　　话：(010) 51915602
印　　刷：唐山昊达印刷有限公司
经　　销：新华书店
开　　本：720mm×1000mm/16
印　　张：26.25
字　　数：491 千字
版　　次：2022 年 9 月第 1 版　　2022 年 9 月第 1 次印刷
书　　号：ISBN 978-7-5096-8590-7
定　　价：128.00 元

《中国经济地理》丛书

总 序

今天，我们正处在一个继往开来的伟大时代。受现代科技飞速发展的影响，人们的时空观念已经发生了巨大的变化：从深邃的远古到缥缈的未来，从极地的冰寒到赤道的骄阳，从地心游记到外太空的探索，人类正疾步从必然王国向自由王国迈进。

世界在变，人类在变，但我们脚下的土地没有变，土地是留在心里不变的根。我们是这块土地的子孙，我们祖祖辈辈生活在这里。我们的国土有960万平方千米之大，有种类繁多的地貌类型，地上和地下蕴藏了丰富多样的自然资源，14亿中国人民有五千年延绵不绝的文明历史，经过近40年的改革开放，中国经济实现了腾飞，中国社会发展日新月异。

早在抗日战争时期，毛泽东主席就明确指出："中国革命斗争的胜利，要靠中国同志了解中国的国情。"又说："认清中国的国情，乃是认清一切革命问题的基本根据。"习近平总书记在给地理测绘队员的信中指出："测绘队员不畏困苦、不怕牺牲，用汗水乃至生命默默丈量着祖国的壮美山河，为祖国发展、人民幸福作出了突出贡献。"李克强总理更具体地提出："地理国情是重要的基本国情，要围绕服务国计民生，推出更好的地理信息产品和服务。"

我们认识中国基本国情，离不开认识中国的经济地理。中国经济地理的基本条件，为国家发展开辟了广阔的前景，是经济腾飞的本底要素。当前，中国经济地理大势的变化呈现出区别于以往的新特点。第一，中国东部地区面向太平洋和西部地区深入欧亚大陆内陆深处的陆海分布的自然地理空间格局，迎合东亚区域发展和国际产业大尺度空间转移的趋势，使我们面向沿海、融入国际的改革开放战略得以顺利实施。第二，我国各区域自然资源丰裕程度和区域经济发达程度的相向分布，使经济地理主要标识的区内同一性和区际差异性异常突出，为发挥区域优势、实施开发战略、促进协调发展奠定了客观基础。第三，以经济地理格局为依据调整生产力布局，以改革开放促进区域经济发展，以经济发达程度和市场发育程度为导向制定区域经济政策和区域规划，使区域经济发展战略上升为国家重大战略。

因此，中国经济地理在我国人民的生产和生活中具有坚实的存在感，日益发挥出重要的基石性作用。正因为这样，编撰一套真实反映当前中国经济地理现实情况的丛书，就比以往任何时候都更加迫切。

在西方，自从亚历山大·洪堡和李特尔之后，编撰经济地理书籍的努力就一直没有停止过。在中国，《淮南子》可能是最早的经济地理书籍。近代以来，西方思潮激荡下的地理学，成为中国人"睁开眼睛看世界"所看到的最初的东西。然而对中国经济地理的研究却鲜有鸿篇巨制。中华人民共和国成立特别是改革开放之后，中国经济地理的书籍进入大爆发时期，各种力作如雨后春笋。1982年，在中国现代经济地理学的奠基人孙敬之教授和著名区域经济学家刘再兴教授的带领和推动下，全国经济地理研究会启动编撰《中国经济地理》丛书。然而，人事有代谢，往来成古今。自两位教授谢世之后，编撰工作也就停了下来。

《中国经济地理》丛书再次启动编撰工作是在2013年。全国经济地理研究会经过常务理事会的讨论，决定成立《中国经济地理》丛书编委会，重新开始编撰新时期的《中国经济地理》丛书。在全体同人的努力和经济管理出版社的大力协助下，一套全新的《中国经济地理》丛书计划在2018年全部完成。

《中国经济地理》丛书是一套大型系列丛书。该丛书共计40册：概论1册，思想史1册，"四大板块"共4册，34个省区市及特别行政区共34册。我们编撰这套丛书的目的，是为读者全面呈现中国分省份的经济地理和产业布局的状况。当前，中国经济发展伴随着人口资源环境的一系列重大问题，复杂而严峻。资源开发问题、国土整治问题、城镇化问题、产业转移问题等，无一不是与中国经济地理密切相连的；京津冀协同发展、长江经济带战略和"一带一路"倡议，都是以中国经济地理为基础依据而展开的。我们相信，《中国经济地理》丛书可以为一般读者了解中国各地区的情况提供手札，为从事经济工作和规划工作的读者提供参考资料。

我们深感丛书的编撰困难巨大，任重道远。正如宋朝张载所言"为往圣继绝学，为万世开太平"，我想这代表了全体编撰者的心声。

我们组织编撰这套丛书，提出一句口号：让读者认识中国，了解中国，从中国经济地理开始。

让我们共同努力奋斗。

孙久文

全国经济地理研究会会长

中国人民大学教授

2016 年 12 月 1 日于北京

前　言

　　经济地理是人类经济活动与地理环境相互作用的结果，其实质是人类经济活动空间组织。从人类发展的历史看，人类经济活动空间组织是一个漫长而复杂的过程。一方面，人类从地理环境中获取自然资源和居住空间，并根据生活和生产的需要而在可及的地理空间里选择适宜的区位建立空间联系，形成相应的空间组织。另一方面，地理环境通过资源供给的既定性、差异性和有限性，以及生活和生产空间供给的既定性、差异性和有限性，对人类经济活动空间组织产生影响。人类经济活动与地理环境之间的这种相互作用持续地进行，从而在世界上形成了丰富多样的经济活动空间组织形式，塑造出世界、国家、区域、城镇、乡村、企业等不同层次的经济地理格局。

　　经济地理在人类经济发展历史中占据着重要的地位。首先，无论是人类的生产活动还是生活活动所需要的资源在空间上往往是分散的，同样，人类经济活动所涉及的市场、交易对象、合作对象等在空间上也往往是分离的。因此，人类不得不以其所在的区位为中心，采用一定的方式把所需要的各类资源以及市场等连接起来，这样才能够完成相应的生产活动和生活活动。于是，人类就必须要创造出相应的空间组织。否则，很多经济活动都难以进行或者根本无法开展。其次，人类经济活动具有追求节约成本、增大收益、提高效率的内在动力。事实早已证明，各类经济活动空间组织之间存在着成本、收益及效率等方面的差别，因此，人类必然对经济活动空间组织从成本、收益、效率等角度提出要求，对经济活动空间组织进行改进、摒弃、再造和创新。所以，对空间组织的构建和优化是人类提高经济活动效率的一种重要方式。最后，由于地理环境供给的资源、生产和生活空间都具有既定性、差异性和有限性，所以在各类经济活动空间组织之间必然产生空间竞争。于是，经济活动空间组织成为影响各类经济体的存在、繁荣或衰败，以及世界、国家和区域层面经济发展平衡性、协调性乃至公平与冲突等的一个重要因素。正因为如此，经济地理在人类的知识体系中很早就占有一席之地。直至现代，经济地理在人类经济发展中的重要性有增无减。世界银行发布的《2009 年世界发展报告：重塑世界经济地理》就是一个有力的证明。

在中国，经济地理从来都是经济发展决策中必须考虑的重要因素。无论是国家和各类区域、城乡，还是企业及其他经济主体，无不把因地制宜地适应和利用经济地理格局、调整和优化空间布局等作为发展决策的应有之义及实践的应有之举。例如，在国家层面，新中国成立之后，从调整沿海与内地的经济布局，到改革开放之初的划分东中西三大经济地带，再到21世纪初构建东部、中部、西部、东北四大区域格局，以及当前的京津冀协同发展、长江经济带发展、粤港澳大湾区建设、长三角区域一体化发展、黄河流域生态保护和高质量发展、成渝地区双城经济圈建设，都是对全国经济地理格局的持续优化和创新，展现了一幅波澜壮阔的经济地理格局演进历史画卷。从中我们不难发现，经济地理对于中国的经济发展、对于中华民族的伟大复兴何其重要！

全国经济地理研究会早在20世纪80年代就在学会创始人孙敬之先生、刘再兴先生等的带领下，组织全国经济地理学界的精英编撰出版了《中国经济地理》丛书，在国内外产生了重大的学术及社会影响，成为中国经济地理研究的扛鼎之作。回望过去的40多年，中国人民创造了人类经济发展史上的中国经济奇迹，全国经济地理格局也随之发生了重大的变化。为因应经济发展和学科建设的需要，全国经济地理研究会于2013年再次决定组织国内同行专家编撰出版《中国经济地理》丛书，主要反映改革开放以来全国经济地理格局的新变化，具有承前启后的重大意义。我们有幸承担这套丛书的《广东经济地理》研究和编撰工作，深感责任重大。众所周知，广东是全国改革开放的前沿，历时40多年，经济发展取得巨大成就，经济地理格局也发生了显著的变化。如何科学地揭示广东经济地理的演进及特征，对于我们在广东工作和生活的经济地理学者而言，也是一个不小的挑战。在遵循经济地理学开展区域经济地理研究的基本逻辑和规范的基础上，我们紧密结合广东经济发展和经济地理变化的具体情况，建构了如下《广东经济地理》的研究和撰写框架。

《广东经济地理》共分4篇12章。第一篇主要分析影响广东经济地理的环境与资源。其中，第一章从地理区位、自然环境、空间经济联系方面分析广东的经济地理环境；第二章分析了影响广东经济发展的自然资源、经济资源和社会资源；第三章则分析了广东经济发展的自然资源约束、生态环境污染与治理、经济社会资源约束。第二篇主要分析广东的经济发展与布局。其中，第四章系统地揭示广东经济发展的进程、空间格局及影响因素；第五章重点从三次产业结构演变、工业主导产业发展、现代产业体系、产业集聚发展和产业空间转移五个方面分析了广东的产业发展与布局；第六章分析了广东开放型经济发展格局，包括对外贸易、利用外资、对外经济合作与投资。第三篇聚焦于广东的区域与城市发展。其中，第七章从经济区域、区域经济差异、区域合作与一体化、经济特区四个层次揭示了广东区域经济空间格局；第八章专门分析广东的城市化，包括城市化的发展现状、城市群发展、乡村城市化、新型城市化等；第九章主要分析广东的基础设施布局，主要涉及交通网络、能源网络、信息基础设施；第十章则从区域层面和主体功能区两个方面分析了广东的区域可持续发展。第四篇为广东经济发展展望。其中，第十一章从经济发展环境变迁、发展机遇与挑战等方面分析了广东经济发展趋势；第十二章则围绕战略取向和战略重点探讨了广东经济发展战略选择问题。这个框架大体上构成了经济发展条件及资源禀赋—经济发展与布局的总体格局—区域经济发展和城市发展—经济发展趋势及战略选择的分析主线，反映了广东经济地理从过去—现在—未来的演进轨迹，并力求契合广东经济地理的重点和特点。这是我们在区域经济地理分析思路上的一个新尝试。

《广东经济地理》是一项集体研究成果。本书的撰写分工如下：覃成林负责全书架构设计、组织编写和统稿等工作，并撰写了本书的前言。姜文仙参与了全书统稿工作，负责撰写第三篇（第七章、第八章、第九章、第十章）。熊雪如负责撰写第一篇（第一章、第二章和第三章）。贾善铭负责撰写第二篇（第四章、第五章和第六章），并参加了部分统稿工作。杨霞负责撰写第四篇（第十一章和第十二章）。在研究和撰写过程中，我们按照《中国经济地理》丛书的总体要求，积极学习和借鉴已经出版的丛书分册，经过了数次集体讨论和修改，努力提高书稿质量，使《广东经济地理》与《中国经济地理》丛书的总体水平相匹配。但限于学术能力和其他条件，我们深知这本书还有不少有待完善和修正的地方，期待同行专家和读者予以指正。在本书即将付梓之际，我们衷心地感谢全国经济地理研究会《中国经济地理》丛书编委会给予我们撰写《广东经济地理》的机会，同时衷心地感谢经济管理出版社的同志为本书出版所付出的辛劳。

作者

2020 年 7 月

目　录

第三篇 区域与城市发展

第四篇　经济发展展望

第一篇

环境与资源

广东省是中国大陆最南部的省份，位于北纬 20°09′～25°31′和东经 109°45′～117°20′，北回归线横贯广东省中部。广东省东邻福建，北连湖南、江西，西临广西，南接香港、澳门，与越南、菲律宾、马来西亚、印度尼西亚等国隔海相望，是我国参与经济全球化的重要区域和对外开放的窗口，也是我国建设海洋强国的主力区域。2014 年，广东省陆地面积达 17.97 万平方千米，居全国第 15 位，约占全国陆地面积的 1.87%。其中，岛屿面积 1448 平方千米，约占全省陆地面积的 0.8%。海域总面积为 41.9 万平方千米，约为陆地面积的 2.3 倍。

第一章　经济地理环境

经济地理环境是广东省经济和社会发展的基础条件。作为我国南部沿海较发达的省份之一，广东省拥有得天独厚的地理区位优势、宜居宜业的自然和经济环境，这使广东省在改革开放后，经济发展快速领先。

第一节　地理区位

一、自然地理区位

作为一个相对独立开放的地理单元，广东省北枕南岭，南面南海，自然地理区位优势明显。第一，广东省位于太平洋、印度洋、大西洋航运交汇处，是中国海上交通的重要枢纽和对外连通的主要通道。历史上，广东省就是中国的"南大门"，是内陆地区南下出海贸易的必经之地，是古海上丝绸之路的起点。第二，广东省海陆兼备。其所在区域背山面海，海域面积较大，海洋和海涂生物资源丰富，环境优美，有利于海岛旅游等海洋经济的发展，是我国建设海洋强国的主力区域。第三，北回归线横贯广东省陆地中部。广东省所处的地理纬度较低，北回归线横穿而过，全年接受日照时间较长。同时，该地区为我国东部季风区相对高值区，光照和气温配合较好，降水丰富，气候湿润，有利于植物生长，是全国植物生长量最大的地区之一。

二、交通区位

广东省海陆空交通便利，是全国甚至全球重要的交通枢纽。在航空运输方面，广东省拥有广州白云国际机场、珠海金湾机场、深圳宝安国际机场等七家民用运输机场，是全国航空网络布局的重要节点。其中，白云机场是中国大陆三大航空枢纽之一。2014年，白云机场年旅客吞吐量和年货邮吞吐量分别达5478.03万人次和145.4万吨，逐步迈入世界超大型航空枢纽之列。目前，凭借广东在亚洲、大洋洲和非洲等地区的天然区位优势，白云机场已成为内地通达大洋洲、非洲和东南亚、南亚、中东地区的第一门户机场。

在铁路运输方面，京广高速铁路、广深港高速铁路，以及京广、京九、厦深、黎湛、湛海、漳龙、平南等四通八达的铁路运输线路在此交会，使得广东成为华南地区铁路交通的重要枢纽。特别是纵贯中国南北的京广高速铁路的开通，打通了广东与中国中部和北部的快速通道，实现了广东与中国内陆地区人流、物流、资金流、信息流的加速流动，不仅提升了区际经济联系，更提升了广东在全国的区位优势。

在航道运输方面，2014年，广东省旅客运输周转量达3966.51亿人/千米，居全国第一位。1985～2014年，广东省旅客运输周转量总体处于上升水平，增长了3697.05亿人/千米，增长了近15倍。与此同时，旅客运输周转量占全国比重也处于上升趋势，从1985年的4.8%上升至2014年的13.2%（见图1-1）。2014年，广东省水路货运周转量达1.14万亿吨/千米，仅次于上海，居全国第二位。截至2013年底，广东拥有广州港、深圳港、湛江港、珠海港、虎门港5个亿吨大港。其中，广州港2013年泊位年综合通过能力达3.17亿吨，货物吞吐量4.73亿吨，居全国第四位、世界第五位，成为华南地区最大的大宗散货中转港和集装箱运输干线港，是国家综合运输体系的重要枢纽；深圳港泊位年综合通过能力达2.3亿吨，开通国际班轮周班航线219条，集装箱吞吐量2327.85万标准箱，超过香港居全球第三位。随着"一带一路"建设的深入推进，未来广东省将形成以广州港、深圳港为龙头，以珠海港、湛江港、汕头港、潮州港为支撑，连通香港，对接新加坡、印度、越南、马来西亚及中东、非洲等沿线国家港口，构建具有世界影响力的港口群。

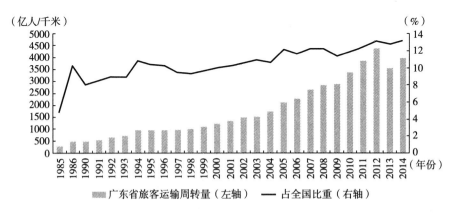

图1-1　1985～2014年广东省旅客运输周转量及占全国比重情况

资料来源：《中国统计年鉴》（2015）、《广东统计年鉴》（2015）。

三、经济区位

广东省毗邻香港、澳门，西接环北部湾经济区，东连海峡西岸经济区，是华南经济圈和泛珠三角经济圈的核心。香港、澳门是中西经济、文化交流的商埠和世界自由贸易的港口，与世界各地特别是欧美等发达国家有着紧密的联系。香港作为全球第三大金融中心和亚洲最重要的航运中心，对广东对外贸易往来和珠三角资本的引入、产业承接和转型升级等起到了直接的影响作用。广东省粤西地区位于粤、琼、桂金三角，西部靠近北部湾，连通大西南；粤东地区与福建等海峡西岸经济区相连，与台湾融海相望，华侨众多。这些区位优势为广东依托港澳、服务内地、嵌入全球高端价值链提供了优势条件。此外，广东以外向型经济为主，拥有世界一流的生产制造业基地。2014年出口总额达6462.22亿美元，占全球出口总量的3.4%，是全球跨国网络的中心。

四、信息网络区位

广东是华南最大的互联网节点。在电信基础信息网络覆盖方面，截至2015年6月，广东电信的总出口带宽达到12T，占全国的20%；国际出口带宽超过500G，占全国的35%。拥有中国移动南方基地、中国电信亚太信息引擎、中国联通国家数据中心和一批云计算数据中心。2014年，广东省电信业务总量达3394.39亿元，占全国电信业务总量的18.7%（见图1-2）。从1978年至2014年电信业务总量的增长情况来看，1985~1990年，广东省获得改革开放的先机，信息网络先于全国发展，增长速度最快，占全国的比重由5.6%提高至24%。1990~2005年，由于其他地区电信业务的迅速普及，广东省占全国的电信业务比重有所下降，之后一直处于相对稳定的发展状态，占比在15%~20%。

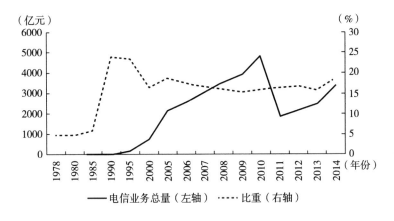

图1-2 1978~2014年广东省电信业务总量及占全国比重情况

在互联网信息网络方面，2014 年广东网民数达 7286 万人，占全国网民总数的 11.2%，普及率达 68.5%，在全国排名第一（中国互联网络信息中心，2014）。电子商务交易总额达到 2.63 万亿元，占全国电子商务交易总额的 16.3%，遥遥领先国内其他省（区、市）（见图 1-3）。此外，广东省还是全国乃至全球的电子信息制造业产业基地，2014 年电子信息产业销售产值达 2.97 万亿元，连续 24 年居全国第一，占全国的 28.6%。

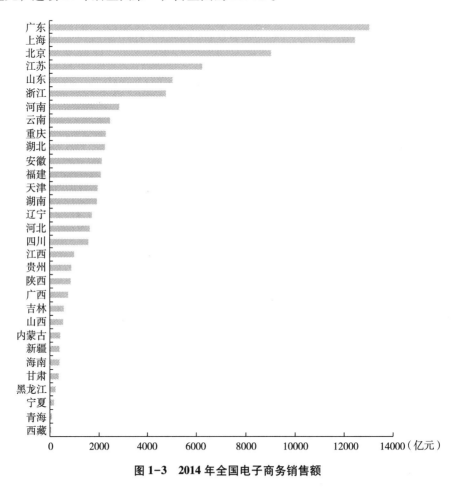

图 1-3　2014 年全国电子商务销售额

第二节　自然环境

广东地形以山地和丘陵为主，区域内河网密集，长年气候温暖，雨量充沛，为广东经济和社会发展提供了良好的生活和生产环境。

一、地形地貌

历经多次地壳运动，在漫长的历史长河中，受岩性、岩浆活动、褶皱和断裂构造以及外力作用等综合影响，广东形成了以山地和丘陵为主，平原和台地为辅的地貌结构（见表1-1）。其中，山地、丘陵面积占到全省总面积的58.6%，台地和平原分别占全省总面积的14.2%和21.7%，河流和湖泊等占比仅为5.5%，素有"七山一水二分田"之称。

表1-1 广东省陆地地貌结构类型

面积　　　类型	山地（海拔500米以上）	丘陵	台地	平原	河流和湖泊等
面积（万平方千米）	6.06	4.47	2.55	3.9	0.99
占总面积比重（%）	33.7	24.9	14.2	21.7	5.5

资料来源：《广东年鉴》（2014）。

由于广东大部分地区地块较为稳定，没有受到第四纪造山运动的显著影响，同时受广东风化和强烈冲刷作用的影响，使得广东海拔较高的高峰较少，山地多以中等高度为主。全省各类地貌的基岩岩石以花岗岩为主，其次是砂岩和变质岩。其中，岭南山地多由花岗岩、红砂岩构成，易风化成丹霞地貌，如著名的丹霞山和金鸡岭等。除此之外，广东还拥有沿海数量众多的优质沙滩以及雷州半岛西南岸的珊瑚礁，是十分重要的地貌旅游资源。总体来看，广东省地貌体现如下几个方面的特征：

1. 地势北高南低，谷岭错落相间

广东省总体地势南低北高，北部以山地和高丘陵为主，南部则以平原和台地为主，形成三个自然区域显明的阶梯。第一个阶梯为粤北北部山区以及粤东、粤西高山区部分。广东省山脉主要分布在粤东、粤西和粤北地区，其中粤北地区[①]山脉主要有瑶山、大庾岭、滑石山、起微山、罗壳山、大东山、青云山、九连山、罗浮山、莲花山等。最高区域为由大庾岭、滑石山、瑶山组成的岭南山脉部分，山体横跨湖南、江西、广东、广西四省（区）边境，走向复杂，海拔为1000~1500米，拥有广东最高峰石坑崆，海拔约1902米。粤西地区山脉主要有云雾山、天露山、云大山等，其中最高山脉为云雾山脉，大部分位于茂名、阳江一带，拥有粤西最高峰大田顶，海拔高达1704米。除此之外，云雾山脉还

---

① 根据《广东省主体功能区规划》，粤东地区包括汕头、汕尾、潮州和揭阳四市；粤北地区包括韶关、清远、河源、梅州和云浮五市；粤西地区包括湛江、茂名和阳江三市；珠三角地区包括广州、深圳、珠海、东莞、佛山、中山、江门、惠州和肇庆九市。

拥有500米以上山岭370多座，千米以上中山80多座。粤东地区山脉主要有莲花山和凤凰山，其中位于潮州的凤凰山为粤东第一高峰，主峰凤鸟髻海拔1497.8米，有"潮汕屋脊"之称。第二个阶梯为粤北南部以及粤东、粤西丘陵区，主要覆盖粤东、粤西和粤北地区低山区，包括凤凰山、莲花山、罗浮山、天露山、云雾山、云开大山等海拔为300~700米的低山区域。第三个阶梯为广东南部的台地和平原，以海拔50米以下的台地和5米以下的平原为主，其中台地主要分布在阳江—电白—雷州半岛及惠阳—潮阳的粤东沿海，最大的台地为粤东南部雷州半岛台地，平原主要分布在珠江三角洲和潮汕地区，最大的平原为珠江三角洲。可以看出，以上三个阶梯由北向南逐渐倾斜，构成了广东北高南低的地貌格局。

在广东最北部的岭南山地，主要由蔚岭—大庾岭、大东山—瑶岭、连山—螺壳山—九连山这三列山脉组成，在这三列山脉之间，有众多谷地和盆地相列其间。北向有南雄盆地、韶关盆地、董塘盆地、坪石盆地等，南向有翁江谷地和连江谷地。在岭南以南，东北—西南走向的山脉有序分布，由北向南依次包括大庾岭、滑石山、青云山、云开山、九连山、云雾山、罗浮山、天雾山、莲花山、凤凰山等，山间分布着梅江谷地、琴江谷地、西枝江谷地、东江谷地等狭长谷地以及惠阳盆地、灌源盆地、灯塔盆地、龙川盆地、兴宁盆地、梅县盆地、罗定盆地、新兴盆地、阳春盆地、三榕峡、羚羊峡等。

2. 丘陵分布广而散，以粤东、粤西和粤北居多

广东丘陵属于我国东南丘陵的主要组成部分，丘陵海拔多在200~600米，坡度陡缓不一，排列凌乱。由于丘陵大部分散落在山地周围，因此主要分布在粤东、粤西和粤北地区，沿海平原和台地有零星分布。丘陵大多与山脉走向一致，以东北—西南为主。大多数丘陵与低山之间多数有河谷盆地，且丘陵海拔相对较低，坡度不大，以红色土壤为主，适宜发展农业。植被为常绿阔叶林，地质以花岗岩丘陵为主，外形浑圆、沟谷纵横，地表切割得较为破碎，不利于耕作。此外，由于低山丘陵区为地质灾害多发的地貌类型，崩塌、滑坡数量较多，规模大小不一。

3. 台地平缓，分布较为集中

广东台地平均海拔在50~150米，地势相对平缓，有利于热带经济作物的生长。基底岩石以玄武岩为主，包括花岗岩、砂页岩、变质岩等。台地地下水位低，河流分布短小，又地处高温，蒸发强烈，因此水资源相对缺乏，容易干旱。广东台地主要分布于南部沿海和各江河的中下游谷地，雷州半岛的电白和高州以西台地分布最为普遍。其中，雷州半岛台地海拔在100~150米，按岩性分为花岗岩台地、砂页岩台地、变质岩台地、红层台地、湛江组和北海组台地以及玄武岩台地六种,而玄武岩台地为广东所特有,它主要分布于雷北、雷南及沿海附近岛屿,面积 3136 平方千米。雷州半岛的花岗岩、变质岩、湛江组和北海组的台地面积均居广东省首位。

4. 平原富饶,水网密布

广东平原地势低平,起伏和缓,海拔大部分在 200 米以下,相对高度一般不超过 50 米,以冲积平原为主,主要包括珠江三角洲平原、潮汕平原、英德平原、惠阳平原、练江平原、鉴江平源、漠阳江平源、九洲江平源等。由于平原雨量充沛,土地肥沃,这里生产生活条件十分优越,经济水平较高,多为区域经济发达和人口分布的密集区域。

珠江三角洲平原其主体位于广东中部沿岸地区,濒临南海,面积约 11000 平方千米,平均海拔 50 米左右。其河口河网密布,岛屿列布,由西江、北江、东江等在珠江河口湾内堆积而成,是广东面积最大的平原。珠江三角洲平原主体范围大致在新会、高明、三水、增城、东莞、深圳连线以内,人口稠密,主要城市包括广州、佛山、江门、中山等,是中国重要的粮、糖、蚕丝及亚热带水果产地。

潮汕平原位于粤东沿海地区,是广东仅次于珠江三角洲的第二大平原,面积有 4000 多平方千米,主要由韩江三角洲、练江平原、榕江平原、龙江平原、黄冈河平原五部分组成。潮汕平原土地肥沃、农产丰富、城镇密集,是潮汕社会经济和文化的核心区域。

5. 岸线绵长,海洋资源丰富

广东省南临南海,海岸线曲折绵长,港湾和岛屿众多。大陆岸线长 4144.4 千米,居全国第一位。广东省拥有岛屿 1431 个,岛屿岸线长度 2428.7 千米,其中岛屿数量仅次于浙江、福建,位居全国第三[①]。拥有 200 多个优良的深水港湾,其中,广州港、深圳港、汕头港等已成为国内对外贸易和交通运输的重要通道,大亚湾、大鹏湾、博贺湾、碣石湾等地拥有建设大型深水良港条件的港址。拥有海洋滩涂面积 2040 平方千米,是广东省重要的后备土地资源。海水养殖可养面积 7760 平方千米,实际海水养殖面积 2080 平方千米,盛产牡蛎、虾类等海洋水产品,水产资源丰富。2013 年广东省水产品总产量 816.13 万吨,总产值 1010 亿元。

二、气候

广东省所处纬度较低,季度气候变化并不明显,总体属于东亚季风范围,

---

① 数据来源于《广东年鉴》(2014)。

从北向南分别为中亚热带、南亚热带和热带气候。与我国中部和北部地区相较，广东省雨热同季，气候湿热，夏长冬少，春秋短暂。按天文学角度划分，广东省春季为3~5月，这一时间乍暖还寒，大陆多雨；夏季为6~8月，气候炎热，多雨多台风；秋季为9~11月，天气干爽清凉，大陆常旱；冬季为12月至次年2月，云多雨细，少冷偶寒（广东省地方史志编纂委员会，1996）。受地质和热带气旋等因素影响，气象灾害多，以台风、大风、龙卷风、暴雨、高温等为主。

1. 气温较高，空间差异显著

广东省常年平均气温21.9℃，且自1961年以来年平均气温不断上升。1961~2014年，广东省气温平均每10年上升0.17℃，这一数值低于我国每10年上升0.28℃的同期水平值，但高于全球每60年平均上升0.12℃的水平值。如图1-4所示，从变化阶段来看，20世纪60年代至90年代中期广东省年平均气温以偏低为主，1998年以后平均气温持续偏高，但进入21世纪后气温升温明显趋缓，总体上气温走势与全球一致。1961~2014年，广东省年极端最高气温一般在37℃~42℃，其中最高纪录为41.6℃，年极端最低气温基本在零下6℃至零上2℃，其中最低纪录为-6.0℃。

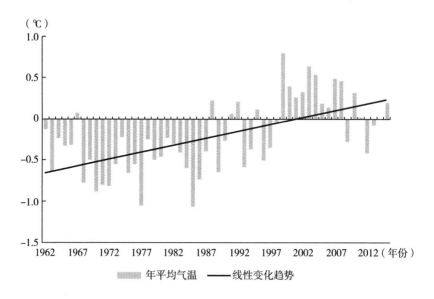

图1-4 1962~2012年广东省年平均气温距平变化（相对于常年值）

资料来源：《2014年广东省气候变化监测公报》。

从区域分布上看，1961~2014年，广东珠三角和粤东、粤西、粤北四个区域年平均气温均呈上升趋势，且气温区域差异显著（见图1-5）。其中，增温速

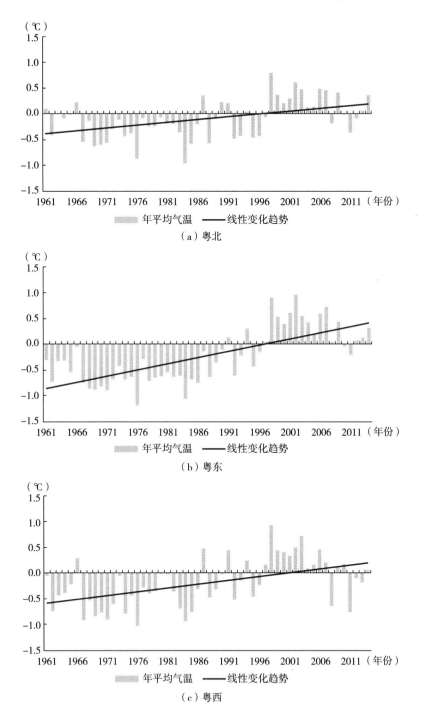

图1-5　1961~2011年广东省四个区域年平均气温距平变化（相对于常年值）

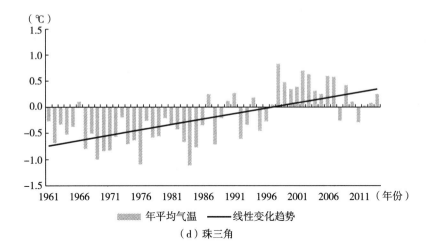

（d）珠三角

图1-5　1961~2011年广东省四个区域年平均气温距平变化（相对于常年值）（续图）

资料来源：《2014年广东省气候变化监测公报》。

率最大的是粤东地区，该地区每10年上升约0.24℃；排名第二位的是珠三角地区，平均每10年约上升0.2℃；粤北和粤西地区气温上升相对缓慢，平均每10年分别上升0.11℃和0.15℃。总体上看，粤西地区雷州半岛南端徐闻为广东省最高气温区域，年平均气温达23.8℃，粤北地区连山地区为全省最低气温区域，年平均气温为18.9℃。

从季节分布看，秋季平均气温的上升趋势最为明显，升温速率为每10年上升0.23℃，其次是冬季，升温速率为每10年上升0.20℃，夏季和春季变化相对较小，升温速率分别为每10年上升0.13℃和0.10℃。总体上看，广东省夏季和秋季平均气温总体上呈偏高且不断上升的趋势，而春季和冬季平均气温波动变化较为明显。全年中月平均气温最冷的时期是冬季的1月，平均气温为13.3℃，最热的时期是夏季的7月，平均气温为28.5℃。全年冷热温度相差15.5℃，相较我国中部和北部地区而言，广东省全年温差较小，夏天长冬天短，四季特征不明显。

2. 降雨量多，干湿明显

广东省降水量充沛，年平均降水量在1300~2500毫米。1961~2014年，广东省平均年降水量显著线性变化趋势不明显，但年际变化显著（见图1-6）。这期间，排名前三位的降水高值年分别是1973年、1997年和1983年，降水量分别达2278.6毫米、2254.1毫米和2244.6毫米，排名前三位的降水低值年分别是1963年、2004年和1991年，降水量分别达1179.6毫米、1325.9毫米和1354.7毫米。最高降水量是最低降水量的近一倍。1961~2014年，广东省珠三角、粤东、粤西和粤北四个区域年降水量均无明显线性变化趋势，但存在年代际波动变化。21世纪初以来，总体均处于降水偏少水平。

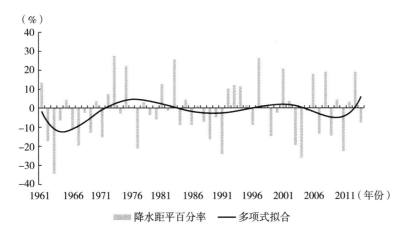

图1-6 1961~2011年广东省年降水量距平百分率变化

注：距平百分率＝（实测值-同期历史均值）/同期历史均值。

资料来源：《2014年广东省气候变化监测公报》。

从汛期降水分布看，汛期通常为4~9月，降水量最大，其中4~6月为前汛期，7~9月为后汛期。9月以后，广东降水量逐步减少，出现季节性干旱。1961~2014年，前汛期和后汛期降水量变化趋势不明显，其中2005~2014年总体上呈前汛期降水偏多，后汛期降水偏少的状况。2014年广东省年平均降水量为1652.5毫米，居全国前列。其中，4~9月降水量占全年总降水量的70%以上。

三、水文环境

广东省濒临南海，地处珠江流域下游，江河广布。全省常年承接来自印度洋孟加拉湾及太平洋水汽的输入，气候温暖湿润，雨水充沛，水资源丰富。

1. 水文分区明显

广东省地形复杂，水文地质条件分区明显，共分为山地丘陵区、滨海台地与平原区、岛屿及海洋区三大区域，其各区域水文地质特点如下：

（1）山地丘陵区主要是指广东北部山地丘陵地形地区。由于山地地形切割强烈，汇水面积不大，但地表水系发育，山体基岩均有含水岩组，其中碳酸盐岩类含水岩组蓄水空间，水量丰富，其他岩组蓄水空间不大。这一地区的地下水水温在22℃~24℃，淡水类型以重碳酸钙钠型淡水和重碳酸氯型淡水为主。

（2）滨海台地与平原区主要是指广东沿海一带。该地区地势平坦，地表水系发育，河网密布，西江、北江、东江和珠江三角洲诸河在此汇集，拥有华南地区最大的珠三角冲积平原。就地区而言,该地区水资源紧缺,但由于存在大量过境客水可以利用,供需矛盾并不突出。但沿海的深圳、珠海、陆丰、惠来、雷州半岛等地存在本地水源和过境客水不足的问题,且随着区域经济的发展和用水量的增加,供需矛盾较为紧张。

(3) 岛屿及海洋区是指广东省临海区域所覆盖的岛屿及所属海域面积,包括上川岛、南三岛、南澳岛等。广东拥有41.93万平方千米的海域,既包括深水海域,又包括具有较宽面积的浅海区和沿岸淤积较迅速的滩涂,并拥有200多个深水良港。沿海岛屿面积较小,地形陡峻,裸石嶙峋,因此,岛上河流短小,大气降雨大部分以地表径流排泄入海,岩层含水性较低。

2. 河网密集,水流量大

广东省河网密集,江河纵横交错。《广东省第一次水利普查公报(2011年)》显示,广东省流域面积10000平方千米及以上河流6条,省内总长度为0.16万千米;流域面积1000平方千米及以上河流60条,省内总长度为0.77万千米;流域面积100平方千米及以上河流614条,省内总长度为2.60万千米;常年水面面积1平方千米及以上的湖泊有7个,水面总面积达18.7平方千米。其中,淡水湖6个,咸水湖1个。从水系分布来看,广东省主要有西江水系、北江水系、东江水系、珠江三角洲水系、韩江水系、粤东沿海诸河和粤西沿海诸河7大水系。

西江水系由贺江和西江两部分组成,其中贺江发源于广西富川县黄沙岭,主要流经广西富川县、广东封开县等地区,全长352千米,在广东省境内流域面积达1.79万平方千米,拥有河流水功能一级区划5个,水库水功能一级区划6个。西江发源于云南曲靖马雄山,主要流经云南、广西、广东肇庆、佛山、中山、珠海等地区,全长2214千米,西江干流至思贤长2075千米,在广东境内的流域面积为1.8万平方千米。

北江水系以北江为主,发源于江西省信丰县,流经广东南雄、始兴、曲江、韶关、清远、英德、三水等地区,全长582千米。北江三水河口以上干流长468千米,流域面积达4.67万平方千米,其中4.32万平方千米属于广东省范围。

东江水系以东江为主,发源于江西寻乌县,流经江西寻乌县,以及广东河源市、惠州市、东莞市、增城市等地区。东江全长562千米,石龙以上干流长520千米,广东省境内流域面积为2.37万平方千米。

珠江三角洲水系由西北江三角洲、东江三角洲和注入三角洲的其他各河流所组成,由于工业经济发展,该水系水质相对较差,缓冲区现状水质除磨刀门水道河口缓冲区、虎跳门水道河口缓冲区、横门水道河口缓冲区的水质类别为Ⅱ~Ⅲ类外,其余均劣于Ⅲ类,有的甚至为劣Ⅴ类。

此外,韩江水系以韩江为主,发源于紫金县,主要流经陆丰县、五华县、兴宁市、梅州市区、潮州市、汕头市等地区。粤东沿海诸河主要包括黄冈河及韩江流域以西、东江流域以南、大亚湾以东在广东大陆的单独入海各河流，如黄岗河、练江、榕江、螺河等。粤西沿海诸河主要包括珠江口以西至雷州半岛广东大陆独流入海的河流，总计3.34万平方千米的流域面积。主要有鉴江、漠阳江、九洲江、南渡河等。

第三节 空间经济联系

广东省以广州、深圳为中心，以佛山、东莞为重要节点，以航空、高速铁路网、城际轨道交通和高等级航道等交通路网为支撑，通过知识技术、资本、劳动力和人才的双向流动，搭建起省内关联互动，辐射全国的重要经济空间网络。由于广东省内部经济空间关系将在第三篇作重点阐述，下文将重点分析广东省与其他区域间的经济空间关系。

一、全国对外开放的门户

自古以来，广东省就是中国对外关系的"南大门"，是我国通往东南亚、欧洲、美洲、非洲等地的重要出海口，为古代海上丝绸之路的最早发祥地。秦汉东晋时期，广东番禺地区已成为岭南经济中心和南越国都城，也是重要中外贸易海港。东晋咸和六年（331年），政府在广州设置东莞郡，广东地区对外商业活动逐渐频繁，金、银、犀角、珠玑、象牙等国外商品充斥当地市场。唐宋时期，随着国家经济重心开始南移，广州成为岭南经济中心，特别是番禺城已经成为当时全国九大都会之一，是全国最大的贸易港口。这一时期"广州通海夷道"形成，使广东成为我国古代远洋航线向西航线的重要区域。到达广东地区的主要国家包括今越南、柬埔寨、泰国、马来西亚、印度尼西亚、印度、巴基斯坦、孟加拉国、尼泊尔等。到宋元时期，广东航线可经南海、印度洋，到达非洲东岸。北宋元丰三年（1080年），《广州市舶条法》的颁布使广州在国内的外贸地位大大提升，广东地区对外贸易港口不断增加，各国使团、佛教等传教者也络绎不绝。明清时期，海禁和广州一口通商的实施使广州在全国对外贸易的地位凸显，广东成为中西文化交流的枢纽和中心。同时，以"南头体制"[①]为代表的贸易政策显示了当时广东地区对外贸易中的独特地位和当时走私贸易的

---

① 当时明朝政府明令实施海禁，只允许持有朝贡贸易使的勘合，即许可证才能进行贡舶贸易，但没有勘合的非法贸易在南头地区进行，这已成为官方默许下中外商人共同遵循的权宜性贸易规则，被称为"屯门体制"，也称"南头体制"（熊雪如和王元林，2016）。

繁荣。这一时期，广州至北美、大洋洲、俄罗斯等海上交通线路进一步发展，全球大循环海上交通格局基础形成（熊雪如和王元林，2016）。

中华人民共和国成立后，尽管对外联系受限，但广东仍然作为连通港澳和海外的重要枢纽，发挥着桥头堡的作用。特别是1978年以后，广东在全国率先实行改革开放政策，成为全国对外经贸往来的重要阵地。其中以珠三角为核心的特区经济和对外贸易发展，使广东省在早期的经济发展中就具备了较强的开放性，进一步强化了广东省作为我国对外开放门户的重要作用。据统计，2014年珠三角地区进出口总额占广东省的95.6%，进出口总额、外商直接投资额均占广东省的90%以上，分别占全国份额的1/4和1/5（见图1-7、图1-8）。随着珠三角地区外向型经济发展，珠三角地区正积极融入全球产业链，全球化产业网络正在形成。

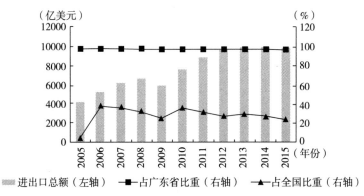

图1-7 珠三角进出口总额及占广东省、全国比重

资料来源：《广东统计年鉴》和《中国统计年鉴》（历年）。

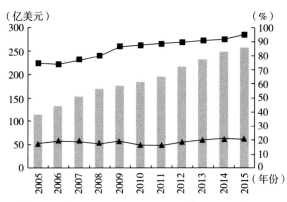

图1-8 珠三角实际利用外资额及占全省、全国比重

资料来源：《广东统计年鉴》和《中国统计年鉴》（历年）。

二、中国经济增长网络的重要增长极

2014 年广东省 GDP 总量达 6.78 万亿元，占全国 GDP 总量的 9.8%，全国排名第一位。随着区域经济一体化发展和生产要素在不同区域间的快速流动，广东省逐渐与国内其他区域间构建了紧密的区域经济网络，并成为全国区域经济网络中重要的增长极。

为较好地考察广东省与国内其他区域间的经济关联和影响，本书以引力模型（Taaffe et al., 1973）为测量模型，对国内区域间关联程度开展比较分析。

2014 年全国各区域之间的经济关联度①如表 1-2 所示。

表 1-2 2014 年全国各区域间经济联系强度

省（区、市）	省际经济关联总量		与广东省经济关联量	
	总量	比重（%）	总量	比重（%）
北京	15141.31	3.6	250.82	1.1
天津	14858.29	3.6	173.53	0.7
河北	26515.92	6.4	848.66	3.6
山西	12074.17	2.9	437.35	1.9
内蒙古	9716.91	2.3	510.75	2.2
辽宁	2699.32	0.7	75.13	0.3
吉林	3537.54	0.9	67.99	0.3
黑龙江	2918.77	0.7	55.63	0.2
上海	9589.98	2.3	204.17	0.9
江苏	38851.34	9.4	1089.97	4.7
浙江	24537.44	5.9	564.48	2.4
安徽	25094.05	6.0	832.25	3.6
福建	9234.62	2.2	548.69	2.3
江西	18043.60	4.3	1971.29	8.4
山东	41226.60	9.9	1131.11	4.8
河南	34780.21	8.4	1848.13	7.9
湖北	26406.96	6.4	2719.75	11.6
湖南	23152.01	5.6	7152.25	30.6
广东	23408.63	5.6	—	—

---

① $R_{ij,t} = W_t^{\alpha}(p_{i,t}, p_{j,t}, gdp_{i,t}, gdp_{j,t})d_{ij}^{-\beta} = (p_{i,t}p_{j,t}gdp_{i,t}gdp_{j,t})^{\alpha}d_{ij}^{-\beta}$

其中，R_{ij} 是 i 区域与 j 区域之间的经济关联度；W 为 i 区域和 j 区域的"质量"变量，其中，gdp 为区域生产总值，p 为区域人口规模；d_{ij} 为 i 区域与 j 区域间的空间距离；$\alpha = \beta = 0.5$。

续表

省（区、市）	省际经济关联总量		与广东省经济关联量	
	总量	比重（%）	总量	比重（%）
广西	5836.72	1.4	783.95	3.3
海南	1394.69	0.3	387.07	1.7
重庆	8991.90	2.2	285.95	1.2
四川	11431.42	2.8	368.98	1.6
贵州	8324.17	2.0	273.42	1.2
云南	4894.61	1.2	151.91	0.6
西藏	46.68	0.0	2.41	0.0
陕西	6032.43	1.5	513.61	2.2
甘肃	4616.71	1.1	87.35	0.4
青海	601.16	0.1	17.23	0.1
宁夏	908.17	0.2	39.34	0.2
新疆	198.97	0.0	15.48	0.1
合计	415065.32	100	23408.63	100

资料来源：数据为笔者计算整理所得。

如表 1-2 所示，从 31 个省（区、市）与国内其他地区之间的经济关联总量来看，广东对外经济关联总量占全国省际经济关联总量的 5.6%，在全国排名第八，仅次于北部沿海区域的河北，东部沿海区域的江苏、浙江，中部区域的河南、安徽、湖北，且均高于南部沿海区域和西南区域。[①] 可以看出，广东在我国南部区域中经济影响作用较强，是南部沿海区域的经济网络中心。从广东与其他省（区、市）的经济关联量来看，广东与湖南、湖北、江西、河南等中部地区的关联度最高，其次是山东、江苏、河北、浙江等北部和东部沿海地区，最后是广西、福建、海南、四川、重庆、贵州等南部沿海及西南部地区。

三、内地与港澳经济往来的重要桥梁

广东毗邻香港、澳门，与港澳间的经济整合和依存度不断提高，特别是在《内地与香港关于建立更紧密经贸关系的安排》（Closer Economic Partnership Ar-rangement，CEPA）推动下，其与香港、澳门已形成不可分割的"经济带"，成

---

① 参考国家信息中心（2005）的区域划分，把中国大陆地区划分为八大区域，即东北区域（包括黑龙江、吉林、辽宁），京津区域（包括北京、天津），北部沿海区域（包括河北、山东），东部沿海区域（包括上海、江苏、浙江），南部沿海区域（包括福建、广东、海南），中部区域（包括山西、河南、安徽、湖北、湖南、江西），西北区域（包括内蒙古、陕西、宁夏、甘肃、青海和新疆）和西南区域（包括四川、重庆、广西、云南、贵州和西藏）。

为内地与港澳地区经济往来的重要桥梁。

传统产业转移成为广东承接港澳辐射内地的主要方式。在改革开放初期，以珠三角为核心的广东承接了大量来自香港电子信息等产业的转移，在这一过程中，香港约80%以上的制造加工环节或生产制造工厂转移到了广东。但随着广东劳动力、土地等生产要素成本的不断上升，劳动密集型产业开展由广东向周边地区转移，产业转移逐渐成为广东省对外辐射，带动周边区域经济增长的重要路径。覃成林等（2013）通过转移相对净流量指标分析得出，2005年前后以广东为代表的南部沿海地区，其产业出现向全国地区明显转移的现象，其中劳动密集型产业主要转移到了中部区域和西南区域，分别占总产业转移量的47.2%和25.3%。技术密集型产业主要转移到了中部区域和东部沿海区域，分别占总产业转移量的48.2%和38.2%。

粤港澳自由贸易一体化的推进使服务业逐渐向内地扩展。2003年，内地与港澳先后签署了《内地与香港关于建立更紧密经贸关系的安排》《内地与澳门关于建立更紧密经贸关系的安排》及一系列的补充协议，成为我国内地第一个全面实施的自由贸易协议。为落实上述系列政策，广东和香港共同签订了《粤港合作框架协议》《粤澳合作框架协议》。2014年12月，国务院决定设立中国（广东）自由贸易试验区，并在《中国（广东）自由贸易试验区总体方案》中明确指出，自贸区将依托港澳、服务内地、面向世界，建成粤港澳深度合作示范区，成为内地企业和个人"走出去"重要窗口。随着上述粤港澳自由贸易一体化的推进，港澳企业开始以企业内部转移、建立分支机构、开展跨区域技术合作等形式，逐步将研发中心、营销中心等部门向广东及广大内地转移，并在国际结算、贸易融资等服务业方面展开了一系列合作。

第二章　经济发展资源

联合国环境规划署（United Nations Environment Programme，UNEP）对资源的解释是在一定时间和地理条件下能给人类带来经济社会价值，并能提高人类当前和未来福利的资源因素和条件的总称，是经济发展的保障，具有一定的稀缺性和区域性特点。广东省经济发展是各种资源共同趋动的结果，这些资源大体可分为自然资源、经济资源、社会资源三大类别。

第一节　自然资源

广东省自然条件优越，自然资源丰富。全省地处低纬度热带亚热带区域，常年气候暖热，高温多雨，土地肥沃，宜居宜业，适合多种动植物生长。其地势北高南低，海陆兼备，河流众多，海岸绵长，沿海滩涂丰富。作为多轮回造山区，地质构造运动和岩浆活动频繁，矿产资源丰富。这些大自然的"馈赠"，为广东省经济发展提供了重要的物质基础。

一、土地资源

广东省土地面积共 17.97 万平方千米，其中 45% 为赤红壤，其次为红壤、水稻土和砖红壤，分别占总面积的 21%、14.7% 和 4.4%。水稻土土壤是广东最主要的土壤资源，是水稻、麦类、番薯等粮食作物的主要生产基地，也是糖蔗、油料、蔬菜等经济作物的重要生产基地。

总体来看，土地资源的特点如下：

1. 土地类型多样，可利用度高

广东省土地类型可分为中山地、低山地、丘陵地、台岗地、水域和滩涂、冲积海积平原、冲积盆地、冲积平原等九大土地系统。在此基础上，根据气候、植被、土壤以及土地用途和利用潜力，又可划分出两级多种较低级的土地类型。土地类型的多样化使得广东省农业体系健全，农、林、牧、副、渔生产以满足人民生活和多种农副产品出口需要。在广东省平原和盆谷地区，由于其水土条件较好，耕地农作物一般以种植水稻为主，或经济作物与水稻水旱轮作。其中地势较高的土地多种植旱作和果树，较低洼土地多以筑塘养鱼或种植水生作物为主。在台岗地区，由于地形较平缓，可林可牧，土地经常性作物茶、果、桑、药或热带作物等，靠近水源的台岗地多开垦成耕地。在海拔较高、坡度较大的丘陵山地区，低处平坦的土地用于农耕，坡地则实行综合利用，用于发展林农（旱作）、林果、林牧等。在水域和滩涂的围垦地区，多以发展社会设施建设和农用种养业为主。

在东亚季风气候的影响下，广东省雨热充足，土地适宜性广，利用率达90%以上。广东省耕地复种指数平均值相对较高，总体高于140%，高于我国大部分地区复种指数平均水平，长年适宜种植多种农作物。

2. 山多田少，人多地少

广东素有"七山二水一分田"之称，在其土地结构中，山地、丘陵占广东省土地总面积的一半以上，台地和平原可耕地少，后备土地资源相对不足。2014年土地未利用地面积为10163平方千米，仅占广东省土地面积的5.7%。

"人多地少"主要表现在两个方面：一是广东省人均土地占有量少。2014年，广东省人均土地占有量①仅为1700平方米，仅为全国平均水平的24.2%，是世界平均水平的8.2%。人均耕地占有量为240平方米，仅仅是全国平均水平的1/4。二是人口数量持续增多而耕地面积不断减少。2014年广东省耕地面积为26144平方千米，较1996年的32544平方千米减少6400平方千米，减少了19.7%。而人口却由1996年的6896.77万人增长到2014年的10724万人，增长了55.5%。人均耕地量由1996年的470平方米减少到2014年的240平方米，减少了48.3%。广东省部分城市土地资源承载力已进入超载状态，特别是珠三角地区和汕头、潮州、揭阳等地区土地可利用资源已呈现较明显缺乏状态。耕地资源的短缺和土地资源的有限大大限制了广东省经济社会的发展空间，成为广东省未来发展的突出问题之一。

3. 土地资源空间分异显著

粤西地区和粤北地区是广东省主要的农业生产区域，广东省农业用地、基本农田保护区六成多分布在这一区域。但珠三角地区和粤东地区由于人口的集聚和工业经济的发展，土地以建设用地为主，农业用地面积已经大大减少。就广东省耕地资源的空间分布而言，《广东省第二次全国土地调查主要数据成果的公报》显示（见图2-1），粤北地区耕地面积有8756平方千米，占全省耕地总

---

① 人均土地占有量指土地面积与常住人口之比。

量的 34.6%，耕地拥有量居广东省四大区域首位；其次是粤西地区，耕地面积为 8023 平方千米，占全省耕地总量的 31.7%；珠三角地区的耕地面积为 6072 平方千米，占全省耕地总量的 24%，在全省四大区域中排名第三；粤东沿海区耕地面积为 2471 平方千米，占全省耕地总量的 9.8%，耕地拥有量在广东省四大区域最少。

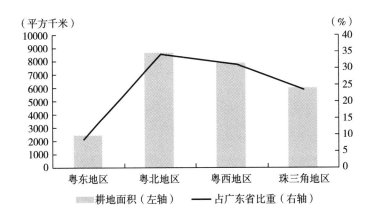

图 2-1　2009 年广东省四大区域耕地资源分布

资料来源：《广东省第二次全国土地调查主要数据成果的公报》。

二、气候资源

气候资源是人类生产和生活不可缺少的主要自然资源，具有普遍性、清洁性和可再生性。广东省气候资源丰富，是全国光、热、风等资源最为充足的地区之一。其气候资源特点如下：

1. 常年暖热，活动积温高

广东省气候暖热，全省历年平均高温天数为 17.5 天，较全国高出 9.5 天。从空间分布上看，每年高温天气数由南向北逐渐增多。其中，北部在 1750 小时左右，中部为 1800～2000 小时，南部沿海可达 2000～2200 小时以上。1951～2014 年，广东省平均高温日数总体处于上升趋势，但波动幅度较大，大体分为三个阶段：第一个阶段为 1951 年至 20 世纪 60 年代初，这一时期的高温日数逐渐增高，最高达到 15 天。第二个阶段为 20 世纪 60 年代中后期至 90 年代末，这一时期总体趋势呈"U"字形，整体波动较大，1973 年最低点与 1990 年最高点相差近 20 天。第三个阶段为 21 世纪初至 2014 年，高温日普遍提升，最低高温天数在 17 天左右（见图 2-2）。

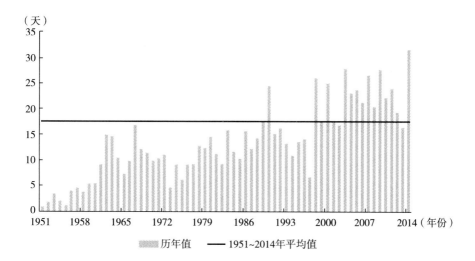

图 2-2 1951~2014 年广东省平均高温日数历年变化

资料来源：《2014 年广东省气候变化监测公报》。

日平均气温稳定在 10℃ 以上的时期是喜温作用生长时期。1961~2014 年，广东省高于 10℃ 的年活动积温明显增多，平均每 10 年上升 71.3℃/日。其中，1997~2004 年，广东积温明显偏多，2005 年后出现较大波动，部分年份积温低于常年平均值水平。1961~2014 年，2002 年是积温最多的年份，积温达 7753.8℃/日，1976 年是最少的年份，积温只有 6443.9℃/日。2014 年，广东省大于 10℃ 的年活动积温为 7297.5℃/日，较常年值偏高 130.7℃/日（见图 2-3）。

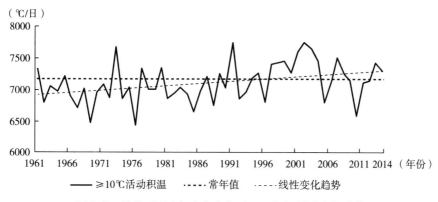

图 2-3 1961~2014 年广东省年 （≥10℃） 活动积温变化

资料来源：《2014 年广东省气候变化监测公报》。

2. 日照时长，太阳辐射量大

广东省年平均太阳总辐射为 4200~4500 兆焦耳/平方米，其中东部太阳辐射量多于西部，盆地太阳辐射量多于山区，如南雄、韶关太阳辐射量都大于 4500 兆焦耳/平方米，而西部连山太阳辐射量则不足 4200 兆焦耳/平方米。1961～2014 年，从广州、汕头两个气象站的数据监测来看（见图 2-4），两市年太阳总辐射量总体均呈下降趋势，广州平均每 10 年约减少 66.9 兆焦耳/平方米，汕头平均每 10 年减少 57.8 兆焦耳/平方米。2014 年广州、汕头两站的太阳总辐射量分别为 4651.3 兆焦耳/平方米和 5380.0 兆焦耳/平方米，分别较常年值偏多13.4% 和 7.9%。此外，太阳辐射量季节变化明显，春季阴雨天多，辐射与日照均较少，而夏季则相反，6～9 月各月的太阳辐射可达 450 兆焦耳/平方米以上（广东省地方史志编纂委员会，1996）。

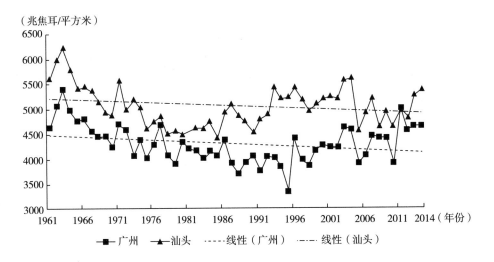

图 2-4 1961～2014 年广州、汕头太阳总辐射量变化

广东省年平均日照时数为 1450～1800 小时，随季节变化明显，春季少夏季多，且日照时数从沿海向内陆递减，其中北部地区平均日照时数达 1750 小时左右，中部地区平均日照时数为 1800～2000 小时，南部沿海地区平均日照时数可达 2000～2200 小时以上。从 1961～2014 年广东省年平均日照时数的变化趋势来看，年平均日照时数呈递减趋势，平均每 10 年下降 40 小时（见图 2-5）。其中，1963 年年日照时数最高，达 2287.4 小时，1997 年年日照时数最低，仅为1527.9 小时。

3. 近海风能资源丰富，受季风影响较强

广东风能资源主要分布在沿海地区和粤北、粤西海拔较高的山区，风能资源分布与离海距离大小以及离地高度的高低密切相关。一般而言，离海近的沿海地带以及岛屿等区域风能资源多，而离海远的内陆风能资源相对较少；海拔高

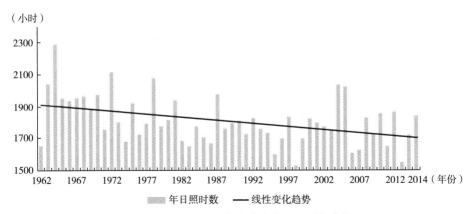

图 2-5 1962~2014 年广东省年日照时数变化

的山区风能资源多，而海拔低的内陆风能资源少。其中广东省沿岸地区和岛屿常年风力较大，珠江口岛屿、南澳岛、下川岛等风能资源丰富，年平均有效风能密度在 120 瓦/平方米以上，有效风速时数平均每天 15 小时以上。广东中部和东部沿海年平均有效风能密度在 70~80 瓦/平方米，年有效风速时数 3000~5000 小时，平均每天达 10~15 小时，可开采利用性较强（陈强，2006）。

广东省属于东亚季风区，风向和风速受季风影响较强。其中，冬季风速较大，以北风和东北风为主，是全省风能资源最佳利用季节；夏季风速较小，以南风和东南风为主；春秋两季风向的变化大，盛行风向的频率也较低，春季盛行风向与夏季相似，秋季盛行风向与冬季相似。据《2014 年广东省气候变化监测公报》显示，1961~2014 年，广东省年大风日数总体上呈递减趋势，平均每 10 年减少 0.4 天。大风日数最多年份为 1964 年，广东省大风日数平均值为 7.8 天，大风日数最少年份为 2002 年，广东省大风日数平均仅 2.4 天（见图 2-6）。

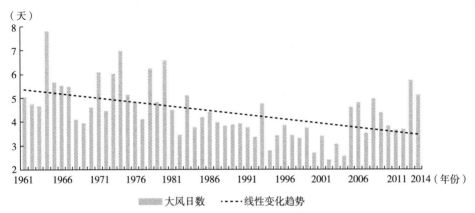

图 2-6 1961~2014 年广东省年大风日数变化

资料来源：《2014 年广东省气候变化监测公报》。

三、水资源

广东省水资源总量丰富。2014年全省水资源总量达1718.5亿立方米，占全国水资源总量的6.3%，为全国31个省（区、市）均值的两倍。在全广东七大水系中，北江水资源总量最高，达480.82亿立方米，较常年增加了0.1%，是七大水系中唯一一个保持增长的水系。其次是粤西诸河和珠江三角洲水系，水资源总量分别为279.17亿立方米和271.13亿立方米，水资源量较常年分别下降14.9%和4.7%；韩江水资源总量最低，为141.17亿立方米，水资源量较常年分别下降11.6%（见表2-1）。总体来看，广东省水资源主要存在以下特点：

表2-1 2014年广东省各流域水资源总量

流域分区	地表水资源量（亿立方米）	地下水资源量（亿立方米）	水资源总量（亿立方米）	与常年比较增减（%）
西江	146.75	46.05	146.92	-1.9
北江	480.71	116.14	480.82	0.1
东江	221.57	61.08	221.63	-9
珠江三角洲	267.35	51.67	271.13	-4.7
韩江	140.04	30.83	141.17	-11.6
粤东诸河	175.39	44.47	177.61	-3.4
粤西诸河	277.20	70.3	279.17	-14.9
广东省	1709.01	420.54	1718.45	-6.1

资料来源：《2014年广东省水资源公报》。

1. 降水量丰富，时空分布不均

广东省降水充沛，平均降水量为1777毫米，是全国平均降水量的2.9倍。年平均降水量在1300~2500毫米，最多年份达2254.1毫米，最少年份为1314.1毫米。广东省降水量分布不均主要体现在以下两个方面：

（1）从降水量空间分布来看，广东省降水量总体上南高北低，降水量分布不均。受地形影响，山地迎风坡为广东省多雨中心，主要布局在恩平、海丰和清远区域，其中，恩平年平均降水量超过2500毫米，海丰年平均降水量接近2500毫米，龙门平均降水量为2100毫米。山地背风坡为少雨区，罗定盆地、兴梅盆地和沿海的雷州半岛、潮汕平原等区域，年平均降水量小于1400毫米。从水系分布来看，七大水系中常年降水量在1500毫米以上，其中粤东诸河、珠江三角洲和粤西诸河常年降水量排前三位，韩江和西江常年降水量最低。2014年，粤东诸河降水量达1923.9毫米，占广东省总降水量的16.4%，居七大水系首位。其次是北江和珠三角，降水量分别达1828.9毫米和1777.88毫米，分别占广东省总降水量的15.6%和15.1%。韩江降水量最低，降水总量为1421.6毫米。与2013年相比，2014年各流域降水量分别下降2.5%~32%，其中韩江流域减幅32%（见图2-7）。从各市降水量分布来看，汕尾、清远位于全省前两位，降水量在2000毫米以上，其次是广州、深圳、惠州、珠海、揭阳、阳江、江门、茂名、肇庆、中山、东莞、韶关、潮州、顺德、汕头、佛山16市，降水量在1500毫米以上，河源、云浮、梅州、湛江四市降水量在1500毫米以下。

（2）从降水量时间分配来看，4~9月降水量较多，汛期降水占全年降水的80%以上。广东省年际降水量变化也较大，多雨年为少雨年降水量的两倍以上（见图2-8）。此外，广东省多暴雨，其中暴雨最频繁的是海丰地区，其年平均暴雨日数达13.5天。月平均降水量以6月最多，达313.5毫米，12月最少，仅为32.0毫米。

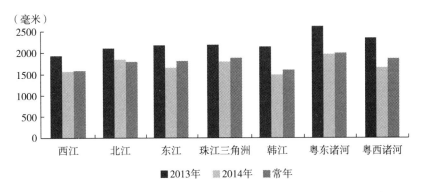

图2-7 2014年广东省各流域平均年降水量与2013年、常年比较

注：广东省平均年降水量选1055个雨量站资料采用分区降水量面积加权平均法计算。

资料来源：《2014年广东省水资源公报》。

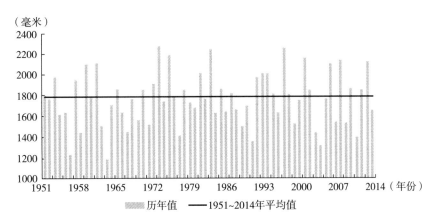

图2-8 1951~2014年广东省平均年降水量变化

资料来源：《2014年广东省气候公报》。

2. 蓄水能力强，利用效率高

在地表水资源方面，2014年广东省地表水资源量为1709亿立方米，占全国地表水资源总量的6.5%；折合年径流深962.4毫米，是全国年径流深度的2.5倍。河水径流量方面，广东省河水径流基本由降水补给，因此径流与降水的分布大体一致，也具有时空分布不均的特点。2014年广东省七大水系地表水资源量均在140亿立方米至800亿立方米，其中北江地表水资源量最丰富，地表水资源量达480.71亿立方米，其次是粤西诸河、珠江三角洲水系和东江，地表水资源量相对较低的为韩江和西江，地表水资源量小于150亿立方米。外省（区）流入水资源方面，2014年，从邻省（区）流入广东省的总入境水量达2367.6立方米，其中从广西流入量最大，达2195.8亿立方米，其余为湖南、福建、江西等省流入。

在地下水资源方面，广东省地下水资源量为420.5亿立方米，占全国地下水资源总量的5.4%。地下水资源的分布与地形密切相关，具体而言，广东省山丘地区与平原地区地下水资源量比重为88.9%和11.1%（见图2-9），其中平原区地下水资源量达46.6亿立方米，珠江三角洲、潮汕平原和雷州半岛平原的地下水资源量分别为18.1亿立方米、6.4亿立方米和22.1亿立方米。广东省七大水系中，北江地下水资源量最高，达116.14亿立方米，其次是粤西诸河，地下水资源量达70.3亿立方米，韩江地下水资源量最低，为30.83亿立方米。①

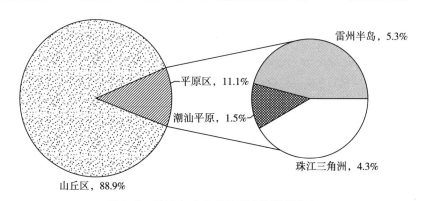

图2-9 2014年广东省地下水资源量分布

资料来源：《2014年广东省水资源公报》。

在大中型水库蓄水方面，广东省大中型水库共计346座，其中大型水库37座，中型水库309座。2014年末蓄水总量180.9亿立方米，占全国大中型水库年末蓄水总量的4.8%。其中大型水库年末蓄水量达147.6亿立方米，中型水库年末蓄水量达33.3亿立方米。从城市分布来看，广东省各城市蓄水量差异较

---

① 2014年检测数据。

大。其中，河源年末蓄水量最高，达 93.68 亿立方米，占全省总量的 51.8%；其次是湛江，年末蓄水量为 10.93 亿立方米，仅是河源年末蓄水量的 11.7%；中山年末蓄水量最低，为 0.13 亿立方米，仅占全省总量的 0.78%。

广东省水资源利用效率较高。与全国水平相比，2014 年广东省人均综合用水量达 414 立方米，用水消耗总量达 442.5 亿立方米，耗水率（消耗总量占用水总量的百分比）为 25.7%，较全国耗水率低 27.3%；万元 GDP 用水量为 65 立方米，较全国万元 GDP 用水量低 31 立方米。万元工业增加值用水量为 40 立方米，较全国万元工业增加值用水量低 19.5 立方米。与 2000 年相比，万元 GDP 用水量由 547 立方米下降到 86 立方米，共下降了 84.3%；万元工业增加值用水量由 401 立方米下降到 33 立方米，共下降了 91.8%。

3. 水力资源开发以中小型为主

从水力资源的流域分布来看，广东省水力资源主要分布在北江、东江和西江，其中，北江的水力蕴藏量最多。从水力资源的行政区域分布来看，主要分布在韶关、惠阳、肇庆地区等北部山区和各大水系的中上游，中部和南部地区水力资源相对缺乏。

广东河流水量丰富，中小支流众多，但落差不大，因此水力资源开发利用主要以中小型为主。在主要河流的干流上，以低水头的中型电站为主；在河流的上游山区，以高、中水头的中小型电站为主。这些小水电站点多且覆盖广，为地方工农业生产提供了电力保障。

《2011 年广东省第一次水利普查公报》显示，广东省共有水电站 9658 座，装机容量 1479.67 万千瓦（见表 2-2）。其中，已建成规模以上水电站 3363 座，装机容量达 1165.57 万千瓦，在建规模以上水电站 34 座，装机容量 16525 万千瓦。河源市新丰江水电站是广东省最大的常规水力发电厂，装机容量达 35.5 万千瓦，平均年发电量 9.9 亿千瓦时。

表 2-2　广东省水电站数量和装机容量

水电站规模		数量（座）	装机容量（万千瓦）
合计		9658	1479.67
规模以上（装机容量≥500 千瓦）	大（1）型	3	608
	大（2）型	1	35.5
	中型	13	119.5
	小（1）型	81	172.7
	小（2）型	3299	395.12
规模以下（装机容量<500 千瓦）		6261	148.85

资料来源：《2011 年广东省第一次水利普查公报》。

四、海洋和海涂资源

广东省海域辽阔，海岸绵长，大陆架宽广，滩涂广布，港湾优越，岛屿众多。海域总面积为41.9万平方千米，拥有海岛1431个，大陆海岸线长4144.4千米，居全国首位。主要海域位于中国南海北部和东北部海区，大致范围为东起闽粤交界处的大埕湾，西至粤桂交界处的英罗港洗米河口，经广西斜阳岛东部海区直至琼州海峡粤琼两省的分界线。滩涂面积2042平方千米，占全国滩涂总面积的8.3%。广东省海洋经济相对发达，实际海水养殖面积2082平方千米，占可供海水养殖面积的26.8%，是全国著名的海洋水产大省。[①] 2014年广东省海洋生产总值达1.35万亿元，同比增长13.8%，约占广东省GDP的19.5%，占全国海洋生产总值的22.5%，海洋生产总值连续14年居全国首位。[②]

1. 海洋生物资源

广东省海洋生物种类丰富，共有406种浮游植物、416种浮游动物、828种底栖生物和1297种游泳生物。由于海区的底质、水文、地形、气候等环境的不同，海洋生物的种类和分布特点差异较大。基于广东省现有的海洋生物资源，将其分为潮间带生物、海洋浮游生物、底栖生物、游泳动物四个方面。

（1）潮间带生物。潮间带生物又称滩涂生物，是指在海岸带区域水、陆、气交汇地带生存的生物，具有较强的地带分布性。

从各岸段潮间带来看，广东省可分为河口湾潮间带、粤东和粤西大陆潮间带及海南岛潮间带三种大类型。在河口湾潮间带中，珠江口、韩江口、榕江口为主要区域。这些区域为亚热带低盐区域，生物以河口性低盐类为主，生物群落较为简单，但各种类的数量较大。数量较多的生物种类包括软体类动物、甲壳类和藻类植物。粤西和粤东惠来至大鹏湾和潮间带中，以雷州半岛为主要分布区域，由于海水盐度和温度较高，全年变化较小，这一区域的热带暖水性种类较多，以软体动物、节肢动物、环节动物、棘皮动物、腔肠动物、鱼类、藻类为主。

从各底质类潮间带来看，广东省底质类型复杂，主要包括岩礁潮间带、珊瑚礁潮间带、泥滩、沙滩、泥沙滩或沙泥滩和红树林区六种底质类型。其中前五种底质类型的生物以软体动物和节肢动物为主，红树林区生物以软体动物、甲壳动物为主。

（2）海洋浮游生物。海洋浮游生物是海洋食物链中最基础的生态环节，它们的生长直接影响到海洋内动物资源数量的变动。广东省海洋浮游生物种类丰富，其中浮游植物主要以硅藻类、甲藻类为主，它们的数量约占海洋浮游植物

---

① 相关数据来源于广东省人民政府网站。
② 相关数据来源于广东省海洋与渔业局网站。

总量的 80%以上。从区域分布上来看，粤东岸段的平均生物量最多，其次是粤西、珠江口和海南岛。广东沿岸浮游动物以桡足类、水母类和毛颚类为主，主要优势种类有水蚤、箭虫、水母等。从区域分布上来看，珠江口岸段平均生物量最多，其次是粤东、粤西、海南岛。

（3）底栖生物。底栖生物是指栖息于近底层水域或海底中的生态类群，是海洋生物的重要组成部分。广东省底栖生物种类主要以软体类、甲壳类、多毛类、棘皮类、腔肠类、软珊瑚类以及藻类为主。从生物数量上看，广东省各岸段生物总量受季节影响较大，但以秋季为最高，其次是夏季、冬季和春季。总体而言，软体动物量最多，特别是在广东沿岸，浅海软体动物的数量占底栖生物总量的一半以上。

（4）游泳动物。海洋游泳动物多指水体中具有游泳能力、自游生活的海洋群类，主要包括鱼类、头足类、虾类及蟹类等，是海洋渔业资源的基础。广东省海洋渔业资源种类多，南海北部大陆架、大陆斜坡及南海诸岛海域共计有鱼类 1755 种，包括大黄鱼、竹荚鱼、带鱼、金线鱼、石斑鱼、鳗鱼、金枪鱼等多种具有经济价值的鱼类。南海北部虾蟹种类丰富，有日本对虾、墨吉对虾、短沟对虾、刀额新对虾、须赤虾、中华管鞭虾、长毛对虾等种类。这些资源个体生长较快，成熟早，食性广，且地域差异较大。

广东丰富的海洋渔业资源为海洋经济发展做出了重大贡献。2014 年广东省渔业经济总产值达 2350 亿元，占全省海洋生产总值的 17.4%，渔民年均纯收入达 13300 元。根据双拖作业监测船在四大渔场作业的数据显示，2000 年以来，广东省平均渔获率总体上呈上升趋势（见图 2-10），优质渔获物主要包括带鱼、金线鱼、蓝子鱼、白鲳、鲻鱼、马鲛、大眼鲷、虾类、丽叶鲹、油鲊、头足类等。

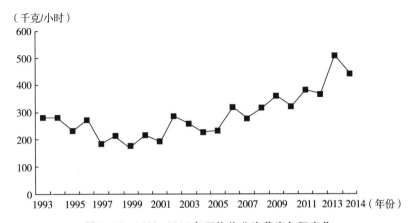

图 2-10　1993~2014 年双拖作业渔获率年际变化

资料来源：《2014 年广东省海洋环境质量公报》。

2. 海岛资源

截至 2014 年底,广东省拥有海岛数量达 1431 个,其中有 759 个面积大于 500 平方米。岛屿岸线长度达 2428.7 千米,海岛面积达 1592.7 平方千米,其中面积较大海岛有东海岛、南澳岛、上川岛、南三岛、下川岛、海陵岛等。位于广东海域的领海基点有南澎列岛、石碑山角、佳蓬列岛、针头岩、围夹岛、大帆石等七处。① 海岛资源的主要特点如下:

(1) 海岛类型丰富。从海岛的物质组成来看,广东岛屿可分为基岩岛、沙洲岛、火山岛、珊瑚岛,其中基岩岛数量最多,其次为沙洲岛。基岩岛主要分布在放鸡岛以东的海域,沙洲岛分布在珠江口、湛江及韩江口海域,火山岛主要指硇洲岛,珊瑚岛主要指东沙岛。

(2) 海岛群分布集中。广东省海岛相对集中,主要分布在广东省东南部汕头至汕尾海域,包括勒门列岛、南澎列岛、中央列岛、九洲列岛、港口列岛、万山列岛、川山列岛、南鹏列岛、东沙群岛等。其他海岛布局较分散,主要分布在揭阳、深圳、茂名、湛江等海域。广东省海岛基岩岸线较长,水流不大,且深水区距岸较近,适建港口。

(3) 海岛水土资源有限。在淡水资源方面,岛屿淡水补给以降水为主,岛上植被覆盖率较低,植物以灌木丛为主,蓄水量相对较低,淡水资源供给紧张。在土地资源方面,广东省多数海岛由低山丘陵和台地构成,大型海岛多由多种地貌组合而成,地质构造复杂,具有代表性的海岛有上川岛、下川岛、南澳岛、东海岛等。由于地质结构复杂,且多数海岛土质以赤红土和滨海盐土,土层较浅,适宜耕作土地较少,土地资源十分有限。

3. 滨海旅游资源

广东省环境舒适,气候温暖,滨海旅游时间较长,大部分海域水质为较清洁和清洁标准,拥有大面积的红树林和中国大陆架上保护最完好的珊瑚礁群。广东省滨海旅游资源丰富且类型多样,包括沙滩、温泉、海岛、海洋文化古迹和非物质文化遗产等,旅游开发以海岛、海滩、温泉等资源为主。滨海各市旅游景点达 614 处,其中,5A 级旅游景点有四个,4A 级旅游景点有 72 个。

(1) 广东省滨海旅游资源开发阶段。广东省作为全国率先开发滨海旅游资源的省份,其开发大致分为三个阶段。第一阶段为 20 世纪 80~90 年代,以海水浴场为主要开发内容,重点开发区域包括深圳小梅沙旅游中心、江门的川岛飞沙滩—王府洲旅游中心、茂名的龙头山—虎头山旅游区、阳江的海陵岛大角湾浴场等。第二阶段为 20 世纪 90 年代至 21 世纪初,随着广东省经济发展和人口

---

① 数据信息来源于《广东省海洋功能区划(2011—2020 年)》。

的聚集，滨海旅游开发形成了热潮，推出了一批著名的滨海旅游区，其中国家4A级景区有汕头中信高尔夫海滨度假村、阳江大角湾和南澳岛等。第三阶段为21世纪初至今，滨海旅游开发进入深度开发时期，旅游开发呈现高端化趋势，出现了以惠州巽寮湾、珠海海泉湾等为代表的高端滨海旅游度假区。由水上运动、海滨浴场、主题公园、专项旅游活动和文化观光等组成的海滨旅游产品体系初步建立，珠江三角洲、粤东以及粤西三大滨海旅游区域逐步形成。近年来，广东滨海旅游业增长迅猛，2012年广东滨海各市①旅游收入达4507.46亿元，过夜游客数达2.05亿人次（见图2-11）。

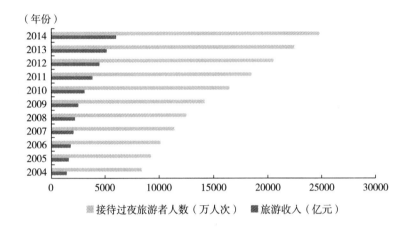

图2-11　2004~2014年广东滨海城市旅游收入和过夜游客数量

资料来源：根据历年《广东统计年鉴》整理得到。

（2）广东省滨海旅游资源空间分布。从空间分布上看，广东省基本形成珠江三角洲滨海地区、粤西滨海地区和粤东滨海地区三大特色滨海旅游区域。其中，珠江三角洲滨海地区海岛资源丰富，海滩资源等级较高，以发展大众化、家庭式综合休闲娱乐型度假为主要特色，注重城市生活与休闲度假相互融合。粤西滨海地区以发展家庭旅游、休闲度假及渔家乐等为主要特色，注重自然体验。粤东滨海地区以发展商务会议、户外运动、休闲度假和文化旅游为主要特色，注重人文旅游体验。按照2012年出台的《广东省滨海旅游发展规划（2011—2020年）》，广东省结合现有的旅游资源，将重点开发十大战略性旅游开发区域，包括珠江三角洲湾区、深圳大鹏半岛、珠海海岛群、惠州稔平半岛、

---

① 海滨城市包括：广州市、深圳市、珠海市、汕头市、惠州市、汕尾市、东莞市、中山市、江门市、阳江市、湛江市、茂名市、潮州市、揭阳市14个城市。

汕头南澳岛、江门川岛、阳江海陵岛—月亮湾、茂名水东湾—放鸡岛、湛江五岛一湾、汕尾红海湾等。其中，珠江三角洲湾区旅游资源包括莲花山、万山群岛、南沙湿地、中山故居、南沙天后宫、虎门炮台以及深圳西海岸、珠海情侣路等城市景观，以发展自然风光、历史文化、田园水乡、产业和城市景观为主。深圳大鹏半岛旅游资源包括沙头角—盐田片区、梅沙—马峦—三洲田片区和下沙片区，以滨海休闲度假产业为主。珠海海岛群包括外伶仃—桂山观光娱乐、东澳—白沥—万山休闲度假和担杆—佳蓬生态旅游三大组团，近期以渔家民俗和海岛休闲度假开发为主，海岛观光为辅。惠州稔平半岛包括巽寮湾、海龟湾、双月湾、海滨温泉、平海古城等优势旅游资源，以发展商务会展、滨海旅游度假、豪华游艇等高端旅游为主。汕头南澳岛将对南澳岛进行整体开发，以高端度假旅游为主。江门川岛重点面向珠江三角洲和港澳台市场，以休闲度假为主。阳江海陵岛—月亮湾包括海陵岛、月亮湾、珍珠湾等，重点面向粤、港、澳中高端客源市场，以旅游观光、文化体验、休闲度假、滨海运动和商务会议为主。茂名水东湾—放鸡岛包括虎头山、第一滩和晏镜岭等，以自然景观、休闲度假区为主。湛江五岛一湾包括湛江市区及东海岛、南三岛、硇洲岛、南屏岛、特呈岛五岛，以滨海观光、历史文化旅游、生态旅游、休闲度假、高端商务为主。汕尾红海湾以体育休闲运动为主，以休闲度假、休闲疗养、生态观光及餐饮娱乐等为辅。

4. 港口资源

广东省优良的地理环境和丰富的岸线资源为优良港湾的形成和港口建设提供了天然条件。广东省拥有深水良港湾 200 多个，主要包括广州港、汕头港、大亚湾、大鹏湾、海门湾、汕尾港、伶仃洋、神泉港、闸坡港、甲子港、博贺港、湛江港、黄茅海、镇海湾、安铺港、水东港等。其中，集装箱吞吐量超过 100 万标准箱的港口达八个，未来有望建成世界级港口群。广东省通航河流共有 998 条，通航里程达 14213 千米；拥有 109 个港口，其中内河港口 73 个、沿海港口 36 个，生产用码头泊位 3066 个。沿海港口与国内外来往密切，共开通了 320 多条国际航线，150 多条国内航线，通达全球 100 多个国家和地区的 200 多个港口。

2014 年，广东港口生产保持平稳较快增长，规模以上港口完成货物吞吐量 156370 万吨，完成集装箱吞吐量 5292.43 万标箱，总量位居全国第一。经过改革开放 40 多年的发展，广东省初步形成了珠三角港口群、粤东港口群和粤西港口群三大港口群。

珠三角港口群以广州港、深圳港为中心，以珠海港为次中心，港口综合运输能力最强。2013 年珠三角港口群货物吞吐量达 12.1 亿吨，较 2012 年增长

12%。2000～2013年，珠三角港口群货物吞吐量由2.52亿吨上升到12.1亿吨，14年间翻了近六倍，年均增长率达12.8%。其中，广州港的货物吞吐量达4.72亿吨，在珠三角港口群中排名第一，居全国第四位，世界第五位。码头泊位达568个，其中68个为万吨级码头泊位，是国家重要的交通运输节点。深圳港仅次于广州港，近年来发展势头迅猛。2013年货物吞吐量达2.34亿吨，集装箱吞吐量2327.85万吨，集装箱吞吐量占全省集装箱吞吐总量的47%，位居全球集装箱码头第三位。码头泊位达159个，其中万吨级码头泊位达67个，万吨级码头泊位总量占总泊位数的42.1%。

粤西港口群以湛江港为中心，其港口综合运输能力仅次于珠三角港口群。2013年粤西港口群货物吞吐量达2.2亿吨，较2012年增长6.4%。2000～2013年，年均增长14.5%，增长率为三大港口群中第一。其中，湛江港的货物吞吐量达1.8亿吨，在珠三角港口群中排名第三。各类码头泊位177个，其中万吨级及以上30个，泊位设计年综合通过能力1.50亿吨，已开通国内外贸航线20条。

粤东港口群以汕头港为中心。2013年粤东港口群货物吞吐量达0.92亿吨，较2012年增长7.6%。2000～2013年，年均增长率达14.2%（见图2-12）。其中，汕头港的货物吞吐量达0.5亿吨，在珠三角港口群中排名第十。各类码头泊位92个，其中万吨级及以上19个，泊位年综合通过能力2445万吨，已开通国际班轮航线12条。

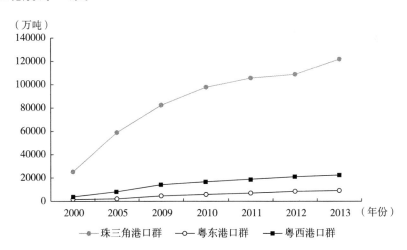

图2-12　2000～2013年广东省三大港口群货物吞吐量
资料来源：根据历年《广东统计年鉴》整理得到。

五、矿产资源

广东省位于太平洋与欧亚板块交接处，成矿地质条件优越，是我国矿产资源较富有的省份之一。总体上看，广东省矿产资源特点如下：

1. 品种较为齐全

截至2014年底，广东省发现矿产种类达148种，其中已查明资源储量的矿产达101种，共包括7种能源矿产，11种有色金属矿产，4种黑色金属矿产，2种贵金属矿产，15种稀有稀土及分散元素矿产，44种非金属矿产，4种水气矿产等（见表2-3）。广东省优势矿产资源包括有色金属、稀有稀土金属、化工原料、放射性矿产及建材等。

表2-3　2014年广东省矿产资源种类

矿种	种类数	种类
能源矿产	7种	煤、石油、天然气、铀、油页岩、泥炭、地热
金属矿产	有色金属11种；黑色金属4种；贵金属2种；稀有稀土及分散元素金属15种	铜、铅、锌、铝土矿、钴、钨、锡、钼、铋、汞、锑；铁、锰、钒、钛；金、银；铌钽矿、铌、钽、铍、锆、铪；轻稀土矿、稀土矿、重稀土矿；锗、镓、铟、镉、铊、硒
非金属矿产	44种	矽线石、红柱石、萤石、石灰岩、白云岩、石英岩、砂岩、天然石英砂、脉石英、耐火粘土、硫铁矿、芒硝、重晶石、天然碱、蛇纹岩、泥炭、盐矿、砷、硼、磷、石墨、水晶、硅灰石、滑石、石棉、云母、长石、黄玉、叶蜡石、沸石、石膏、冰洲石、玉石、页岩、高岭土、陶瓷土、膨润土、硅藻土、其他粘土、辉绿岩、花岗岩、大理岩、珍珠岩、粗面岩
水气矿产	2种	地下水、矿泉水

资料来源：《2014年广东省矿产资源年报》。

2. 矿产资源优势明显

广东省矿产保有资源储量中有56种（亚矿种）居全国前10位（见表2-4），其中，18种（亚矿种）矿产居全国前3位，7种矿产居全国首位，这7种矿产分别为碲矿、铌钽矿、建筑用花岗岩、建筑用大理岩、高岭土、水泥用粗面岩、泥炭。广东省已开发利用的矿产资源主要有矿泉水、地热水、金、银、铁、铜、铅、锌、锡、锑、硫铁矿、稀土、高岭土、陶瓷土、大理岩、水泥用灰岩等。其中矿泉水，地下热水丰富，开发利用潜力大。硫铁矿、高岭土、稀土、铅、锌、锡、钨、水泥用灰岩、建筑用石材、玻璃用砂为优势矿产，开发利用基础较好。

表 2-4 广东省排名全国前列的矿产

位次	矿产名称	种类数
1	铌钽矿、泥炭、水泥用粗面岩、建筑用大理岩、黄玉	5
2	油页岩、高岭土、冰洲石、建筑用花岗岩、饰面用大理岩	5
3	铅矿、锆矿、钪矿、轻稀土、矽线石、玻璃用砂、水泥配料用砂、饰面用辉绿岩	8
4	锡矿、汞、银矿、铷矿、锗矿、冶金用脉石英、硅藻土、压电水晶	8
5	钛、铋矿、重稀土、天然碱、水泥配料用页岩	5
6	镉矿、硫铁矿、玉石、陶瓷土	4
7	铸型用砂、叶蜡石、熔炼水晶、硼矿、水泥配料用黄土	5
8	锌矿、钨矿、铍矿、铟矿	4
9	砷矿、玻璃用石英岩、水泥用灰岩、建筑用砂、云母	5
10	铜矿、钼矿、锑矿、普通萤石、熔剂用灰岩、冶金用白云岩、水泥配料用泥岩	7

资料来源:《2014年广东省矿产资源年报》。

3. 主要矿产资源分布集中

受矿产资源禀赋条件和开发利用水平的影响,广东省矿产资源分布区域可划分为四大区域,即珠三角、粤东、粤西和粤北地区,矿产资源主要分布在粤东、粤西和粤北地区。

粤西沿海区域大部分被划分为限制勘查区和限制开采区,其主要矿产有高岭土、硅藻土、铁、铜、锡、油页岩、水泥用灰岩和地下热水、矿泉水等,为全国高岭土矿产采选和深加工重要生产基地,是广东省矿产资源重点开发区域。粤东沿海地区的主要矿产有稀土、锡、铅、锌、陶瓷土等,沿海地带以限制开采区为主,重点开展基础地质和农业地质调查。粤北地区是广东省矿产资源分布较丰富的地区,被划分为鼓励勘查区和鼓励开采区,主要分布的矿产有硫铁矿、铁、铅、锌、铜、钨、锡、钼及水泥用灰岩等。拥有南岭成矿带粤北段、武夷成矿带粤东段两条国家重点成矿区带,是广东省黑色金属、有色金属、化工及建材非金属重要生产基地。珠江三角洲地区为优化开发区域,是广东省矿产资源限制勘查和限制开采的主要区域,区域内分布的主要矿产包括铌、钽、金、银、建筑用石料、水泥用灰岩、盐矿、石膏、矿泉水、地下热水等。

4. 矿产资源保障程度不足

广东省以小型矿床为主,小型矿产地数量占70%。已探明的中大型金属矿床共(伴)生组分多,综合利用率低。上述两种原因再加上矿产勘查工作的滞后、矿产资源消耗较高等因素,导致广东省矿产资源保障度存在较为明显的不足。除高岭土、稀土、银、硫铁矿、油页岩、水泥用灰岩、玻璃用砂、建筑用石材、铌钽、矿泉水、地下热水等具有资源优势的矿产资源保障程度高之外,其他三种类别的矿产资源保障程度存在不同程度的不足。第一类是具有基本保障的矿产，如钨、锡、钼等。目前这类矿产资源具有较好的找矿潜力，但可采基础储量比例低，保有量一般能满足 10~17 年的开采需求。第二类是资源潜力大但无法满足当前需求的短缺类矿产资源，如金、铅、铁、铜、锌等。特别是铁、铜、金，其未来 15 年内的自给率仅达 20%~30%。由于这类矿产资源地质条件好，部分矿种有望通过加强勘查达到供需平衡。第三类是资源潜力差且紧缺类矿产资源，如铝土矿、煤、钾盐、磷矿等，这类矿产资源受地质条件约束，未来将以外来输入为主。

六、植被与生物资源

1. 植物资源

广东省四季常青，植物种类繁多。全省维管束植物（包括蕨类植物、被子植物和裸子植物）有 7717 种，覆盖了中国约 28% 的植物种类，共包括 6135 种野生植物，1582 种栽培植物。此外，真菌种类达 1959 种，共包括 185 种食用菌，97 种药用真菌。上述植物中，南方红豆杉、仙湖苏铁等 7 种植物属于国家一级保护野生植物，桫椤、丹霞梧桐、白豆杉、广东松、凹叶厚朴、土沉香、樟等 48 种植物属于国家二级保护野生植物。2014 年广东省林业用地面积 107644 平方千米，森林面积 90613 平方千米，活立木蓄积量 37774.59 亿立方米，森林覆盖率达 51.3%，高出全国 29.7 个百分点，在全国各省（区、市）中排第 6 位。

从植被类型来看，广东省主要分为地带性植被、非纬度地带性植被以及栽培植被三种。其中地带性植被主要包括北热带季雨林、南亚热带季风常绿阔叶林、中亚热带典型常绿阔叶林和沿海的热带红树林。非纬度地带性植被主要包括常绿落叶阔叶混交林、常绿针阔叶混交林、常绿针叶林、竹林、灌丛和草坡等。栽培植被主要包括珍贵树种、水稻、甘蔗、茶园、香蕉、荔枝、龙眼和菠萝等，其中荔枝、香蕉、菠萝和龙眼为岭南四大名果。2014 年广东省林业产业总产值达 6336 亿元，是 2008 年的 4.5 倍，连续多年居全国第一位。建成商品林基地 6010 平方千米，珍贵树种种植面积达 110 平方千米，油茶种植面积达 264 平方千米。

为保护野生植物的物种的不断减少，保护自然资源和自然环境，20 世纪 50 年代中期广东省建立了第一个自然保护区——鼎湖山自然保护区。截至 2014 年底，已建立林业系统自然保护区 270 个，包括 8 个国家级自然保护区，50 个省级自然保护区，212 个市、县级自然保护区，总面积 12451 平方千米，约占广东省国土面积的 6.93%。[①] 其中国家级自然保护区鼎湖山是我国重要的教学与科研

---

① 相关数据来源于广东省自然保护区网站。

基地，1979 年被纳入联合国教科文组织的世界自然保护区网，并成为联合国"人与生物圈"热带亚热带森林生态系统研究的一个定位站。

2. 动物资源

广东省生物物种起源古老，生物种类多样。陆生脊椎野生动物有 774 种，约占全国野生动物总种数的 12%。其中兽类 110 种、爬行类 112 种、鸟类 507 种、两栖类 45 种，分别占全国的 30%、46%、43.4% 和 25.5%。列入国家重点保护野生动物名录的达 114 种，其中国家一级保护动物 19 种，包括华南虎、豹、云豹、熊猴和中华白海豚等，主要分布在粤东和粤北部分山地，现存数量极少。国家二级保护动物 95 种，包括金猫、水鹿、穿山甲、猕猴和白鹇等，其中兽类主要分布在粤北、粤西和粤东地区。

从地区分布上看，与我国北部地区相较，广东省生物生存环境相对稳定，因此动物区系变化不大，其中以莲花山脉为主体的东部山地，以南岭山地、大雾山和云雾山为主体的中西部和北部地区为广东省主要的生物多样性与生物敏感区。众多的河流、港湾以及辽阔的海域使广东省成为候鸟迁徙的主要停歇地、越冬地和繁殖地。

由于森林过度砍伐和狩猎，野生动物数量大减，部分甚至濒临绝迹。多年来，广东省不断加大对野生动物的保护。截至 2012 年，广东省野生动物自然保护区达 61 个，包括 3 个国家级自然保护区，14 个省级自然保护区，63 个市、县级自然保护区。

第二节　经济资源

劳动力、资本、知识技术等资源是推动经济发展的重要因素，其存在的特点及其变动趋势将直接影响广东省的经济结构特点和未来经济发展趋势。

一、劳动力资源

截至 2014 年，广东省常住人口达 10724 万人，较 2000 年（第五次全国人口普查）增加了 2082 万人，15 年增长了 24.1%，增长速度高于全国 16.2 个百分点。自 2007 年起，广东常住人口在全国排名第一位，超过河南、山东。由于劳动力人口基数较大，且近 30 年来有大量外省劳动人口流入，广东省劳动力呈现出以下三个特点：

1. 劳动力资源总量和比重不断增长

1964~2010 年，广东省 15~64 岁的劳动力人口总量在总人口中的比重呈不断上升趋势。1982 年广东省 15~64 岁的劳动力资源总量为 2020.4 万人，占总人口比重为 54.6%。到 1990 年时，劳动力资源总量已达 4030.5 万人，占总人口比重达 64.2%，8 年人口翻了近一倍。进入 21 世纪以后，劳动力资源总量进一步提升。2000 年劳动力总量达 6030.51 万人，占总人口比重的 70%，2010 年劳动力总量达 7964.6 万人，占总人口比重达 76.4%，总量较 2000 年增长 32.1%。劳动力资源比重较高的主要原因有三个：一是广东省"人口红利"还未消失，劳动力年龄段人口规模本身较高；二是由于外来劳动力的大量流入，提升了劳动力总量水平；三是广东省人口控制工作成效显著，人口出生率下降，使总人口增长趋缓，导致劳动力人口比重相对上升。

2. 劳动力空间分布相对集中

改革开放后，广东省劳动力向珠江三角洲不断集聚的基本格局没有变化。2010 年，珠三角地区的劳动力数量达 4645.6 万人，占广东省劳动力总量的 58.3%，区域内劳动力密度达 848.45 人/平方千米，粤东、粤西和粤北地区劳动力数量分别占广东省劳动力总量的 14.8%、12.9% 和 14%，区域内劳动力密度分别达 762 人/平方千米、313.64 人/平方千米和 136.85 人/平方千米。从各城市劳动力分布来看，劳动力人口规模排名前三位的分别是广州、深圳和东莞，劳动力人口总量分别达 1040.35 万人、915.64 万人和 735.64 万人，排名后三位的分别是珠海、云浮和阳江，劳动力人口总量分别为 127.26 万人、160.14 万人和 173.73 万人。劳动力密度最高的城市是深圳，密度为 4585.58 人/平方千米，是密度最低的韶关市的 41 倍。2010 年劳动力人口大量向以深圳、广州为中心的珠三角地区集聚，在推动社会经济飞速发展的同时也使得该区域的生态环境、基土设施、土地等资源承受较大的压力。同时，受大量流动劳动力的影响，城市社会管理和服务受到了诸多挑战，区域协调发展的难度越来越大。

3. 外来劳动力流入量较大

如图 2-13 所示，1978~2014 年，广东省户籍人口迁入和迁出人数波动较大，但总体上人口以迁入为主。2014 年广东省户籍人口迁入达 93.48 万人，迁入量在全国仍排名前列，为全国具有劳动力持续吸引力的地区之一。广东省外来人口以劳动力为主，其中又以男性为居多。2010 年第六次全国人口普查显示，2010 年外来人口性别比高达 120 以上，高于广东省户籍人口性别比（约为 106~107）和全国平均水平。广东省是制造业大省，特别是近年来，产业结构有所重型化，对男性劳动力的需求不断增加。

二、资本

广东省改革开放 40 年来的经济飞速发展建立在雄厚的资本积累基础之上。固

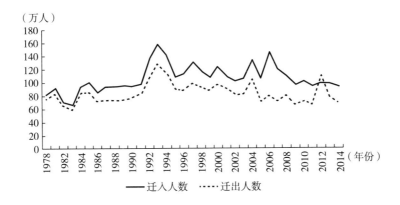

图 2-13　1978~2014 年广东者迁入和迁出人数变动趋势

资料来源：根据历年《广东统计年鉴》整理得到。

定资产投资保障了广东基础设施建设，提升了经济发展环境；海外资本的大量流入加快了广东省融入全球发展的步伐，使得广东省以更快更高效地提升经济发展水平；金融资本的发展壮大进一步释放了市场需求，为广东省经济爆发式增长提供了便利条件。

1. 物质资本

1985~2015 年，广东省固定资产投资比重逐年增长（见图 2-14）。2015 年，广东省固定资产投资 25928.09 亿元，剔除通货膨胀因素，是 2000 年的 8 倍，是 1985 年的 140 倍。与此同时，广东省固定资产投资在全国的比重波动幅度较大。1985~1994 年，广东省成为我国改革开放的主要阵地，大量资金流入，使得广东省固定资产投资占全国的比重不断上升，其中 1994 年广东省固定资产投资占全国的比重由 1987 年的 6.6% 上升至 12.6%，上升了 6 个百分点，比重达到近 30 年来最高。但自 1994 以后，广东省固定资产总产值占全国的比重不断下滑，2014 年广东省固定资产总产值占全国的比重仅为 5.06%，下降了一半。

结合广东省经济增长来看（见图 2-15），我们发现广东省固定资产总产值对 GDP 的贡献度处于先升后降的趋势。具体而言，1989~1994 年广东省固定资产总产值对 GDP 的持续拉动作用最明显，固定资产总产值对 GDP 的贡献度从 1989 年的 25.1% 上升至 1994 年的 46.4%。但随后拉动力开始减弱，1997~2014 年广东省固定资产总产值对 GDP 的贡献度保持在 30%~40%。相较于全国而言，广东省固定资产对经济增长的拉动作用相对平稳，经济发展对固定资产投资的依赖并不大。

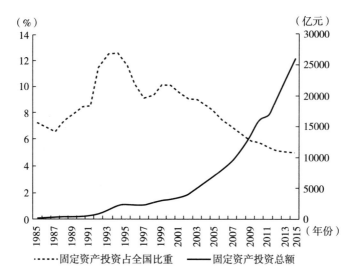

图 2-14　1985~2015 年广东省固定资产投资占全国的比重

资料来源：根据历年《广东统计年鉴》、《中国统计年鉴》整理得到。

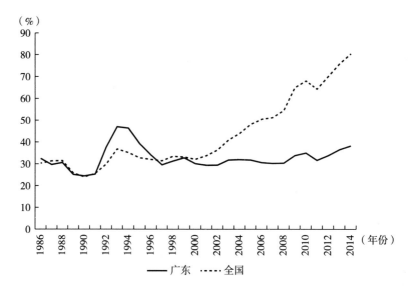

图 2-15　1986~2014 年全国和广东省固定资产总投资对 GDP 的贡献度

资料来源：根据历年《广东统计年鉴》、《中国统计年鉴》整理得到。

2. 海外资本

自改革开放以来，海外资本逐渐在珠三角集聚，这一区域逐渐成为我国外商投资的热土，广东省实际利用外资额占全国的比重曾一度高达 50% 以上，

2014 年投资总额达 272.77 亿美元，在全国排名第二，仅次于江苏。总体上，广东省外商投资呈现以下特点：

（1）外商投资规模不断扩大。如图 2-16 所示，1979~2014 年广东省外商投资规模呈上升趋势。1979 年广东省实际利用外资额不足 1 亿美元，经过 35 年的快速发展，2014 年广东省实际利用外资额为 272.78 亿美元，年均增长 17.7%。总体上，改革开放以来广东省外商投资规模增长分三个阶段。第一阶段是改革开放至 20 世纪 90 年代初，这一时期外商投资缓慢起步，投资额在 50 亿美元以下的区间波动，占全国利用外资总额比重不大。第二阶段是 20 世纪 90 年代初至 21 世纪初，这一时期随着改革开放红利的释放，吸引大批外资流入广东，全省利用外资规模不断扩大，2003 年达到 189.4 亿美元，较 1993 年增长近一倍，年均实际利用外资额占全国比重达 30% 左右。第三阶段是 21 世纪初至今，这一时期外商投资规模进一步扩大，但由于全球一体化速度的加快、广东省政策"洼地效应"的逐渐消失以及中西部地区经济的快速发展，广东省外商投资规模占全国比重明显放缓，总体上在 20% 上下波动。

图 2-16　1979~2014 年广东省实际利用外资情况

资料来源：根据历年《广东统计年鉴》整理得到。

（2）外商投资区域集中度较高。2004~2014 年，珠三角地区外商直接投资签订项目总数、合同外资额和实际利用外资额约占全省的 80% 以上。2014 年，珠三角地区外商直接投资签订项目达 5388 个，占广东省外资直接投资总项目数量的 90%，粤东、粤西和粤北地区仅占 10%；珠三角地区合同外资额达 385.5 亿美元，实际利用外资额为 268.71 亿元，分别占广东省合同外资总额和实际利用外资总额的 90% 和 92.5%。

（3）外商投资来源地以亚洲为主。截至 2014 年，对广东省投资的国家（地区）遍布全球近八成的国家和地区，主要集中在亚洲、拉丁美洲和欧洲等地区。如表 2-5 所示，1979~2014 年，亚洲对广东协议利用外资额累计达 4328.96 亿美元，涉及协议（合同）数 15.45 万个，实际利用外资 2636.39 亿美元，分别占广东省外商投资总量的 79.7%、86.2% 和 75.2%，其中主要投资国家（地区）为中国香港、新加坡。拉丁美洲对广东协议利用外资额累计达 544.21 亿美元，涉及协议（合同）数 0.64 万个，实际利用外资 466.51 亿美元，分别占广东省外商投资总量的 10.0%、3.6%、13.3%。欧洲对广东协议利用外资额累计达 172.55 亿美元，涉及协议（合同）数 0.28 万个，实际利用外资 132.56 亿美元，分别占广东省外商投资总量的 3.2%、1.6%、3.8%，其中主要投资国家为英国和荷兰。

表 2-5　1979~2014 年广东省外商投资来源地累计投资情况

	协议利用外资额（亿美元）	签订协议（合同）数（万个）	实际利用外资（亿美元）
亚洲	4328.96	15.45	2636.39
中国香港	3676.36	12.97	2180.30
新加坡	143.48	0.24	84.61
中国台湾	131.63	1.16	102.76
日本	128.70	0.24	127.18
韩国	54.46	0.19	39.20
拉丁美洲	544.21	0.64	466.51
维尔京群岛	481.58	0.56	411.91
开曼群岛	46.82	0.04	40.90
欧洲	172.55	0.28	132.56
英国	43.55	0.07	28.72
荷兰	43.42	0.02	33.35
法国	28.61	0.04	24.37
德国	25.15	0.04	20.25
瑞士	6.82	0.01	5.84
意大利	5.71	0.04	5.26
西班牙	3.45	0.01	2.93
非洲	35.44	0.11	21.40
毛里求斯	26.63	0.05	17.96
塞舌尔	5.82	0.04	2.59
北美洲	152.28	0.57	104.78
美国	116.81	0.47	80.83

续表

	协议利用外资额（亿美元）	签订协议（合同）数（万个）	实际利用外资（亿美元）
加拿大	18.82	0.10	9.85
百慕大	16.59	0.00	13.91
大洋洲	96.46	0.31	72.69
萨摩亚	96.46	0.21	61.27
澳大利亚	14.50	0.09	8.29
总计	5433.37	17.93	3506.25

资料来源：根据历年《广东统计年鉴》整理得到。

（4）行业分布广，投资领域呈分散趋势。改革开放以来，广东省外商投资行业分布广泛，主要以制造业为主，但近年来投资领域有分散化的趋势。如图2–17 所示，2006 年广东省制造业领域外商投资额为 93.9 亿美元，占全省外商投资总额的 76%，但至 2014 年这一比重为 48.2%，下滑了 27.8 个百分点。与此同时，广东省房地产业、批发和零售业、金融业等领域的外商投资逐渐增多。2014 年，广东省房地产外商投资额为 43.44 亿美元，占全省外商投资总额的16.2%，比重较 2006 年上升了 9.3 个百分点；批发和零售业外商投资额为 31.9亿美元，占全省外商投资总额的 11.9%，比重较 2006 年上升了 10.3 个百分点；金融业投资额为 18 亿美元，占全省外商投资总额的 6.7%，比重较 2006 年上升了 6.4 个百分点；租赁和商务服务业投资额为 17.7 亿美元，占全省外商投资总额的 6.6%，比重较 2006 年上升了 2.3 个百分点。

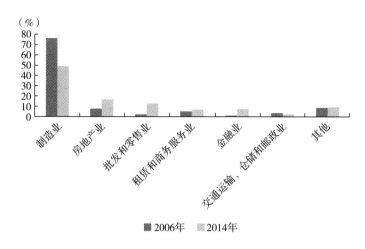

图 2–17 2006 年与 2014 年广东省外商投资分行业分布
资料来源：根据历年《广东统计年鉴》整理得到。

3. 金融资本

2003~2014 年，广东省中外资金融机构本外币存贷款余额逐年增长。2014年广东省中外资金融机构本外币存款余额达 127881.47 亿元，较 2003 年增加了3 倍多；2014 年广东省中外资金融机构本外币贷款余额达 84921.79 亿元，较2003 年增加了 4 倍多。2003~2014 年，广东省存贷款比率在 60%~70% 内波动，整体呈"U"字形趋势。其中，2003~2006 年广东省存贷款比率明显下降，4 年内下降了 8 个百分点。2006~2014 年，受经济下行压力和产业转型升级的影响，广东省存贷款比率上下波动较大，但总整上处于上升趋势，市场对资本的需求有所上升（见图 2-18）。

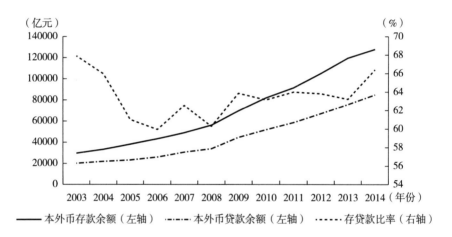

图 2-18　2003~2014 年广东省本外币存贷款余额和存贷款比率
资料来源：根据历年《广东统计年鉴》整理得到。

从保险业务看，广东省保险业务发展速度较快。2014 年广东省总保费收入达 2341.63 亿元，占全国比重的 11.5%，在全国排名第一位，较 2007 年增长近3 倍。其中，财产保险公司总保费收入达 832.14 亿元，人身保险公司总保费收入达 1509.49 亿元，均较 2007 年增长近 3 倍（见图 2-19）。

三、知识技术资源

知识技术是推动广东省经济社会发展的主要动力。改革开放以来，广东省坚持实施创新驱动发展战略，以市场为导向，推动产学研相结合，科技创新与经济社会良性互动发展。

在研发资源集聚发展方面，2014 年，研发人员达 67.5 万人，其中规模以上企业研发人员达 42.49 万人，占全国研发总人数的 16%，比重居全国首位。研

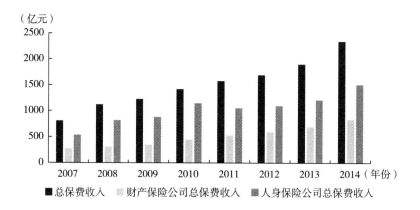

图2-19 2007~2014年广东省保险业务发展基本情况

资料来源：根据历年《广东统计年鉴》整理得到。

发资金投入达1605.45亿元，是2000年的15倍，研发资金投入占广东省地区生产总值的2.4%，较2010年增长了1.4个百分点，较全国平均比重高0.32个百分点。从全国来看，2000~2014年，广东省研发资金投入经历了一个由分散到集聚的过程（见图2-20），其中2005年之前，广东省研发资金投入占全国比重不断下降，但2005年以后，随着广东省技术密集型产业转移和高新技术企业的发展，广东省研发资金投入占全国比重不断上升，2014年，广东省研发投入资金占全国研发资金投入的12.3%。与全国其他地区相较，广东省2014年规模以上企业研发资金投入达1375.29亿元，仅次于江苏省（1376.54亿元），在全国排名第二位。

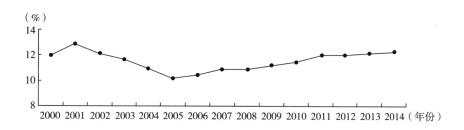

图2-20 2000~2014年广东省研发资金投入占全国比重

资料来源：根据历年《广东统计年鉴》、《中国统计年鉴》整理得到。

在创新产业集群发展方面，2014年广东省有高新技术企业9294家，高新技术产品产值5.18万亿元，拥有42家战略性新兴产业基地，383个技术创新专业镇。随着《珠江三角洲地区科技创新一体化行动计划》和《科技创新促进粤东西北地区振兴发展专项实施方案（2014—2020年）》等创新措施的实施，广东省区域创新体系不断完善，已建立9家国家工程实验室，46家省级工程实验室，23家国家工程（技术）研究中心，31家国家地方联合创新平台，1390家省级工程研究中心，79家国家级企业（集团）技术中心，743家省级企业技术中心。2014年深圳率先获批成为国家自主创新示范区，建设创新型广东工作正在有序推进。

在自主创新能力提升方面，随着知识技术资源的集聚，广东省自主创新能力不断加强，创新成果屡创新高。2014年广东省专利申请受理量27.84万件，较2000年增长13.1倍，占全国专利申请受理总量的11.7%；专利申请批准量达18万件，较2000年增长11.4倍，占全国专利申请批准量的13.8%。与全国其他地区相较，2014年广东省规模以上企业专利申请数为11.44万件，其中发明专利达5.6万件，有效发明专利数达12.69万件，均居全国首位。2014年，广东省技术合同成交额达543.14亿元，较2000年增长11.3倍，占全国技术合同成交总额量6.3%。《2014中国区域创新能力报告》显示，广东区域创新能力连续七年位居全国第二，其中创新绩效位居全国第一，知识创造、企业创新、创新环境位居全国第三，知识获取位居全国第四。从区域创新能力指标来看，广东的创业水平、产业结构、产业国际竞争力、就业综合指数位居全国第一。

第三节　社会资源

社会资源配置对区域经济发展速度和发展质量有着极其重要的影响。有效的社会资源配置能显著提升产业集聚水平，推动产业内部及跨区域间横向和纵向关联的加强，形成一种柔性的区域竞争力。

一、政策资源

改革开放40多年来，广东在充分发挥地缘人缘优势的基础上，创造性地运用中央赋予的特殊政策、灵活措施，在经济和社会建设方面取得了举世瞩目的成就。回顾广东政策历程，主要包括三个阶段：

第一阶段：1978~1991年，推进改革开放阶段。1979年，中共中央、国务院正式批准广东实行特殊政策和灵活措施，扩大地方管理权限，试办深圳、珠海、汕头三个出口特区，从此拉开了广东改革开放的序幕。1980年8月26日，第五届全国人大常委会第十五次会议正式通过《广东省经济特区条例》，并根据经济特区建设发展的需要，先后制定了一系列的单行法规。这些条例、法规与《中外合资经营企业法》《中外合作经营企业法》《外资企业法》《国务院关于经济特区和沿海 14 个港口城市减征、免征企业所得税和工商统一税的暂行规定》《国务院关于鼓励外商投资的规定》以及相关实施细则、暂行规定等一起形成了较完整的特区对外经济制度体系。在税收优惠方面，对生产性企业征收所得税实行不同程度的减免。在特区管理线建成后，特区企业进出口产品，除国家限制出口或另有规定的少数产品外，都免征工商统一税。在土地使用优惠方面，颁布《深圳经济特区土地管理条例》，明确任何单位和个人经过申请均可有偿获得规定期限的土地使用权。为了进一步吸引外资，外商使用特区内土地在收费标准和使用期限上给予一定的优惠待遇。在产品销售方面，特区对外资企业的产品出口免征工商统一税和海关出口税，也对允许符合条件的外商投资企业产品内销有一定的优惠。此外，为方便外商在特区投资和经营，在外汇管理、外籍人员出入境手续简化等方面给予方便。1984 年，中共十二届三中全会通过《中共中央关于经济体制改革的决定》，广东全面展开以城市经济体制改革为重点的改革开放。1988 年，国务院批复了《关于广东省深化改革、扩大开放、加快经济发展的请示》，批准广东省为综合改革试验区。这一阶段，广东省作为改革开放的前沿，在全国享有特殊政策和灵活的措施，是全国经济社会发展的"政策洼地"。在政策资源的推动下，广东省坚持对外开放，大力发展外向型经济，在全国率先培育和发展市场经济体系，经济发展取得显著成效。1990 年 7月，深圳经济特区创办十周年之际，时任中共中央总书记江泽民题词："继续办好经济特区，努力探索有中国特色的社会主义路子。"

第二阶段：1992~2002 年，增创发展新优势阶段。1992 年邓小平来到南方，对广东改革开放所取得的成就给予了充分肯定，提出广东要进一步深化改革，加快经济发展步伐，力争 20 年基本实现现代化。1994 年，国内改革开放全面铺开，广东政策优势逐渐弱化，江泽民提出广东要"增创新优势，更上一层楼"。在邓小平"南方谈话"和党的十四大的指引下，广东提出优先发展珠三角，制定了发展规划纲要，并逐步形成了"率先基本实现现代化的战略目标"。这一时期，广东省在政策上的调整主要体现在三个方面。一是率先开展经济体制改革，建立和完善市场经济体系。1993 年，中共广东省委七届二次全会审议通过了《中共广东省委关于建立社会主义市场经济体制若干问题的实施意见》，提出用 5年的时间基本建立社会主义市场经济体制框架，并对投资体制改革、国有企业改革、金融体制改革、财税体制改革、价格改革等重点问题提出具体的指导措施。1993 年，广州市被列为国家综合配套改革试点城市，开始了中心城市配套改革的探索。二是进一步扩大对外开放。国家继续将广东作为扩大对外开放先行一步的试验区，经国务院和广东省政府批准成立了不同功能的各类型的经济开发区，对重点区域实施差别化政策倾斜。截至 2002 年底，经国务院批准的国家级经济技术开发区 4 家、高新技术产业开发区 6 家、保税区 6 家、出口加工区 2 家。三是推动科技发展。经国家科学技术委员会批准建设珠江三角洲高科技产业带，范围覆盖广州、深圳、东莞、珠海、佛山、中山、江门、惠州 8 个市和番禺、宝安、顺德、新会、南海、惠阳 6 个县。

第三阶段：2003～2017 年。随着全国其他地区改革开放步伐的加快和全国区域经济协调发展的推动，广东省政策红利逐渐减弱。这一时期广东省提出全面建设小康社会的总体构想，主张推动广东省内外区域经济协调发展。与全国其他地区相比，广东省政策资源主要侧重在与粤港澳及泛珠三角区域的合作上。2003 年国家商务部与香港、澳门正式签署了 CEPA（Closer Economic Partnership Arrangement）协议，进一步推进了内地与港澳在货物贸易和服务贸易的自由化以及贸易投资便利化。CEPA 全面实施加深了广东与港澳全方位、多层次的合作，合作机制进一步完善。深化泛珠三角区域合作，推动了行政首长联席会议的建立，共同签订了《泛珠三角区域合作框架协议》《关于区域合作组织间开展工作交流与合作的协议》《关于进一步加强泛珠三角区域市场环境建设工作的实施意见》《关于推进泛珠三角内地区域产业转移和合作的指导意见（试行）》等系列文件，成功举办多届泛珠论坛和经贸洽谈会，各领域合作深入推进，合作成效显著。

二、教育资源

改革开放以来，广东省大力兴学办教，注重教育和技术投入，在高等学校考试招生制度改革、毕业生就业制度改革、基础教育课程改革等教育改革方面走在了全国前列。1994 年，广东省在全国最早提出建设教育强省，并提出了发展教育强省的总目标。20 多年来，随着广东省各项教育改革的实施，全省教育规模不断扩大，各级各类教育资源快速发展，高层次高水平人力资源不断汇集。

如图 2-21 所示，1995～2014 年，除小学以外，广东省各级各类教育在学校总量和在校学生人数上总体上呈上升趋势。其中，幼儿园和初中资源波动相对较小，2008 年以前幼儿园学校数和在校学生人数相对稳定，2008 年以后幼儿园资源迅速增长，这与广东省加大学前教育普及和幼儿园入学率提升有关。高中和高等教育资源波动较大，增长幅度高。1995 年高中学校数量仅为 836 所，在校学生人数为 39 万人，2014 年高中学校数量达 1012 所，在校学生人数为 214 万人，在校学生人数增长了 5 倍多，高中毛入学率达 95.0%。1995 年高等教育学校数量为 103 所，在校学生人数为 29.22 万人，2014 年高等教育学校数量达 141 所，在校学生人数为 179.42 万人，在校学生人数在近 20 年间增长了 6 倍多。这说明了广东省对高中及高等教育人才的重视，人力资源结构不断得以优化。由于受"撤点并校"政策的影响，使得广东省单一小学规模有所扩大，而小学总数量不断减少，但在校学生人数的年波动幅度并不大，总体维持在1067万人（2005年）至184万人，学龄儿童入学率达99%。此外，中等职业教育和技术学校的在校人数也在持续增加，其中，中等职业教育机构数量在不断减少，与在校人数增长趋势呈完全相反的趋势。这表明中等职业教育机构正在逐步向规范化、规模化方向发展，这将有利于广东省未来职业教育事业的发展。

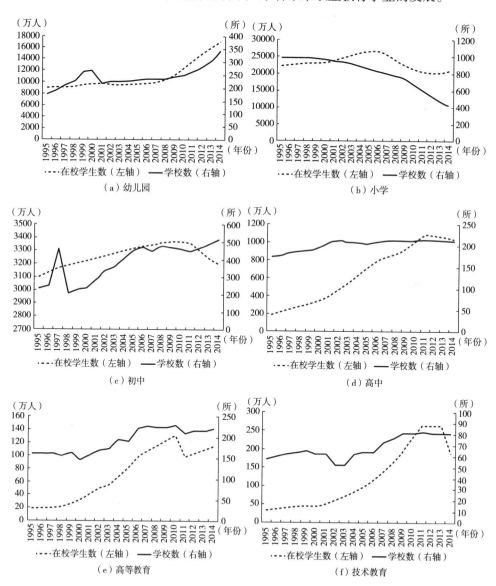

图 2-21　1995~2014 年广东省各级各类教育资源基本情况

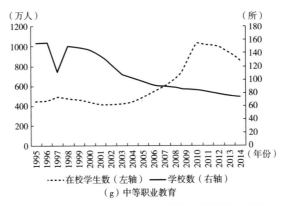

图 2-21　1995~2014 年广东省各级各类教育资源基本情况（续图）

注：幼儿园、小学、初中、高中、高等教育、技术教育和中等职业教育拥有的学校数和在校人数。

资料来源：根据历年《广东统计年鉴》和广东省教育厅网站整理得到。

三、文化资源

广东历史文化悠久，早期吸收了中原文化、海洋文化及周边文化，逐渐形成了以广府文化、潮汕文化和客家文化为三大民系的岭南特色文化。

广府文化发源于古代中原，由早期移民、古越族文化和外来文化杂处同化而成。以广州和香港为核心，广府文化在广东省内主要分布地域为珠江三角洲一带，是广东省封建文化形成最早的地区。由于其独特的经济和地理优势，广府文化从汉代开始就与海外文化不断交融，它敢于吸收和学习西方精神文明和物质文化，在三大民系中最具开放性。特别是广州作为广府文化的中心城市，自古以来便是广东乃至岭南区域经济、政治和文化中心，这使得广府文化在宗教、艺术、戏剧、音乐、建筑、文学、绘画、工艺、风俗等各个文化领域表现出历史悠久性和个性鲜明的特点，在岭南文化中影响力最大，地位最突出，在一些主要领域中逐渐发展成为粤文化的代称。如广州话、广州菜、广州本土歌曲、广州戏剧音乐等被分别称为"粤语""粤菜""粤讴""粤剧""粤曲"等。

潮汕文化受早期中原移民文化影响较深。唐宋以后，随着樟林港和汕头港的发展，不少潮汕民众移居国外，潮汕文化逐步开展吸收海外文化，不断融合创新发展。潮汕文化主要覆盖广东潮州、汕头、揭阳三地级市以及梅州、汕尾等部分地区。潮汕文化内容丰富，主要包括潮汕商业文化、潮汕方言、潮汕民间文学（潮汕歌谣、潮汕歌册和潮汕民间故事）、潮汕音乐、民间艺术、民俗习惯、饮食文化等。潮汕地区古代大多数居民由中原迁入，因此潮汕文化在长期的形成和发展过程中受中原文化影响较早。

客家文化主要分布在广东省粤东、粤北地区，以梅州、河源、惠州、深圳等地为主要集中地。客家文化同样融合了南方土著文化和中原文化，但较其他两大民系而言，客家人更加崇文重教，客家文化移民特征更加突出。自秦汉时起，中原人逐步南迁，共经历了 5 次大迁移。最后一次大迁移是在明清时期，部分客家人因为生活所迫、战争避难、从军从政、从商外迁等因素逐步迁移到国外，至今还有相当多的客家人居住在马来西亚、印度尼西亚、新加坡等亚洲国家和欧美等地。由于长期迁移，客家人具有明显的吃苦耐劳、艰苦奋斗、拼搏的精神和较强的民族意识。

概括来说，广东文化具有包容性、进取性两个方面的突出特点。在包容性方面，广东文化不仅吸收了岭南文化精髓，还融合吸收了中原、荆楚、闽越以及海外文化。截至近现代，广东省珠三角城市都带有明显的移民城市的印记，这使得广东文化相对我国大部分地区文化而言具有更强的包容性。在进取性方面，从古代经济社会的发展至近代康梁北上变法、辛亥革命，再到 21 世纪以深圳为代表的经济特区通过勇于拼搏创新的精神创造"深圳奇迹"等，使广东文化塑造出了一种"敢为天下先"的文化性格。在这种文化特点的趋动下，广东人在商业发展方面获得了显著的成就，使得广东省经济发展具有以下几个特点：

（1）经济发展具有外向型。虽然广东省在发展对外贸易的过程中得到了国家政策的大力支持，但从根源上讲，广东在对外开放的过程中取得的巨大成就与广东文化中的开放性是分不开的。从历史上看，早在秦汉时期，广东文化的包容性使得广东人较早接触了国外经贸信息，并借助广东临海多港口的优势开始了对外贸易。广州市曾是岭南经济文化中心。

（2）民营经济规模壮大。广东省以中小企业为主力军。2014 年广东省规模以上工业企业共有 4.12 万个，其中国有和集体工业仅有 438 个，其他全部为私营企业和外资企业。2014 年广东省民营经济主营业务收入达 2.37 万亿元，利税总额达 1910 亿元。民营经济的发展与广东省敢于拼搏、勇于创造、独立自立的文化特点明显相关。

四、华侨资源

自古以来，广东省就是我国有名的侨乡，是我国对外贸易最早、海外移民最多的省份。其特点主要有三个方面：一是华侨数量大、覆盖面广。广东有海外侨胞 3000 多万名，遍及世界 160 多个国家和地区，主要分布在以印度尼西亚、越南、新加坡、马来西亚、柬埔寨、泰国、菲律宾为主的东南亚国家，以英国、法国、美国、加拿大为主的欧美国家，以巴西、秘鲁、委内瑞拉、巴拿马为主的南美洲国家，以澳大利亚、新西兰为主的大洋洲国家，以马达加斯加、毛里求斯、南非、留尼旺等为主的非洲国家和地区。二是华侨与家乡联系十分紧密。

华侨心系祖国，时刻关注和支持广东省经济发展，与广东省建立了更加紧密的联系，越来越多的华侨选择归国共建共享广东省改革发展成果。截至2013年底，广东省归侨达10.17万人、侨眷达2000多万人，主要分布在珠江三角洲、潮汕平原和梅州地区。其中，有800万人为广府语系归侨侨眷，700万人为潮汕语系归侨侨眷，500万人为客家语系归侨侨眷。三是华侨世界影响力大。随着华侨群体的不断发展，广东华侨实力不断增强。特别是随着互联网的迅速发展，广东华侨华人社团逐步走向团结联合，在华侨社会里逐渐成为主体和主导力量。

总体来看，华侨以两种方式参与广东经济建设。一是通过华侨资本参与广东经济社会建设。长期以来，广东籍海外侨胞和港澳同胞十分关注和支持家乡经济、文化和社会建设，侨资企业和侨捐企业众多。在项目投资方面，1978～2013年，广东籍海外侨胞和港澳同胞捐赠金额折合人民币共计498亿元，在医院、学校、图书馆、道路、桥梁、体育馆等的捐建资金超过3.7万项。在侨资企业建设方面，广东省侨资企业总量达5.8万家，其中华侨华人投资在册企业和港澳投资在册企业数量分别为5000家、5.3万家。广东省侨资企业累计投资近2000亿美元，投资总额占全省实际吸收外资近七成。侨资企业是广东省外向型经济形成和发展的重要力量。二是通过华侨人才引进参与广东经济社会建设。以侨为桥，广东省引进了大量华侨华人高层次人才。在广东省引进的"千人计划"人才中，华侨华人达174人，占"千人计划"总人数的95%；引进76个华侨华人创新科研团队，占全省创新科研团队总数的84%；引进华侨华人领军人才58人，占全省领军人才总量的78%。广东省拥有5万多人的留学回国华侨华人，创办企业达3000多家，建成18个留学人员创业园，包括4个国家级留学人员创业园。

第三章　经济发展的资源环境约束

改革开放后广东省经济实现了高速增长，工业化和城镇化水平大幅提升，经济综合实力不断增长，人民生活水平明显提高。但与此同时，广东省经济发展所面临的资源环境约束越来越明显。在自然资源方面，广东省国土开发用地量和能源使用量较大，土地和能源供给日趋紧张，资源利用效率有待进一步提高。同时，自然灾害频繁，使得部分资源遭受破坏。在生态环境与治理方面，水、大气、噪声等生态环境污染严重，政府主导下的环境治理力度越来越大，治理成效有进一步的提高。在经济社会资源方面，新的经济社会形势下广东省正面临劳动力和教育资源不足，创新能力尚待提升等一系列问题。正视经济发展的资源环境约束，有利于更有效地优化配置资源，推动经济的持续健康发展。

第一节　自然资源约束

一、土地供给紧张

广东省人地关系矛盾突出，土地供给紧张。这主要表现在以下三个方面：

（1）建设用地增长过快，土地储备不足。2014年广东省建设用地19695平方千米，较1996年的14256平方千米增加了5439平方千米，增长了38.2%，平均每年增长286平方千米。然而，2014年未利用土地仅10163平方千米，较1996年的12630平方千米减少2467平方千米，减少了19.5%，平均每年减少137平方千米。此外，由于人口增长、发展用地需求上升等因素，广东省耕地保护形势十分严峻，优质耕地资源和人均耕地面积仍面临减少趋势，1996~2014年，平均每年耕地减少356平方千米，减少幅度较大。

（2）土地分布与用地需求的空间错位。广东省的城市空间主要分布在开发时间比较长的珠三角地区，占用了大量的城市建设用地和建制镇用地。2014年，珠三角地区（不含肇庆市）人口密度高达1342人/平方千米，是广东省人口最稠密的地区，人地矛盾尤为突出。然而，土地面积广、人口分布少的粤西地区和北部山区，人口密度分别为496.5人/平方千米和277.1人/平方千米，仅占珠三角人口密度的37.0%和20.7%。

（3）土地利用效率不高。虽然广东省土地利用节约水平在国内位居前列，但建设用地利用效率不高、使用粗放的情况依然较普遍，各地区土地开发利用强度差异较大。从各城市来看，广州、深圳、东莞、佛山、江门、中山、珠海等城市以及汕头、揭阳、茂名、湛江等部分区域的土地开发力度较大，土地开发强度大于30%，其他城市土地开发强度较小，韶关、清远、肇庆、河源、梅州、惠州等城市的部分地区土地开发强度在5%以下。从四大区域来看，《广东省第二次全国土地调查主要数据成果的公报》显示，2009年珠三角平原区的土地开发利用强度（即建设用地规模占区域土地总面积的比例）为39.4%；粤东沿海区、粤西沿海区、粤西北山区的土地开发利用强度分别是22.7%、22.2%、11%。由此可见，建设用地增量长期过度集中于珠三角地区，而作为广东省重要农业生产区域的粤西地区和北部山区由于经济发展水平相对较低，农村人口居住分散，占用大量的土地资源，土地利用效率较低。

土地资源供给紧张直接导致地价上涨。广东省8个国家级地价监测城市监测地价情况显示，2014年广东省平均出让地价为2552.57元/平方米，同比增长14.56%。其中，住宅用地出让均价为5021.56元/平方米，同比上升42.6%；商业用地和工业用地出让均价分别为5222.18元/平方米和425.96元/平方米，分别下降5.26%和2.63%。土地出让平均地价和住宅出让平均地价均同比上涨的主要原因是受土地资源"物以稀为贵"的客观影响，即使在市场相对偏冷的情况下，一些中心城区的土地价格仍处高位。这种地价的快速上涨将对人才等高端资源引进形成挤压作用，同时产业未来发展空间受限将对经济发展产生不利影响。为保障全省经济社会发展的用地需求，广东省要继续保持适度投放增量土地，同时加强节约集约用地和推进"三旧"改造工作，加大盘活存量土地力度，结合新型城镇化和新农村建设，全力做好城乡建设用地增减挂钩工作，强化建设用地复垦力度。

二、能源短缺

广东省是能源调入大省，成品油、原油、电力和煤炭等主要能源多来自省外和进口，自给率低。2014年广东能源消费总量为29593.26万吨标准煤。其中65.1%的能源需从外省调入，30.02%需靠国外进口。这种对外依存度较高的能源供给体系给经济安全和人们生活带来了严峻挑战。总体来看，能源短缺主要体现在四个方面：

（1）长期以来能源消费量呈阶梯式增长。如图 3-1 所示，1990～2014 年，一次能源消费量从 1990 年的 3690.25 万吨标准煤上升到 2014 年的 25636.29 万吨标准煤，15 年间增长了 594.7%。终端能源消费量从 1990 年的 3936.44 万吨标准煤上升到 2014 年的 28669.57 万吨标准煤，15 年间增长了 628.3%。

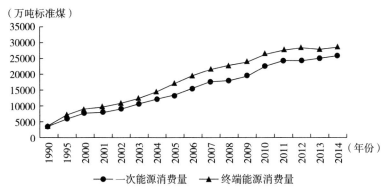

图 3-1　1990～2014 年广东省能源消费情况

资料来源：根据《广东统计年鉴》（2015）整理得到。

（2）单位 GDP 电耗压力增大。在能源消费量不断增长的同时，广东省节能降耗力度也进一步加大，工业行业能源消费强度有明显降低，低碳趋势日益明显，但单位 GDP 电耗压力有增无减。2014 年，在广东省经济总量实现 7.8% 增速的情况下，全社会用电量达到 5235.23 亿千瓦时，同比增长 8.4%，其增速超过经济增长速度 0.6 个百分点，"十二五"期间首次超过经济增长速度（见图 3-2）。电力超耗重现给节能工作带来极大的压力。

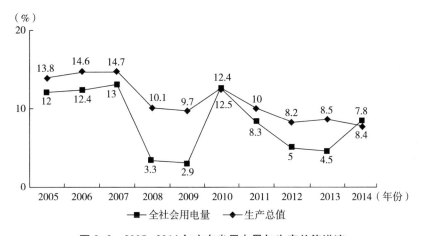

图 3-2　2005～2014 年广东省用电量与生产总值增速

资料来源：广东统计信息网。

（3）居民生活用能增速过快。如图 3-3 所示，2005~2014 年，居民生活用能占广东省全社会能源消费总量比重总体呈上升趋势，由 2005 年的 11.6%上升到 2014 年的 13.8%，上升了 2.2 个百分点。从广东省全社会能源消费总量和居民生活用能的增长率来看，除 2006 年、2010 年和 2013 年外，其他年份居民生活用能增速均高于全社会能源消费总量增速。2014 年，广东省全社会能源消费总量同比增长 3.9%，其中居民生活用能同比增长 9.6%，较全社会能源消费总量增速高 5.7 个百分点。在电力消费中也反映出居民生活用能增速过快的趋势。2014 年，广东省全社会用电量同比增速达 8.4%，其中居民生活用电量增速达 13.3%，较全社会用电量增速高出 4.9 个百分点。由于生活用能具有棘轮效应，一旦上升到一定水平后就很难下降，不利于节能工作的开展。

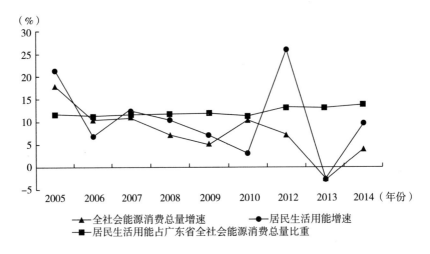

图 3-3　2005~2014 年广东省全社会能源消费总量及生活消费量增速

资料来源：根据历年《广东统计年鉴》整理得到。

（4）粤东、粤西、粤北地区产业结构增加节能工作难度。在推动粤东、粤西、粤北地区实现跨越发展的过程中，三地之间的定位或目标分别是重要能源基地、国家级石化能源基地、原材料资源加工基地，产业重型化特征显著。在这种产业结构下，重化产业发展将推动能源消费的相应增加，做好节能减排工作的难度较大。

三、自然灾害频繁

广东省是自然灾害多发省份，主要自然灾害包括台风、暴雨洪涝、地质灾害、赤潮灾害、雷击、干旱、高温以及寒潮和霜冻等，总体呈现灾种多，灾害发生频率高，灾害重的特点。其中以台风、暴雨洪涝、地质灾害最为严重。

在台风方面，广东省沿海地区台风频繁，常年登陆数为 3.6 次。1961~2014
年，登陆广东省台风总数达 196 次，台风最多的是 1961 年、1967 年和 1933 年，
年均台风登陆次数达 7 次。如图 3-4 所示，随着时间的推移，台风强度呈不断
上升的趋势，平均风力等级逐年上涨。2014 年广东省台风灾害损失居全国首位。
2014 年全年共有三次台风登陆广东省，全省受灾人口达 514.99 万人，直接经济
损失 60.41 亿元。其中，湛江地区为台风灾害的主要区域，其直接经济损失占
广东省直接经济损失的 89.04%。

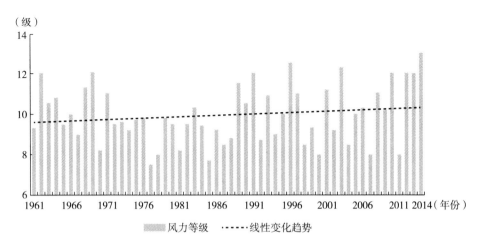

图 3-4　1961~2014 年登陆广东台风的中心平均风力等级

资料来源：《2014 年广东省气候变化监测公报》。

在暴雨洪涝方面，广东省年暴雨日数常年值为 6.5 天。1961~2014 年，广东
省年暴雨日数呈现微弱的上升趋势。其中，2001 年暴雨日数最多，达 10.6 天，
比常年值偏多 3.1 天。受南海地区水汽影响，广东省内局部地区洪涝较重，呈
现时空分布不均的特点。广东省特大暴雨洪涝灾害出现时间较集中，主要出现
在 5 月和 6 月，洪水频繁，洪涝较重，24 小时最大降雨量可达 800~900 毫米。
2008 年 5 月下旬至 6 月中旬，广东省出现中华人民共和国成立以来最严重的
"龙舟水"，全省平均雨量 626 毫米，较常年同期多 1 倍，为历史同期最多；直
接经济损失 64.5 亿元，死亡 33 人。

在地质灾害方面，广东省是我国地质灾害多发省份。其中，2005~2014 年，地质
灾害共计 1.2 万起，直接经济损失 21.21 亿元，总体波动幅度较大（见表 3-1）。
2014 年广东省共发生地质灾害 268 起，占全国地质灾害总量的 2.5%。其中，崩
塌 149 起、滑坡 103 起、泥石流 7 起、地面塌陷 6 起、地裂缝 1 起、地面沉降 2
起，共造成 6 人死亡、5 人受伤，造成直接经济损失 5423.1 万元。近年来，广

东省地质灾害主要特点包括：一是以粤东、粤西和粤北为主要区域的丘陵山区由于风化土层厚度较大，发生崩塌、山体滑坡和泥石流等灾害的频率较高。其中以坡残积土层为主的地质灾害占广东省地质灾害总数的90.4%。二是极端天气引发地质灾害增加。由于局部强降雨等极端天气增加，使得山体崩塌、滑坡等地质灾害明显增多，特别是5～6月，极端天气引发的地质灾害最为严重。三是人为活动引发地质灾害增加。以工程建设、削坡建房、抽排地下水等为主要活动的人类生产生活对自然环境造成了极大损害，地面塌陷、滑坡等地质灾害数量呈不断上升趋势，其中农村削坡建房是广东省造成地质灾害的最大隐患。

表3-1 2005～2014年广东省地质灾害情况

年份	2005	2006	2007	2008	2009	2010	2012	2013	2014
地质灾害发生数量（起）	155	8688	143	205	238	600	231	1502	268
地质灾害直接经济损失（亿元）	5.87	7.07	1.08	1.09	0.89	2.27	0.43	1.97	0.54

资料来源：根据《广东统计年鉴》（2015）整理得到。

第二节 生态环境污染与治理

一、生态环境污染

1. 水污染形势不容乐观

受经济社会发展影响，广东省部分水环境破坏严重。从广东省河流水质来看，2014年在接受监测评价总长度为8990千米的河流中，76.8%的河长为Ⅰ类至Ⅲ类水质，23.2%的河长为Ⅳ类至劣Ⅴ类。其中，西江、北江和韩江水系水质情况较好，90%以上的河流水质接近或超过Ⅰ类至Ⅲ类水质，其主要污染项目为高锰酸盐指数、氨氮、总磷、溶解氧和五日生化需氧量等。珠江三角洲河水污染较为严重，其中，西南涌、白坭河、芦苞涌、广州前航道、广州后航道、广州西航道、黄埔水道、大石水道、市桥水道、前山河、平洲水道、流溪河街口、石岐河、湘江中下游和高明河以下河段水质基本劣于Ⅲ类。粤东诸河中榕江及其支流、练江和枫江水质较差。粤西诸河中九州江、逐溪河和小东江劣于Ⅲ类。从水库、湖泊水质来看，在2014年监测评价的150座水库中，Ⅳ类至劣Ⅴ类水库占15.3%，较2013年上升5.2个百分点。呈现富营养化状态的水库数为34座，占水库总量的22.7%，污染项目主要为高锰酸盐指数、氨氮和总磷。在123座水生态监测的水库中，发生过不同程度藻类水华的水库有41座，占水库总量的33.3%。从地下水水质来看，地下水水质污染较为严重。在监测评价的53个地下水中，有 88.7% 的地下水井水质劣于 III 类，主要超标项目为氨氮、大肠菌群、硝酸盐、锰和铁等。在广东省地下水开发利用度最高的湛江市，19 个监测评价地下水井中只有 1 个测井水质达到 III 类，其他均处于 IV 类至劣 V 类，超标项目主要是总大肠菌群、氨氮、锰和铁等。从近岸海域海水水质来看，2014 年广东省海域水质达到第一、第二类标准的近岸海域约占 89.4%，海域水质处于第四类海水水质标准以下的近岸海域约占 3.7%，这类水质主要分布在环江口海域，其主要污染物为活性磷酸盐和无机氮。2014 年接受检测的入海河流向海洋排放污染物达 214.22 万吨，其中，具有代表性的入海排污口中，45.12% 排污口存在超标排放，与 2013 年相比上升 9.75 个百分点，主要污染物为总磷、化学需氧量和氨氮。

水环境污染严重的原因主要有以下两个方面：

（1）水资源消耗量大，废污水排放量高。受全省经济和社会发展的影响，2014 年广东省用水总量 442.5 亿立方米，占全国用水总量的 7.3%。1997~2014 年，广东省用水总量从 439.5 亿立方米上升到 442.5 亿立方米，增长 0.7%，其中，农业用水减少 12.5%，工业用水减少 5.3%，生活（包括居民生活、城镇公共和生态环境补水）用水增加 70.1%。2005~2014 年，广东省废水排放量总体呈上升趋势，其中城镇生活污水呈逐年增长，工业废水有下降趋势。2014 年广东省废水排放量达 90.5192 亿吨，占全国污水排放总量的 12.6%，在全国排名第一位，较 2005 年相比增长 41.8%；城镇生活污水达 72.68 亿吨，与 2005 年相比增长 78.6%；工业污水达 17.76 亿吨，与 2005 年相比下降 23.3%（见图 3-5）。由于高水资源消耗量和高废污水排量，广东部分地区水资源超载严重，特别是以广州、东莞、深圳为主的珠三角地区部分已达到极度超载水平。

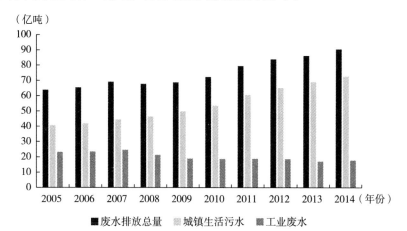

图 3-5　2005~2014 年广东省废污水排放情况

资料来源：根据历年《广东统计年鉴》整理得到。

（2）水资源总量在逐渐减少。2005~2014年，广东省水资源总量为1500亿立方米至2300亿立方米，呈微弱下降趋势。其中2013年水资源总量最高，达2263.2亿立方米，2011年最低，达1471.3亿立方米。2014年水资源总量达1718.5亿立方米，较2005年减少1.6个百分点。2014年《广东省气候变化监测公报》显示，广东省的主要江河年地表径流量也呈弱下降趋势，其中，西江控制站地表径流量以37.77亿立方米的速度下降，北江主要控制站地表径流量以0.91亿立方米的速度下降。随着广东省人口的逐渐增加，全省人均水资源量总体下降趋势较为明显。如图3-6所示，2005~2014年，广东省人均水资源量从2005年的1901立方米/人下降到2014年的1608立方米/人，十年间下降了15.4个百分点。

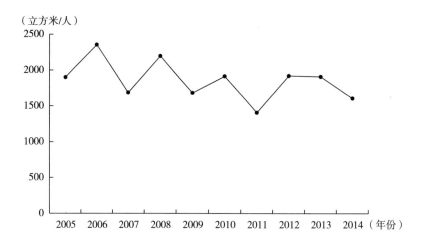

图3-6 2005~2014年广东省人均水资源量趋势

资料来源：根据历年《广东统计年鉴》整理得到。

2. 大气污染形势严峻

改革开放以来，随着经济的快速发展，广东省工业废气排放量上升趋势明显。特别是进入21世纪以来，工业废气排放量突破1万亿立方米，并在此基础上不断上涨。图3-7显示了十年来广东省工业废气排放量的总体趋势。数据显示，2005~2014年工业废气排放量年均增长速度达9.2%。其中2011年广东省工业废气排放量最高，达31463亿立方米，其余各年工业废气排放量增幅相对稳定，呈逐年增长趋势。

从大气质量上看，2014年广东省各市平均达标天数为85%，总体比例保持在70%~95.6%，其主要污染物为PM2.5、O_3-8h（臭氧8小时）和NO_2。其中，PM2.5为广东省首要污染物，污染比例达46.3%，日均浓度达标率为80.5%~

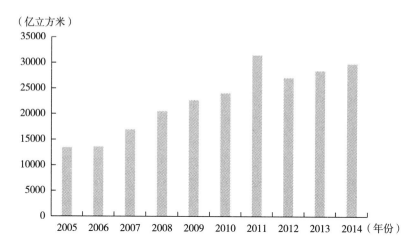

图 3-7　2005~2014 年广东省工业废气排放量

资料来源：根据历年《广东统计年鉴》整理得到。

97.8%。2014 年上半年 PM2.5 浓度较高地区（浓度区间达 52 微克/立方米以上区域）主要为广州、韶关、清远、肇庆、揭阳、潮州等。O_3-8h 和 NO_2 为次要污染物，污染比例分别为 32.8% 和 10.4%，日均浓度达标率分别为 78.2%~98.9% 和 88%~100%。按环境空气综合质量指数排名，居前三位的城市依次为湛江、汕尾和阳江，排后三位的为肇庆、佛山和韶关。广东省 21 个城市中，出现酸雨的城市有 18 个，占比 81.8%；受酸雨污染的城市达 14 个，占比 63.6%，其中重酸雨区为深圳、佛山和清远。

3. 噪声污染有待进一步重视

2014 年，广东省功能区噪声昼间和夜间达标率分别为 90.2% 和 63.7%，其中仅有韶关、珠海、惠州等 8 市夜间达标率达 100%，仅有肇庆、河源两市昼间达标率为 100%。广东省 21 个城市环境昼间噪声等效声级的总体平均值为 55.5 分贝，其中有 8 个城市声环境为一般水平，13 个城市受到轻度污染。从城市噪声来源构成来看，32.8% 为交通类声源，32.2% 为生活类声源，其他类声源占 35%。

4. 污染物排放压力增大

如图 3-8 所示，2005~2014 年，广东省废水中 COD 排放量和氨氮排放量总体处于上升状态。其中，2014 年废水中 COD 排放量达 167.06 万吨，较 2005 年增加 57.9%；氨氮排放量达 20.8 万吨，较 2005 年增加了 1 倍。

2005~2014 年，广东省废气排放中主要污染物二氧化硫和氮氧化物排放量呈现下降趋势，但工业烟（粉）尘排放量逐渐上升。2014 年，工业烟（粉）尘排放量达 39.5 万吨，较 2005 年增加 45.8%（见图 3-9）。

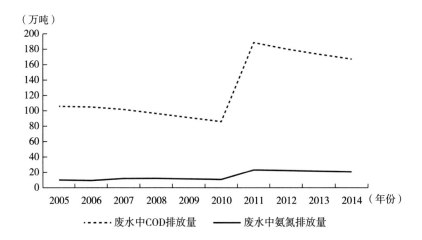

图 3-8 2005~2014 年广东省废水排放中 COD 和氨氮排放量

资料来源：根据历年《广东统计年鉴》整理得到。

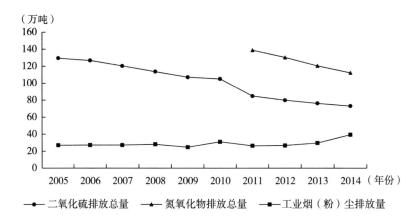

图 3-9 2005~2014 年广东省废气排放中二氧化硫、氮氧化物和工业烟（粉）尘排放量

资料来源：根据历年《广东统计年鉴》整理得到。

2005~2014 年，广东省固体废物趋势波动明显，总体呈上升趋势（见图 3-10）。2014 年固体废物产生量达 5665.09 万吨，较 2005 年增加 95.6%。其中，2011 年固体废物产生量达历史最高，为 6507.86 万吨，较 2005 年增加 1 倍多。但随着广东省对固体废物综合利用率的提升，固体废物排放量和固体废物贮存量不断下降。2014 年，广东省固体废物排放量为 1.9 万吨，较 2005 年减少 86.3%；固体废物贮存量为 150 万吨，较 2005 年减少 60.2%。

（万吨）

-·-·- 固体废物产生量　 ------ 固体废物排放量　 —— 固体废物贮存量

图 3-10　2005~2014 年广东省固体废物的产生量、排放量和贮存量

资料来源：根据历年《广东统计年鉴》整理得到。

二、环境治理

长期以来，广东省始终坚持绿色发展战略，走生态立省道路，在环境保护上采取了一系列的环境治理措施，具体内容如下：

1. **不断完善环境保护政策**

广东省在经济发展的过程中十分注重环境保护建设，特别是进入 20 世纪 90 年代后，随着全省经济的迅速发展，广东省政策指导力度不断加强（见表 3-2）。按历年重要政策出台的内容和特点，我们将广东省在环保方面的宏观调控历程大体分为三个阶段：

表 3-2　1995~2014 年广东省出台的主要环境保护政策文件

年份	名称
2014	《广东省大气污染防治行动方案（2014—2017 年）》《粤桂九洲江跨界水环境保护合作协议》《广东省排污许可证管理办法》《广东省排污权有偿使用和交易试点管理办法》《广东省排污权有偿使用费和交易出让金征收使用管理办法》《广东省环境保护厅关于推进广东省环境监测社会化改革试点的指导意见》
2013	《关于促进粤东北地区加快发展加强环境保护的意见》《广东省大气污染防治行动方案》《关于加强危险废物管理工作的意见》《广东省土壤环境保护和综合治理方案》《南粤水更清行动计划（2013—2015）》《环江三角洲区域大气重污染应急预案》《广东省环境保护厅突发环境事件应急预案》《广东省突发环境事件应急预案操作手册》《广东省环境保护条例》（2015 年 7 月 1 日正式实施）以及《广东省排污许可管理办法》《重点监控企业环保信用评级制度》《关于调整氮氧公物氨氮排污费征收标准和试点实行差别政策的通知》

续表

年份	名称
2012	《广东省"十二五"主要污染物总量减排实施方案》《广东省环境保护厅关于绿色升级示范工业园区创建的管理办法（试行）》《关于在我省开展排污权有偿使用和交易试点工作的实施意见》《关于开展环境污染责任保险试点工作的指导意见》
2011	《关于进一步加强环境保护推进生态文明建设的决定》《广东省环境保护与生态建设"十二五"规划》《粤西地区环境保护规划》《重点流域水污染综合整治实施方案》《广东省重金属污染综合防治"十二五"规划》《广东省 2011～2012 年度重金属污染综合防治行动计划》《关于进一步加强铅蓄电池污染整治促进产业转型升级的意见》《广东省农村环境保护行动计划（2011—2013 年）》《关于加快我省环保产业发展意见的通知》
2010	《珠江三角洲清洁空气行动计划》《广州亚运会空气质量保障措施方案》《关于环境保护工作促进全省经济发展方式转变的意见》《关于进一步做好我省规划环境影响评价工作的通知》
2009	《广东省环境保护厅主要职责内设机构和人员编制规定》《火电厂大气污染排放标准》等 10 项地方标准;《广东省生物物种资源保护利用与监测规划》《关于加强东江水质保护工作的意见》《淡水河污染整治工作方案》《〈珠江三角洲地区改革发展规划纲要（2008—2009 年）〉环境保护实施方案》《关于推进珠江三角洲地区环境保护一体化的意见》《广东省珠江三角洲大气污染防治办法》《广东省严控废物处理行政许可实施办法》《广东省机动车排气污染防治条例》《广东省环境污染与生态破坏事故应急操作手册》《广东核电站及岭澳核电站事故场外应急计划》
2008	《加快东西北地区污水处理设施建设工作实施方案》《广东省机动车排气污染防治实施方案》《广东省环境保护局关于加强环境保护促进科学发展的实施意见》《关于当前全省环境保护工作促进经济发展的意见》《关于加强产业转移中环境保护工作的若干意见》《广东省电镀印染等重污染行业统一规划统一定点实施意见》《广东省珠江三角洲大气污染防治方法》《广东省环境保护责任考核办法》及其指标体系
2007	《关于进一步加快我省电镀行业统一规划统一定点基地建设工作的实施意见》《广东省机动车污染防治实施方案》《广东省饮用水源水质保护条例》《广东省排污费征收使用管理办法》
2006	《广东省跨行政区域河流交接断面水质保护管理条例》《广东省突发环境事件应急预案》
2005	《广东省环境保护规划纲要（2006—2020 年）》《广东省碧海行动计划》《〈珠江三角洲环境保护规划纲要（2004—2020 年）〉实施方案》《泛珠三角区域环保合作专项规划》《珠江流域水污染防治规划》《广东省重点污染源环境保护信用管理试行办法》
2004	《广东省环境保护条例》《广东省固体废物污染环境防治条例》
2003	《治污保洁工程实施方案》
2002	《关于印发推进城市污水垃圾处理产业化发展意见的通知》《广东省东江水系水质保护条例》

续表

年份	名称
2001	《广东省排放污染物许可证管理办法》《关于加强废物进口管理的通知》《广东省废物进口环境保护管理规范》《广东省韩江流域水质保护条例》《广东省放射性废物管理办法》《水污染物排放限值》（DB 44/26—2001）以及《大气污染物排放限值》（DB 44/27—2001）
2000	《关于进一步加强东深水质保护工作的通知》《石马河流域水污染综合整治计划》《广东省环境保护"依法行政年"活动方案》
1999	《广东省韩江流域水质保护条例》《广东省放射性废物管理办法》《九洲江水质保护规定》
1998	《广东省农业环境保护条例》《广东省珠江三角洲水质保护条例》；广东省环保局制定下发了三个规范性文件，包括《广东省环境保护执法监督办法》《广东省环境保护规范性文件备案办法》《广东省环境保护案件查处办法》
1997	《广东省关于切实加强环境保护工作的决定》《广东省碧水工程计划》《广东省环境保护"九五"计划和2010年远景目标纲要》《广东省山区环境保护"九五"计划框架》《广东省东西两翼区域发展环境保护规划纲要》《东江流域经济发展与环境保护规划》；制定地方性环保政府规章9件
1996	颁布了地方性环保法规1件；广东省和有地方立法权的市颁布了政府环保规章6件
1995	《广东省环境保护"九五"计划和2010年长期规划纲要》《广东省"九五"环境保护对策建议》《珠江三角洲环保指导方针、管理体制和对策建议》《广州至虎门河段开发整治规划的环保专项规划方案》《山区市县生活环境建设与保护规划纲要》

资料来源：根据相关资料整理。

（1）20世纪90年代至2005年，广东省环境政策侧重于地方性环保法规、条例、办法的制定和完善，对水、大气等污染物排放标准做了明确规定，并对珠江三角洲、东西两翼、粤北山区、东江流域等特定区域的环境保护政策作了重点加强。其中成绩最为显著的是1997年，这一年广东省政府颁布了《广东省关于切实加强环境保护工作的决定》，正式批准实施《广东省碧水工程计划》《广东省环境保护"九五"计划和2010年远景目标纲要》等，成为广东省在未来5~10年内的指导性规划。其中《广东省碧水工程计划》成为广东省一项跨世纪宏伟工程，工程数量总计达115项，总投资约200亿元。

（2）2005~2009年，政策涉及的覆盖面明显扩大，宏观调整能力进一步增加。除继续推进法治建设外，广东省在这一时期宏观调控特点还体现在：一是专项规划方面更加注重区域性规划，并突破珠江三角、粤东、粤西、粤北等区域限制，逐步开展跨行政区域联合规划，出台了《泛珠三角区域环保合作专项规划》《广东省跨行政区域河流交接断面水质保护管理条例》等，跨区域环境保护一体化意识得到增强。二是逐步引入市场化机制，推进环境保护信用体系建设，出台《广东省重点污染源环境保护信用管理试行办法》等。三是将产业发展与环境污染治理相结合，对电镀、印染等重污染行业实施统一规划，并对产业转移中粤东、粤西、粤北等产业承接区环境保护工作做了部署，出台了《关于加强产业转移中环境保护工作的若干意见》等。

（3）2010年以后，广东省宏观调控进一步加大了对空气、水、土壤等资源环境保护力度，积极开展节能减排管理，逐步完善相关立法工作。进一步引入市场机制，在信用体系建设的基础上大力开展排污权有偿使用和交易试点工作，并在环境监测领域推进社会化改革试点，出台了《广东省排污许可证管理办法》《广东省排污权有偿使用和交易试点管理办法》《广东省排污权有偿使用费和交易出让金征收使用管理办法》《广东省环境保护厅关于推进广东省环境监测社会化改革试点的指导意见》等具有代表性的政策文件。

2. 严格环境准入

进入21世纪，广东省开始逐步严格环保准入，总体上，环境准入政策主要包含以下几个方面的内容：

（1）严把产业项目审批。对不符合产业发展政策、不符合相关地方规划、不符合环保法规、不符合清洁生产标准以及排放和总量控制不达标的项目和企业一律不予环评审批和环保验收。实行严格的污染物排放总量前置审核制度，准确核定污染物排放总量，按要求分配总量控制指标。对未达到指标的项目或未达到总量控制要求的不予审批建设。

（2）制定差别化的环保准入政策。制定灵活且有差别化的广东省环保准入政策，并引导和鼓励不同地区根据自身情况制定相应的产业准入配套政策。目前，东莞、河源、清远、云浮等市已出台了相关的产业准入配套政策，并在全国制鞋业等四个行业率先制定并实施了关于挥发性有机化合物地方排放限值。推行倍量替代和等量替代，在全国率先实施火电行业大气主要污染物"倍量替代"，对允许类项目实行2倍削减替代，对鼓励类项目实行等量削减替代。对空气污染物年平均浓度设置考核标准，对考核不达标的城市实行对应污染物2倍削减替代。

（3）推进绿色工业园建设。积极创建绿色升级示范工业园，出台《广东省环境保护厅关于绿色升级示范工业园区创建的管理办法（试行）》。针对现有的重污染工业园区开展绿色升级行动。截至2014年，成功创建三水大塘工业园、珠海富山工业园、崖门电镀基地等一批绿色升级示范工业园。

3. 加大环境治理力度

（1）强化治污处理设施建设。2009年基本实现县县建成污水处理设施目标。2005~2014年，工业废水处理设施和工业废气治理设施总量不断上升。如图3-

11 所示，2014 年，工业废水处理设施达 9861 套，较 2005 年增加 3890 套，增长 65.1%。工业废气治理设施总数达 22311 套，较 2005 年增加了近 3 倍。2015 年，城镇生活污水集中处理率达 85.5%，生活垃圾无害化处理率达 90.1%。

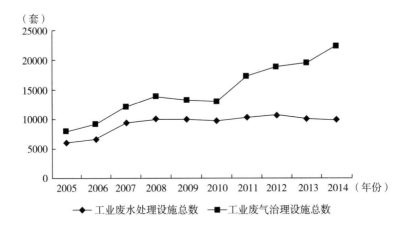

图 3-11　2005~2014 年广东省工业废水处理设施和工业废气治理设施建设情况
资料来源：根据历年《广东统计年鉴》整理得到。

（2）有效推进生态建设，加强自然保护区建设。广东省成为全国自然保护区数量最多的省份。截至 2014 年，已建成自然保护区 369 个，其中有 15 个国家级自然保护区和 63 个省级自然保护区，覆盖野生动物、野生植物、森林生态系统、海洋海岸、湿地水域、地质遗迹、生物遗迹七大类型。开展绿化广东大行动，率先开展林业生态红线和生态控制线划定工作，大力推进森林公园、湿地公园、社区体育公园、绿道建设。2014 年，广东省森林覆盖率达 58.69%，增加湿地公园和森林公园 210 个、社区体育公园 207 个、新建绿道共约 2000 千米。中山市成为全国首个获批成为国家生态市的地级市，深圳福田、罗湖、南山、珠海香洲、斗门等成为国家生态区。

（3）开展重点整治行动。实施重点流域水污染整治行动、南粤水更清行动计划等，2013~2014 年，持续推进淡水河、茅洲河、石马河等流域以及广佛跨界区域的重点整治工作。加强重金属污染防治，针对重点企业，建立了重金属减排规范管理台账，以推动汕头贵屿、清远石角以及江门、中山、博罗等地区电镀行业为重点开展重金属污染整治。

（4）积极开展联防联治。一是开展珠江三角洲区域环保合作。按《环境保护部广东省人民政府共同推进和落实〈珠江三角洲地区改革发展规划纲要（2008—2020 年）〉合作协议》，成立珠三角环保一体化规划专责小组，制定并实施《珠江三角洲环境保护一体化规划（2009—2020 年）》，共同推进珠三角地区环境保护先行先试。召开珠江三角洲区域大气污染防治联席会议，成立珠三角空气管理及监察专责小组，推进《广东省珠江三角洲清洁空气行动计划》。积极召开珠江流域防治研讨会，开展环保产业、环境宣教合作、环境监测等专题工作。二是开展泛珠三角区域环保合作。成立泛珠三角区域环保合作联席会及其秘书处，构建了泛珠三角区域环保合作工作机制和跨界污染事故应急联动处置机制，建立西江、北江联防联动机制。出台《泛珠三角区域环境保护合作协议》，明确跨区域环保合作的重点内容。三是开展环保对外交流与合作。与美国、澳大利亚、瑞典、日本、中国香港等国家和地区举办了多场环保工业技术专题研讨会和洽谈会，与日本兵库县环保部门签署《酸雨及其成因物质测定等技术交流协议书》，并在酸雨监测等方面开展合作研究。

4. 加强节能减排

广东省节能减排工作主要从四个方面开展。一是推进结构性减排。实施淘汰落后钢铁产能，强化火电厂污染减排，推进黄标车淘汰和小锅炉整治工作。制定造纸、火电、机动车、畜禽养殖等高污染行业污染物排放标准和线路板、印染等行业技术规范。二是实施主要污染物总量减排行动，出台《广东省"十二五"主要污染物总量控制规划》《广东省"十二五"主要污染物总量减排实施方案》及农业源减排、污水处理设施建设、工业锅炉整治、水泥行业脱硝和机动车减排等减排子方案，与各市签订减排目标责任书。三是构建部门联动污染减排机制，并针对污染减排出台了相关考核办法和责任追究制度。四是开展排污权有偿使用和交易试点，构建广东省排污权有偿使用和交易试点工作制度体系。20世纪90年代，广东省就开始开展排污申报登记和排污许可证工作，1995年开展排污申报登记和排污许可证发放工作城市共计18个市。2014年，推行排污许可证制度，已成功完成三批排污权交易组织工作，深圳、东莞、佛山三市成为广东省首批环境监测社会化改革试点城市。

5. 强化执法监管

随着广东省对环境保护工作的日趋重视，执法监管越来越严格。近20年来，广东省在执法监管方面开展的工作主要包括以下四点：一是完善执法监管机制。2012年广东省出台《广东省环境保护系统行政执法监督检查实施办法》，将环保行政执法监督任务进行细分，进一步量化考核指标。2014年对《广东省环境保护条例》进行再次修订，新环保法实施后将成为全国第一个配套的省级地方性环保法规，首设跨行政区环境资源审判机构，实施环境责任终身追究制和环境事件"双罚制"。构建跨部门联合执法机制，广东省环保厅与省监察厅及公、检、法等部门开展联合执法，推动行政执法与刑事司法有效衔接。二是积极开展环境专项执法行动。长期以来，广东省针对练江、淡水河、茅洲河、广佛跨界区域等重点区域的电镀、线路板、制革、印染、有色金属冶炼等重点行业开展重点执法。2009年，广东省针对312家重点污染企业向社会公布了环保信用评价结果，并与金融部门联合，开展"绿色证券"和"绿色信贷"，取得了积极效果。2014年，制定环境违法企业"黑名单"制度，累计出动执法人员73.6万次，861家企业强制关停。三是加强社会参与环保执法监督。不断健全环境信息公开制度，在建设项目环保审批和验收信息公开环节加大公众参与度，完善环保行政执法、污染源环境监管等信息公开网络专栏建设。推进环境信息化建设，建设网上办事大厅、信访大厅以及污染监控系统等电子政务平台和网络问政平台，制定网络发言人制度，完善环境信访协调机制。2014年，广东省网络信访处理率达100%，网上事项达三级办理深度。四是不断提升环境管理技术水平。推进环境监测站标准化建设和监测网建设，率先发布城市空气质量状况月报及城市排名，地级以上城市全部实现PM2.5等监测数据的实时发布。

6. 推行环保行政审批改革

加强环保行政审批改革。作为中国经济改革开放的前沿，广东省不断推行简政放权，加强环保行政审批改革。就2014年而言，广东省环保厅全面梳理了职权事项，公开发布的权责清单达115项，职能调整目录203项，将10项行政强制职能和近200项行政处罚职能下放，推进简政放权。

第三节　经济社会资源约束

一、劳动力短缺

作为全国改革开放的前沿，广东省是我国外来劳动力流入总量最大的区域之一，也是我国"人口红利"的最大受益地区之一。随着经济社会的进一步发展和"人口红利"的逐渐消失，广东省面临的劳动力短缺问题越来越严重，这主要体现在以下三个方面：

（1）劳动力供给量增速趋缓。广东省15~64岁的劳动力人口总量在总人口中的比重虽呈不断上升趋势，但增长势头在不断减缓。2000年，广东省劳动力人口较1990年第四次人口普查时增长49.6%，而2010年，广东省劳动力人口较2000年第五次人口普查时增长32.1%，十年间下降了17.5个百分点。从广东省外来流动人口数量来看，1978~2014年，广东省劳动力净迁移数基本以劳动力迁入为主，但总体走势呈倒"U"形。其中，1978~2006年，劳动力净迁移数总体上不断上升，2006年净迁移数达64.93万人，达到净迁移量的最高水平；

2006~2014 年，劳动力净迁移数开始下降，2012 年出现了改革开放以来的首次净流出。虽然这种趋势并没有持续，但从图 3-12 中不难发现，广东省劳动力吸引力正逐渐减弱，以"人口红利"推动经济发展的方式不可持续。2014 年初广东省人力资源和社会保障厅的最新数据显示，节后广东省企业短期性用工缺口峰值可达 80 万~100 万人。

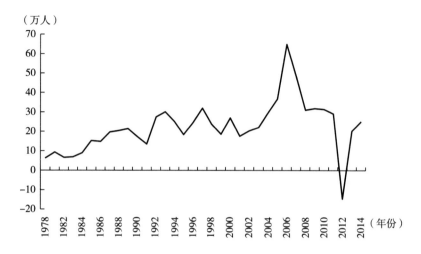

图 3-12　1978~2014 年广东净迁移数量变动趋势
资料来源：根据历年《广东统计年鉴》整理得到。

在未来，退出劳动年龄人口的显著增加将进一步加剧劳动力供给短缺情况。2010 年第六次人口普查显示，广东省 65 岁及以上老年人口达 708.62 万人，占全省总人口数的 6.79%，略低于 7% 的国际老龄化社会标准。但 2014 年广东省老年人口已上升至 886.90 万人，占全省总人口数的 8.27%，已超过国际老龄化社会标准 1.27 个百分点。2000~2010 年广东省老年人人口增加 189.62 万人，平均每年增长 18.96 万人。2014 年数据显示，2010~2014 年广东新增老年人口178.28 万人，年均增长 44.57 万人。由此可见，未来劳动力结构在逐渐老龄化，长期看来将影响经济的发展。

（2）劳动力需求不断增长。自 21 世纪以来，随着广东省经济的快速发展，劳动力需求不断增加。如图 3-13 所示，2001~2015 年广东省劳动人需求人数总体呈现上升趋势，2012 年劳动力需求人数达到最高，达 1577.80 万人。结合劳动力供给情况来看，2005 年之前，广东省求人倍率（需求数与求职数之比）小于 1，即劳动力供给大于需求，劳动力供给关系平稳。2005~2015 年，劳动力供给关系一直处于紧张趋势，2006 年广东省求人倍率达 1.5，为历史以来最高点，劳动力缺口达到最大，随后求人倍率开始下降并趋稳，2011~2015 年劳动力求人倍率稳定在 1.06 上下。此外，从行业内部结构来看，信息传输、计算机服务和软件业，租赁和商务服务业、公共管理和社会组织、制造业等行业劳动力需求明显，企业需求人数占在岗员工数 10% 以上。其中，电子元件、塑料制品加工、器件制造工等工种较为紧缺；财会人员、中餐烹饪人员、机动车驾驶员等工种趋向饱和。

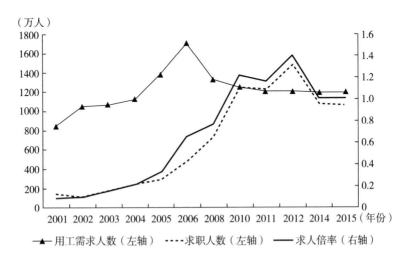

图 3-13　2001~2015 年广东省劳动力供求趋势

资料来源：广东省人力资源和社会保障厅网。

（3）高层次人才供给不足。这主要体现在高层次人才总量不足和结构性不足两个方面。从人才总量上看，目前，广东省高中级技术人才占专业人才总量比重仅为全国中等水平，基础研究人员数量占研发活动人员的比重远低于全国平均水平，这与广东省经济大省地位不符。与周边国家相比，广东每万劳动力中研发活动人员数与日本、韩国等国家的平均水平相比还有很大差距。2014 年劳动力调查结果显示，广东省就业人员中初、高中文化程度的人口数占 70% 以上，约有 60% 的人口从事生产设备操作、商业和服务业。从人才结构上看，广东高层次人才显著分布不均。首先，高层次人才主要集中在珠三角地区，其中所拥有的产业人才占广东省 70% 以上，粤东、粤西、粤北地区产业人才只占不足 30%；其次，高层次人才主要集中在高校、科研院所和国有企业，民营企业特别是中小企业分布较少。这种分布加剧了企业高层次人才结构性紧缺现象，不少企业由于高水平人才的缺乏，技术创新等工作难以开展（广东省统计局，2015）。

二、教育发展不足

虽然广东省教育发展水平不断提升，但与其高速增长的经济发展相比，教育发展相对较弱，与全国和其他省（区、市）相比，仍存在一定差距。

首先，广东省教育投入与经济发展水平不相适应。从教育投入占 GDP 比重来看，21 世纪以来，广东省教育投入占 GDP 的比重不断加大（见图 3-14）。2014 年教育投入占 GDP 比重达 2.7%，但与全国水平相比低 1.1 个百分点，在全国排名第 26 位，与北京、上海相比分别低 0.8 个和 0.3 个百分点。从每万人教育投入额来看，广东省每万人教育投入在逐年上升，2014 年每万人教育投入2035.56 万元，较全国平均水平高 351 万元，但较北京、上海等地区仍存在一定的差距。

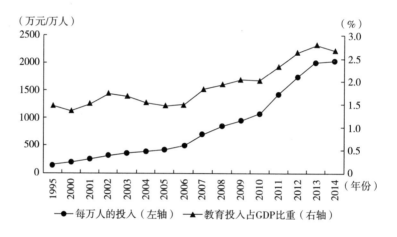

图 3-14　1995~2014 年广东省教育投入

资料来源：根据历年《广东统计年鉴》整理得到。

其次，广东省高等教育水平有待进一步提升。2014 年第三季度劳动力调查结果显示，城镇就业人员中超七成人口为初、高中文化程度（广东省统计局，2015）。由此可见，人口教育水平仍需加强。与全国水平相比，广东省高中以下阶段（包括高中阶段）的每十万人口平均在校学生数均略高于全国平均水平，但每十万人口高等教育平均在校生数比全国平均水平低 132 人。与北京、天津、上海、江苏、浙江等地区相比，这种特点更加明显，其中广东省每十万人口高等教育平均在校生数与北京、天津、上海、江苏、浙江相比，分别低 3073 人、1927 人、992 人、502 人和 52 人（见表 3-3）。

最后，教育资源空间差异较大，部分地区教育资源严重不足。2014 年，珠三角地区普通中学达 1992 所，占广东省比重达 45.3%，生师比为 9.6，比粤东和

表3-3 每十万人口各级学校平均在校生数 单位：人

地区	学前教育	小学	初中阶段	高中阶段	高等教育
全国	2977	6946	3222	3065	2488
广东	3564	7816	3540	3802	2356
北京	1726	3883	1451	1630	5429
天津	1629	3893	1815	1924	4283
上海	2082	3325	1767	1197	3348
江苏	2948	5938	2333	2542	2858
浙江	3379	6448	2727	2726	2408

资料来源：根据《中国统计年鉴》（2015）整理得到。

粤西分别低2.5和3.2；珠三角地区中等职业教育学校达246所，达广东省的一半，生师比的比值为18.7，低于粤东近一半，低于教育部规定的合格标准[①]。其中，职业教育在珠三角主要集中在广州市，该市所拥有的职业学校为86所，是深圳的5.4倍、珠海的11.3倍。

三、创新能力仍需进一步提高

虽然广东省综合创新能力在全国处于领先地位，但随着广东省经济迅速发展和其他地区创新能力的日益增强，广东省创新发展仍存在一些不容忽视的问题，这具体表现在：

（1）创新竞争力弱化。在创新能力上，广东省专利申请量和专利批准量等指标在总量上处于全国领先地位，但随着全国其他地区创新能力的日益增强，广东省创新能力有相对减弱的趋势。如图3-15所示，2000~2014年，广东省专利申请受理量和批准量占全国的比重总体呈现下降趋势。其中2014年广东省专利申请受理量占全国的比重较2006年下降3.4个百分点，广东省专利申请批准量占全国的比重较2005年下降4.1个百分点。在研发经费投入上，《2014年全国科技经费投入统计公报》显示，2014年广东省研发经费总量仅次于江苏，在全国排名第二位，但研发经费投入强度（与地区生产总值之比）仅高出全国平均比重0.32个百分点，在全国排名第5位，分别比北京、上海、天津、江苏低3.58个百分点、1.29个百分点、0.59个百分点、0.17个百分点。有产品或工艺创新活动的企业占全部企业比重为32.7%，低于全国平均水平1.4个百分点。这说明广东省研发投入与其目前所处的经济地位并不相称，创新水平仍有待进一步提升。

---

① 教育部规定的合格标准为18。

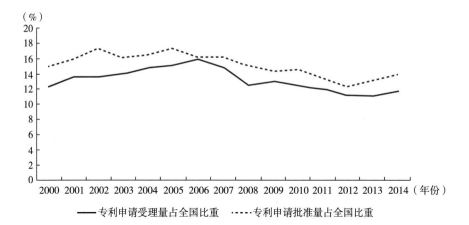

图 3-15   广东省专利申请受理量和批准量占全国比重

资料来源：根据历年《广东统计年鉴》、《中国统计年鉴》整理得到。

（2）高新技术产业规模大但高附加值特征不明显。广东高技术产业产值居全国前列，但以外商投资为主导，核心技术关键设备仍依赖进口的产业发展格局严重制约了广东产业发展效率。如图 3-16 所示，2000~2014 年，广东省高技术产业增加值率总体呈现下降趋势，2014 年高技术产业增加值率达到 22.2%，较 2000 年下降 2.9 个百分点，比规模以上工业增加值率低 1.4 个百分点，与美国、英国、日本等国的 30%~40% 的水平相去甚远。这表明广东高技术产业发展质量有待进一步提升，亟须积极调整产业结构，增加产品附加值。

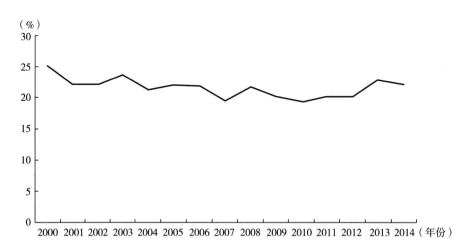

图 3-16   2000~2014 年广东省高技术产业增加值趋势

资料来源：根据历年《广东统计年鉴》整理得到。

（3）区域差异较大。从工业企业研发活动人员的空间分布来看，2014 年珠三角地区研发活动人员达 50.1 万人，占广东省研发活动总人数的 91.9%，较上一年增长 2.4%；粤东、粤西和粤北地区研发活动人员分别为 1.89 万人、1.02 万人和 1.48 万人，分别占广东省研发活动总人数的 3.5%、1.9% 和 2.7%，其中粤北地区研发活动人员较上一年下降 0.2 个百分点。从研发经费支出上看，2014 年珠三角地区研发经费支出达 1291.19 亿元，占广东省研发经费总支出的 93.9%；粤东、粤西和粤北地区分别为 31.51 亿元、26.46 亿元和 26.13 亿元，分别占广东省研发经费总支出的 2.3%、1.9% 和 1.9%。

第二篇

经济发展与布局

改革开放以来，广东省经济取得了长足发展，成为我国经济发展最具活力的省份和支撑我国经济发展的重要增长极。其中，一个重要的前提就是广东省在应对内部经济转型升级挑战、外部发展环境变化的过程中，能通过产业结构升级和经济发展布局调整实现经济发展动力的转换。在这一过程中，起关键作用的是广东省能适时调整产业结构、提升开放型经济发展水平，以提升经济发展质量。因此，研究广东省经济发展的阶段性特征，主导产业和特色产业发展情况，以及开放型经济建设情况是理解广东省经济发展的前提。为此，本篇将具体分析广东省经济发展总体情况、阶段性特征和影响广东省经济发展因素，并以此为基础分析广东省产业发展与布局，以及开放型经济发展格局。

第四章　经济发展进程

广东省是中国改革开放的先行地，其经济发展伴随着中国改革开放的不断深入实现了长足的进步，可以说广东省的经济发展进程就是一部中国改革开放的浓缩史，在广东你可以感受到中国改革开放的脉搏。从最初的出口加工贸易到进口替代，再到现在的以创新引领的经济结构转型升级，广东省一直走在中国改革开放的最前沿。在一定程度上，只有了解了广东省在中国改革开放大潮中乘风破浪、勇往直前的历程，才能对中国改革开放的成就有一个更加全面的认识。

本章将从经济发展总体水平、经济发展阶段和经济发展因素三个方面，对广东省改革开放以来的经济发展进程进行全面分析，梳理其经济发展的成就和特殊性，描绘出一幅广东省经济发展波澜壮阔的画卷。

第一节　经济发展水平

经济发展是社会进步、民生改善的基础。只有实现了经济的持续稳定增长，才能为社会稳定和发展提供良好前提。在经济地理学研究中，GDP、人均 GDP 和地均 GDP 是反映一个地区经济发展规模和成效的主要指标，此部分本书将以这三个指标所反映的情况，结合世界银行关于国家（地区）发展水平的界定，从广东省全省、分区域和城市两个层面分析广东省的经济发展水平。

一、总体情况

1. 经济总量

从 GDP 来看，2015 年广东省 GDP 为 72812.55 亿元，在全国 31 个省（区、市）中名列首位，占全国 GDP 的 10.57%，比排名第二位的江苏省高 2696.17 亿元，比排名后九位的云南、山西、贵州、新疆、甘肃、海南、宁夏、青海和西藏的 GDP 总和还要高 9741.24 亿元。尽管广东省经济正经历结构转型期，但是

2015 年其 GDP 仍保持了 7.4% 的增速，比全国 6.9% 的增速高 0.5 个百分点，位于全国第八（见表 4-1）。考虑到广东省较大的经济总量，从经济增长规律的角度看，这一增长速度已经是高速增长了。

表 4-1　2015 年中国 31 个省（区、市）GDP 和 GDP 增长率基本情况

省（区、市）	GDP（亿元）	GDP 排名	GDP 增长率（%）	GDP 增长率排名
广东	72812.55	1	7.4	8
江苏	70116.38	2	7.7	7
山东	63002.33	3	6.0	15
浙江	42886.49	4	6.8	11
河南	37002.16	5	5.9	16
四川	30053.1	6	5.3	20
河北	29806.11	7	1.3	25
湖北	29550.19	8	7.9	5
湖南	28902.21	9	6.9	10
辽宁	28669.02	10	0.1	29
福建	25979.82	11	8.0	4
上海	25123.45	12	6.6	12
北京	23014.59	13	7.9	6
安徽	22005.63	14	5.5	19
陕西	18021.86	15	1.9	24
内蒙古	17831.51	16	0.3	27
广西	16803.12	17	7.2	9
江西	16723.78	18	6.4	13
天津	16538.19	19	5.2	21
重庆	15717.27	20	10.2	3
黑龙江	15083.67	21	0.3	28
吉林	14063.13	22	1.9	23
云南	13619.17	23	6.3	14
山西	12776.49	24	0.1	30
贵州	10502.56	25	13.3	1
新疆	9324.80	26	0.6	26
甘肃	6790.32	27	-0.7	31

续表

省（区、市）	GDP（亿元）	GDP 排名	GDP 增长率（%）	GDP 增长率排名
海南	3702.76	28	5.8	18
宁夏	2911.77	29	5.8	17
青海	2417.05	30	4.9	22
西藏	1026.39	31	11.5	2

资料来源：中华人民共和国统计局网站年度数据。

　　为了进一步衡量广东省对中国 GDP 增长的贡献，我们进一步分析了 31 个省
（区、市）的规模加权经济增长率。规模加权经济增长率是衡量一个区域是否是
所在经济体增长极的指标之一，从经济规模和增长效率两个方面衡量某个区域
在整个经济体经济增长中的作用（贾善铭，2014）。结果显示，2014 年广东省的
规模加权经济增长率为 0.74%，位列全国第二位，但是仅比排名第一位的江苏
省低 0.01 个百分点，高于其 GDP 增速第八位的排名。说明广东省无论是在经济
总量还是在经济增速上，对全国 GDP 的贡献都是排头兵，是中国经济的引领者
（见图 4-1）。

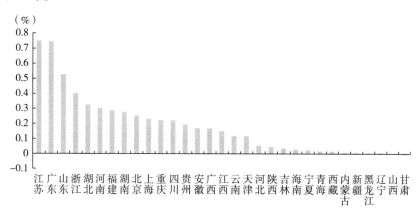

图 4-1　2015 年中国 31 个省（区、市）GDP 增长率和规模加权经济增长率情况
资料来源：中华人民共和国统计局网站年度数据。

2. 人均 GDP

　　人均 GDP 是反映一个国家（地区）经济发展状况的一个重要指标，在一定
程度上，可以反映一个国家（地区）的富裕程度。世界银行按人均 GDP 对各国
经济发展水平进行了分组，人均 GDP 低于 1045 美元为低收入国家（地区）；
1045~4125 美元为中等偏下收入国家（地区）；4126~12735 美元为中等偏上收
入国家（地区）；高于 12736 美元为高收入国家（地区）。

从人均 GDP 来看（见表 4-2），2015 年广东省人均 GDP 为 67896 元，以 2015 年人民币年平均汇率中间价折算为 10901 美元，位列全国第八。根据世界银行的标准，广东省已经达到中等偏上收入水平，并且已经接近高收入水平人均 12736 美元的最低线。从人均 GDP 的变化情况看，经过多年的发展，广东省

表 4-2　1978~2015 年广东省人均 GDP 变化情况

年份	人均 GDP（万元/人）	人均 GDP（万美元/人）	达到标准
1978	370	234	低收入
1979	410	274	
1980	481	314	
1981	550	322	
1982	633	334	
1983	675	341	
1984	827	295	
1985	1026	349	
1986	1164	337	
1987	1443	387	
1988	1926	517	
1989	2251	597	
1990	2484	519	
1991	2941	552	
1992	3699	670	
1993	5085	882	
1994	6530	757	
1995	8129	973	
1996	9139	1099	中等偏下收入
1997	10130	1221	
1998	10819	1306	
1999	11415	1378	
2000	12736	1538	
2001	13852	1673	
2002	15365	1856	
2003	17798	2150	
2004	20876	2522	
2005	24647	3008	
2006	28534	3579	

续表

年份	人均GDP（万元/人）	人均GDP（万美元/人）	达到标准
2007	33272	4375	
2008	37638	5419	
2009	39446	5774	
2010	44758	6611	
2011	50842	7871	中等偏上收入
2012	54171	8581	
2013	58833	9499	
2014	63469	10332	
2015	67896	10901	

资料来源：根据历年《广东统计年鉴》整理得到。

实现了从低收入水平到中等偏上水平的两次跨越。从所用时间来看，广东省从低收入水平进入中等偏下收入水平用了19年的时间，如果将研究时间放到中华人民共和国成立之初，这一时间跨度为48年；从中等偏下收入水平跨入中等偏上收入水平则只用了12年时间；从目前情况看，广东省从中等收入偏上收入水平进入高收入水平的时间不会超过12年。

3. 地均GDP

地均GDP是衡量一个国家（地区）经济集聚程度的一个重要指标，可以反映出一个国家（地区）利用资源的能力。从地均GDP增长情况来看，广东省1978年的地均GDP为10.34万元/平方千米，到2015年达到3772.03万元/平方千米，年均增长率为17.3%；从地均GDP的比较来看，广东省1978年的地均GDP是全国平均水平的2.7倍，到2006年这一倍数达到最高，为6.5倍，此后虽然与全国平均水平的差距在缩小，但是2015年其地均GDP达到全国平均水平的5.6倍（见图4-2）。

二、分区域和城市情况

经济地理学的研究表明，空间的非均质性是影响经济增长的重要因素，不同的区位要素禀赋条件，使得区位经济增长呈现不同的路径，是产生区域经济差距的重要来源（贾善铭和覃成林，2015）。因此，广东省各个区域在自然要素禀赋、政策条件等方面的差异，必然导致各个区域之间经济发展水平差异较大，可以说广东省经济发展水平的差异是中国现阶段区域经济发展水平差异的一个缩影。

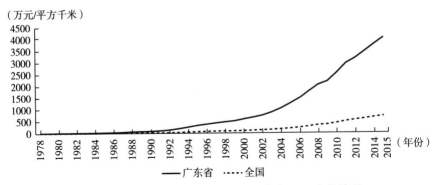

图 4-2　1978～2015 年广东省与全国地均 GDP 变化情况

资料来源：笔者根据统计数据计算所得。

1. 四大区域基本情况

广东省从区域划分来看，由珠江三角洲地区、东翼地区、西翼地区和山区构成，① 其中，珠三角、粤东、粤西和粤北分别由九个、四个、三个和五个地级市构成。② 从 GDP 来看，2014 年珠三角 GDP 占广东省的 78.9%，其他三个地区只占整个广东省 GDP 的 21.1%。从人均 GDP 来看，2014 年珠三角人均 GDP 为 16127 美元，已经超过世界银行高收入国家（地区）人均 GDP 12736 美元的最低线，进入高收入国家（地区）序列；粤东、粤西和粤北人均 GDP 分别为 4719 美元、5904 美元和 4503 美元，虽然已经超过中等偏上收入水平的下线 4126 美元/人，但是与中等偏上收入水平的上线 12735 美元/人相差很大。从人均 GDP 的比较看，粤东、粤西和粤北人均 GDP 分别为珠三角的 29%、36.6% 和 28%，珠三角经济发展远好于其他三个地区。消除区域差距，以珠三角带动粤东、粤西和粤北地区发展是广东省未来区域协调发展政策的重要方向（见表 4-3）。

表 4-3　2014 年广东省四大区域经济发展相关情况

区域	GDP 占广东省的比例	人均 GDP（元）	人均 GDP（美元）
珠三角	78.9	100448	16127
粤东	6.9	29393	4719
粤西	7.9	36770	5904
粤北	6.3	28047	4503

资料来源：根据《广东统计年鉴》（2015）整理得到。

---

①　下文简称珠三角、粤东、粤西和粤北。

②　珠三角包括广州、深圳、珠海、佛山、东莞、中山、肇庆、惠州、江门九个地级市；粤东包括汕尾、揭阳、汕头、潮州四个地级市；粤西包括湛江、茂名、阳江三个地级市；粤北包括韶关、清远、云浮、梅州、河源五个地级市。

从地均 GDP 情况看，广东省四大区域的差距也十分明显。珠三角总面积为 54754 平方千米，2014 年地均 GDP 达到 10529 万元/平方千米。与之相比，粤东、粤西和粤北三大区域面积分别为 15462 平方千米、32664 平方千米和 76751 平方千米，2014 年的地均 GDP 分别仅为 3275 万元/平方千米、1769 万元/平方千米及 603 万元/平方千米。珠三角的地均 GDP 是粤东的 3.21 倍，是粤西的 5.95 倍，是粤北的 17.46 倍（见图 4-3）。

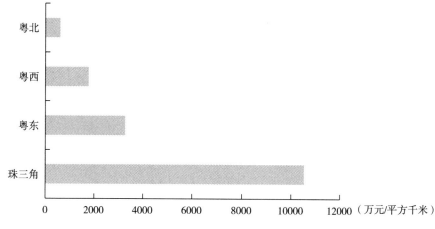

图 4-3 2014 年广东省四大区域地均 GDP 基本情况

资料来源：根据《广东统计年鉴》（2016）整理得到。

2. 地级市基本情况

广东省共有 21 个地级市，分别是广州、佛山、肇庆、珠海、中山、江门、深圳、东莞、惠州、汕头、汕尾、潮州、揭阳、湛江、茂名、阳江、云浮、河源、清远、梅州、韶关。从 GDP 来看，城市之间的差距还是很大的。2015 年，广东省地级市 GDP 排名第一位的广州市，其 GDP 总量达到了 18100 亿元，是排名最后一位的云浮市 GDP 的 25 倍多。同时，地级市 GDP 排名前两位的广州市和深圳市，两者 GDP 基本相当，但是与其他城市之间的差距较大，2015 年广州市和深圳市 GDP 分别为 18100 亿元和 17503 亿元，两者相差 597 亿元，而排名第三位的佛山市，其 GDP 为 8004 亿元，是深圳市 GDP 的 45.7%，是广州市 GDP 的 44.2%，由此可见，广东省基本形成了以广州市和深圳市为首位城市的城市等级体系。从人均 GDP 来看，按照世界银行的标准，深圳市、广州市、珠海市、佛山市、中山市和东莞市六个地级市已经达到高收入的标准；惠州市、阳江市、江门市、肇庆市、茂名市、韶关市、潮州市、汕头市、清远市、湛江市、揭阳市、云浮市和河源市共 13 个地级市已经进入中等偏上水平序列；汕尾市和梅州市两个地级市还处在中等偏下收入水平阶段。从人均 GDP 的差距看，由于人口分布与经济发展是密切相关的，因此其差距远小于 GDP 之间的差距，人均 GDP 排名首位的深圳市，其人均 GDP 为 24697 美元，是排名最后一位的梅州市人均 GDP 的 7 倍（见表 4-4）。

表 4-4　2015 年广东省 21 个地级市经济发展相关情况

地级市	GDP（亿元）	人均 GDP（元）	人均 GDP（美元）	达到标准
深圳	17503	153821	24697	高收入
广州	18100	134066	21525	
珠海	2025	123947	19900	
佛山	8004	107716	17294	
中山	3010	93782	15057	
东莞	6275	76024	12206	
惠州	3140	66029	10601	中等偏上收入
阳江	1250	49777	7992	
江门	2240	49564	7958	
肇庆	1970	48527	7791	
茂名	2446	40219	6457	
韶关	1150	39228	6298	
潮州	910	34467	5534	
汕头	1868	33645	5402	
清远	1278	33325	5351	
湛江	2380	32867	5277	
揭阳	1890	31194	5008	
云浮	713	28984	4653	
河源	810	26357	4232	
汕尾	762	25221	4049	中等偏下收入
梅州	960	22111	3550	

资料来源：根据《广东统计年鉴》（2016）整理得到。

第二节　经济发展阶段

自改革开放以来，广东省经济取得了长足的发展。经济增长理论研究表明，经济增长受到多种因素的影响，特别是在要素边际回报率递减和创新规模报酬递增两种力量的作用下，随着经济的发展，经济发展会呈现出明显的阶段性特征，广东省经济增长也是如此。下面，本书将首先介绍其经济发展阶段性特征的总体情况，在此基础上，以 2008 年金融危机和中国经济结构转型升级为节点，将广东省经济发展分为两个阶段来分析其在这两个阶段的不同特点。

一、总体情况

1992 年，邓小平同志提出广东省要争取 20 年赶上"亚洲四小龙"（分别是新加坡、中国香港、中国台湾和韩国）。此后，赶超"亚洲四小龙"就成为广东省经济发展阶段性变化的重要标志。以美元计价，1978 年，广东省 GDP 只有117 亿美元，1993 年广东省 GDP 突破 500 亿美元大关，达到 602 亿美元。1998 年广东省 GDP 突破 1000 亿美元大关，达到 1030 亿美元，并且 GDP 超过了新加坡；2003 年广东省 GDP 达到 1914 亿美元，超过了香港地区；2004 年，GDP 超过了 2000 亿美元，达到 2279 亿美元；2007 年广东省 GDP 又超过了台湾地区，达到 4178 亿美元，2008 年则迈上 5000 亿美元的台阶，达到 5298 亿美元；2013 年，广东省进入万亿美元 GDP 俱乐部，GDP 为 10087 亿美元，2015 年广东省 GDP 为 11530 亿美元，当年韩国 GDP 为 13779 亿美元，广东省与韩国相比，GDP 总量相差 2249 亿美元，但是 2015 年广东省 GDP 增长率为 7.4%，远高于韩国 2.6%的增速，因此，广东省 GDP 总量赶超韩国指日可待（见图 4-4）。

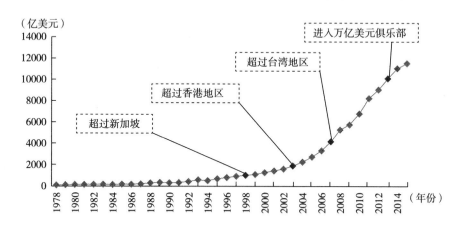

图 4-4　1978~2014 年广东省 GDP 阶段性变化的总体情况

资料来源：根据《广东统计年鉴》（2015）整理得到。

二、阶段性特征

1978 年，广东省 GDP 只有 185.85 亿元，到 2015 年其 GDP 总量已达

72812.55 亿元，年均经济增长率为 12.8%，与之相比，中国经济自 1978~2015 年的平均经济增长率为 9.6%，广东省比全国平均水平高 3.2 个百分点。但是，从其历年的经济增长率看，在 1996 年以前，广东省经济增长的波动还是很大，1996 年后，其经济增长进入平稳期。本书以 10% 的经济增长率为基准线为判定标准，再结合中国经济结构转型的实际，以及国际经济形势的变化，大体将广东省经济发展分为两个阶段：一是持续高速发展阶段；二是结构调整与发展方式转换阶段（见图 4-5）。

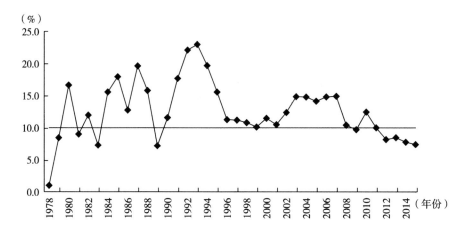

图 4-5　1978~2014 年广东省经济增长率变化情况

资料来源：根据《广东统计年鉴》（2015）整理得到。

1. 持续高速发展阶段

这一阶段是指从 1978~2008 年，此阶段广东省 GDP 由 1978 年的 185.85 亿元，增长到 2008 年的 36796.71 亿元，年均经济增长率达到 13.7%，比广东省 1978~2015 年的年均经济增长率高了 0.9 个百分点。从年均经济增长率来看，广东省此阶段的经济增长可谓是持续高速增长，尽管有个别年份的经济增长率低于 10%，但是经济增长率超过 10% 的年份有 26 年，占比为 83.9%，经济增长率超过 15% 的年份有九年，占比为 29%，1992 年和 1993 年两年的经济增长率还超过了 20%（见图 4-5）。

2. 结构调整与发展方式转换阶段

这一阶段是指从 2009~2015 年，此阶段广东省 GDP 总量由 2009 年的 39492.52 亿元增长到 2015 年的 72812.55 亿元，年均经济增长率为 8.9%，比广东省 1978~2015 年的年均经济增长率低了 3.9 个百分点。除了受到国际金融危机的影响外，中国经济也进入了转型升级阶段，广东省作为中国经济的排头兵，原有的发展模式已不能适应经济和社会发展的需要，适当地降速是为了以后更好地发展。同时，也可以看到，尽管降速的态势不是很明显，在经济总量较大的前提下，广东省 2015 年 7.4%的增速也高于全国 6.9%的平均水平（见图 4-5）。广东省在全国经济版图中占据主导地位，在一定程度上可以说，是中国经济发展、经济社会改革的风向标。因此，在未来的发展中，广东省必须立足自身实际，积极推动产业结构升级，以创新推动经济发展，同时也应保持经济增长处于合理区间，探索在不大幅度降低经济增长速度的条件下，实现经济结构平稳转型升级的路径，为中国经济转型升级提供广东样本。

第三节　经济发展因素分析

正如前文所述，广东省经济发展取得了长足的进步，那么是哪些因素推动了广东省经济的快速发展呢？下面我们将借助经济增长模型，利用广东 1978~2014 年的数据，对推动广东经济发展的因素做详细分析。

一、经济增长模型

从经济增长理论发展的历程看，比较有代表性的经济增长模型包括哈罗德-多马模型，斯旺-索洛模型、卡尔多模型以及内生增长模型。各个模型都从不同的假设条件出发，指出了影响经济增长的因素，这些模型成为研究经济增长和发展的基础模型。本书选择罗默内生增长模型（Romer，1986）作为研究广东省区域经济发展影响因素的基准模型，其基本公式如下：

$$Y_{(t)} = K_{(t)}^{\alpha} \left[A_{(t)} L_{(t)} \right]^{1-\alpha} \tag{4-1}$$

两边取对数得到本书研究广东省经济增长的计量模型：

$$Y_t = \beta_0 + \beta_1 K_t + \beta_2 L_t + \beta_3 A_t + \varepsilon_{it} \tag{4-2}$$

其中，Y_t 是反映经济增长的指标，K_t 代表资本投入，本书以社会固定资产投资总额来衡量，L_t 代表劳动力投入，本书以就业人员总数减去事业单位从业人数来衡量，A_t 代表创新能力。本书认为从经济发展的视角看，创新能力与市场化水平密切相关。广东作为我国改革开放的先行地，市场化进程一直处于全国领先水平，因此本书以市场化水平来反映广东省的创新能力，该指标的计算方法是：1-国有经济固定资产投资/社会固定资产投资。

结合广东省经济发展的实际情况，本书认为，作为中国改革开放的先行地，广东省经济发展有其自身的特点：一是对外开放水平的不断提升，本书以外商直接投资占 GDP 的比重来衡量；二是产业结构的不断完善，本书以第三产业的增加值占 GDP 的比重来衡量；三是教育质量的不断改善，本书以高等学校在校人数来衡量。为此，在基准模型基础上，我们引入反映这三个因素的变量，得到广东省经济增长计量模型：

$$Y_t = \beta_0 + \beta_1 K_t + \beta_2 L_t + \beta_3 A_t + \beta_4 X_{1t} + \beta_5 X_{2t} + \beta_6 X_{3t} + \varepsilon_{it} \tag{4-3}$$

二、计量方案设计与指标说明

1. 计量方案设计

前文的研究表明，广东省经济增长大致经历了两个主要阶段，由于这两个阶段经济发展的表现形式不同，因此，为了更好地对影响广东省经济发展的因素，以及各个因素的变化情况进行深入分析，本章的计量分析按照以下两个步骤进行：

第一步，总体分析。利用 1978~2014 年的数据从总体上分析各个因素对广东省经济增长的影响。

第二步，分阶段分析。本书的阶段划分主要是看经济增长率的变化情况。从阶段性分析可以看到，1996 年是广东省经济增长率变化的一个重要节点，因此本书以 1996 年为分界点，对影响广东省经济增长的因素进行两个阶段分析，分别是 1978~1996 年和 1997~2014 年两个时间段。

2. 指标说明

本书使用 1978~2014 年广东省时间序列数据分析各个因素对广东省经济增长的影响，其中各个指标的含义如表 4-5 所示。

表 4-5　指标说明

指标名称	指标含义	计算方法
lngdp	实际 GDP 的对数	实际 GDP 取对数
lnlabor	劳动力投入的对数	就业总人口取对数
lninvestment	资本投入的对数	实际社会固定资产投资取对数
lnmarket	市场化水平的对数	（1-国有经济固定资产投资总额/社会固定资产投资）×100，然后取对数
lnthirdindustry	产业结构的对数	第三产业增加值/GDP×100，然后取对数
lnfdi	对外开放水平的对数	外商直接投资/GDP×100，然后取对数
lneducation	教育水平的对数	高等学校在校人数取对数

资料来源：根据历年《广东统计年鉴》整理得到。

三、结果分析

1. 总体分析结果

从模型来看（见表 4-6），调整后的拟合优度为 0.994，说明本书所选择的模型可以很好地拟合广东省1978~2014年的经济增长情况。从各个指标来看，对外开放水平和教育水平两个指标未通过显著性检验，资本投入、市场化水平和产业结构三个指标都通过1%的显著性水平检验，劳动力投入通过了5%的显著性水平检验。

表4-6 1978~2014年广东省经济增长影响因素总体分析

指标	指标名称	lngdp
劳动力	lnlabor	1.356 ** (2.48)
资本投入	lninvestment	0.395 *** (3.36)
市场化水平	lnmarket	0.642 *** (3.34)
产业结构	lnthirdindustry	2.438 *** (3.43)
对外开放水平	lnfdi	−0.024 (−0.34)
教育质量	lneducation	−0.026 (−0.14)
常数	_cons	−16.269 *** (−2.98)
N		36
r2_a		0.994

注：*、**和***分别表示10%、5%和1%的显著性水平。

从各个因素的影响来看。首先，产业结构优化是广东省经济发展重要动力之一。实证结果表明，第三产业增加值每提高1个百分点，GDP会提高2.438个百分点。这说明产业是经济增长的基础，产业结构优化对广东省经济发展有很好的支撑作用，同时，从非均质空间的时间看，产业是经济增长的基础也是最终的落脚点，产业发展既要符合要素禀赋条件，又受到路径依赖的影响，但是在市场条件下，产业发展会在上述两种作用下，实现产业与区位的更好匹配，从而更好地发挥区位优势，因此，产业结构优化改变了经济增长的结构，对经济增长具有较大影响。其次，劳动力投入对广东省经济增长的作用不容忽视。

实证结果表明，劳动力投入每增加 1 个百分点，广东省经济增长会提高 1.356 个百分点，这与罗默经济增长模型是一致的。因为在罗默经济增长模型中，创新的来源是"干中学"，是通过劳动力的学习实现的。广东省是外来务工人员大省，有足够大的劳动力池作为保证，同时，进一步结合区位选择二元模型的结论，区位会对经济主体产生选择作用。其中一个途径就是产业结构调整会对劳动力起到很好的筛选作用，能够"干中学"的劳动力最终留了下来，不能"干中学"适应新产业结构的劳动力被剔除。广东省的劳动力素质在"干中学"和区位选择的双重作用下，整体素质较其他省份有了显著提升，劳动力素质的提升势必提升整体的生产效率，进而对经济增长产生更大的影响。再次，市场化水平提升在广东省经济增长过程中扮演着重要角色。实证结果表明，市场化水平每提高 1 个百分点，经济增长率会提升 0.642 个百分点。这说明，非国有经济的活力越大，经济增长的效率越高，这符合中国市场化改革的趋势，也符合经济市场化的要求。广东省是中国改革开放的先行地，经济市场化程度较高，并且也在积极推进深化社会主义市场经济体制改革，非国有经济的投资在整个经济中占据着很大的比重，因此，非国有经济投资的增加，代表了市场活力的提升，市场活力提升，要素的流动性就会增长，更加有利于经济增长。最后，资本投入是广东省经济增长的重要基础。实证结果表明，实际社会固定资产投资每提高 1 个百分点，经济增长会提升 0.395 个百分点。这说明，资本投入对经济增长有影响，但是与有利于要素流动的政策相比，资本投入的影响相对较小。

综合以上分析，本书发现，广东省经济增长具有自身特点，就是其改革的属性更加明显。从马克思主义经济学的视角看，流动性是经济增长的根本，只有具备足够的流动性，资本和劳动力才能获取更大的回报（大卫·哈维，2013）。从提升流动性的视角看，资本投入提供了经济增长的良好基础，产业结构升级和市场化水平提高共同营造了一个更加高效的要素流动环境，劳动力又是要素流动中的最终承载者，在这四个因素的共同作用下，广东省经济增长一直保持了很好的活力，其经济增长的成效明显。因此，本书的研究表明，从改革开放至今，广东省经济增长的历程自始至终体现了社会主义市场经济体制改革的效果，是中国改革开放的缩影，更是中国继续推进改革开放的排头兵。从提升流动性的视角看，改革开放的广东模式具有很好的借鉴价值，对于中国深化社会主义市场经济体制改革具有重要意义。

2. 分阶段分析结果

为了更进一步了解影响广东省经济增长因素的变化情况，本书分别对 1978～1996 年和 1997～2014 年时间段影响广东省经济增长的因素进行了实证研究（见表 4-7、表 4-8）。

表 4-7 1978~1996 年广东省经济增长影响因素第一阶段分析

指标	指标名称	lngdp
劳动力	lnlabor	9.807*** (8.42)
资本投入	lninvestment	0.384*** (2.84)
市场化水平	lnmarket	0.893*** (6.71)
产业结构	lnthirdindustry	1.095 (1.76)
对外开放水平	lnfdi	−0.036 (−0.42)
教育质量	lneducation	0.158 (0.74)
常数	_cons	−73.563*** (−8.94)
N		18
r2_a		0.992

注：*、**和***分别表示 10%、5% 和 1% 的显著性水平。

表 4-8 1997~2014 年广东省经济增长影响因素第二阶段分析

指标	指标名称	lngdp
劳动力	lnlabor	0.603*** (2.86)
资本投入	lninvestment	0.674*** (15.96)
市场化水平	lnmarket	0.374 (1.59)
产业结构	lnthirdindustry	0.686*** (3.72)
对外开放水平	lnfdi	0.320*** (9.53)
教育质量	lneducation	−0.058 (−0.55)

续表

指标	指标名称	lngdp
常数	_ cons	-7.118^{***} (-2.60)
N		18
r2_ a		0.999

注：*、**和***分别表示10%、5%和1%的显著性水平。

实证结果显示，在都通过显著性检验的指标中，第二阶段与第一阶段相比，劳动力对经济增长的影响在下降，1978~1996年劳动力的估计系数是9.807，与之相比，1997~2014年的估计系数是0.603。这说明，在1978~1996年这一阶段，劳动力投入对广东省经济增长的作用较大，但是随着广东省经济的发展，单纯的劳动力投入已经无法带来更大的经济增长效果，这也表明随着广东省的经济发展，劳动密集型产业已经逐步退出经济舞台。同时，资本投入对经济增长的影响在上升，1978~1996年资本投入的估计系数为0.384，而1997~2014年的估计系数则为0.674，这说明随着广东省经济的不断发展，资本对经济增长的贡献在逐渐增大，主要原因是在经济发展初期，资本投入主要是以量为主，随着经济发展质量的提升，资本投入进入数量和质量并重阶段，资本投入的结构更加合理，因此其对经济增长的贡献也在不断增大。

与此同时，本书也注意到第一阶段和第二阶段实证结果之间的一些差异。第一个差异是，在1978~1996年，市场化水平对经济增长的影响是显著为正的，但是在1997~2014年市场化水平对经济增长的影响未通过显著性检验。本书认为，在改革开放初期，非国有经济投资效率是明显高于国有经济的，并且顺应了中国改革开放的大浪潮，但是随着改革开放的深入，中国逐渐意识到国有经济的作用，而且积极推进国有企业改革，国有企业的效率和在国民经济中的地位得到了优化和提升，因此非国有经济投资所带来的效果不如前期那么明显。这也告诉我们一个事实，那就是中国经济发展与其他国家的不同之处，在中国经济发展过程中，必须正确认识政府所起的作用，一个有为的政府是保证中国奇迹产生的前提条件，广东省的经济增长历程很好地印证了这一点，也促使我们思考在研究中国经济，以及总结中国经济发展经验时，必须充分认识到政府的作用，而不能简单地套用主流经济学关于政府的假定来研究中国政府，否则可能会带来削足适履的尴尬。第二个差异是，产业结构在1978~1996年这一阶段对经济增长的影响未通过显著性检验，但是在1997~2014年产业结构对经济增长的影响显著为正，结合本书是用第三产业增加值占GDP的比重来反映产业结构和经济发展的阶段性特征，带来这一变化的主要原因可能是，在1978~

1996 年是广东省经济增长的起飞阶段，这一阶段也是广东省工业化快速推进的阶段，但是随着广东省经济逐步进入产业结构升级阶段，第三产业逐渐成为广东省经济发展的主要方向，因此第三产业对经济增长的作用也不断显现。第三个差异是，对外开放水平在 1978~1996 年这一阶段对经济增长的影响未通过显著性检验，但是在 1997~2014 年对外开放水平对经济增长的影响显著为正。广东省作为中国改革开放的先行地，在发展初期引进外资是其经济增长的主要动力之一，那个时候的外资主要以数量为主，同时外资在与广东省的博弈中占据主导地位，所进入的行业主要是出口导向型企业，利润也大部分被母公司拿走，因此尽管数量比较多，但是外资对广东省经济增长的影响不明显；随着经济总量的提升，以及经济转型升级的内在诉求，广东省与外资之间的关系也由被动接受变为了主动选择，这一转变使得广东省引进的外资与广东省经济发展的实际更加匹配，因此对经济增长带来了显著的正向促进作用。

3. 基本判断

通过对广东省经济发展影响因素从总体和分阶段两个层面的分析，我们看到了劳动力、资本投入、市场化水平、产业结构、对外开放水平对广东省经济发展带来的不同影响，也对广东省经济发展进程有了更加深入的了解。同时，通过两个阶段的比较，本书发现广东省经济发展已经由注重数量增大阶段过渡到质量提升阶段，无论是在国内经济版图，还是在世界经济格局中，广东省成了主导者，可以根据自身需要来引导各类要素更加合理地配置，也使要素流动更加顺畅和合理。

第五章　产业发展与布局

产业是支撑经济发展的基础，各个区域会根据自身经济社会发展的实际情况、要素禀赋条件、政策因素，选择适合区域特点的产业结构。因此，可以说，产业结构是区域经济发展的 DNA。产业结构的演变可以很好地反映区域发展的特点。本章将从分析广东省三次产业结构演变的历程入手，并根据广东省经济发展实际，从现有主导产业情况、现代产业体系发展情况、产业集聚发展的态势以及产业空间转移的相关实践和效果四个方面对广东省产业发展和布局进行分析。

第一节　三次产业结构演变

一、三次产业结构演变进程

总体上来看，广东省的三次产业结构经历了"二、一、三"到"二、三、一"再到"三、二、一"的演变过程。"二、一、三"阶段从 1978 年到 1984 年，其主要特点是，尽管第二产业占比较高，但是与第一产业相差不大，第一产业占比一直维持在 30%以上，并且每年的占比变化不大，第三产业占比低于第一产业，从占比看发展也很缓慢，本书将其称为"低水平工业化阶段"。"二、三、一"阶段从 1985 年到 2012 年，此阶段的主要特点是，第一产业占比呈现逐年下降态势，由 1985 年的 29.8%下降到 2012 年的 5.0%，第三产业占比则是逐年上升，但是其占比始终没有超过第二产业，第二产业占比一直处于缓慢上升态势，在 2005 年达到 50.4%，占比超过 50%的状态一直持续到 2008 年，本书将其称为"工业化支撑发展阶段"。"三、二、一"阶段从 2013 年到 2014 年，其主要特点是，第一产业占比维持在 5%以下，在 2013 年第三产业占比超过了第二产业，2014 年两者之间的差距进一步拉大，本书将其称为"产业结构调整阶段"。可以预期，随着国家经济转型升级步伐的加快，广东省作为全国经济发展的排头兵，其第三产业占比将进一步提升（见表5-1）。

表 5-1　1978~2014 年广东省三次产业占比情况　　单位:%

年份	第一产业	第二产业	第三产业
1978	29.8	46.6	23.6
1979	31.8	43.8	24.4
1980	33.2	41.1	25.7
1981	32.5	41.4	26.1
1982	34.8	39.8	25.4
1983	32.9	41.3	25.8
1984	31.7	40.9	27.4
1985	29.8	39.8	30.4
1986	28.2	38.3	33.5
1987	27.4	39.0	33.6
1988	26.5	39.8	33.7
1989	25.5	40.1	34.4
1990	24.7	39.5	35.8
1991	22.0	41.3	36.7
1992	19.0	45.0	36.0
1993	16.1	49.1	34.8
1994	15.0	48.8	36.2
1995	14.6	48.9	36.5
1996	13.7	48.4	37.9
1997	12.6	47.6	39.8
1998	11.7	47.7	40.6
1999	10.9	47.1	42.0
2000	9.2	46.5	44.3
2001	8.2	45.7	46.1
2002	7.5	45.5	47.0
2003	6.8	47.9	45.3
2004	6.5	49.2	44.3
2005	6.3	50.4	43.3
2006	5.8	50.6	43.6
2007	5.3	50.4	44.3

续表

年份	第一产业	第二产业	第三产业
2008	5.4	50.3	44.3
2009	5.1	49.0	45.9
2010	5.0	49.6	45.4
2011	5.0	49.1	45.9
2012	5.0	47.7	47.3
2013	4.8	46.4	48.8
2014	4.7	46.3	49.0

资料来源：根据《广东统计年鉴》（2015）整理得到。

从广东省三次产业各自占比的发展态势看。第一产业占比经历了"捺笔形"发展历程，在 1978~1984 年，其占比呈现相对稳定的高位阶段，其占 GDP 的比重维持在 30%，从 1985 年开始，其占 GDP 的比重快速下降，到 2010 年下降到 5.0%，占比又呈现相对稳定的低位阶段，走出了一条中国毛笔画的"捺画"。第二产业占比经历了"先下降后上升再下降又上升再下降"的历程，本书称之为"W+"形的演变路径。第三产业经历了稳步提升的发展历程（见图 5-1）。

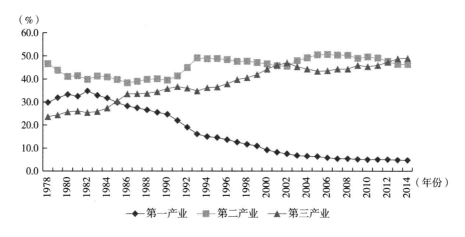

图 5-1　广东省三次产业结构演变情况

资料来源：根据《广东统计年鉴》（2015）整理得到。

二、产业结构的区域差异

由于广东省四大区域在自然禀赋、发展阶段上有所不同，其产业结构也存在较大差异。从 2014 年四大区域三次产业的占比来看，四大区域可以分为三个类型：一是第三产业为主导的珠三角地区，其第三产业占 GDP 的比重达 53.15%，比第二产业占 GDP 比重高 8.15 个百分点。二是第二产业占主导的粤东地区，其第二产业占 GDP 的比重为 55.31%，比第三产业占 GDP 比重高 18.91 个百分点。三是第二产业与第三产业势均力敌的粤西地区和粤北地区，粤东地区第二产业占 GDP 比重为 42.07%，仅比第三产业占 GDP 比重高 1.22 个百分点；粤北地区第三产业占 GDP 比重为 42.79%，仅比第二产业占 GDP 比重高 1.1 个百分点；值得注意的是粤西地区和粤北地区，第一产业占 GDP 比重都超过了 15%，分别达到 17.08% 和 15.52%（见图 5-2），这说明第一产业在这两个地区的发展中所起的作用不容忽视，这主要是由两个区域的自然禀赋条件决定的。因此，从产业结构区域差异来看，广东省四大区域的产业发展受到自然禀赋的影响较大，反过来也说明，各个区域都在根据自身的比较优势，选择适合其经济发展的产业结构。

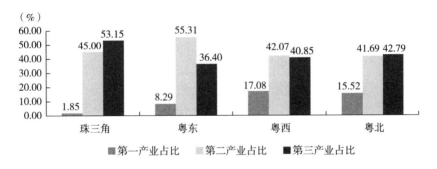

图 5-2　2014 年广东省四大区域三次产业占 GDP 的比重

资料来源：根据《广东统计年鉴》（2015）整理得到。

第二节　工业主导产业发展

从广东省产业结构演化的过程看，第二产业在广东省经济发展中一直占据较为重要的位置，而且工业是第二产业的主体。因此，接下来本书将详细分析广东省工业主导产业的演变情况，以及珠三角、粤东、粤西和粤北地区在工业主导产业上的差异。然后，结合广东省关于工业主导产业发展的相关规划，对广东省确立的工业主导产业的现状和未来进行分析。

一、指标说明

就主导产业选择指标体系的研究来看，学者们从不同视角对主导产业选择设计了多种指标体系，沈志江和张园（2011）从工业结构的分析出发，构建了由 3 个一级指标和 11 个二级指标构成的工业主导产业评价体系，并以绍兴市为例做了实证研究。马国霞等（2011）则是从主导产业选择的基础出发，构建了包括 5 个方面指标的主导产业指标体系，并对京津冀地区的主导产业进行了评价。

从现有的工业主导产业评价体系来看，相关研究构建的主导产业选择指标体系虽然不尽相同，但是其研究得到了基本共识，那就是指标体系的构建要综合考虑产业的规模、效率和发展潜力三个主要方面。因此，本书在工业主导产业评价指标体系构建时，一级指标的设计也主要是考虑上述三个方面。规模、效率和潜力指标分别用该工业产业当年的工业总产值、工业增加值和总资产贡献率来衡量，各个指标的权重相等（见表 5-2）。

表 5-2　工业主导产业评价指标体系

目标	一级指标	二级指标	权重（%）
工业主导产业评价	规模指标	工业总产值	33.33
	效率指标	工业增加值	33.33
	潜力指标	总资产贡献率	33.33

资料来源：笔者整理。

二、模型及步骤

1. Weaver-Thomas 模型

工业主导产业评价需要构建相应的指标体系，指标体系又包括很多具体的指标，因此在评价过程中必须要进行降维处理，以便对相应的指标数值进行排序，现有的降维方法主要有两种：一是因子分析法，二是 Weaver-Thomas 模型，两种方法的目的是一样的。本书选择 Weaver-Thomas 模型对指标体系进行处理。

Weaver-Thomas 模型的基本原理是把一个观察分布（实际分布）与假设分布相比较以建立一个最接近的近似分布。使用 Weaver-Thomas 模型时，首先要针对特定的指标，把所有城市从大到小排序，通过 Weaver-Thomas 模型计算和比较每一种假设分布与实际分布之差的平方和，以此计算出所有指标各自对应的主导产业的个数；其次，把所有指标各自对应的主导产业个数做平均，所得的值为利用该模型对所有指标所确定的主导产业数量；最后，把第 i 产业相对于第 j 项指标的排序值组成一个产业综合排序矩阵，对每一个指标赋权，算出各个产业的排序值，取排在前面的且值大于 0 的产业为主导产业。

设 EN_{ij} 为第 i 产业第 j 项指标值，i=1，2，…，m；j=1，2，…，N。其中，

m 为产业总个数，N 为指标总个数；n 为第 j 个指标各产业重新排序后的 n 个产业。对于第 n 个产业第 j 个指标的 Weaver-Thomas 指数 WT_{nj} 为：

$$WT_{nj} = \sum_{i=1}^{m} (C_i^n - 100EN_{ij} / \sum_{i=1}^{m} EN_{ij})^2 \qquad (5-1)$$

其中，$C_i^n = \begin{cases} 100/n, & \text{当 } i \leqslant n \text{ 时} \\ 0, & \text{当 } i > n \text{ 时} \end{cases}$ $nq_i = k$，$nq = (\sum_i^N nq_j)/N$

其中，k 为当 $WT_{ij} = minWT_{k_i}$，（k = 1，2，…，m）时的位置数。nq_j 表示第 j 项指标对应的主导产业的数量，nq 为所有指标对应的主导产业的总数。

$$A = \begin{pmatrix} A_{22} & \cdots & A_{2N} \\ \vdots & \ddots & \vdots \\ A_{m2} & \cdots & A_{mN} \end{pmatrix} = \{A_{ij}\}_{m \times N}, \quad D_i = \sum_{j=1}^{N} e_j A_{ij}$$

其中，A 为主导产业综合排序矩阵，A_{ij} 表示第 i 产业相对于第 j 项指标的排序值。e_j 表示第 j 项指标的赋权值，D_i 为主导产业综合排序值。

2. 分析步骤

主导产业的分析主要遵循以下三个步骤：

（1）根据工业主导产业的特点的研究，从规模、效率和潜力三个方面构建指标体系（见表 5-2）。

（2）利用 Weaver-Thomas 模型，对每一个指标进行处理，为每一个指标赋予不同的数值。

（3）给每一个指标赋予相同的权重，对指标数值进行加权，得到每一个产业的数值，然后再利用 Weaver-Thomas 模型对各个产业进行选择，确定每个产业最终的数值与位置，并取排名前十的产业作为工业主导产业，得到最终结果。

三、计量结果与分析

为全面反映广东省工业主导产业发展的历程，本书选择 2005 年、2010 年和 2014 年三个年份进行研究，从时间维度看工业主导产业演变情况。另外，在空间维度，本书从珠三角、粤东、粤西和粤北四大区域来分析其工业主导产业的差异。

1. 广东省工业主导产业演变

工业主导产业是支撑工业发展的主要力量，其演变可以反映一个区域产业结构调整的情况。从广东省 2005 年、2010 年和 2014 年工业主导产业演变的情况看，广东省工业主导产业经历了从模糊到明确的发展阶段。由于研究采用的是统计年鉴规定的产业目录，因此在分析时，本书结合广东省现阶段大力发展

智能装备制造业和先进制造业的背景，对其工业主导产业演变进行分析。在
2005 年，广东省工业主导产业已经开始出现了发展智能装备和先进制造业的雏
形，比如通信设备、计算机以及其他电子设备制造业、专用设备制造业、塑料
制品业等，都是发展智能装备制造业和先进制造业的基础产业。到 2010 年，广
东省工业主导产业中，能够为智能装备制造业和先进制造业提供基础的产业明
显增多，并且交通运输设备制造业，电气机械及器材制造业本身已经具备先进
制造业的属性。从 2014 年的情况看，工业主导产业中为智能装备制造业和先进
制造业发展的产业更加集中和明确，比如汽车制造业、化学纤维制造业，铁路、
船舶、航空航天和其他运输业，非金属矿物制品业等。同时，我们还可以发现，
以前代表广东省特色的食品制造业、服装业和家具产业也是工业主导产业的主
要组成部分，从这些产业的演变历程看，我们认为这些产业在广东省大力推进
产业升级的背景下，已经由低端的来料加工和前店后厂模式向品牌化和规模化
发展。总体来看，从工业主导产业的现状看，广东省现有的工业主导产业不仅
能为智能装备制造业和先进制造业发展提供良好基础，同时原有的传统优势产
业已经率先实现了转型升级，成为推动经济发展的主要力量（见表 5-3）。

表 5-3　广东省工业主导产业演变情况

年份	工业主导产业
2005	食品制造业，非金属采矿业，废弃资源和废旧材料回收工业，石油加工、炼焦及核燃料加工业，黑色金属冶炼及压延工业，家具制造业、通信设备、计算机及其他电子设备制造业，橡胶制品业，专用设备制造业，塑料制品业
2010	交通运输设备制造业，化学原料及化学制品制造业，石油化工、炼焦及核燃料加工业，金属制品业，电气机械及器材制造业，非金属矿物制造业，纺织服装、鞋、帽制造业，通信设备、计算机及其他电子设备，塑料制品业，石油和天然气开采业
2014	食品制造业，纺织服装、服饰业，石油和天然气开采业，化学纤维制造业，木材加工和木、竹、藤、棕、草制品业，家具制造业，汽车制造业，皮革、毛皮、羽毛及制品和制造业，铁路、船舶、航空航天和其他运输业，非金属矿物制品业

资料来源：笔者根据相关资料整理所得。

2. 广东省工业发展区域差异

由于自然地理因素的制约，广东省四大区域之间经济发展存在较大差异，
工业是经济发展的基础，因此工业发展的区域差异不仅仅是经济发展差异的表
现，也是经济发展差异存在的一个重要原因。本书主要以 2014 年数据为基础，
分析广东省四大区域的工业发展的差异，展现广东省区域经济发展差异的工业
发展差异的一面。

（1）工业企业单位数的差异。从工业企业单位数占全省的比重看，珠三角

集中了广东省接近80%的工业企业，其他三个区域的工业企业单位数与珠三角相去甚远。其他三个区域中，粤东地区的工业企业单位数稍占优势，而粤西与粤北地区的工业企业单位数则相对较少（见图5-3）。这进一步说明了广东省独特的自然地理环境对工业企业选址的影响，更是广东省区域经济发展差异的缩影。

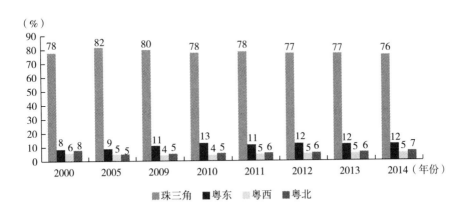

图5-3　2000～2014年广东省四大区域工业企业单位数占全省的比重

资料来源：笔者计算整理所得。

（2）工业总产值的差异。与工业企业单位数分布情况类似，广东省四大区域工业总产值也是珠三角远远高于其他三个地区。同时，随着时间的推移，粤东、粤西和粤北地区与珠三角的差距并没有明显缩小。2000年珠三角工业总产值为10694.83亿元，其他三个地区相加的工业总产值为1786.10亿元，珠三角工业总产值是其他三个地区总和的5.99倍。2014年珠三角工业总产值达到了97830.61亿元，其他三个地区总和为21882.43亿元，两者之间的倍数为4.47倍。从工业总产值的增长率看，2000～2014年珠三角工业总产值的年均增长率为17.13%，而同时期其他三个地区的年均增长率为19.60%。但是，由于珠三角工业总产值的基数远远大于其他三个地区，因此两者之间的差距尽管在缩小，但是缩小的程度并不明显。从粤东、粤西和粤北地区三个区域内部看，其工业总产值的变化也存在一定的差异。粤东地区2000～2014年工业总产值的年均增长率为21.92%，同时期粤西和粤北地区的增长率则分别为17.18%和19.52%，由此可见，在这一时期，粤东地区的工业发展成效是最好的。在2000年，这三个地区工业总产值的排名分别为粤西、粤东和粤北地区，粤西地区工业总产值分别是粤东和粤北地区的1.21倍和1.44倍。但是，到了2014年，粤西地区工业总产值分别是粤东和粤北地区的0.71倍和1.13倍（见图5-4）。

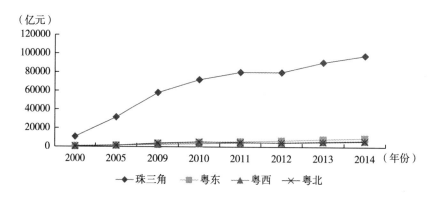

（亿元）

图 5-4　广东省四大区域工业总产值变化

资料来源：笔者计算整理所得。

（3）工业增加值的差异。前文从企业数量和工业总产值的规模视角分析了广东省四大区域工业发展的差异，本部分进一步分析四个区域在工业增加值上的差异，从效率视角进一步研究广东省四大区域工业发展情况（见表 5-4）。从工业增加值的视角看，珠三角地区在 2000 年的工业增加值为 2723.72 亿元，粤东、粤西和粤北地区三个区域总和为 490.8 亿元，珠三角是其他三个区域总和的 5.55 倍，到 2014 年这一倍数缩小到 4.03 倍。尽管珠三角地区与其他三个地区相比，在工业增加值方面的优势依然明显，但是与工业总产值相比，优势相对较小。再结合工业增加值的增长率分析，2000~2014 年珠三角工业增加值的年均增长率为 17.67%，而其他三个地区的年均增长率则为 20.60%，粤东、粤西和粤北地区在工业增加值增长的优势要大于在工业总产值。产生这一结果的原因可能是珠三角工业发展已经进入结构转换的中高速增长期，而其他三个地区还处于工业快速发展期。从粤东、粤西和粤北地区三个区域内部看，其工业增加值的变化趋势与工业总产值类似，但是也存在一定差异。在 2000 年，粤西地区的工业增加值是粤东和粤北地区的 1.28 倍和 1.49 倍，到 2014 年，这一倍数分别为 0.87 倍和 1.26 倍。与工业总产值的差异结合分析，可以看出，粤东地区工业发展成效好于粤西和粤北地区，并且粤北地区无论是在规模还是在效率方面，工业发展成效都有待进一步提升。

表 5-4　广东省四大区域工业增加值情况　　　　单位：亿元

区域＼年份	2000	2005	2009	2010	2011	2012	2013	2014
珠三角	2723.72	8217.00	15285.69	19079.95	17976.18	18639.71	21446.65	22583.28
粤东	156.58	366.55	938.03	1302.91	1362.80	1623.17	2001.33	2196.51

续表

年份 区域	2000	2005	2009	2010	2011	2012	2013	2014
粤西	199.79	461.41	851.18	1075.26	1168.54	1350.43	1741.87	1902.15
粤北	134.43	371.44	1160.31	1530.20	1155.78	1107.49	1350.17	1506.75

资料来源：笔者计算整理所得。

第三节　现代产业体系

广东省作为中国经济发展的排头兵，自改革开放以来，经济实现了快速增长，但是随着经济新常态的到来，其产业发展面临转型升级的艰巨任务，为此广东省在 2010 年出台了《广东省现代产业体系建设总体规划》，提出建设现代服务业、先进制造业、高新技术产业、优势传统产业、现代农业、基础产业六大主体产业，在产业转型升级的背景下，积极打造现代产业体系。前文已经对工业主导产业进行了分析，主要涉及优势传统产业和基础产业。下文将详细分析广东省先进制造业、高新技术产业、现代服务业和现代农业的发展格局，以及其区域发展差异。

一、现代产业发展格局

1. 先进制造业

实体经济是区域经济和社会发展的基础，制造业作为实体经济的主力军，在实现区域产业升级转型过程中起着不可替代的引领作用。可以说，只有实体经济实现了产业结构升级，其他产业才会根据实体经济的发展进行相应调整。广东省自实施现代产业体系建设总体规划以来，积极推进制造业转型升级，积极打造先进制造业。从增加值的总量看，2011 年广东省先进制造业增加值为 10326.03 亿元，到 2014 年则达到 13419.81 亿元，增加了 3093.78 亿元，年均增加 1031.26 亿元，年均增长率达到 9.13%。从增加值占规模以上工业比重看，2011～2014 年，广东省先进制造业增加值占规模以上工业比重变化不大，大体维持在 47% 左右，预计随着广东省产业结构转型升级步伐的加快，这一比重还会进一步提升（见表 5-5）。

表 5-5　广东省先进制造业发展情况

年份	增加值（亿元）	增加值占规模以上工业比重（%）
2011	10326.03	47.67
2012	10923.69	48.10
2013	12714.98	47.91
2014	13419.81	47.61

资料来源：笔者计算整理所得。

2. 高新技术产业

技术进步是经济和社会发展的内生动力，产业结构转型升级的一个内在要求就是要通过技术改造、技术创新实现生产流程的创新，从而推动新业态出现，淘汰落后业态。因此，高新技术产业发展的水平直接决定了区域产业创新的质量，以及产业结构转型升级的潜力，而高新技术产业中最核心的业态就是高技术制造业。广东省在产业转型升级过程中，非常重视高技术制造业发展。2011 年，广东省高技术制造业增加值为 4741.14 亿元，占规模以上工业的比重为 21.9%，2014年其增加值已达到 7083.66 亿元，占规模以上工业的比重达到了 25.1%，远高于同年中国高技术制造业占规模以上工业 10.6% 的比重，年均增长率达到14.32%，比同时期先进制造业增加值增长率高 5.19 个百分点（见图 5-5）。

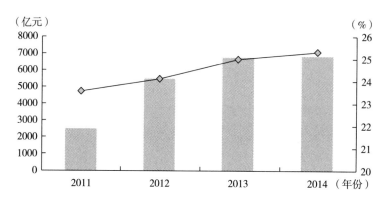

— 高技术制造业增加值（左轴）　■ 高技术制造业增加值占规模以上工业的比重（右轴）

图 5-5　2011～2014 年广东省高新技术制造业发展情况

资料来源：笔者计算整理所得。

3. 现代服务业

如果说制造业为代表的实体经济是经济发展的骨架的话，那么服务业就是经济发展的血肉。服务业在经济发展中起到联结和润滑的作用。只有服务业发展好，经济发展才会具有活力。广东省历来重视服务业发展，特别是随着产业结构的不断调整，其对现代服务业发展的重视程度进一步提升。下面本书将选择现代服务业中比较有代表性的三个行业来分析广东省现代服务业的发展情况。

（1）金融业。金融业作为资本融通的重要手段，通过金融工具为产业发展提供资金支持。广东省金融业随着经济发展实现了快速增长，从金融业增加值看，1978年广东省的金融业增加值仅为4.53亿元，到2014年则达到了5323.17亿元，年均增长率达到了21.70%，比GDP的年均增长率高4.4个百分点。1978年金融业增加值占GDP的比重为2.43%，2014年这一比重提升为7.85%（见图5-6）。由此可见，广东省金融业实现了长足发展，已经成为推动经济发展的重要力量。

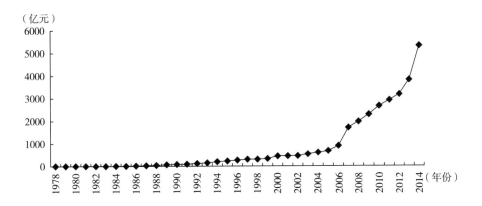

图5-6　1978~2014年广东省金融业增加值变化情况

资料来源：笔者计算整理所得。

（2）批发零售业。批发零售业的繁荣是商业发展的标志，也是区域经济活力的主要来源。批发零售业的快速发展一方面可以为经济发展注入活力，更为重要的是其反映了一个区域的消费水平，在一定程度上反映了居民的购买力和生活水平。批发零售业作为服务业的重要组成部分，其发展的繁荣程度是服务业快速发展的风向标。广东省批发零售业发展迅速，从批发零售业的增加值看，1978年广东省批发零售业增加值为19.39亿元，到2014年达到了8670.82亿元，年均增长率为18.47%，比GDP的年均增长率高1.17个百分点。1978年广东省批发零售业增加值占GDP的比重为10.43%，2014年其比重为12.79%（见图5-7）。总之，广东省商业发达，尤其是广州市作为广东省的省会，其商业发展更为迅速，截至2016年，中国进出口商品交易会（广交会）已举办120届，广州被誉为中国华南第一商都。

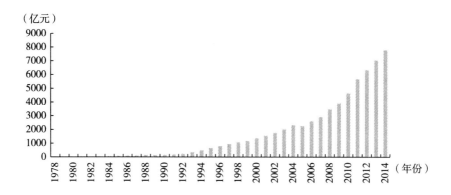

图 5-7   1978~2014 年广东省批发零售业增加值增长情况

资料来源：笔者计算整理所得。

（3）旅游业。随着服务业结构的不断升级，旅游业在服务业中的地位不断提升，广东作为岭南文化的发源地和代表，其旅游业发展不但展示了其独特的文化，也成为服务业转型升级的主要力量。从旅游业收入看（见图5-8），1996年广东省旅游业收入为 762.92 亿元，2014 年增长到 7850.57 亿元，是 1996 年的10.29 倍，年均增长率达到 13.83%。

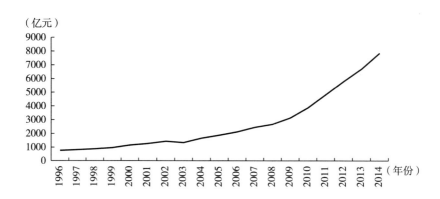

图 5-8   1996~2014 年广东省旅游业收入增长情况

资料来源：笔者计算整理所得。

4. 现代农业

农业是经济发展基础之一，尤其是在经济发展初期，农业是支撑经济发展的重要力量，但是随着工业化的不断推进，农业在经济发展中的地位会不断降低，从广东省产业结构的演变可知，现阶段广东省第一产业占三次产业的比重仅为5%左右。从农林牧渔业总产值看，1978 年广东省农林牧渔业总产值为

85.94 亿元，2014 年达到了 5234.21 亿元（见图 5-9）。从现代农业的发展看，科技贡献在农业发展中的作用不断提升。2008 年广东省农业科技贡献率为 51%，比全国平均水平高 3 个百分点，到 2014 年达到 61.2%，在全国排名第 2 位，比全国平均水平高 5 个百分点，农业发展的科技水平进一步提升。

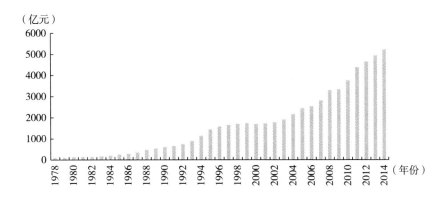

图 5-9　1978~2014 年广东省农林牧渔总产值增长情况
资料来源：笔者计算整理所得。

二、现代产业发展的区域差异

正如本书在经济发展、产业发展中发现的现象一样，广东省现代产业发展也存在着较大的区域差异，尤其是粤东、粤西和粤北地区与珠三角的差异，是广东省经济发展的真实写照。

1. 先进制造业的区域差异

从先进制造业增加值的总量看，珠三角地区 2014 年先进制造业增加值达到了 11786.03 亿元，而广东省其他三个地区的总和仅为 1633.79 亿元，珠三角是粤东、粤西和粤北地区总和的 7.21 倍。从先进制造业增加值占规模以上工业的比重看，珠三角地区的比重为 52.2%，比广东省 47.6% 的平均比重高 4.6 个百分点。粤东、粤西和粤北地区的比重都未超过广东省平均比重，分别为 16.4%、46.2% 和 26.2%。可以看出，珠三角地区的先进制造业发展好于其他三个地区，粤东、粤西和粤北地区也存在较大差异，粤西地区发展相对较好，粤北地区与粤东地区则发展相对缓慢，特别是粤东地区，先进制造业增加值占规模以上工业比重仅为 16.4%，比广东省平均水平低了 31.2 个百分点（见表 5-6）。

2. 高技术制造业的区域差异

从高技术制造业增加值的总量看，2014 年珠三角地区高技术制造业增加值达到了 6695.68 亿元，而粤东、粤西和粤北地区分别为 186.90 亿元、41.79 亿

表5-6 2014年广东省四大区域先进制造业发展对比情况

区域	先进制造业增加值 （亿元）	先进制造业增加值占规模 以上工业比重（%）
珠三角	11786.03	52.2
粤东	360.29	16.4
粤西	879.37	46.2
粤北	394.13	26.2

资料来源：笔者计算整理所得。

元、159.28 亿元，珠三角地区分别是上述三个地区的 35.82 倍、160.22 倍和
42.04 倍。从高技术制造业增加值占规模以上工业的比重看，珠三角地区的比重
为 29.6%，比广东省 25.1% 的平均水平高 4.5 个百分点，而粤东、粤西和粤北
地区的比重则分别比广东省平均水平低了 16.6 个、22.9 个和 14.5 个百分点
（见表5-7）。由此可见，广东省高技术制造业发展的区域差异很大，珠三角地
区发展水平远好于其他三个地区。与先进制造业相比，粤东、粤西和粤北地区
内部的差异减小，但是与珠三角地区的整体差距在扩大。

表5-7 2014年广东省四大区域高技术制造业发展对比情况

区域	高技术制造业增加值 （亿元）	高技术制造业增加值 占规模以上工业比重（%）
珠三角	6695.68	29.6
粤东	186.90	8.5
粤西	41.79	2.2
粤北	159.28	10.6

资料来源：笔者计算整理所得。

3. 现代服务业的区域差异

（1）金融业的区域差异。从金融业增加值来看，2014 年珠三角地区金融业
增加值为 4857.67 亿元，占广东省的 91.26%，其他三个地区金融业增加值总和
仅为 465.5 亿元，占广东省的 8.74%，仅为珠三角地区金融业增加值的 9.58%
（见图5-10）。由此可见，广东省的金融业高度集中于珠三角地区，其他三个地
区的金融业与珠三角地区相比差距巨大，从三个区域内部来看，其金融业发展
水平相当，尤其是粤西和粤北地区相差不大，发展最差的是粤东地区。

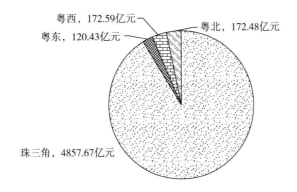

图5-10 2014年广东省四大区域金融业增加值对比情况

资料来源：笔者计算整理所得。

（2）批发零售业的区域差异。从批发零售业的增加值看，2014年珠三角地区批发零售业增加值为6910.16亿元，占广东省的比重为79.69%，与之相比，粤东、粤西和粤北地区批发零售业增加值分别为714.41亿元、675.17亿元和371.08亿元，占广东省的比重分别为8.24%、7.79%和4.28%（见图5-11）。由此可见，珠三角地区是广东省商业最发达的地区，粤东与粤西地区之间的差异不大，粤北地区的商业发展水平最差。

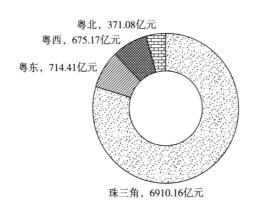

图5-11 2014年广东省四大区域批发零售业增加值对比情况

资料来源：笔者计算整理所得。

（3）旅游业的区域差异。从旅游业收入看，2014年珠三角地区的旅游业收入为5738.59亿元，占广东省的比重为73.10%，粤东、粤西和粤北地区的旅游业收入则分别为558.26亿元、481.99亿元和1071.72亿元（见图5-12）。可以看出，珠三角地区是广东省旅游业发展最好的区域，在其他三个地区中，粤北地区旅游业发展最好，其旅游业收入分别是粤东、粤西的 1.92 倍和 2.22 倍。这说明，珠三角地区是游客来粤旅游的主要目的地，且消费水平最高，粤北地区可以借助其独特的自然风光，在发展现代服务业的同时，大力发展旅游业。

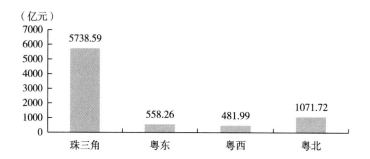

图 5-12　2014 年广东省四大区域旅游业收入对比情况
资料来源：笔者计算整理所得。

4. 现代农业的区域差异

从农林牧渔总产值规模来看（见图 5-13），珠三角地区的总量是最大的，为 1858.33 亿元，但是占广东省的比重仅为 35.11%，远低于其他产业所占比重。粤西地区为 1587.64 亿元，与珠三角地区规模相当，占广东省的比重为 30.00%，粤北地区为 1146.25 亿元，占广东省的比重为 21.66%，粤东地区为 700.70 亿元，占广东省的比重为 13.23%。由此可见，与其他产业相对比，广东省四大区域在农业发展方面的差异较小。

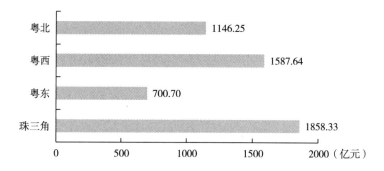

图 5-13　2014 年广东省四大区域农林牧渔总产值对比情况
资料来源：笔者计算整理所得。

第四节 产业集聚发展

产业集聚发展可以更好地发挥产业的规模优势，优化产业链，实现产业空间优化，是产业在空间发展的主要形式，也表明产业发展进入了较好的发展态势。本部分，本书将利用衡量产业空间集聚的指数，对广东省产业集聚情况进行分析，从地级市和区域两个层面展示广东省产业集聚发展情况。

一、产业空间集聚

1. 衡量产业集聚度的指标

衡量产业集聚度的指标主要有集中度、区位熵、空间基尼系数、EG 指数、DO 指数和赫芬达尔-赫希曼指数。在比较了各个指数的优缺点之后，本书决定利用 HO 指数对广东省的产业集聚度进行分析。主要是因为 HO 指数既考虑了产业的市场集中度，又考虑了产业所形成的市场的竞争程度。HO 指数的计算公式如下：

$$H = \sum_{i=1}^{N} (X_i/X)^2 \tag{5-2}$$

其中，X 代表整个地区某个产业的总产值，X_i 代表 i 区位对应产业的产值，X_i/X 代表 i 区位对应产业产值占整个地区的比重，N 代表整个地区对应的区位数量。

2. 结果分析

从三大产业的比较看，广东省产业空间集聚呈现三个基本特点。第一，目前来看，三大产业集聚度最高的是服务业，其次是工业，最小的是农业；在 1979 年三者的排序是工业、服务业和农业，通过集聚度变化，可以看到广东省产业布局的一些基本变化。第二，农业分布相对平均。无论是 21 个地级市还是四大区域，农业的集聚度都小于制造业和服务业，主要原因是农业发展对区位条件的要求较高，同时珠三角地区尽管要素禀赋好于粤东、粤西和粤北地区，但是农业在其产业体系中的地位与其他三个地区相比，地位微乎其微。第三，服务业集聚度赶上并超过了制造业。在 21 个地级市层面，1987 年服务业集聚度超过了工业集聚度；四大区域层面，服务业集聚度超过工业集聚度是在 1989 年，两个时间相差不大（见表 5-8）。

从各个产业集聚度的变化看，农业和服务业的集聚度基本保持了不断增大的趋势，但是工业集聚度呈现了先增大后降低的趋势，工业集聚度最大的年份是 2005 年。农业集聚度变化说明，尽管珠三角地区农业已经不是其主要产业，但

表 5-8　1979~2014 年广东省产业集聚指数变化情况

年份	21个地级市			四大区域		
	农业	制造业	服务业	农业	制造业	服务业
1979	1.18	2.94	2.67	1.17	1.70	1.59
1980	1.19	2.99	2.72	1.17	1.74	1.63
1981	1.19	2.92	2.4	1.17	1.82	1.61
1982	1.2	2.8	2.25	1.17	1.85	1.64
1983	1.21	2.87	2.23	1.17	1.93	1.71
1984	1.18	2.64	2.52	1.16	1.98	1.91
1985	1.17	2.58	2.46	1.16	2.04	1.96
1986	1.17	2.43	2.45	1.18	2.02	1.97
1987	1.26	2.29	2.59	1.14	1.88	1.88
1988	1.31	2.19	2.43	1.15	1.92	1.90
1989	1.29	2.21	2.64	1.16	1.97	2.04
1990	1.29	2.08	2.62	1.15	2.09	2.23
1991	1.29	2.11	2.59	1.15	2.15	2.08
1992	1.2	2.23	2.64	1.16	2.29	2.20
1993	1.25	2.07	2.63	1.16	2.18	2.24
1994	1.19	2.11	2.56	1.14	2.22	2.22
1995	1.24	2.05	2.55	1.13	2.23	2.25
1996	1.21	2.16	2.6	1.13	2.17	2.27
1997	1.24	2.09	2.67	1.14	2.21	2.32
1998	1.24	2.06	2.78	1.13	2.21	2.36
1999	1.26	2.06	2.84	1.13	2.28	2.39
2000	2.03	2.87	3.08	2.51	2.30	2.61
2001	1.28	2.19	3.07	1.13	2.45	2.60
2002	1.3	2.31	3.16	1.15	2.45	2.64
2003	1.3	2.49	3.28	1.15	2.52	2.55
2004	1.33	2.5	3.55	1.15	2.53	2.74
2005	1.4	2.64	3.33	1.18	2.73	2.79
2006	1.44	2.57	3.41	1.15	2.69	2.81
2007	1.43	2.47	3.41	1.18	2.65	2.84
2008	1.43	2.41	3.36	1.17	2.60	2.85
2009	1.44	2.41	3.35	1.17	2.61	2.82
2010	1.44	2.35	3.37	1.16	2.57	2.80

年份	21个地级市			四大区域		
	农业	制造业	服务业	农业	制造业	服务业
2011	1.46	2.36	3.39	1.16	2.60	2.81
2012	1.46	2.35	3.44	1.16	2.57	2.81
2013	1.47	2.32	3.55	1.16	2.54	2.84
2014	1.45	2.3	3.54	1.15	2.52	2.81

资料来源：笔者计算整理所得。

是其农业技术的提升，还是使其农业发展可以依靠少量土地创造更大的产值。工业集聚度的变化则表明，在1979~2005年，工业是不断向珠三角地区集中的，但是从2005年开始，工业开始从珠三角地区逐步向其他地区转移，这符合经济发展的规律，同时也与广东省推进产业转移政策实施时间基本吻合。服务业集聚度的提升则进一步表明，珠三角地区正在经历服务业替代工业的发展过程（见表5-8）。

综合以上两个变化，本部分研究表明，广东省在产业升级和产业转移的双重作用下，珠三角的服务业将进一步发展，珠三角地区的工业将逐步向其他地区转移，这将是未来10年左右，广东省产业布局的发展趋势。

二、产业集群发展

2014年，工信部与广东省共同启动珠江西岸先进装备制造产业带的规划建设，着力打造具有国际竞争力的产业集群。如今，先进装备制造产业带正在珠江西岸加速崛起。数据显示，2014年、2015年珠江西岸装备制造业增加值连续两年增长超过14%，比同期广东省工业增加值增速高出约7个百分点。以广州、深圳、佛山等为重点，带动珠海、肇庆的信息产业发展，加快建设珠三角国家级信息产业基地；打造一批新能源产业集群，以广州、深圳、珠海、东莞、惠州为重点，建设新能源汽车生产基地，以深圳、东莞和佛山为重点，建设国家太阳能光伏高技术产业基地，支持深圳、江门、肇庆发展低碳经济，加快打造广州、深圳、佛山、东莞世界级新能源和环保节能产业基地；以广州、佛山国家火炬计划新材料特色产业基地、新材料国家高技术产业基地为依托，打造国家级新材料产业重要基地；以广州、深圳两个国家生物产业基地和中山等基地为支撑，打造国家生物医药和现代重要重大创新产业基地；以广州、深圳为核心，推动深圳—东莞—惠州—广州—佛山和中山—江门国际级LED新光源产业一体化发展，形成珠三角地区LED新光源上下游一体化产业带（见表5-9）。

表 5-9　广东省主要的产业集群发展情况

产业集聚名称	包括的主要城市
珠三角国家级信息产业基地	广州、深圳、佛山、珠海、肇庆
新能源汽车生产基地	广州、深圳、珠海、东莞、惠州
国家太阳能光伏高技术产业基地	深圳、东莞、佛山
世界级新能源和环保节能产业基地	广州、深圳、佛山、东莞、江门、肇庆
国家级新材料产业重要基地	广州、佛山
国家生物医药和现代重要重大创新产业基地	广州、深圳、中山
珠三角 LED 新光源上下游一体化产业带	广州、深圳、东莞、惠州、佛山、中山、江门

资料来源：根据相关材料整理所得。

三、产业园区建设

试点开发模式是中国经济发展过程中的一项重要举措，在推动经济发展、探索经济发展新模式方面起到了重要的作用。其中利用产业园区建设，集中优势资源，引导产业向产业园区集聚是非常重要的试点开发模式之一。广东省作为中国经济发展的先行地，试点开发模式具有实施时间较早，实施范围广的特点。截至 2016 年 9 月，广东省共有国家级园区 26 个，其中 11 个国家级高新技术产业开发区（园区），6 个国家级经济开发区，4 个国家级出口加工区，4 个国家级保税区，1 个国家级自由贸易实验区，占全国同类国家级开发区的比重分别为 7.6%、2.8%、6.4%、12.9% 和 9.1%（见表 5-10）。

表 5-10　广东省国家级园区名单（截至 2016 年 9 月）

类型	名单	所在地区	批准设立时间
国家级高新技术产业园区（11 个）	广州高新技术产业园区	珠三角	1991
	珠海高新技术产业园区	珠三角	1992
	深圳高新技术产业园区	珠三角	1996
	东莞松山湖高新技术产业园区	珠三角	2010
	中山火炬高新技术产业园区	珠三角	1991
	肇庆高新技术产业园区	珠三角	2010
	佛山高新技术产业园区	珠三角	1992
	江门高新技术产业园区	珠三角	2010
	惠州仲恺高新技术产业园区	珠三角	1992
	广东河源高新技术产业园区	粤北	2003
	清远高新技术产业园区	粤北	2015

续表

类型	名单	所在地区	批准设立时间
国家级经济技术开发区（6个）	广州经济技术开发区	珠三角	1991
	广州南沙经济技术开发区	珠三角	1993
	增城经济技术开发区	珠三角	2010
	珠海经济技术开发区	珠三角	2012
	湛江经济技术开发区	粤西	1984
	惠州大亚湾经济技术开发区	珠三角	1993
国家级出口加工区（4个）	广州出口加工区	珠三角	2000
	深圳出口加工区	珠三角	2000
	南沙出口加工区	珠三角	2008
	惠州出口加工区	珠三角	2005
国家级保税区（4个）	深圳福田保税区	珠三角	1991
	深圳沙头角保税区	珠三角	1991
	深圳盐田港保税区	珠三角	1996
	汕头保税区	粤东	1993
国家级自由贸易实验区（1个）	广东省自由贸易实验区	珠三角	2014

资料来源：根据相关资料整理所得。

国家级产业园区的数量不但是区域经济发展实力的体现，也是区域经济发展潜力的重要导向，更是反映经济发展历程的一个重要标志。从非均质空间的视角看，国家级产业园区选择的应该是要素禀赋条件的优区位，而这些优区位本身的要素禀赋优势加上政策优势，使得这些产业园区与其他区域之间的差距拉大，进而成为区域经济集聚的主要区域，推动区域经济在产业园区内率先突破。因此，在一定程度上可以说，产业园区的建设，尤其是国家级产业园区建设，可以反映区域经济发展的差异。广东省国家级产业园区建设所具有的特点，恰恰体现了这一点。国家级产业园区多数集中在珠三角地区，广东省26个国家级园区中，21个在珠三角地区，占园区总量的77.8%。

四、专业镇建设

改革开放以来，专业镇是广东产业集聚发展的重要形式之一。从政府助力专业镇发展的时间来看，广东省专业镇建设肇始于2000年。2000年3月，中共广东省委办公厅、广东省人民政府办公厅在关于贯彻《中共中央、国务院关于加强技术创新，发展高科技，实现产业化的决定》的通知中，提出要"积极开展专业镇技术进步试点工作"，这是广东首次在政府文件中涉及专业镇建设。2000 年 8 月，广东省科技厅开始组织实施专业镇技术创新试点工作，以技术创新助推专业镇发展成为广东省专业镇建设的特色。此后，广东省科技厅又于 2005 年出台了《省市联动推进专业镇建设指导意见》，并在 2007 年实施了"广东省创新示范专业镇"建设工作。2012 年，广东相继出台了《关于依靠科技创新推进专业镇转型升级的决定》和《广东省人民政府关于加快专业镇中小微企业服务平台建设的意见》。

广东省一直重视科技创新在专业镇发展中的作用，根据广东省科技厅数据，截至 2015 年，经广东省科技厅认定的省级技术创新专业镇（以下简称省级专业镇）达 399 个。从经济发展情况来看，省级专业镇实现地区生产总值约 2.77 万亿元，约占全省 GDP 的 38.0%，其中地区生产总值超过 100 亿元的专业镇达到 130 个，占全部专业镇的 32.6%；并且，专业镇中规模以上企业数达到了 3.03 万家。从区域分布来看，珠三角共有省级专业镇 166 个，占全部专业镇的 41.6%，粤东、粤西和粤北分别有 77 个、49 个和 107 个省级专业镇，三个区域共有省级专业镇 233 个，占全部省级专业镇的 58.4%。

从主要产业来看，省级专业镇发展产业涵盖了农业、工业和服务业三大门类，主要产业包括，五金、灯饰、化工、电子电器、机械、陶瓷、建材、家具、鞋业、医药、包装印刷、纺织、工艺生产、茶叶、水果、粮食作物、食品、蔬菜、蚕桑、海产、经济作物、养殖业、旅游、物流等业态（见表 5-11）。

表 5-11　广东省 399 个专业镇发展主要产业基本情况

专业镇主要产业	专业镇数量（个）	占全部专业镇的比例（%）
五金	22	5.5
灯饰	5	1.3
化工	13	3.3
电子电器	48	12.0
机械	15	3.8
陶瓷	15	3.8
建材	15	3.8
家具	9	2.3
鞋业	6	1.5
医药	6	1.5
包装印刷	5	1.3
纺织	27	6.8

专业镇主要产业	专业镇数量（个）	占全部专业镇的比例（%）
工艺生产	20	5.0
茶叶	11	2.8
水果	36	9.0
粮食作物	5	1.3
食品	13	3.3
蔬菜	17	4.3
蚕桑	4	1.0
海产	16	4.0
经济作物	20	5.0
养殖业	14	3.5
旅游	16	4.0
物流	6	1.5
其他	35	8.8

资料来源：广东省专业镇发展促进会网站魅力专业镇板块。

第五节　产业空间转移

经济发展具有阶段性特征，广东省经济在改革开放初期的快速发展主要依靠的是出口导向型产业，主要依托劳动密集型产业和资本密集型产业，以及改革开放初期获得政策优势所带来的路径依赖效应。但是，随着经济的不断发展，广东省原有的政策优势、产业优势正在削弱，特别是目前中国已经成为世界第二大经济体，广东又是中国第一经济大省，原有的劳动密集型产业和资本密集型产业已经不适合广东省经济发展的现状和未来，必须推动产业向技术密集型转变。特别是2008年全球金融危机的发生，使得世界经济发展疲软，出口导向型的产业面临内生性不足的弊端。同时，从产业梯度转移的视角看，劳动密集型和资本密集型产业必然会向劳动力成本较低和资本成本较低的地方转移，而广东省珠三角与粤东、粤西、粤北地区经济发展的差距为广东省在省内推行产业空间转移提供了良好的条件。

一、产业空间转移概况

1. 产业转移的背景

为了推进广东省区域经济协调发展，提升珠三角经济发展的竞争力，应对

2008 年国际金融危机所带来的风险，顺应世界经济发展的趋势，以及迎接第四次工业革命的到来，广东省根据全省经济发展的现状，提出了推动产业和劳动力"双转移"政策。从区域经济协调发展的视角，广东省希望通过将珠三角的劳动密集型产业向粤东、粤西和粤北地区的转移，引导和带动相应产业的劳动力转移。与此同时，珠三角地区积极发展技术密集型产业，并吸引高科技人才向珠三角地区集中，通过四大区域的产业分工，带动四大区域经济的联动，进而实现区域之间的协调发展。

2. 产业转移的政策

在《珠江三角洲地区改革发展规划纲要（2008—2020 年）》的指导下，广东省区从推进区域经济协调发展的战略出发，2008 年 5 月 24 日广东省出台了《中共广东省委广东省人民政府关于推进产业转移和劳动力转移的决定》，标志着广东省全面实施产业和劳动力"双转移"的发展战略。在这一战略指导下，珠三角开始"腾笼换鸟"，粤东、粤西和粤北地区开始"筑巢引凤"。此后，为进一步推进"双转移"战略的实施，广东省又先后出台了《广东省产业转移区域布局指导意见》（2008 年 5 月 28 日）、《广东省人民政府关于抓好产业转移建设加快产业转移步伐的意见》（2009 年 6 月 16 日）、《广东省产业转移工业园管理办法》（2010 年 7 月 14 日）等。其实，在实施"双转移"战略前，广东省在2005 年 3 月 7 日已经就产业转移出台了《关于我省山区及东西两翼与珠江三角洲联手推进产业转移的意见（试行）》（2005 年 3 月 7 日）。除了广东省委、省政府出台的相关文件外，广东省经济和信息化委员会、广东省财政厅也就产业转移目标评价、重点园区建设、重点产业发展以及扶持性资金管理出台了相关的办法和通知（见表 5-12）。从政策层面看，广东省产业转移已经形成了"申报、认定、考核"三位一体的发展模式。

表 5-12　广东省出台的关于产业转移的相关政策

政策名称	出台机构	出台时间
《关于我省山区及东西两翼与珠江三角洲联手推进产业转移的意见（试行）》	广东省人民政府	2005 年 3 月 7 日
《中共广东省委广东省人民政府关于推进产业转移和劳动力转移的决定》	中共广东省省委 广东省人民政府	2008 年 5 月 24 日
《广东省产业转移区域布局指导意见》	广东省人民政府	2008 年 5 月 28 日
《广东省人民政府关于抓好产业转移建设　加快产业转移步伐的意见》	广东省人民政府	2009 年 6 月 16 日
《关于加强广东省产业转移综合管理信息系统管理工作的通知》	广东省经济和信息化委员会	2010 年 3 月 19 日

续表

政策名称	出台机构	出台时间
《广东省产业转移工业园管理办法》	广东省人民政府	2010 年 7 月 14 日
《广东省专业性产业转移工业园建设竞争性扶持资金管理办法》	广东省经济和信息化委员会广东省财政厅	2010 年 9 月 19 日
《广东省经济和信息化委推动产业转移实现重大突破行动方案》	广东省经济和信息化委员会	2011 年 3 月 11 日
《广东省产业转移工业园升降级暂行办法》	广东省人民政府	2011 年 4 月 11 日
《关于进一步推进省产业转移工业园合作共建工作的指导意见》	广东省人民政府	2011 年 7 月 11 日

资料来源：笔者根据广东省经济和信息化委员会政策发布整理。

二、产业转移园区建设

截至目前，广东省省级产业转移园共有 34 个，除了江门市产业转移园位于珠三角以外，其他所有产业转移园覆盖了粤东、粤西和粤北地区所有的地级市。从初次认定的时间看，广东省产业转移园建设开始于 2005 年，在 2008 年"双转移"战略实施后进入建设高峰期。从产业园集聚的产业看，广东省产业转移园的产业发展具有三个特点：一是立足自身优势。比如茂名市石化产业具有优势，那么在产业转移园建设过程中，就要以石化产业为基础，积极提升其石化产业的发展水平。二是注重环境友好。从广东省自然地理条件看，粤东、粤西和粤北地区位于珠江上游，因此在产业园产业选择过程中，尽管其产业所处发展阶段与珠三角地区相比存在一定差距，但是从产业选择看，产业园区产业发展充分发挥了后发优势，高起点发展优势产业，充分考虑了产业发展对环境带来的不利影响。三是重视产业分工。从不同城市产业园集聚产业可以看出，各个产业园在建设过程中都注重了产业分工，避免产业趋同和产能过剩。从产业园建设模式看，广东省产业转移园的建设大多采取了"一对一"协作的模式，明确了产业转移的责任方，有利于产业转移园政策的落实和考核（见表 5-13）。

表 5-13 广东省省级产业转移园基本情况

序号	名称	所在地	初次认定时间	集聚产业
1	汕头市产业转移工业园	汕头市	2008 年 7 月 21 日	装备制造、能源、电子信息产业（兼顾发展纺织服装产业）

续表

序号	名称	所在地	初次认定时间	集聚产业
2	东莞（韶关）产业转移工业园	韶关市	2006年9月29日	装备基础零部件、玩具产业
3	东莞石龙（始兴）产业转移工业园		2005年12月13日	新材料特色产业
4	东莞东坑（乐昌）产业转移工业园		2006年9月5日	机械制造特色产业
5	东莞大岭山（南雄）产业转移工业园		2010年3月23日	精细化工特色产业
6	中山（河源）产业转移工业园	河源市	2006年9月29日	电子信息和模具制造业
7	深圳福田（和平）产业转移工业园		2007年5月28日	钟表制造和电子通信特色产业（兼顾发展食品医药产业）
8	深圳罗湖（河源源城）产业转移工业园		2008年6月3日	电气机械及器材制造特色产业
9	深圳南山（龙川）产业转移工业园		2008年11月24日	电子电器特色产业
10	广州（梅州）产业转移工业园	梅州市	2006年10月26日	汽车（摩托车）零配件、电子信息、稀土应用（兼顾发展高端医药和健康食品产业）
11	东莞石碣（兴宁）产业转移工业园		2006年9月5日	机械制造特色产业
12	东莞（惠州）产业转移工业园	惠州市	2007年2月13日	电子信息、新型建材和服装加工产业
13	东莞凤岗（惠东）产业转移工业园		2006年10月26日	机械装备、制鞋特色产业
14	深圳（汕尾）产业转移工业园	汕尾市	2007年6月25日	电子信息、云计算、新能源产业（兼顾发展食品加工业）
15	江门产业转移工业园	江门市	2009年6月2日	五金机械及装备制造、电子信息和新型纤维材料纺织业
16	广州（阳江）产业转移工业园	阳江市	2005年12月13日	石油化工、机械制造、纺织服装、食品医药、电子信息、包装、环保工程以及现代仓储物流
17	佛山禅城（阳东万象）产业转移工业园		2006年9月5日	五金机械特色产业
18	东莞长安（阳春）产业转移工业园		2007年5月24日	特种钢铁特色产业
19	中山火炬（阳西）产业转移工业园		2005年12月13日	食品饮料特色产业

续表

序号	名称	所在地	初次认定时间	集聚产业
20	广州（湛江）产业转移工业园	湛江市	2009 年 3 月 13 日	钢铁和石化产业
21	深圳龙岗（吴川）产业转移工业园		2007 年 8 月 31 日	轻工电子特色产业
22	佛山顺德（廉江）产业转移工业园		2007 年 2 月 13 日	家电制造特色产业
23	珠海（茂名）产业转移工业园	茂名市	2009 年 2 月 17 日	石油化工、精细化工及塑料、橡胶加工产业
24	广州白云江高（电白）产业转移工业园		2006 年 6 月 27 日	水产品加工、香精香料特色产业
25	东莞大朗（信宜）产业转移工业园		2006 年 9 月 29 日	毛纺织特色产业（兼顾发展工艺美术、金属制品产业）
26	中山（肇庆大旺）产业转移工业园	肇庆市	2008 年 7 月 26 日	金属材料、电子产业（兼顾发展生物医药和先进机械装备产业）
27	顺德龙江（德庆）产业转移工业园		2006 年 11 月 6 日	林产化工特色产业
28	中山大涌（怀集）产业转移工业园		2007 年 1 月 19 日	装备制造特色产业
29	佛山（清远）产业转移工业园	清远市	2008 年 1 月 15 日	机械装备和电子信息制造业
30	佛山禅城（清新）产业转移工业园		2009 年 2 月 6 日	建筑陶瓷特色产业
31	深圳（潮州）产业转移工业园	潮州市	2007 年 9 月 18 日	能源、石化等临港重化工业，高端新型电子信息、新材料等战略性新兴产业
32	珠海（揭阳）产业转移工业园	揭阳市	2008 年 6 月 3 日	五金不锈钢制品、高端机械装备制造业、电子信息新兴战略性产业
33	佛山（云浮）产业转移工业园	云浮市	2006 年 4 月 21 日	机械制造、汽车零配件和石材加工产业
34	佛山顺德（云浮新兴新成）产业转移工业园		2006 年 4 月 21 日	金属制品特色产业

资料来源：根据相关资料整理所得。

第六章 开放型经济发展格局

广东是中国改革开放的先行地。从广东省经济发展的历程看，对外开放在经济发展中起到了重要的作用，广东开放型经济的特征十分明显。截至2015年末，广东省共有一类口岸58个，其中水运口岸39个，陆运口岸14个和空运口岸5个。同时，随着广东省经济总量的增大，以及经济发展质量的提升，广东省开放型经济也随着经济发展转型的步伐不断升级，随着开放型经济结构的不断优化，其在广东省经济发展中的作用也不断提升。本章将从对外贸易、利用外资和对外投资三个方面详细分析广东省开放型经济发展的历程、特点，全面展现广东省从"引进来"到"走出去"的发展轨迹。

第一节 对外贸易

对外贸易不仅是经济体利用外部资源发展自身的方式，更为重要的是，在全球化背景下，随着国与国之间经济联系的日益紧密，对外贸易体现了一个区域在世界经济网络中的地位。如果某一个区域成为世界贸易网络的一个重要节点，那么其就能占据竞争的有利地位。下面我们将详细分析广东省对外贸易的阶段性特征、结构性变化、贸易对象以及四大区域不同的对外贸易情况。

一、对外贸易的特征

1. 对外贸易总体情况

随着改革开放的不断深入，广东省对外贸易实现了快速发展。对外贸易呈现规模和顺差"双扩大"的态势。从进出口贸易总额看，1987年广东省的进出口总额为210.37亿美元，2015年达到10227.96亿美元，是1987年的48.62倍，年均增长率为14.88%，比全国1987~2015年进出口贸易总额13.56%的年均增长率高1.32个百分点；如果以2013年广东省进出口总额的最高值来计算，2013年广东省进出口总额为10915.81亿美元，是1987年的51.89倍，1987~2013年这一时间段的年均增长率达到 16.40%（见图 6-1）。

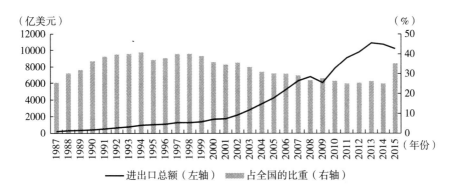

图 6-1　1987~2015 年广东省进出口总额和占全国比重情况

资料来源：根据历年《广东统计年鉴》整理所得。

从广东省进出口贸易占全国的比重看，1987~2015 年广东省进出口贸易的占比一直维持在 35% 左右，特别是 2000 年以前，其占比都高于 35%，1993 年、1994 年、1997 年和 1998 年四个年份的占比甚至超过了 40%（见图 6-1）。这足以说明广东省作为中国对外开放排头兵的重要地位，是中国改革开放源于广东的一个有力证明。

从贸易顺差来看，广东省的贸易顺差在不断扩大。1987 年和 1988 年，广东省还处在贸易顺差为负的阶段，分别为 -7.57 亿美元和 -13.85 亿美元。1989 年广东省的贸易顺差为 6.48 亿美元，到 2015 年则达到了 2641.41 亿美元，是 1989 年的 407.63 倍。

1992 年广东省的贸易顺差 11.68 亿美元，2015 年则达到了 2641.41 亿美元。同时，本书也注意到，尽管贸易顺差总体呈现增长趋势，但是在有些年份贸易顺差出现了下降的态势，特别是在全球经济出现危机的时候，这一特征更加明显。例如，1998 年东南亚金融危机的发生，使得 1999 年广东省的贸易顺差比 1998 年少了 63.96 亿美元；受 2008 年全球金融危机影响，2009 年广东省的贸易顺差比 2008 年减少了 180.9 亿美元（见图 6-2）。

2. 对外贸易阶段性特征

广东省对外贸易具有明显的阶段性特征。从进出口总额来看，本书认为广东省 1987~2015 年的进出口总额经历了五个主要阶段。第一阶段是平稳增长阶段。时间跨度为 1987~2001 年，年均增长率是 16.41%。第二阶段是快速增长阶段。时间跨度为 2002~2008 年，年均增长率达到了 20.69%。第三阶段是消化外部冲击年。时间为 2009 年，受到 2008 年全球经济危机影响，广东省对外贸

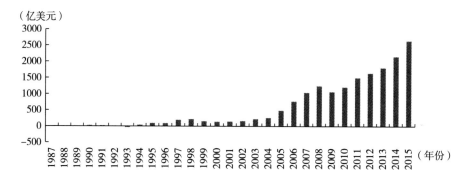

图 6-2　1987~2015 年广东省贸易顺差变化情况

资料来源：根据历年《广东统计年鉴》整理所得。

易总额比 2008 年显著下降，下降幅度为 10.59%，同时 2009 年进出口贸易差额比 2008 年减少了 180.9 亿美元。第四阶段是恢复增长阶段。时间跨度为 2010~2013 年，年均增长率为 11.60%。第五阶段为调整增长阶段。时间为 2014 年和 2015 年，2014 年广东省对外贸易总额比 2013 年下降了 149.97 亿美元，2015 年又比 2014 年下降了 537.88 亿美元；但是，也应该注意到 2014 年和 2015 年的进出口贸易差额与 2013 年相比是逐年上升的，2013 年广东省进出口贸易差额为 1809.06 亿美元，2014 年和 2015 年则分别达到了 2155.90 亿美元和 2641.41 亿美元（见表 6-1）。

表 6-1　1992~2015 年广东省进出口总额的阶段性变化

阶段	时间跨度	年均增长率	主要年份进出口贸易差额
平稳增长阶段	1992~2001 年	16.41%	1992 年为 11.86 亿美元 2001 年为 143.55 亿美元
快速增长阶段	2002~2008 年	20.69%	2002 年为 158.24 亿美元 2008 年为 1248.83 亿美元
消化外部冲击年	2009 年	-10.59%	2008 年为 1248.83 亿美元 2009 年为 1067.93 亿美元
恢复增长阶段	2010~2013 年	11.60%	2013 年为 1809.06 亿美元
调整增长阶段	2014~2015 年	-3.18%	2014 年为 2155.90 亿美元 2015 年为 2641.41 亿美元

资料来源：根据历年《广东统计年鉴》计算整理所得。

综合广东省对外贸易总额变化和阶段性变化情况，本书认为广东省与全球经济的联系日益紧密，并且日益成为全球经济发展的重要节点。同时，通过比较在应对2008年全球金融危机和应对目前全球经济复苏缓慢时，进出口贸易的不同表现，进一步说明广东省抵御外部风险的实力在不断增强。特别是随着国家"一带一路"倡议的实施，广东省作为"一带一路"的重要节点，其对外贸易必将迎来更好的发展机遇，为广东省经济发展转型注入新的活力。

3. 对外贸易结构性特征

进出口贸易的产品类型是反映对外贸易结构的一个重要方面。从广东省主要年份的三大产品类型的进出口情况看，广东省的对外贸易的产品结构在不断优化。第一，在农产品（初级产品）方面，广东省是贸易逆差；同时，在机电产品和高新技术产品方面，广东省是贸易顺差。第二，广东省进出口贸易中，机电产品占据主导地位。机电产品主要包括：金属制品、机械及设备、电器及电子产品、运输工具和仪器仪表等。在出口方面，2005年、2010年和2015年机电产品出口额分别占三类产品总额的60.29%、63.56%和64.49%；在进口方面，三年的占比则分别为55.07%、56.41%和54.11%。第三，广东省进出口贸易中，高新技术产品增长较为迅速。高新技术产品主要包括：生物技术、生命科学技术、光电技术、计算机与通信技术、电子技术、计算机集成制造材料技术、航空航天技术。在出口方面，高新技术产品2015年的出口额为2325.47亿美元，是2000年的13.66倍，年均增长率为19.04%，相对应的机电产品的年均增长率为15.57%；在进口方面，两者的年均增长率分别为17.01%和8.96%（见表6-2）。

表6-2　广东省主要年份三大产品类型的进出口情况　　　　单位：亿美元

	2000年		2005年		2010年		2015年	
	出口	进口	出口	进口	出口	进口	出口	进口
农产品	34.2	93.74	38.49	47.44	56.71	97.93	86.45	178.48
机电产品	499.75	688.13	1644.17	1146.44	3156.84	2055	4380.34	2489.04
高新技术产品	170.2	183.15	1044.12	887.96	1753.39	1489.79	2325.47	1932.84

注：由于《广东统计年鉴》中2000年未统计农产品进出口总额，表中的2000年农产品进出口数据为初级产品数据，与2005年、2010年和2015年数据不具可比性。

资料来源：根据相应年份《广东统计年鉴》整理所得。

从广东省进出口贸易的主体来看，广东省各经济类型在进出口贸易中所占的地位在不断变化，也进一步说明广东省对外贸易结构不断优化的态势。从2000年、2005年和2010年各种经济类型主体进出口总额占的比重来看，外商投资经济一直是广东省对外贸易的主力军，其占比一直维持在60%左右；国有经济所占比重在不断降低，从2000年的42%下降到2010年的13%，与之对应的是私营经济所占比重在不断提升，从2000年的1%上升到2010年的22%；集体经济所占比重没有显著变化，一直维持在3%（见图6-3）。由此可见，随着广东省经济的不断发展，私营经济在对外贸易中的地位不断提升，同时，外商投资经济依然是广东省进出口贸易的主力军，也从一定程度上反映出广东省利用外资的能力一直维持在较高的水平。

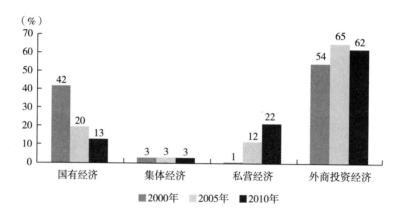

图6-3　广东省主要年份各经济类型进出口总额占比情况

资料来源：根据相应年份《广东统计年鉴》整理所得。

4. 对外贸易依存度

对外贸易依存度是衡量一个国家（地区）的对外贸易对其经济增长贡献的主要指标之一，同时也可以反映一个国家（地区）的经济开放程度，一般采用进出口总额占GDP的比重来衡量。为了更好地了解进出口、进口和出口对广东省经济的影响，本书分别计算了对外贸易依存度、进口依存度和出口依存度。从对外贸易依存度来看，广东省多数年份的数值都大于1，且远高于全国的对外贸易依存度，其外向型经济的特征十分明显，这也说明进出口贸易在广东省经济增长中的作用十分明显。但是，本书也注意到一个现象，即从2010年开始，广东省的对外贸易依存度在逐年下降，2010年广东省的进出口依存度为1.1542，2011~2015年分别为1.1079、1.0869、1.0824、0.9753和0.8749（见表6-3）。本书认为可能的原因是在中国经济转型升级的大背景下，扩大内需的政策起到很至关重要的作用，广东省作为中国经济发展的引领者，扩大内需政策实施效果比较明显，基于这样的认识，本书预期未来广东省进出口依存度会进一步降低。

表 6-3　1987~2015 年广东省对外贸易依存度基本情况

年份	对外贸易依存度	全国对外贸易依存度	出口依存度	进口依存度
1987	0.9248	0.0647	0.4458	0.4790
1988	0.9993	0.0765	0.4830	0.5220
1989	0.9699	0.0784	0.6273	0.4761
1990	1.2856	0.1065	0.7587	0.6038
1991	1.4765	0.1274	0.7886	0.7154
1992	1.4815	0.1339	0.7877	0.7276
1993	1.3012	0.1273	0.9290	0.6801
1994	1.8037	0.1722	0.9078	0.8668
1995	1.4634	0.1444	0.7922	0.6669
1996	1.3362	0.1295	0.7198	0.6151
1997	1.3874	0.1374	0.7940	0.5924
1998	1.2597	0.1287	0.7338	0.5258
1999	1.2561	0.1306	0.6954	0.5608
2000	1.3110	0.1429	0.7083	0.6026
2001	1.2134	0.1344	0.6560	0.5573
2002	1.3553	0.1528	0.7261	0.6291
2003	1.4811	0.1729	0.7985	0.6826
2004	1.5669	0.1844	0.8319	0.7264
2005	1.5543	0.1900	0.8417	0.6894
2006	1.5807	0.1935	0.8636	0.6754
2007	1.5172	0.1795	0.8070	0.6336
2008	1.2900	0.1489	0.7503	0.5272
2009	1.0571	0.1210	0.6153	0.4362
2010	1.1542	0.1305	0.6358	0.4878
2011	1.1079	0.1230	0.6305	0.4628
2012	1.0869	0.1166	0.6222	0.4528
2013	1.0824	0.1160	0.6257	0.4515
2014	0.9753	0.1043	0.5934	0.3900
2015	0.8749	0.0925	0.5504	0.3245

资料来源：根据中国和广东省相应年份统计年鉴计算整理所得。

二、对外贸易的空间结构

对外贸易的空间结构可以反映一个国家（地区）与哪些国家（地区）的贸易联系更加紧密。在这一部分，本书将从各大洲和主要贸易伙伴两个方面考察广东省对外贸易的空间结构问题。

1. 各大洲情况

总体来看，亚洲、北美洲和欧洲是广东省对外贸易的主要目的地，广东省与三大洲进出口总额的占比超过了90%。分阶段来看，在1995年以前，亚洲是广东省对外贸易的第一目的地，近年来虽然占比有所下降，但是到2015年，其占比依然高达64.98%；广东省与北美洲、欧洲的贸易在2000年以前一直处于持续增长阶段，1990年广东省与北美洲、欧洲进出口的占比分别为3.37%和8.22%，到2000年占比增长到18.07%和13.04%，此后，广东省与北美洲进出口占比大体维持在15%～20%，2007～2014年占比又有所下降，2015年的占比为13.50%；与之对应，广东省与欧洲的进出口占比大体维持在12%～14%，最近几年占比也是有所下降，2015年的占比为11.84%。非洲、大洋洲及其他地区的占比相对较少（见表6-4）。

表6-4　1990～2015年广东省与各大洲的进出口占比情况　　　　单位:%

年份	亚洲	北美洲	欧洲	非洲	拉丁美洲	大洋洲及其他地区
1990	86.20	3.37	8.22	0.45	0.25	1.51
1991	88.35	3.69	6.41	0.30	0.26	0.99
1992	88.40	3.76	5.06	2.10	0.24	0.44
1993	90.68	3.59	4.72	0.25	0.32	0.44
1994	91.41	4.11	3.52	0.23	0.27	0.47
1995	94.36	2.49	2.31	0.18	0.23	0.42
1996	66.74	17.62	12.24	0.96	1.19	1.25
1997	66.63	17.24	12.19	1.07	1.59	1.28
1998	64.48	18.96	12.45	1.08	1.64	1.40
1999	63.10	19.27	13.16	1.12	1.53	1.82
2000	64.32	18.07	13.04	1.02	1.75	1.80
2001	64.88	17.65	12.85	1.04	1.82	1.77
2002	65.87	17.38	12.44	0.93	1.77	1.62
2003	66.54	16.60	12.56	0.99	1.83	1.46
2004	66.67	16.26	12.45	1.10	2.03	1.49

续表

年份	亚洲	北美洲	欧洲	非洲	拉丁美洲	大洋洲及其他地区
2005	65.70	16.40	12.87	1.31	2.32	1.41
2006	65.13	15.98	13.35	1.50	2.66	1.39
2007	65.55	14.82	13.27	1.89	3.09	1.38
2008	64.40	14.32	14.27	2.19	3.47	1.34
2009	64.96	14.25	13.51	2.24	3.29	1.74
2010	65.16	13.56	13.27	2.32	3.81	1.87
2011	65.21	12.40	12.82	3.29	4.03	2.25
2012	66.42	12.04	11.41	4.21	3.86	2.06
2013	68.48	11.81	10.63	4.11	3.44	1.53
2014	66.30	12.22	11.61	4.58	3.62	1.66
2015	64.98	13.50	11.84	4.23	3.77	1.68

资料来源：根据相应年份《广东统计年鉴》计算整理所得。

2. 主要贸易伙伴情况

本部分主要贸易伙伴的选择遵循经济体的原则，因为随着全球化和区域经济一体化的加深，欧盟、东盟、中东 17 国作为经济体，成为贸易参与的新主体。

从主要贸易伙伴的出口占比看，中国港澳地区、美国、日本、欧盟和东盟是广东省的主要出口目的地经济体。从主要贸易伙伴进口的占比来看，中国台湾、日本、东盟、欧盟和美国是广东省主要进口目的地经济体。由此可以看出，在出口和进口方面广东省对外贸易所呈现的不同态势（见表6-5）。

表 6-5　广东省主要贸易伙伴的出口和进口占比情况　　　单位:%

贸易方式	经济体	2000 年	2005 年	2010 年
出口	中国港澳地区	34.9	35.7	34.0
	中国台湾	1.9	1.5	1.3
	日本	8.4	5.8	4.8
	东盟	4.6	4.9	6.9
	中东 17 国	—	2.5	3.8
	欧盟	13.7	14.0	14.7
	俄罗斯	0.2	0.7	1.0
	美国	25.7	24.0	18.5

贸易方式	经济体	2000 年	2005 年	2010 年
进口	港澳地区	6.8	3.4	1.8
	中国台湾	19.3	16.3	13.2
	日本	17.9	15.9	14.0
	东盟	11.7	13.3	14.9
	中东 17 国	—	3.6	3.3
	非洲	1.0	1.0	1.9
	欧盟	9.0	7.1	7.9
	俄罗斯	0.8	0.7	0.5
	美国	6.8	4.7	4.4

资料来源：根据相应年份《广东统计年鉴》计算整理所得。

三、四大区域的对外贸易发展情况

由前文的研究可知，广东省的四大区域之间经济发展水平存在较大差异，特别是粤东、粤西和粤北地区与珠三角地区的差距十分明显。这一现象也反映在四大区域的对外贸易上，下面将从总体情况和对外贸易依存度两个方面详细分析广东省四大区域在对外贸易中的不同表现。

1. 总体情况

从进出口和贸易顺差总量来看，珠三角地区远高于粤东、粤西和粤北地区。2000 年珠三角地区的进出口总额达到 1590.92 亿美元，而粤东、粤西和粤北地区相加的进出口总额为 110.14 亿美元，是珠三角地区进出口总额的 6.92%；2015 年珠三角地区的进出口总额达到 9752.05 亿美元，粤东、粤西和粤北地区相加为 475.91 亿美元，仅为珠三角地区的 4.88%。由此可见，在进出口总额方面，粤东、粤西和粤北三个区域与珠三角地区的差距越来越大。贸易顺差方面，粤东、粤西和粤北地区与珠三角地区的差距也是越来越大。2000 年珠三角地区的贸易顺差为 104.62 亿美元，粤东、粤西和粤北地区相加为 32.7 亿美元，是珠三角的 31.26%；2015 年珠三角地区的贸易顺差达到 2423.08 亿美元，粤东、粤西和粤北地区相加为 218.33 亿美元，是珠三角地区的 9.01%（见表 6-6）。

从进出口和贸易顺差的年均增长率来看，2000~2015 年这一时间段，珠三角、粤东、粤西和粤北地区的进出口年均增长率分别为 12.85%、8.77%、7.98% 和 16.51%；贸易顺差年均增长率分别为 12.33%、12.96%、9.15% 和 19.90%。从增长率的对比看，尽管粤东、粤西和粤北地区有些增长率高于珠三角地区，但是优势和总体趋势并不是很明显。

表6-6 2000~2015年广东省四大区域的进出口和贸易顺差情况

单位：亿美元

年份	珠三角		粤东		粤西		粤北	
	进出口	贸易顺差	进出口	贸易顺差	进出口	贸易顺差	进出口	贸易顺差
2000	1590.92	104.62	64.23	20.79	30.46	8.02	15.45	3.89
2001	1684.64	131.96	43.72	5.12	26.70	6.04	9.81	0.43
2002	2118.65	133.51	48.78	12.54	27.93	10.51	15.56	1.68
2003	2713.03	188.09	59.83	15.83	41.02	16.02	21.34	1.80
2004	3420.88	228.00	77.83	23.69	39.17	9.23	33.41	-0.85
2005	4110.75	435.61	94.52	34.2	32.19	9.99	42.56	3.6
2006	5069.40	705.48	109.45	41.67	37.70	13.08	55.52	6.66
2007	6101.14	980.58	125.27	45.05	43.29	15.07	70.65	3.73
2008	6569.69	1174.47	129.47	55.31	53.16	11.90	82.60	7.16
2009	5848.23	987.31	135.45	51.73	49.03	13.51	78.48	15.38
2010	7513.03	1123.01	168.65	60.70	61.48	15.50	105.80	15.65
2011	8742.89	1386.90	196.97	77.63	74.79	17.47	118.69	20.53
2012	9433.65	1520.53	201.51	81.25	79.64	16.40	124.66	23.52
2013	10474.31	1667.55	220.18	94.15	91.16	19.26	132.57	28.09
2014	10291.55	1983.82	223.83	110.75	103.77	20.99	146.69	40.34
2015	9752.05	2423.08	226.72	129.32	96.36	29.83	152.83	59.18

资料来源：根据相应年份《广东统计年鉴》计算整理所得。

2. 对外贸易依存度情况

为了进一步分析四大区域对外贸易的发展情况，本书进一步考察了四大区域的对外贸易依存度，并将其与广东省的对外贸易依存度做了比较。对外贸易依存度的分析进一步支持了对外贸易总体情况的结论，就是广东省的对外贸易是由珠三角地区来主导的，珠三角地区的对外贸易依存度明显高于粤东、粤西和粤北三个地区。从变化趋势来看，珠三角地区和粤东地区与广东省的对外贸易依存度的变化趋势基本一致；粤西地区和粤北地区的变化态势一致，并且与广东省的变化趋势稍微不同。比如，从2011年开始，广东省、珠三角地区和粤东地区的对外贸易依存度是逐年下降的；而粤西地区和粤北地区2014年的贸易依存度比2013年略有上升，2013年粤西地区和粤北地区的对外贸易依存度为0.1067和0.1944，2014年则为0.1103和0.1946（见表6-7）。

表 6-7 2000~2015 年广东省及其四大区域进出口依存度基本情况

年份	广东省	珠三角	粤东	粤西	粤北
2000	1.3110	1.5639	0.4980	0.2650	0.1692
2001	1.2134	1.4587	0.3314	0.2084	0.0996
2002	1.3553	1.6009	0.3525	0.2002	0.1462
2003	1.4811	1.7331	0.3982	0.2592	0.1772
2004	1.5669	1.8285	0.4604	0.2179	0.2320
2005	1.5543	1.8422	0.5034	0.1539	0.2523
2006	1.5807	1.8635	0.4959	0.1484	0.2644
2007	1.5172	1.8010	0.4586	0.1415	0.2558
2008	1.2900	1.5237	0.3654	0.1339	0.2274
2009	1.0571	1.2427	0.3399	0.1149	0.1979
2010	1.1542	1.3428	0.3622	0.1186	0.2371
2011	1.1079	1.2907	0.3448	0.1148	0.2168
2012	1.0869	1.2452	0.3072	0.1075	0.2053
2013	1.0824	1.2170	0.2942	0.1067	0.1944
2014	0.9753	1.0966	0.2715	0.1103	0.1946
2015	0.8749	0.9755	0.2600	0.0988	0.1938

资料来源：根据相应年份《广东统计年鉴》计算整理所得。

第二节　利用外资

利用外资的规模和能力是开放型经济体的重要体现，广东省作为中国改革开放的先行地，一直是中国探索开放型经济体制的主要承担者。本部分将从利用外资的总体情况、空间结构和广东省四大区域基本情况三个方面，全面展现广东省利用外资的历程和特点。

一、利用外资的特征

1. 利用外资总体情况

改革开放以来，广东省利用外资的规模在不断扩大，1979 年为 9143 万美元，到 2015 年则达到了 2702512 万美元，是 1979 年的 295.58 倍，年均经济增长率为 17.12%。从广东省利用外资总额占全国的比重看，广东省无疑是中国开放型经济的排头兵。广东省实际利用外资总额占全国的比重一直维持在 25% 左右的水平，有的年份还超过了 30%，同时我们也注意到在改革开放初期，广东省占全国的比重还相对较低，但是随着改革开放的深入，其占比不断提升，近年来一直保持在20%以上的水平（见表6-8）。

表6-8 1979~2015年广东省实际利用外资总额及占全国的比重

年份	总额（万美元）	占全国的比重（%）
1979	9143	—
1980	21419	—
1981	28837	—
1982	28103	—
1983	40685	18.00
1984	64379	22.43
1985	91910	19.31
1986	142829	18.72
1987	121671	14.40
1988	243965	23.86
1989	239915	23.85
1990	202347	19.67
1991	258250	22.35
1992	486147	25.32
1993	965225	24.77
1994	1144664	26.49
1995	1210037	25.14
1996	1389943	25.36
1997	1420519	22.06
1998	1509945	25.79
1999	1447383	27.49
2000	1457466	24.55
2001	1575526	31.72
2002	1658946	30.16
2003	1894081	33.74
2004	1289900	20.13
2005	1517358	23.78
2006	1780780	26.55
2007	1961771	25.04
2008	2126657	22.33
2009	2028688	22.10

年份	总额（万美元）	占全国的比重（%）
2010	2102646	19.32
2011	2232847	18.97
2012	2410578	21.28
2013	2532719	21.33
2014	2727751	22.79
2015	2702512	21.40

资料来源：根据相应年份《广东统计年鉴》计算整理所得。

2. 利用外资的阶段性特征

通过观察广东省实际利用外资的增长率，本书认为广东省实际利用外资经历了两个主要阶段。第一个阶段是震荡快速增长期，时间跨度为 1979～1994 年。这段时期，广东省的实际利用外资从 1979 年的 9143 万美元，增长到 1994 年的 1144664 万美元，年均增长率达到 37.99%。但是，这一阶段增长率很不稳定，比如 1986 年、1987 年、1988 年和 1989 年的增长率分别为 55.40%、−14.81%、100.51% 和 −1.66%；同时，增长率最高的 1980 年与增长率最低的 1990 年相比，增长率差了 149.93 个百分点。第二个阶段是稳定增长期，时间跨度为 1995～2015 年。这段时期，广东省实际利用外资年均增长率为 4.09%，比前一阶段平均增长率低了 33.9 个百分点。但是，这一阶段除了 2004 年的增长率显著偏低外，总体比较稳定（见表 6-8 和图 6-4）。

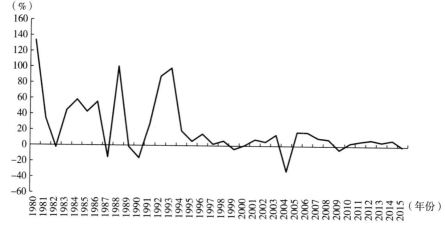

图 6-4　1980～2015 年广东省实际利用外资增长率

资料来源：笔者根据中国和广东省相应年份统计年鉴计算整理所得。

二、利用外资的空间结构

从利用外资的空间结构，可以看出一个国家（地区）外向型经济联系的主要范围和主体。从所签合同总数的各大洲分布看，广东省利用外资的主要地区是亚洲，占了合同总数的86.31%（见图6-5）。这与广东省对外贸易的各大洲分布是高度一致的，进一步说明邻近性对经济联系的重要影响。

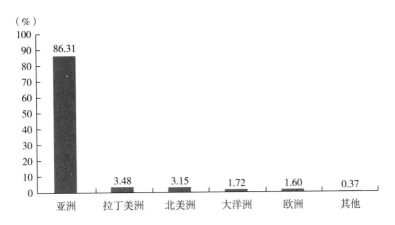

图6-5 1979~2015年各大洲占广东省所签外商投资合同（协议）总数的比例

资料来源：根据《广东统计年鉴》（2016）计算整理所得。

以1979~2015年广东省所签外商投资合同（协议）总数为基础，从主要利用外资国家（地区）来看，将维尔京群岛和萨摩亚排除在外，排名前十位的是：中国香港、中国台湾、中国澳门、美国、新加坡、日本、韩国、加拿大、澳大利亚和马来西亚。十个国家（地区）签订合同（协议）总数占所有合同（协议）总数的91.74%。在这十个国家（地区）中，亚洲经济体占了七个，并且与中国香港签订合同（协议）总数达134592件，占比高达72.25%，这进一步说明了邻近性在经济联系中的重要性。同时，排名前三位的分别是中国香港、中国台湾和中国澳门，三个地区占比总和为83.79%，这表明了文化同源对实际利用外资和投资行为的重要影响，也是海峡两岸及香港、澳门血浓于水的关系在经济层面的最好体现（见表6-9）。

表6-9 1979~2015年前十位的国家（地区）与广东省签订外商投资合同（协议）情况

国家（地区）	总数（件）	占比（%）
中国香港	134592	72.25
中国台湾	11977	6.43

国家（地区）	总数（件）	占比（%）
中国澳门	9525	5.11
美国	4882	2.62
新加坡	2503	1.34
日本	2402	1.29
韩国	2097	1.13
加拿大	1086	0.58
澳大利亚	953	0.51
马来西亚	893	0.48

资料来源：根据《广东统计年鉴》（2016）计算整理所得。

三、四大区域利用外资情况

从四大区域实际利用外资占比来看，外资首选投资地还是珠三角地区，粤东、粤西和粤北三个地区实际利用外资对广东省实际利用外资的影响很小。以2015年为例，珠三角、粤东、粤西和粤北地区实际利用外资占比分别为：95.34%、1.41%、1.54%和1.71%。同时，我们也注意到，珠三角地区实际利用外资占比呈现不是很明显的倒"U"形变化趋势，从改革开放初期到20世纪90年代初期，珠三角地区占比维持在85%以上，但是大体呈现逐年下降趋势，在1992年、1993年、1994年、1995年和1996年，珠三角地区占比下降到80%以下，随后其占比又开始回升，到2015年达到了95.34%（见图6-6）。

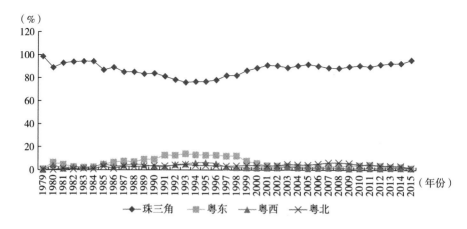

图6-6　1979~2015年广东省四大区域实际利用外资占比情况

资料来源：根据相应年份《广东统计年鉴》计算整理所得。

结合前文四大区域的占比分析，从四大区域实际利用外资的总额来看，珠三角地区具有绝对的优势。1979 年珠三角地区实际利用外资 3585 亿美元，当年粤东、粤西和粤北三大区域之和为 53 亿美元，仅为珠三角地区的 1.48%；经过多年发展，这一情况并未得到显著改善，2015 年粤东、粤西和粤北三大区域实际利用外资总额之和是珠三角地区的 4.88%。从四大区域实际利用外资的增长率来看，珠三角地区实际利用外资在四大区域中占据绝对优势，其经历了震荡快速增长期（1979～1994 年）和稳定增长期（1995～2015 年）两个主要阶段；其他三个区域历年的实际利用外资增长率波动较大，即使是在近几年，这种情况也没有改观。以粤东为例，2011～2015 年的增长率分别为 23.13%、-14.56%、-23.11%、10.71% 和 -45.29%（见图 6-4 和表 6-10）。

表 6-10　1979～2015 年广东省四大区域实际利用外资总量和增长率情况

年份	珠三角		粤东		粤西		粤北	
	总额（亿美元）	增长率（%）	总额（亿美元）	增长率（%）	总额（亿美元）	增长率（%）	总额（亿美元）	增长率（%）
1979	3585	—	31	—	7	—	15	—
1980	11729	227.17	856.1	2661.61	567	8000	38	153.33
1981	18385	56.75	946.4	10.55	233	-58.91	237	523.68
1982	22242	20.98	665.2	-29.71	634	172.10	163	-31.22
1983	28738	29.21	708.9	6.57	626	-1.26	432	165.03
1984	62586	117.78	1742.8	145.85	1529	144.25	605	40.05
1985	75145	20.07	4210.5	141.59	4608	201.37	2641	336.53
1986	90512	20.45	6766.8	60.71	2934	-36.33	1459	-44.76
1987	81166	-10.33	7301.9	7.91	3844	31.02	3118	113.71
1988	138479	70.61	11507	57.59	8246	114.52	4537	45.51
1989	161678	16.75	17726	54.05	8415	2.05	6173	36.06
1990	156764	-3.04	17159	-3.20	5917	-29.69	7072	14.56
1991	200100	27.64	31514	83.66	6092	2.96	8500	20.19
1992	326134	62.99	53146	68.64	19713	223.59	17199	102.34
1993	642176	96.91	118503	122.98	43640	121.38	39757	131.16
1994	846145	31.76	144855	22.24	69234	58.65	43771	10.10
1995	876585	3.60	146788	1.33	74820	8.07	43082	-1.57
1996	1022343	16.63	167140	13.86	72457	-3.16	45550	5.73
1997	1120587	9.61	164108	-1.81	35535	-50.96	45884	0.73

续表

年份	珠三角		粤东		粤西		粤北	
	总额 (亿美元)	增长率 (%)	总额 (亿美元)	增长率 (%)	总额 (亿美元)	增长率 (%)	总额 (亿美元)	增长率 (%)
1998	1129603	0.80	167280	1.93	29824	-16.07	48870	6.51
1999	1150129	1.82	103801	-37.95	26302	-11.81	51689	5.77
2000	1263047	9.82	83108	-19.94	25037	-4.81	55174	6.74
2001	1419361	12.38	60474	-27.23	27476	9.74	53519	-3.00
2002	1502226	5.84	59733	-1.23	33169	20.72	63922	19.44
2003	1477602	-1.64	58998	-1.23	45636	37.59	81956	28.21
2004	943050	-36.18	31300	-46.95	20800	-54.42	47400	-42.16
2005	1133368	20.18	32966	5.32	17302	-16.82	52755	11.30
2006	1308617	15.46	41326	25.36	24656	42.50	76466	44.95
2007	1518784	16.06	53040	28.35	33153	34.46	107626	40.75
2008	1692091	11.41	63328	19.40	37462	13.00	121622	13.00
2009	1750849	3.47	67504	6.59	23424	-37.47	111683	-8.17
2010	1834656	4.79	76934	13.97	27522	17.49	86986	-22.11
2011	1952875	6.44	94730	23.13	32780	19.10	99451	14.33
2012	2152390	10.22	80942	-14.56	32033	-2.28	89587	-9.92
2013	2306215	7.15	62240	-23.11	41186	28.57	85569	-4.49
2014	2486148	7.80	68904	10.71	42322	2.76	89770	4.91
2015	2562430	3.07	37698	-45.29	41404	-2.17	46014	-48.74

资料来源：根据相应年份《广东统计年鉴》计算整理所得。

第三节　对外经济合作与投资

在开放型经济体制构建过程中，要坚持"走出去"和"引进来"两条腿走路。而且，随着中国经济总量跃居世界第二位，广东省作为中国经济第一大省，承担着探索开放型经济新体制的重要使命，在这个过程中，一个重要的环节就是"走出去"。因此，本部分将从对外经济合作和对外投资两个方面，对广东省此前"走出去"的历程做一个回顾，为广东省未来更好地"走出去"提供经验支持。

一、对外经济合作情况

对外经济合作是一个国家（地区）企业"走出去"的一种重要方式，是开放型经济发展的主要方式之一。对外经济合作分为对外承包工程和对外劳务合作两个方面，在对外承包工程和对外劳务合作中年末在外总人数和收入是两个关键的衡量指标。

从主要年份广东省对外经济合作年末在外总人数来看，尽管个别年份人数较之前一年有所下降，但是总体来看人数呈现上升趋势。1985年广东省对外经济合作年末人数为1502人，到2015年达到了85233人，是1985年的56.75倍，年均增长率为14.41%；特别是2011~2015年，广东省对外经济合作年末在外人数逐年增加，分别为42638人、48164人、57515人、76193人和85233人，年均增长率为14.87%（见图6-7）。从经济主体的角度来看，随着广东省开放型经济体制的不断完善，广东省的务工人员对在国外工作的认可度和接受度在提升，这比单纯的贸易往来和资金往来更能显示出广东省与世界的联系。由此可以预见，随着经济联系的日益紧密，广东省融入世界的程度会进一步加深，其开放型经济体制将呈现新的特点，也将释放更多新的活力。

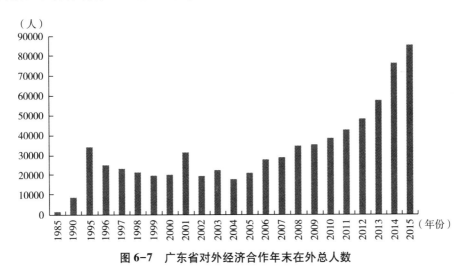

图6-7　广东省对外经济合作年末在外总人数

资料来源：根据相应年份《广东统计年鉴》计算整理所得。

二、对外投资情况

对外投资是"走出去"战略实施的重要组成部分，其主体是企业，对外投资的规模反映了所在国家（地区）的企业在全球的竞争力，是开放型经济体构建的重要环节之一。从对外投资的规模来看，广东省一直走在全国的前列。以2014年非金融类对外直接投资流量为例，广东省为1089671万美元，比排名第二位的北京市高362318万美元，是排名第三位的上海市的2.18倍（见表6-11）。由此可见，现在广东省在中国对外投资中占据领导者的地位。

表6-11　2014年中国31个省（区、市）非金融类对外直接投资流量情况

省（区、市）	对外直接投资（万美元）
广东	1089671
北京	727353
上海	499225
天津	414637
江苏	406983
山东	391590
浙江	386170
辽宁	147902
四川	138223
云南	126195
河北	121865
内蒙古	110969
福建	105064
海南	88708
湖南	78449
重庆	76676
江西	73853
湖北	67161
黑龙江	65531
新疆	54832
河南	54692
陕西	41411
安徽	38029
宁夏	33883
吉林	33310
山西	30491
甘肃	27321

续表

省（区、市）	对外直接投资（万美元）
广西	22864
贵州	8764
青海	1601
西藏	385

资料来源：根据《2015 年度中国对外直接投资统计公报》整理所得。

从广东省对外投资的变化情况来看，广东省对外投资呈现两个特点：一是总量快速增大；二是增长率震幅剧烈。从广东省非金融类对外直接投资流量总量看，2003 年为 9555 万美元，受 2008 年金融危机影响，2009 年总量有所下降外，总量总体呈现上升趋势，到 2014 年达到 1089671 万美元，是 2003 年的114.04 倍，年均增长率高达 53.82%。但是，在总量快速增大的同时，其增长率的震幅也很大，2006 年的增长率为 204.22%，而 2009 年的增长率为-25.72%，两者相差 229.94 个百分点（见图 6-8）。这说明，随着广东省经济总量增大和发展质量的提升，对外投资成为其构建开放型经济体制的重要手段，企业已经开始在全球产业分工和合作中占据越来越重要的地位。同时，也说明对外投资受到多种因素的制约，企业"走出去"面临着更加复杂的经营环境，对外投资总量会受到国际经济形势、市场经营状况等各方面的影响。

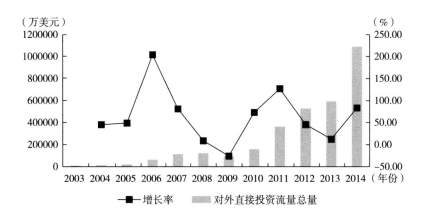

图 6-8 2003~2014 年广东省非金融类对外直接投资流量总量和增长率情况

资料来源：根据各年度《中国对外直接投资统计公报》和《中国商务统计年鉴》整理所得。

第三篇

区域与城市发展

区域和城市发展是关系国民经济社会发展大局的重要问题。历经 40 年的高速发展，广东连续多年经济总量雄踞省级经济体首位。广东省经济地理空间在人口增长、迁移与流动、城市化、工业化等多元力量的交互作用下得以重塑，区域经济格局发生了深刻的变化。作为区域经济增长的引擎，广东诸市的经济规模、产业结构、经济职能以及城市群的等级体系、空间结构、关联特征亦随之变化调整。连接区域经济体与城市经济体的基础设施网络日益完善，极大地降低了资源环境系统对经济和社会发展的制约。与此同时，可持续发展理念的深入和主体功能区建设的推进，为广东生态文明建设和区域与城市进一步迈向高质量发展提供了有力保障。为此，本篇将具体分析广东区域经济空间格局和城市化发展的动态过程、作用机制和影响效应，梳理不同类型的基础设施空间布局，并对广东省可持续发展和主体功能区建设状况进行评价、总结，以期从多个空间尺度和多个角度对广东区域与城市发展的历程进行解析。

第七章　区域经济空间格局

经济活动在空间上的分布是不平衡的，这种非均衡性在不同的空间尺度上都可以观察到。广东省的区域发展不平衡可视为中国区域发展不平衡的一个缩影，其空间结构呈现出十分典型的核心—边缘结构，省域内部经济差异显著，且呈现出多层次、动态变化的特征。为了促进区域经济协调发展，广东采取了多项调控区域经济差异的政策措施，大力推进与省外其他区域以及省内区域之间的合作，在促进区域公平、协调、共享发展方面积极探索实践。作为我国最早设立经济特区的省份，广东特区经济发展成效显著，其中深圳更是创造了举世瞩目的高速增长奇迹，成为全省乃至全国的经济高地。

第一节　经济区域

一、核心—边缘结构

区域空间结构是产生经济活动的前提。区域空间结构是否合理，是判断区域发展状态是否健康、区域与外部的关系及内部各部分的组织是否有序、经济要素空间配置是否有效的关键。

在长期的经济发展过程中，广东省形成了珠三角地区、粤东地区、粤西地区和粤北地区四大区域发展格局，空间结构呈现明显的核心—边缘结构。其中，核心区域珠三角地区以占全省不到 1/3 的面积承载了过半的人口和将近 80% 的经济总量。

选取人均 GDP 作为衡量区域经济增长水平的主要指标。以广东省内 21 个地市作为基本空间单元，分别选取 1980 年、1992 年、2000 年、2005 年、2010 年和 2014 年作为样本年，以人均 GDP 与广东省人均 GDP 平均水平之比 R 作为观察指标，按照比值范围为 R<0.5、0.5<R<1.0、1.0<R<1.5、R>1.5 把广东省 21 个地级市划分为经济落后地区、经济欠发达地区、经济较发达地区、经济发达地区四种不同类型区域，比较分析广东省区域经济空间格局的动态变化特征。

表 7-1 显示，20 世纪 80 年代初以来，广州、深圳、珠海一直居于经济发达地区之列，佛山在 20 世纪 90 年代早期从经济较发达地区跻身于发达地区；而东莞、中山则在 2000 年前后从发达地区跌入较发达地区序列；江门在 2005 年前后从省内较为发达的地区序列进入到了欠发达地区序列中；除惠州在 20 世纪 90 年代中后期从经济欠发达地区跻身于较发达地区并在 2000 年后重新跌回欠发达地区外，其他的经济欠发达及落后地市长期禁锢于原有序列中。

表 7-1　1980~2014 年广东区域格局变化情况

年份	经济发达地区	经济较发达地区	经济欠发达地区	落后地区
1980	广州、深圳、珠海	佛山、东莞、韶关、中山、江门	汕头、河源、梅州、惠州、汕尾、阳江、湛江、茂名、肇庆、清远、潮州、云浮	揭阳
1992	广州、深圳、珠海、佛山、东莞、中山	江门	惠州、汕头、韶关、阳江、湛江、茂名、肇庆、潮州	揭阳、梅州、河源、清远、汕尾（1994 年行政区划调整，云浮升级成为地级市）
1995	广州、深圳、珠海、佛山、东莞、中山	江门、惠州	汕头、韶关、阳江、茂名、肇庆、潮州、湛江、揭阳、云浮	河源、梅州、汕尾、清远
2000	广州、深圳、珠海、佛山	惠州、东莞、中山、江门	汕头、韶关、阳江、茂名、肇庆、潮州	河源、梅州、汕尾、湛江、清远、揭阳、云浮
2005	广州、深圳、珠海、佛山	中山、东莞	江门、肇庆、惠州、汕头、阳江、茂名	河源、梅州、汕尾、湛江、清远、揭阳、云浮、韶关、潮州
2010	广州、深圳、珠海、佛山	中山、东莞	江门、肇庆、惠州、阳江、茂名	汕头、河源、梅州、汕尾、湛江、清远、揭阳、云浮、韶关、潮州
2014	广州、深圳、珠海、佛山	中山、东莞	江门、肇庆、惠州、阳江、茂名、韶关	汕头、河源、梅州、汕尾、湛江、清远、揭阳、云浮、潮州

资料来源：根据历年《广东统计年鉴》整理而成。

总体来看，广东省形成了十分明显的核心—边缘结构：经济较发达的核心地区集中在珠江三角洲地区，而欠发达地区和落后地区分别环绕在珠江三角洲地区边缘和集中连片分布在远离珠三角区域的各个地带。

除江门、肇庆和惠州外，外围区域包含的地市均是远离珠三角的北部地区和东西沿海地区。细察之下，外围区域内部进一步分化，北部地区总体上经济发展水平落后于东西沿海地区。自 2000 年开始，北部山区五市连续多年整体居于落后地区序列，直到 2014 年韶关才重新跻身于欠发达地区之列；而东西沿海地区有多个城市连续多年均在欠发达地区之列，只有汕尾、湛江持续稳定在落后地区序列。

根据克鲁格曼（Krugman）提出的核心—边缘理论，经济活动在空间上的不平衡分布成为一种稳定的核心—边缘结构，如果一个地区成为边缘区，由于路径依赖，该地区就可能被锁定为一种不发达地区。广东区域经济的核心边缘结构十分稳定。珠三角地区由于地理环境优越，在改革开放初期经济发展水平就高于粤东、粤西和粤北地区。表 7-2 显示，1978 年珠三角地区的经济总量已经占据广东省的半壁江山，比粤东、粤西和粤北三地的综合比重还要高 4 个百分点。在改革开放之后，得益于对外开放政策的促进，港澳地区的企业将其丰富的资金及较为先进的技术设备转移到珠三角区域（尤其是深圳、广州、东莞等地），这些生产要素与珠三角地区丰富的劳动力及土地资源相结合，焕发出巨大的经济活力，使得珠三角的优势地位进一步强化，到 2000 年经济总量在广东省占比较 20 世纪 80 年代初增加了 21 个百分点。其后，由于核心区与边缘区的经济水平梯度差异，珠三角地区对劳动力、资本、技术等要素的吸引力进一步增强。诸多有利因素的综合作用使得珠三角核心区域的优势地位进一步强化，占广东省经济总量比重在 2005~2010 年达到了 80%。直到 2008 年广东省大力推进双转移战略解决区域经济发展的不平衡问题，珠三角区域进一步极化的趋势才得以遏制。

表 7-2　1978~2014 年广东四大区域经济总量比重　　　　单位：%

年份	珠三角	粤东	粤西	粤北
1978	0.52	0.13	0.16	0.19
1980	0.54	0.12	0.16	0.18
1985	0.60	0.11	0.13	0.15
1990	0.65	0.11	0.13	0.11
2000	0.75	0.10	0.08	0.07
2001	0.76	0.09	0.08	0.07
2002	0.77	0.08	0.08	0.06
2003	0.78	0.08	0.08	0.06

续表

年份	珠三角	粤东	粤西	粤北
2004	0.79	0.07	0.08	0.06
2005	0.80	0.07	0.07	0.06
2006	0.80	0.07	0.07	0.06
2007	0.80	0.07	0.07	0.06
2008	0.79	0.07	0.07	0.07
2009	0.80	0.07	0.07	0.06
2010	0.80	0.07	0.07	0.06
2011	0.79	0.07	0.08	0.06
2012	0.79	0.07	0.08	0.06
2013	0.79	0.07	0.08	0.06
2014	0.79	0.07	0.08	0.06

资料来源：根据历年《广东统计年鉴》计算得到。

　　珠三角地区的经济总量连续多年在省内占据绝对优势，其对广东持续雄踞全国经济总量第一居功至伟（见表7-3）。然而，长期的快速发展对该区域的资源环境带来了极大的压力，生产要素成本上升，生态环境承载力已基本达到饱和。如何解决珠三角地区的发展难题，激发粤东、粤西和粤北地区的增长潜力，协调好珠三角地区与粤东、粤西和粤北地区的关系，促进广东经济持续健康的发展成了近年来广东省政府关注的核心问题。

表7-3　2000~2014年广东四大区域人均GDP对比　　　　单位：元

年份	珠三角	粤东	粤西	粤北
2000	20279.95	7294	7099	5343.76
2001	22062.28	7295	7762	5687.76
2002	24921.47	7517	8258	5992.58
2003	29187.53	8069	9207	6648.18
2004	34488.42	8953	10253	7778.48
2005	40336.19	9728.73	11607.84	8837.82
2006	47071.41	11200.16	13607.75	10505.33
2007	54721.21	13125	15412.27	13092.97
2008	62643.83	15396.36	17972.52	15539.43
2009	67407.07	16665.03	18815.62	16726.48
2010	69001.76	18829.07	23060.46	18871.6

续表

年份	珠三角	粤东	粤西	粤北
2011	77689.39	21791.62	27445.81	21882.17
2012	84433.78	24327.49	30230.83	23529.86
2013	93547.75	27070.08	33907.63	25744.7
2014	100448.1	29393.12	36769.9	28047.24

资料来源：根据历年《广东统计年鉴》计算得到。

广东省"十二五"规划纲要第七篇明确提出要"联动融合，构建区域协调发展新格局""推进珠三角区域经济一体化""推进粤东、粤西和粤北地区跨越发展"。"十三五"规划纲要提出"坚持区域协同、城乡一体，深入实施珠三角地区优化发展战略和粤东、粤西和粤北地区振兴发展战略"。在 2016 年广东省政府工作报告中，亦强调"深入实施珠三角地区优化发展和粤东、粤西和粤北地区振兴发展战略，优化区域生产力布局和产业链对接，促进经济跨区域融合发展，提升珠三角地区城市群作为引领全国发展主要空间载体的集聚辐射功能和国际竞争力，推动粤东、粤西和粤北地区经济振兴发展、社会全面进步、生态持续优化、民生明显改善，稳步迈向全面小康"。

二、珠三角地区

珠江三角洲，简称珠三角，是组成珠江的西江、北江和东江在广东中部入海处冲积形成的三角洲，面积约 11000 平方千米，平均海拔 50 米左右，河网纵横，孤丘散布。

珠三角地理形成的历史悠久，主要经历了独立三角洲、复合三角洲、冲缺三角洲三个时期，但"珠三角"作为"区域"的官方提法则源于 1994 年广东省政府首次正式提出的"珠江三角洲经济区"概念（张军，2011）。最初划定的"珠江三角洲经济区"由广州、深圳、佛山、珠海、东莞、中山六个地级行政区及惠州、清远、肇庆三个地级行政区的一部分组成。1995 年，广东省政府在《珠江三角洲经济区经济社会发展规划（1996—2010 年）》中，将"珠江三角洲经济区"范围调整为位于珠江沿岸的广州、深圳、佛山、珠海、东莞、中山、江门七个地级行政区及惠州、肇庆两个地级行政区的一部分。2008 年底，中央政府批准并颁布《珠江三角洲地区改革发展规划纲要（2008—2020 年）》，最终将"珠江三角洲经济区"扩大为由广州、深圳、佛山、珠海、东莞、中山、江门、惠州、肇庆九个地级行政区组成的区域。扩容后的珠江三角洲经济区的土地面积为 54754 平方千米，占广东省全省面积的 30.48%；年末常住人口 5763 万人，占广东省的 53.74%。它不仅是华南地区的经济中心，也是中国经济最发达、最有活力的地区之一。2014 年珠江三角洲 GDP 达到 57650 亿元，分别占广东省和全国当年经济总量的 80% 和 9.07%。

1. 发展特征

珠三角地区毗邻港澳，地理位置优越，海陆交通便利，被称为我国的"南大门"。改革开放 40 年来，珠三角地区充分发挥改革"试验田"的作用，率先在全国推行以市场为取向的改革，较早建立起社会主义市场经济体制框架，成为全国市场化程度最高、市场体系最完备的地区。珠三角地区依托毗邻港澳的区位优势，抓住国际产业转移和要素重组的历史机遇，率先建立开放型经济体系，成为我国外向度最高的经济区域和对外开放的重要窗口。纵观珠三角地区的经济发展，有如下特点：

（1）我国经济增长的引擎。从改革开放初期至今，珠三角地区一直是我国最具活力的地区。从经济增速来看，珠三角地区连续多年增长速度超过全国平均水平。尤其是在 2005 年之前，年均增速均远高于全国水平。随着对外开放的程度逐渐深化，珠三角地区强劲的增长势头逐渐有所回落，2008 年全球金融危机冲击甚至使得外向型特征明显的珠三角地区经济增速低于全国平均水平，2010 年两者的增速差距进一步扩大到近 2 个百分点。随后，珠三角地区产业结构调整逐渐取得了效果，重新恢复了全国经济增长极的地位，连续多年增速远远高于全国平均水平，在 2011 年超过全国平均增速近 11 个百分点。从经济总量来看，1995 年，珠三角地区的生产总值达到 1689 亿元，占全国生产总值比重的 9%。以 1997 年作为珠三角地区经济总量占全国比重达到两位数的起点，其后，两者比值呈现持续、稳定上升态势，到 2014 年达到全国经济总量的 13%（见表 7-4）。

表 7-4　珠三角地区与全国经济总量及增长速度比较

年份	珠三角（亿元）	全国（亿元）	两者比值	珠三角经济增速（%）	全国经济增速（%）
1995	1689.02	18489.15	0.09	20.43	11.00
1996	1929.96	20324.82	0.09	13.70	9.90
1997	2178.66	22200.95	0.10	13.32	9.20
1998	2440.85	23940.98	0.10	14.37	7.80
1999	2687.87	25776.65	0.10	16.93	7.70
2000	2996.11	27965.48	0.11	16.79	8.50
2001	3310.37	30297.77	0.11	15.65	8.30
2002	3719.97	33064.16	0.11	16.76	9.10
2003	4272.19	36382.34	0.12	16.32	10.00
2004	4904.01	40061.04	0.12	12.77	10.10

续表

年份	珠三角 （亿元）	全国 （亿元）	两者比值	珠三角经济 增速（%）	全国经济增速 （%）
2005	5596.77	44626.31	0.13	9.39	11.40
2006	6425.42	50302.54	0.13	12.18	12.70
2007	7380.61	57461.29	0.13	9.89	14.20
2008	8150.69	63008.77	0.13	8.06	9.70
2009	8941.36	68931.48	0.13	9.25	9.40
2010	10054.32	76263.13	0.13	7.81	10.60
2011	11059.78	83535.92	0.13	20.43	9.50
2012	11964.41	90098.72	0.13	13.70	7.90
2013	12976.80	97088.25	0.13	13.32	7.80
2014	13984.27	104173.43	0.13	14.37	7.30

资料来源：根据历年《广东统计年鉴》计算得到。

（2）外向型经济发展迅速。珠三角地区是我国进出口贸易的热点区域。出口总额从 1978 年的 3.97 亿美元增加到 2014 年的 6137.6 亿美元，年均增长率为 22.63%。进口总额从 2000 年的 743.15 亿美元增加到 2014 年的 4153.86 亿美元，年均增长率为 13.08%。

从珠三角地区与全国外贸出口的变化来看，经历了三个阶段：第一阶段（1978~1990 年），外贸出口总额以较小的基数作为起点逐步增长，占全国出口额的比重稳步提升，到 1990 年前后实现了从一位数到两位数的转变；第二阶段（1991~2007 年），珠三角地区的外贸出口占全国的份额从 20% 左右一直跃升到 35% 左右，在 1999 年甚至接近 40%，其后直至全球金融危机爆发之前，该比重一直在 30% 以上；第三阶段（2008~2014 年），在全球金融危机冲击之下，珠三角地区外贸出口略有波动，在 2009 年首次出现了较上年绝对量下降，在全国的份额也进入到 30% 以内，并呈现出微弱的下降趋势。

从全省视角看，珠三角地区的外贸出口比重总体上呈现稳步上升之势，在 1999 年达到历史高位水平 97%，后逐渐稳定在 95% 以上，这表明广东省的外贸出口基本上集中在珠三角地区（见表 7-5）。

表 7-5　1978~2014 年珠三角地区出口贸易情况

年份	珠三角 （亿美元）	广东省 （亿美元）	全国 （亿美元）	珠三角/ 广东省	珠三角/ 全国
1978	3.97	13.88	97.5	0.29	0.04
1979	4.86	17.02	136.6	0.29	0.04

续表

年份	珠三角 （亿美元）	广东省 （亿美元）	全国 （亿美元）	珠三角/ 广东省	珠三角/ 全国
1980	6.41	21.95	181.19	0.29	0.04
1981	10.30	23.73	220.10	0.43	0.05
1982	9.40	22.56	222.30	0.42	0.04
1983	10.65	23.85	222.30	0.45	0.05
1984	13.58	24.74	261.40	0.55	0.05
1985	17.14	29.53	273.50	0.58	0.06
1986	25.83	38.64	309.40	0.67	0.08
1987	37.98	101.40	394.40	0.37	0.10
1988	50.04	148.17	475.20	0.34	0.11
1989	55.34	181.13	525.40	0.31	0.11
1990	124.93	222.21	620.91	0.56	0.20
1991	168.25	270.73	719.10	0.62	0.23
1992	217.4	334.58	917.44	0.65	0.24
1993	273.68	373.94	917.44	0.73	0.30
1994	370.76	502.11	1210.06	0.74	0.31
1995	446.79	565.92	1487.80	0.79	0.30
1996	498.93	593.46	1510.48	0.84	0.33
1997	598.36	745.64	1827.92	0.80	0.33
1998	646.60	756.18	1837.09	0.86	0.35
1999	756.43	777.05	1949.31	0.97	0.39
2000	847.77	919.19	2492.03	0.92	0.34
2001	908.30	954.21	2660.98	0.95	0.34
2002	1126.08	1184.58	3255.96	0.95	0.35
2003	1450.56	1528.48	4382.28	0.95	0.33
2004	1824.44	1915.69	5933.26	0.95	0.31
2005	2273.18	2381.71	7619.53	0.95	0.30
2006	2887.44	3019.48	9689.78	0.96	0.30
2007	3540.86	3692.39	12204.56	0.96	0.29
2008	3872.08	4041.88	14306.93	0.96	0.27
2009	3417.77	3589.558	12016.12	0.95	0.28
2010	4318.02	4531.912	15777.54	0.95	0.27
2011	5064.89	5317.931	18983.81	0.95	0.27
2012	5477.09	5740.585	20487.14	0.95	0.27
2013	6070.93	6363.639	22090.04	0.95	0.27
2014	6137.60	6460.87	23422.93	0.95	0.26

资料来源：根据历年《广东统计年鉴》及《中国统计年鉴》计算得到。

从外贸出口与经济总量的关系来看，30 多年来，珠三角地区出口总额与地区生产总值呈现同步增长趋势，两者基本为线性相关关系（见图 7-1）。作为拉动经济增长的"三驾马车"之一，出口对珠三角地区经济增长的贡献不容忽视。随着对外开放程度的提高，珠三角地区外源型经济的特征及效应逐渐凸显。

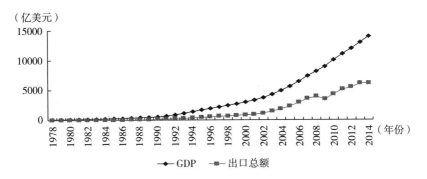

图 7-1　1978~2014 年珠三角地区出口总额与 GDP 增长趋势

珠三角地区外商直接投资比例大，且增长稳定。表 7-6 显示，珠三角实际利用外商投资总额从 1990 年的 12.36 亿美元增加至 2014 年的 248.61 亿美元，增长了 236.25 亿美元，年均增速 13.09%。25 年间，珠三角地区占广东省的比重提高了近 30 个百分点，最近几年始终稳定在 85% 以上。在全国格局中，珠三角地区始终是我国吸引外资的热点区域。1990 年珠三角占全国的比重高达 35%，彼时珠三角地区作为全国对外开放重地的作用可见一斑；其后时有波动，总体呈现出下降趋势，但是大多数年份均在 20% 左右的高位水平震荡。

表 7-6　1990~2014 年珠三角地区实际利用外商投资情况

年份	珠三角 （亿美元）	广东省 （亿美元）	全国 （亿美元）	珠三角/ 广东省	珠三角/ 全国
1990	12.36	20.23	34.87	0.61	0.35
1995	79.47	121.00	375.21	0.66	0.21
1996	123.75	138.99	417.26	0.89	0.30
1997	137.66	142.05	452.57	0.97	0.30
1998	137.89	150.99	454.63	0.91	0.30
1999	130.52	144.74	403.19	0.90	0.32
2000	103.87	145.75	407.15	0.71	0.26
2001	114.96	157.55	468.78	0.73	0.25
2002	116.17	165.89	527.43	0.70	0.22

续表

年份	珠三角 （亿美元）	广东省 （亿美元）	全国 （亿美元）	珠三角/ 广东省	珠三角/ 全国
2003	137.41	189.41	535.05	0.73	0.26
2004	90.16	128.99	606.30	0.70	0.15
2005	113.34	151.74	603.25	0.75	0.19
2006	130.86	178.08	630.21	0.73	0.21
2007	151.88	196.18	747.68	0.77	0.20
2008	169.21	212.67	923.95	0.80	0.18
2009	175.08	202.87	900.33	0.86	0.19
2010	183.47	210.26	1057.35	0.87	0.17
2011	195.29	223.28	1160.11	0.87	0.17
2012	215.53	241.06	1117.16	0.89	0.19
2013	230.62	253.27	1175.86	0.91	0.20
2014	248.61	272.78	1195.62	0.91	0.21

资料来源：根据历年《广东统计年鉴》及《中国统计年鉴》计算得到。

（3）产业结构持续优化。产业结构是经济结构的基础和核心，产业结构的调整优化是转变经济发展方式的主要动力。经过20世纪80年代的经济结构转型和调整，以"三来一补"贸易迈向工业化之路的珠三角逐渐成为广东乃至全国经济发展的龙头，产业结构也随之不断优化调整。

和全国一样，珠三角地区产业结构演化的总体趋势从20世纪90年代初的"二、三、一"逐渐发展成目前的"三、二、一"，符合产业演变的一般规律（见表7-7）。随着工业化进程的推进，珠三角地区第一产业的比重持续下降，第二产业的比重先上升后下降，第三产业的比重持续上升。两者比较，珠三角地区第一产业比重显著低于全国水平，第二产业和第三产业的历年产值比重均高于全国水平。对照美国社会学家丹尼尔·贝尔提出的后工业社会特征，我们基本上可以判断珠三角地区目前已经处于后工业社会阶段。

表7-7 1990~2014年珠三角地区产业结构演变

年份	全国			珠三角		
	第一产业	第二产业	第三产业	第一产业	第二产业	第三产业
1990	0.27	0.41	0.32	0.15	0.44	0.41
1995	0.20	0.47	0.34	0.08	0.49	0.43
2000	0.15	0.46	0.40	0.05	0.48	0.47

续表

年份	全国			珠三角		
	第一产业	第二产业	第三产业	第一产业	第二产业	第三产业
2001	0.14	0.45	0.41	0.05	0.47	0.48
2002	0.13	0.45	0.42	0.05	0.47	0.49
2003	0.12	0.46	0.42	0.04	0.48	0.48
2004	0.13	0.46	0.41	0.04	0.49	0.47
2005	0.12	0.47	0.41	0.03	0.51	0.46
2006	0.11	0.48	0.42	0.03	0.51	0.46
2007	0.10	0.47	0.43	0.02	0.51	0.47
2008	0.10	0.47	0.43	0.02	0.5	0.48
2009	0.10	0.46	0.44	0.02	0.48	0.50
2010	0.10	0.46	0.44	0.02	0.48	0.50
2011	0.09	0.46	0.44	0.02	0.48	0.50
2012	0.09	0.45	0.45	0.02	0.46	0.52
2013	0.09	0.44	0.47	0.02	0.45	0.53
2014	0.09	0.43	0.48	0.02	0.45	0.53

资料来源：根据历年《广东统计年鉴》及《中国统计年鉴》整理得到。

近十几年来，珠三角地区的经济发展速度较快。按照 1998 年汇率值折算，2014 年人均 GDP 达到 12133 美元，已经进入高收入水平序列。然而，用匡耀求（2001）设计的产业结构高度化指数（SI）公式（SI）= $A_1+2 \times A_2+4 \times A_3$（其中 A_i 为第 i 次产业增加值占 GDP 的比重）对珠三角地区进行测算，发现 2000 年以来珠三角地区的产业结构高度指数总体不断上升，从最初的 2.89 逐渐增加到 2014 年的 3.04（见表 7-8）。然而，对照世界银行《1999—2000 年世界发展报告：迈进 21 世纪》的标准（见表 7-9），珠三角地区的产业层次却没有和经济发展保持同步，产业结构高度化指数长期落后于对应收入水平下的标准值。2005~2010 年，珠三角地区的收入水平进入了中上等收入的门槛，而产业结构高度化指数停留在中下等收入对应的水平；2011~2014 年，珠三角地区收入水平进入高收入组别，而此阶段的产业结构高度停留在中上等收入水平对应的数值上。因此，珠三角地区的产业结构的演化落后于经济发展水平的提升，迫切需要进一步加快产业结构的升级优化。

表7-8　2000~2014年珠三角产业结构高度化指数

年份	2000	2005	2006	2007	2008	2009	2010	2011	2012	2013	2014
人均GDP（美元）	2450	4872	5686	6610	7567	8142	8334	9384	10198	11299	12133
产业结构高度	2.89	2.89	2.89	2.92	2.94	2.98	2.98	2.98	3.02	3.04	3.04

资料来源：根据历年《广东统计年鉴》数据计算得到。

表7-9　不同收入水平的产业结构高度标准值

组别	人均GDP（美元）	第一产业	第二产业	第三产业	高度化指数
低收入	≤760	21	41	38	2.55
中下等收入	761~3030	12	36	52	2.92
中上等收入	3031~9360	7	35	57	3.05
高收入	≥9361	2	33	65	3.28

注：人均GDP按照1998年的汇率值折算。

资料来源：世界银行.1999/2000年世界发展报告：迈进21世纪［M］.北京：中国财政经济出版社，2000.

2. 存在的问题

珠三角地区在我国经济发展中的地位举足轻重。然而，传统发展模式在实现GDP快速增长的同时，也付出了高额的资源、环境代价。随着对外开放的范围日益扩大，推动珠三角地区经济发展的政策红利消退，其在国际经济格局中建立在成本低廉比较优势基础上的后发优势逐渐减弱；同时国内其他增长极的崛起进一步降低了珠三角在国内经济格局中的先发优势，珠三角地区发展模式所面临的挑战日益加剧。

（1）经济增长方式粗放，资源环境约束日益严重。珠三角地区属于典型的人口多、资源少，但资源消耗大的区域。人均耕地面积只有300平方米，不到全国平均水平的1/3；人均拥有常规能源储量不到全国平均水平的1/20；100%的煤炭、90%的天然气、86%的油品、25%的电力以及钢、铝、铜等有色金属需要依靠其他地区调入或者进口。然而，珠三角产业整体处于国际产业价值链的低端，单位GDP所消耗的资源是世界平均水平的2.2倍，比美国、英国、日本分别高出2.3倍、3.2倍和6.2倍。

粗放的经济增长方式带来了严重的环境污染。尽管广东省政府和群众对环境保护工作有一定的认识，但在发展工业经济还是保护环境的选择中，居于主导地位的仍是前者。因此，珠三角地区仍处于环境污染恶化阶段。2014年，珠三角地区废水排放量达到71.32亿吨，工业废气排放量18104亿立方米，工业烟尘排放量19.32万吨，分别占广东全省排放量的78.78%、60.76%和48.89%。

目前，困扰珠三角的环境问题主要包括：①大气污染形势严峻，雾霾天气未明显缓解。珠三角地区主要城市 PM10 年日均浓度和 PM2.5 年日均浓度均难以达到国家二级空气质量标准，与国家一级标准的差距更大，主要城市雾霾天气数仍保持在 100 天以上。虽然 2015 年广东省环境质量公报首次显示，珠三角地区空气质量明显好转，在全国三大经济区中最优，但是其空气质量达标天数比例平均为 88.4%，仍有较大提升空间。②酸雨污染严重。珠三角地区是我国酸雨的主要分布地区之一。由于区域内二氧化硫和二氧化氮长期高强度排放，导致珠三角地区"九个城市八个酸"，2008 年广州、深圳、珠海、佛山、肇庆、惠州、东莞、中山八个珠三角城市属于重酸雨区，随着产业转移，酸雨的频率和范围有所缩小，但是仍未摆脱酸雨重灾区的帽子。③水污染严重。珠三角地区六价铬（致癌物）、氰化物、化学需氧量（COD）、石油类、氨氮化合物的排放强度分别是全国平均水平的 5 倍、2.5 倍、3 倍、2.5 倍和 2 倍，长期高强度的工业废水排放导致区域河流水质的整体性下降。④土壤污染趋重蔓延。广东省土壤环境质量普查点中，八种重金属元素超标率近 30%，珠三角地区总体超标率高达 40%，且以镉、汞、铜、铅超标较突出。

（2）经济发展外向度高，路径依赖增加了结构转型的难度。随着对外开放的不断深入，珠三角地区经济的外向型特征日益明显。20 世纪 90 年代后外资迅速成为拉动珠江三角洲经济增长与城镇化的重要动力（吕拉昌，2015）。1995 年珠三角地区实际利用外资总额已达 79.47 亿元，其后快速增加，2014 年达到了 248.61 亿元。1995~2014 年，珠三角出口总额增长了 7.28 倍（见表 7-10）。

表 7-10　1995~2014 年珠三角地区利用外资情况　　　单位：亿元

年份	实际利用外资	出口总额	进口总额
1995	79.47	1689.02	473.80
2000	103.87	2996.11	743.15
2001	114.96	3310.37	776.34
2002	116.17	3719.97	992.57
2003	137.41	4272.19	1262.47
2004	90.16	4904.01	1596.44
2005	113.34	5596.77	1837.57
2006	130.86	6425.42	2181.96
2007	151.88	7380.61	2560.28
2008	169.21	8150.69	2697.61
2009	175.08	8941.36	2430.46
2010	183.47	10054.32	3195.01
2011	195.29	11059.78	3678.00

续表

年份	实际利用外资	出口总额	进口总额
2012	215.53	11964.41	3956.56
2013	230.62	12976.80	4403.38
2014	248.61	13984.27	4153.86

资料来源：根据历年《广东统计年鉴》数据整理得到。

外向型经济的快速发展带动了外源型企业的迅速增长，造就了珠三角地区的繁荣，解决了珠三角地区工业化的原始积累难题。经济发展的路径依赖进一步强化了珠三角地区作为外向型经济典型的地位，但是也积累了一系列负面影响：一是人民币升值、出口退税下调、新劳动法和新税法颁布等一系列影响外贸结构的从紧政策密集出台，严重恶化了珠三角地区低端加工贸易企业的生存环境，使得建立在成本优势之上的出口贸易难以为继。二是继2008年全球金融危机冲击之后，欧美主要发达国家经济受挫，进口需求萎缩，使得珠三角地区外贸出口企业订单大幅减少，众多企业开工不足或者面临停工风险。同时，国际贸易保护主义抬头、贸易摩擦频繁使得珠三角地区出口企业面临更多的出口风险，外贸经营环境恶化。三是长期居于产业价值链的低端，以加工、出口产品为主，缺乏自主品牌，利润空间较小且受制于人，不利于企业的发展壮大。四是对周围地区的带动能力有限。外向型经济发展立足的区位条件、成本优势难以在更广阔的空间范围内移植，对紧邻珠三角的其他地区溢出效应有限。五是随着我国对外开放全方位、宽领域、纵深化发展，来自长三角等区域的竞争日益激烈，珠三角地区建立在改革开放前沿阵地的政策比较优势逐渐弱化，对外资的吸引能力呈现下降趋势，原有的外向型经济发展模式持续快速发展前景堪忧。在全国产业转型升级的大局中，之前发展路径的惯性增加了珠三角地区发展模式优化调整的难度。

（3）科技创新能力有待进一步提升。区域科技创新能力是决定区域经济增长绩效和竞争力的关键因素。党的十八大把科技创新作为重要的国家发展战略支撑，明确提出"科技创新……必须摆在国家发展全局的核心地位"。2015年广东省政府工作报告明确指出，区域科技创新能力不强是制约广东经济社会发展的深层次问题。珠三角地区作为全国经济、科技发展的高地，理应成为广东区域经济竞争力提升的基石，并力争成为推动全国区域科技创新的领头羊。

近年来，珠三角在区域科技创新方面也有不少突破，区域创新能力连续七年居全国第二位。具体而言：一是研发投入强度持续提高。2006～2014年，研发经费内部支出从358.73亿元增加到了1291.20亿元，研发投入强度（即研发经费支出与GDP的比值）相应从1.65%提高到2.24%，已连续三年超过2%，且呈持续上升态势（见表7-11）。但是，与目前世界上主要发达国家相比，仍有较大差距。由于总体上研发投入仍然较低，对人才的吸引力较弱，归国留学人员中高达40%选择到长三角地区发展，选择到珠三角地区发展的只占28%。二是研发人员稳定增加，区域内从事研发活动的人员2006年仅为18.72万人，到2014年增加到50.09万人，增加了1.67倍，万人中研发人员数也随之大幅提高，从2006年的39.54人增加到2014年的86.91人。但是，与长三角地区相比，珠三角地区在高层次专业人才方面处于劣势。2008年，长三角地区普通高校数量达到229所，珠三角地区仅为100所。三是研发实效较为显著但有明显薄弱环节。2014年珠三角地区技术自给率超70%，万人发明专利拥有量达18.8件，但累计发明专利偏少，远落后于上海和北京，仅相当于上海的30%，北京的50%。此外，虽然珠三角地区成果转化率有所提高，但是商品化率仅为25%左右，产业化率只有7%左右，与发达国家相去甚远。

表7-11　2006~2014年珠三角地区研发投入情况

年份	研发活动人员（万人）	万人中研发人员数（人）	研发经费内部支出（亿元）	研发投入强度（%）
2006	18.72	39.54	358.73	1.65
2007	25.93	52.59	486.15	1.89
2008	31.56	61.43	596.96	1.99
2009	28.31	52.79	528.88	1.64
2010	34.01	60.55	669.13	1.77
2011	38.37	67.95	844.74	1.93
2012	47.95	84.27	1009.92	2.11
2013	48.91	85.58	1158.38	2.17
2014	50.09	86.91	1291.19	2.24

资料来源：根据历年《广东统计年鉴》数据整理得到。

（4）区域协作发展程度低，产业同构现象严重。作为中国经济改革的一部分，财政分权改革激发了地方政府的经济发展动机，地方政府为保护本地市场、税基和资源各自为政。同时，20世纪80年代以来地方官员的选拔和提升主要由地区经济绩效指标尤其是地方GDP的增长绩效决定。地方官员为了在政治晋升锦标赛中胜出和至少确保不被"退出"，从而"发展性努力"有余而"协调性努力"不足（姜文仙，2017）。珠三角地区就是中国区域经济的一个缩影，长期以来，区域内的分工合作有限，各个地市自成一体，相互竞争，导致重复建设和资源浪费。以城市市政基础建设为例。目前在珠三角地区内，除了香港机场和澳门机场外，还分布有广州白云机场、深圳宝安机场、珠海三灶机场、佛山沙堤机场，惠州机场多年来也一直在谋划恢复民航。继 2012 年广州市展开兴建第二个机场的前期调研后，深圳也确认正在谋划新建一个通用机场。实际上，除广深机场外，其他地市的机场都因为"吃不饱"而严重亏损，珠海机场旅客吞吐量至今只有设计的 1/6，与当时年设计客流量 1200 万人次相去甚远。在港口建设方面，目前有广州黄埔港、深圳盐田港、珠海高栏港、中山港、南沙港，也存在一定程度的资源浪费。正是由于大型基础设施建设对 GDP 的拉动效果和经济刺激效应，多个地市的机场、港口建设热潮才一直"高烧不退"。

三、粤东、粤西和粤北地区

按照经济发展水平，珠三角地区以外的区域包括粤东、粤西和粤北都属于边缘地区。因此，接下来按照粤东、粤西、粤北的次序分别加以介绍。

1. 粤东地区

粤东地区是广东东部地区的简称，包括汕头市、潮州市、揭阳市、汕尾市四个地级市以及深汕特别合作区，总面积 15475 平方千米，占广东省的 8.62%。2014 年末常住人口为 1728.61 万人，占广东省的 16.12%。户籍人口总数为705.14 万人，占广东省户籍人口总数的 17.49%。

粤东地区属于南亚热带季风海洋性气候，全年温和湿润，阳光充沛，年均气温在 22℃左右。地理位置优越，海岸线约 892 千米，沿线海洋资源丰富。拥有汕头港、潮州港、揭阳港、汕尾港四个港口，其中，汕头港是国家确定的 25个主要港口之一，其他三个港口是广东省的地区性重要港口。作为海西经济区的重要组成部分，海西经济区的建设给粤东的经济发展带来了新的机遇。

粤东地区是全国有名的华侨祖籍地，华侨数量占全国华侨总数的 30%。以李嘉诚为代表的粤东华侨同胞遍及世界 100 多个国家和地区。以侨为桥，来自海外华侨的投资、兴办实业给家乡经济发展带来机会，帮助解决当地的就业问题。华侨的捐赠对于粤东基础设施建设和教育的改善具有积极的促进作用，汕头大学就是在李嘉诚的鼎力支持下兴办的。此外，粤东是"潮汕文化"的祖地，地域文化独特，历史悠久。境内旅游资源丰富，历史名胜古迹众多。

近年来，粤东地区呈现如下发展特征：

（1）经济实力明显增强（见表 7－12）。2005 年粤东地区生产总值为1570.44 亿元，占广东省经济总量的份额为 6.96%。2014 年粤东地区生产总值达到了 5064.17 亿元，占广东省的比重提高到 7.47%，年均增长速度超过全省平均水平。从人均水平来看，粤东地区人均 GDP 增长迅速，从 2005 年的 9934元增加到 2014 年的 29393.12 元，增长了 1.96 倍。与广东省人均水平比较，虽

然绝对差距仍在扩大，但是相对差距呈现缩小之势。2005 年粤东人均 GDP 仅为
广东省平均水平的 40.31%，到 2014 年该比值为 46.31%，增加了 6 个百分点。

表 7-12 2005~2014 年粤东地区 GDP 及人均 GDP

年份	GDP			人均 GDP		
	粤东（亿元）	广东省（亿元）	比值（%）	粤东（元）	广东省（元）	比值（%）
2005	1570.44	22557.37	6.96	9934	24647	40.31
2006	1801.07	26587.76	6.77	11325	28534	39.69
2007	2104.38	31777.01	6.62	13125	33272	39.45
2008	2492.802	36796.71	6.77	15396.36	37638	40.91
2009	2722.183	39492.52	6.89	16478.75	39446	41.78
2010	3242.808	46036.25	7.04	19371.32	44758	43.28
2011	3699.377	53246.18	6.95	21850.07	50842	42.98
2012	4138.871	57147.75	7.24	24314.69	54171	44.89
2013	4635.09	62474.79	7.42	27070.08	58833	46.01
2014	5064.17	67809.85	7.47	29393.12	63469	46.31

资料来源：根据历年《广东统计年鉴》数据整理得到。

（2）产业结构逐步优化（见表 7-13）。第一产业产值比重逐渐降低，从
2005 年的 12.66% 调整到 2014 年的 8.29%，降低了 4.37 个百分点。第二产业比
重持续上升，十年间提高了 6.15 个百分点。第三产业比重变化不大，比 2005 年
降低了 1.77 个百分点。与珠三角地区"三、二、一"的总体结构特征不同，粤
东三次产业结构表现为"二、三、一"，这表明粤东地区总体上仍处于工业化中
期阶段，落后于珠三角地区。

表 7-13 2005~2014 年粤东地区产业结构概况　　　　　　　　单位:%

年份	第一产业	第二产业	第三产业
2005	12.66	49.16	38.17
2006	11.43	51.51	37.06
2007	9.82	53.25	36.93
2008	9.74	54.13	36.12
2009	9.42	53.35	37.22
2010	9.05	54.87	36.09
2011	9.15	53.96	36.89

续表

年份	第一产业	第二产业	第三产业
2012	8.92	54.91	36.17
2013	8.40	55.18	36.42
2014	8.29	55.31	36.40

资料来源：根据历年《广东统计年鉴》数据整理得到。

（3）经济外向度偏低。虽然近年来粤东地区的出口总额、进口总额及实际利用外资总额等反映经济外向度的指标绝对值保持稳定的增加态势，但是，在广东省对外开放的大局中，粤东地区表现平平，甚至可以说不尽如人意。2005年上述指标与广东省对应指标的比重分别为2.70%、1.60%和2.67%，均远低于对于年份地区生产总值占广东省的比重。截至2014年，粤东地区的上述指标分别为2.59%、1.31%和2.57%，不仅均远低于当年地区生产总值占广东省的比重，也分别比2005年的对应指标值略低（见图7-4）。这表明，粤东地区丰富的侨资源、侨文化未能有效提升区域经济的外向度。

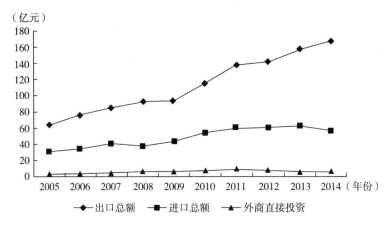

图7-2　2005~2014年粤东地区进、出口总额及利用FDI总量

（4）交通基础设施建设加速。由于粤东地区远离珠三角地区核心城市广州、深圳，从粤东地区各市到达广州、深圳均需要花费较高的时间成本。同时，粤东地区市际交通联系亦不够便捷。因此，"十二五"期间，粤东地区将交通基础设施建设作为重中之重，掀起了前所未有的热潮，取得了历史性新进展。仅以汕头为例，"十二五"期间累计完成交通基础设施投资174.67亿元，是"十一五"的两倍多，在广东省"交通基础设施提速升级指数"中列第一位，其作为区域交通航运中心的地位进一步巩固。粤东境内总长163千米的5条高速公路建设同步推进，汕揭高速公路建成通车并与沈海高速互联互通，潮惠、揭惠高速

公路均完成投资量逾五成，汕湛高速公路加快推进，潮汕环线高速公路先行工程开工建设。粤东地区高速公路密度达 3.7 千米/百平方千米，在建高速公路建成后，高速公路密度将超过 11 千米/百平方千米，高于珠三角地区目前的水平。

2. 粤西地区

粤西地区是广东西部地区的简称，包括湛江、茂名、阳江三个地级市，总面积 32644 平方千米，占广东省的 18.17%。2014 年末常住人口 1576.09 万人，占广东省总人口的 14.69%。户籍人口总数 1187.5 万人，占广东省户籍人口总数的 29.44%。

粤西地区背靠大陆，南邻南海，海岸线长，岛屿港湾众多。地形地貌以山地丘陵为主，其中湛江、茂名属台地。地处低纬度地区，属于北热带和南亚热带季风海洋性气候，特别有利于热带性作物生长。地理位置优越，处于珠三角地区与北部湾、大西南联结点以及粤港澳合作次前沿。2011 年，广东省政府正式印发《粤西地区经济社会发展规划纲要（2011—2015 年）》，明确要求粤西地区抓紧环北部湾经济区的加快建设，以及中国—东盟自由贸易区建设提速的机遇，大力振兴粤西经济。

近年来，粤西地区的经济发展呈现出以下特征：

（1）在广东省经济格局中的地位有所提升。经济总量大幅增加，2005—2014 年，粤西地区生产总值增加了 2.27 倍；占广东省经济总量的份额也有所提高，从 2005 年的 7.81% 提高到 2014 年的 8.52%，增加了 0.71%。人均 GDP 大幅上升，净增 24836.9 元，与广东省平均水平的相对差距逐渐缩小，占广东省人均 GDP 的比重由 48.42% 提高到 57.93%（见表 7-14）。

表 7-14 2005~2014 年粤西地区 GDP 及人均 GDP

年份	GDP			人均 GDP		
	粤西（亿元）	广东省（亿元）	比值（%）	粤西（元）	广东省（元）	比值（%）
2005	1761.66	22557.37	7.81	11933	24646.59	48.42
2006	2032.63	26587.76	7.64	13637	28533.66	47.79
2007	2325.018	31777.01	7.32	15412.27	33271.59	46.32
2008	2750.344	36796.71	7.47	17972.52	37637.92	47.75
2009	2915.189	39492.52	7.38	19181.84	39445.84	48.63
2010	3536.988	46036.25	7.68	23239.15	44758.12	51.92
2011	4212.364	53246.18	7.91	27484.9	50841.53	54.06
2012	4683.432	57147.75	8.20	30270.86	54171.05	55.88
2013	5290.608	62474.79	8.47	33907.63	58833.03	57.63
2014	5776.57	67809.85	8.52	36769.9	63468.6	57.93

资料来源：根据历年《广东统计年鉴》数据整理得到。

（2）产业结构平稳调整。2005～2014 年，粤西地区三次产业结构始终保持在"二、三、一"的状态上，表明粤西地区整体上仍处于工业化发展阶段。在此期间，第一产业比重大幅下降，第二产业产值比重略有提高，第三产业比重亦有较为明显的提升。与广东省对比，粤西地区第一产业产值比重偏高，第二产业比重略低，第三产业产值比重明显偏低（见表 7-15）。这意味着粤西地区的经济发展水平较低，工业化发展水平明显落后于广东省平均水平。

表 7-15　2005～2014 年粤西地区三次产业产值结构　　　　单位：%

年份	粤西			广东省		
	第一产业	第二产业	第三产业	第一产业	第二产业	第三产业
2005	23.96	40.50	35.55	6.33	50.45	43.32
2006	22.97	41.87	35.17	5.76	50.64	43.58
2007	21.57	42.84	35.59	5.34	50.37	44.30
2008	21.16	43.40	35.45	5.36	50.28	44.35
2009	21.00	38.48	40.52	5.09	48.97	45.94
2010	19.91	40.71	39.38	4.97	49.57	45.40
2011	19.56	41.45	38.99	5.01	49.10	45.95
2012	19.33	41.03	39.64	4.98	47.66	47.30
2013	17.79	40.97	41.24	4.77	46.41	48.83
2014	17.08	42.07	40.85	4.67	46.34	48.99

资料来源：根据历年《广东统计年鉴》数据整理得到。

（3）进出口及利用外资数额平稳增加但水平较低。2005～2014 年，粤西地区出口总额从 21.09 亿美元持续增长到 62.38 亿美元，同期进口总额从 11.1 亿美元增长至 41.39 亿美元，实际外商直接投资从 1.35 亿美元增长至 4.23 亿美元。总体而言，三项指标均呈现平稳递增态势，年均增幅分别为 7.75%、11.8% 和 8.80%。但是，绝对数量偏小，2005～2014 年的出口总额、进口总额及直接利用外资总额之和分别为 389.69 亿美元、236.52 亿美元和 30.23 亿美元，仅为珠三角地区 2014 年对应指标的 2.79%、5.69% 和 12.15%（见图 7-3）。这亦表明粤西地区对外开放程度与珠三角地区相去甚远。

3. 粤北地区

粤北地区是广东省北部山区城市的简称，下辖韶关、清远、云浮、梅州、河源五市，总面积 76751 平方千米，占广东省的 42.73%。粤北地区年末常住人口 1655.91 万人，占广东省的 15.44%。2014 年粤北户籍人口总数 1279.7 万人，占广东省户籍人口总数的 31.73%。

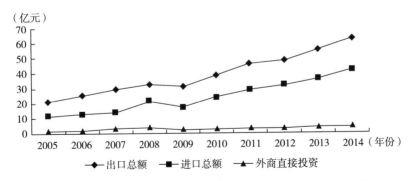

图7-3 2005—2014年粤西地区进、出口总额及利用FDI总量

粤北地区整体位于广东北部南岭山区，在地理构造上属于华南褶皱带的一部分。在多次褶皱、断裂、岩浆活动以及流水、重力和风化等外力的综合影响下，形成了独特的地貌特征，地势高耸，山川交错，自然环境优美。属于中亚热带季风气候区，雨量丰沛，物种丰富。作为华中地区和华南地区的分界线，粤北地区是南北交通的要塞，京广铁路、京珠高速、京九铁路、粤赣及昆汕高速（经翁源）、晋澳高速（经连州）穿境而过。

广东省高度重视区域发展不平衡问题，针对粤北地区经济发展长期落后的局面，于2011年印发了《粤北地区经济社会发展规划纲要（2011—2015年）》，并将粤北地区定位成南粤绿色生态屏障、山区科学发展示范区、新兴生态型产业集聚区、区域合作的桥梁和纽带。在发展规划指引下，近年来，粤北地区经济呈现下列特征：

（1）经济整体发展水平提高，总量占全省比重下降。2005—2014年，粤北地区生产总值增长了将近一倍，但占广东省的比重从10.63%下降到6.83%，降低了3.8个百分点。可喜的是，人均GDP平均增长速度超过广东省平均水平，人均GDP与广东省对应指标的比值从35.61%上升到44.19%，提升了将近8.6个百分点（见表7-16）。

表7-16 2005~2014年粤北地区GDP及人均GDP

年份	GDP			人均GDP		
	粤北（亿元）	广东省（亿元）	比值（%）	粤北（元）	广东省（元）	比值（%）
2005	2397.68	22557.37	10.63	8777.00	24646.59	35.61
2006	2808.15	26587.76	10.56	10189.00	28533.66	35.71
2007	2075.36	31777.01	6.53	13092.97	33271.59	39.35
2008	2484.36	36796.71	6.75	15539.43	37637.92	41.29
2009	2709.63	39492.52	6.86	17041.44	39445.84	43.20

续表

年份	GDP			人均 GDP		
	粤北（亿元）	广东省（亿元）	比值（%）	粤北（元）	广东省（元）	比值（%）
2010	3260.25	46036.25	7.08	20370.47	44758.12	45.51
2011	3588.03	53246.18	6.74	22205.39	50841.53	43.68
2012	3821.81	57147.75	6.69	23466.57	54171.05	43.32
2013	4223.70	62474.79	6.76	25744.70	58833.03	43.76
2014	4630.02	67809.85	6.83	28047.24	63468.6	44.19

资料来源：根据历年《广东统计年鉴》数据整理得到。

（2）工业化进程持续推进，非农产业比重显著提高。粤北地区的自然地理环境制约了工业经济的发展。长期以来，该地区农业比重较大，工业发展主要依赖于工矿企业。由于工矿企业大多集中在铁路沿线和城区，占工业比重较大的中央和省属企业又由于体制的障碍未能和当地经济连成一体（吴郁文，1999），制约了当地经济的发展。随着近年来广东省大力推动劳动力和产业"双转移"，从政策、项目、资金等方面向粤北地区倾斜，带来了当地产业经济发展的新机遇，产业转移园区的建设发展更是大力助推粤北地区经济发展。媒体曾大力报道"发展速度快，变化面貌大，发展后劲足"的清远模式就是粤北地区产业经济迅速发展的一个缩影。数据显示，2005~2014 年，粤北地区产业结构的调整成效显著：第一产业产值比重大幅下降了 11.61 个百分点，第二产业增加了近 4 个百分点，第三产业增加了近 8 个百分点（见表 7-17）。当然，与广东省比较，粤北地区继续推进工业化进程的空间还很大。

表 7-17　2005~2014 年粤北地区三次产业产值结构　　　单位:%

年份	粤北			广东省		
	第一产业	第二产业	第三产业	第一产业	第二产业	第三产业
2005	27.13	37.81	35.07	6.33	50.45	43.32
2006	24.60	40.64	34.77	5.76	50.64	43.58
2007	17.21	49.42	33.37	5.34	50.37	44.30
2008	17.00	50.44	32.56	5.36	50.28	44.35
2009	16.05	47.18	36.77	5.09	48.97	45.94
2010	15.38	47.96	36.66	4.97	49.57	45.40
2011	16.40	44.30	39.30	5.01	49.10	45.95
2012	16.66	41.49	41.85	4.98	47.66	47.30
2013	15.96	40.90	43.15	4.77	46.41	48.83
2014	15.52	41.69	42.79	4.67	46.34	48.99

资料来源：根据历年《广东统计年鉴》数据整理得到。

（3）进出口及利用外资数量稳定增加，但是经济外向度持续较低。2014年进口总额93.52亿美元，出口总额为53.18亿美元，实际外商直接投资额为8.98亿美元，各项指标仍保持增长态势，较2013年分别提高了16.4%、1.8%和4.9%。但是，在广东省进口、出口及利用外资的格局中，粤北地区所占份额偏小，依次仅为1.4%、1.2%和3.3%，均显著低于该区域GDP占广东省经济总量比重。当然，上述现象的成因不难理解，珠三角地区承载了广东外向型经济的绝大部分份额，远离海岸线的粤北地区受到地理空间环境制约和经济发展水平较低限制，发展进出口贸易及吸引外资的优势不足。

第二节　区域经济差异

广东省作为改革开放40年的试验田，是中国经济发展最快的省份之一，但省内的区域经济差异已经成了不容忽视的现实问题。原广东省委书记汪洋曾说，全国最富的地方在广东，最穷的地方也在广东。如何缩小区域经济发展差异，实现区域经济协调发展是近年来政府和学界关注的焦点问题。测度广东区域经济差异的程度、归纳总结其演化规律和趋势是研究上述问题的基础。学者们较多采用两类研究方法：一是利用统计学方法测算离均差系数、变异系数、基尼系数、塞尔熵指数等；二是建立经济增长模型模拟区域发展的不均衡性（程玉鸿，2010）。已有的研究表明，不同空间尺度上的区域经济差异呈现不同的特征（王少剑等，2014）。为了全面把握广东区域经济差异的特征，本书分别从广东省四大区域、城市与乡村、县域经济体之间的空间层次上来审视广东区域经济差异的时空特征。

一、区域经济差异总体特征

本书借鉴覃成林等（2011）的做法，利用人口加权变异系数分析广东区域发展不平衡的变化过程，并利用人口加权变异系数二重分解法，分析导致中国区域发展不平衡变化的空间和产业原因。与众多测度区域经济差异的分解方法不同，人口加权变异系数的二重分解方法是一种创新性的改进，可以将区域发展不平衡的空间分解和收入来源分解在一个系统的框架内得到统一。

1. 指标测度及分解方法

通常采用人口加权变异系数的平方来衡量区域发展不平衡的程度。其计算公式如下：

$$CV(Y)^2 = \frac{1}{\overline{Y}^2} \sum_{i=1}^{m} \sum_{j=1}^{r_i} \frac{N_{ij}}{N} (\overline{Y}_{ij} - \overline{Y})^2 \tag{7-1}$$

其中，$\overline{Y}$ 为广东省人均 GDP，$\overline{Y}_{ij}$ 为 i 区域 j 市的人均 GDP，N_{ij} 表示 i 区域 j 市的总人口，N_i 表示 i 区域的总人口，Y 表示广东省的 GDP，Y_i 表示 i 区域的 GDP，m=4，代表珠三角、粤东、粤西、粤北共四个经济区域；N 表示全省总人口，$\overline{Y}=Y/N$。

继而，将区域发展不平衡分解为区域内不平衡和区域间不平衡之和，得到式 (7-2)：

$$CV(Y)^2 = \sum_{i=1}^{m} \left(\frac{N_i}{N}\right) \left(\frac{\overline{Y}_i}{\overline{Y}}\right)^2 CV(Y_i)^2 + CV(\overline{Y})^2 = CV_W + CV_B \tag{7-2}$$

其中，CV_W 表示 m 个区域内不平衡之和，CV_B 表示 m 个区域之间的不平衡。两者的计算式分别为：

$$CV_W = \sum_{i=1}^{m} \left(\frac{N_i}{N}\right) \left(\frac{\overline{Y}_i}{\overline{Y}}\right)^2 \frac{1}{\overline{Y}^2} \sum_{j=1}^{hi} \frac{N_{ij}}{N} (\overline{Y}_{ij} - \overline{Y})^2 \tag{7-3}$$

$$CV_B = \frac{1}{\overline{Y}^2} \sum_{i=1}^{m} \frac{N_i}{N} (\overline{Y}_i - \overline{Y})^2 \tag{7-4}$$

在此基础上，继续进行产业分解。假设广东省 GDP 来自 k 个产业部门，则有：

$$\overline{Y}_{ij} = \overline{Y}_{ij1} + \overline{Y}_{ij2} + \cdots + \overline{Y}_{ijk}, \quad \overline{Y}_i = \overline{Y}_{i1} + \overline{Y}_{i2} + \cdots + \overline{Y}_{ik}, \quad \overline{Y} = \overline{Y}_1 + \overline{Y}_2 + \cdots + \overline{Y}_k \tag{7-5}$$

式 (7-5) 意味着，广东各市、各区域及全省人均 GDP 分别可以拆分为来自 k 个产业的人均 GDP 之和，则区域内不平衡可以按照产业来源做进一步的分解。具体分解方法可以参考覃成林等 (2011) 的研究，在此不再赘述。

2. 观察时段选取及数据来源

目前对广东省区域经济差异的研究主要集中于 20 世纪 80 年代和 90 年代，对 2000 年以来的新格局关注较少 (王少剑等，2014)。基于此，本书选择以 2000~2015 年作为观测时段。为了对广东区域发展不平衡的成因进行产业分解，根据 GDP 的产业来源，同时兼顾统计口径一致及数据的可得性，将三次产业细分为农业、工业、建筑业、交通运输及邮电业、批发零售及住宿餐饮业、金融业、房地产业、其他服务业，以便从主要产业部门更具体地审视广东区域发展不平衡所产生的根源。本书所使用的数据均来源于 2001~2015 年的《广东统计年鉴》。

3. 指标测度及分析

根据计算结果可知，2000 年以来广东省区域经济不平衡的程度总体上经历了先上升后下降又有所回升的变化趋势。2000~2004 年，广东区域发展不平衡程度持续上升，随后在 2005~2009 年持续保持在高位水平，2010 年、2011 年短暂回落，2012~2015 年广东省区域发展不平衡的程度又开始加剧（见表 7-18）。广东省 2000 年以来的区域差异变化模式，是中国改革开放全面铺开和持续深化过程中，在区域不平衡发展导致一系列社会、经济、环境等矛盾日益凸显的背景下，尤其是 2003 年科学发展观提出之后，广东持续推进并不断创新区域均衡发展战略，相关政策措施效果初显的结果（程玉鸿，2010）。2005 年初，为了解决广东省区域经济差异持续扩大的问题，推动区域协调发展，广东省出台了《关于我省山区及东西两翼与珠江三角洲联手推进产业转移的意见（试行）》，提出了不同地市之间合作共建产业转移工业园区的设想，并通过政策倾斜，促进和引导产业转移。截至 2013 年 11 月，已经通过广东省政府批准认定的产业转移园区达到 36 个，实现了每一个欠发达地区地级市至少有一个（杨本建、王珺，2015）。作为带动落后地区经济增长的引擎，产业转移园区在一定程度上起到了缩小区域经济差异的作用。

表 7-18　2000~2015 年广东省人口加权变异系数

年份	人口加权变异系数	年份	人口加权变异系数
2000	0.4923	2008	0.5853
2001	0.5002	2009	0.6079
2002	0.5543	2010	0.4480
2003	0.5916	2011	0.4293
2004	0.6052	2012	0.4564
2005	0.5893	2013	0.4863
2006	0.5971	2014	0.4822
2007	0.5843	2015	0.4837

资料来源：笔者计算得到。

接下来，运用人口加权变异系数的二重分解方法，先对广东区域发展不平衡进行空间分解以揭示导致其变化的空间原因。将广东区域发展不平衡结果进一步分解为珠三角、粤东、粤西、粤北四大区域内部不平衡和四大区域之间不平衡之和。

表 7-19 显示，四大区域之间的不平衡是导致广东省区域经济差异的主要原因。2000~2015 年，四大区域间的不平衡程度是四大区域内的 1.5~2 倍。其中，两者比值在 2000~2006 年持续增加了约 0.40，2006 年达到 1.8597，其后又经历了下降—上升—下降—上升的变化过程，并于 2010 年达到最高点 1.9867。

表 7-19　2000~2015 年广东区域发展不平衡的空间分解

年份	区域不平衡	四大区域内的不平衡（CV1）	四大区域间的不平衡（CV2）	CV2/CV1
2000	0.4923	0.2002	0.2921	1.4590
2001	0.5002	0.1988	0.3014	1.5161
2002	0.5543	0.2193	0.3350	1.5276
2003	0.5916	0.2323	0.3593	1.5467
2004	0.6052	0.2292	0.3760	1.6405
2005	0.5893	0.2099	0.3794	1.8075
2006	0.5971	0.2088	0.3883	1.8597
2007	0.5843	0.2079	0.3764	1.8105
2008	0.5853	0.2095	0.3758	1.7938
2009	0.6079	0.2181	0.3898	1.7873
2010	0.4480	0.1500	0.2980	1.9867
2011	0.4293	0.1455	0.2838	1.9505
2012	0.4564	0.1618	0.2946	1.8208
2013	0.4863	0.1772	0.3091	1.7444
2014	0.4822	0.1792	0.3030	1.6908
2015	0.4837	0.1775	0.3062	1.7251

资料来源：笔者计算得到。

四大区域间和四大区域内的不平衡变化趋势均和区域总体不平衡变化趋势保持一致，同样是 2009 年之前总体呈现上升态势，2010~2011 年短暂回落后又呈现总体小幅回升的趋势（见图 7-4）。

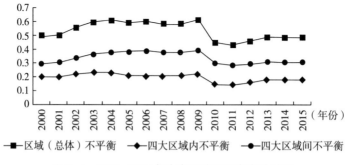

图 7-4　2000~2015 年广东区域不平衡变动过程

与区域间不平衡相比，区域内不平衡对区域总体不平衡的影响居于次要地位，无论是绝对值还是变化的幅度均小于区域间不平衡。

选取 2006 年、2010 年、2014 年三个不同的时点，在第一重分解的基础上，继续对广东区域不平衡进行二重分解，即产业分解。具体而言，根据 GDP 的产业来源，同时考虑统计口径一致及数据的可得性，将三次产业细分为农业、工业、建筑业、交通运输及邮电业、批发零售及住宿餐饮业、金融业、房地产业、其他服务业，以便更具体地分析主要产业部门对广东区域发展不平衡所产生的影响，分析结果如表 7-20、表 7-21 和表 7-22 所示。

从表 7-20、表 7-21 和表 7-22 可以得到以下结论：

表 7-20　2006 年广东省区域不平衡的产业分解　　　　　　单位:%

	农业	工业	建筑业	仓储和邮政业	零售及餐饮住宿	金融	房地产	其他服务业	总和
区域内不平衡	-1.30	15.12	1.05	3.13	4.31	2.88	3.53	6.33	35.05
珠三角	-1.30	14.90	1.03	3.10	4.22	2.88	3.52	6.23	34.58
粤东	-0.03	0.15	0.02	0.04	0.04	0.00	0.01	0.07	0.30
粤西	0.02	0.00	0.01	0.00	0.03	0.00	0.00	0.01	0.08
粤北	0.01	0.07	0.00	0.00	0.02	0.00	0.00	0.03	0.16
区域间不平衡	-1.29	33.92	1.34	4.32	6.18	3.48	4.41	12.59	64.95

资料来源：笔者计算得到。

表 7-21　2010 年广东省区域不平衡的产业分解　　　　　　单位:%

	农业	工业	建筑业	交通运输及仓储邮政	批发零售及住宿餐饮	金融	房地产	其他服务业	总和
区域内不平衡	-1.12	12.12	1.03	2.07	4.72	4.55	2.44	7.72	33.53
珠三角	-1.10	11.69	1.02	2.04	4.65	4.53	2.42	6.58	31.83
粤东	-0.02	0.18	0.00	0.00	0.01	0.01	0.00	0.03	0.21
粤西	-0.02	0.07	0.00	0.00	0.01	0.01	0.00	0.03	0.10
粤北	0.02	0.27	0.02	0.04	0.05	0.01	0.02	0.07	0.50
区域间不平衡	-1.95	30.81	1.54	2.92	8.53	5.88	4.97	14.65	67.35

资料来源：笔者计算得到。

表 7-22　2014 年广东省区域不平衡的产业分解　　　　　单位 : %

	农业	工业	建筑业	交通运输及邮电业	批发零售及住宿餐饮业	金融业	房地产	其他	总和
区域内不平衡	-1.05	9.08	1.15	2.25	5.69	5.28	5.20	7.23	34.83
珠三角	-0.97	9.13	1.12	2.21	5.54	5.26	5.17	7.16	34.62
粤东	-0.01	0.04	0.00	0.00	0.08	0.00	0.00	0.01	0.12
粤西	0.02	0.12	0.01	0.00	0.01	0.01	0.01	0.00	0.21
粤北	-0.09	-0.21	0.02	0.04	0.04	0.01	0.02	0.06	-0.11
区域间不平衡	-1.90	28.72	1.32	2.75	9.09	6.75	5.50	12.94	65.17

资料来源 : 笔者计算得到。

第一，四大区域之间的不平衡对广东省不平衡的贡献率均在 65% 左右，2006 年、2010 年、2014 年的贡献率分别为 64.95%、67.35%、65.17%。四大区域内部的不平衡对广东省不平衡的贡献率均在 35% 左右。这意味着，从区域产业发展差异对区域不平衡的贡献来看，四大区域之间的产业发展差异是导致广东省区域不平衡的主要原因，四大区域内部的产业发展差异则是次要原因。各产业对广东区域不平衡的贡献存在差异。工业对区域不平衡的贡献最大，几个考察时点均在 40% 左右，远高于其他产业。其他服务业位居第二，其贡献率均在 20% 左右。批发零售及住宿餐饮业对广东区域发展不平衡的贡献位居第三，其贡献率较其他服务业略低，各年份均在 15% 左右，而且呈现出逐渐增加的态势。金融业对广东省不平衡的贡献呈现出显著上升态势，从 2006 年的 6.36% 增至 2010 年的 10.43%，2014 年达到了 12.03%，增加了 5.67 个百分点，并且在 2010 年已经超越了房地产业和交通运输及邮电业，对区域不平衡的贡献稳定在第四位。房地产业和交通运输及邮电业对广东区域不平衡的贡献分别居于第五、第六位，但是不同的是，前者的变化趋势是先小幅下降后大幅上升，后者总体呈现下降态势。建筑业和第一产业对广东区域不平衡的贡献率均较小，其中，农业的贡献率是负的，这意味着农业在一定程度上起到了缩小区域经济差异的作用。另外，各个产业对区域间不平衡、区域内不平衡及总体不平衡的贡献呈现相同的格局，但是对区域间不平衡的贡献率要显著高于对区域内不平衡的贡献率。

第二，四大区域中，珠三角产业发展差异对区域内不平衡的贡献率最大。2006 年、2010 年和 2014 年，珠三角对区域不平衡的贡献分别为 34.58%、31.83% 和 34.62%，对区域内不平衡的贡献率高达 98.69%、94.93% 和 99.40%。这意味着珠三角地区内部的产业发展差异不仅是导致广东区域不平衡的一个重要方面，也是区域内部不平衡的主要因素。此外，尤需注意的是，珠三角地区内部的产业发展差异对广东区域不平衡及四大区域内部的不平衡影响呈现出先下降后上升的趋势。粤东、粤西和粤北地区内部的产业发展差异对广东发展不平衡及区域内部不平衡的贡献均较小，2006年、2010年、2014年三个区域的产业发展差异对广东发展不平衡的贡献率之和均不足1%，对区域内部不平衡的贡献率之和分别为1.34%、5.07%和0.66%。与珠三角地区相比，粤东、粤西和粤北地区内部的产业发展差异较小，总体上均处于较低水平。

二、城乡经济差异

自1978年以来，广东省城乡居民的收入水平均得到了大幅提高。如表7-23所示，1978年，广东省城乡居民的人均可支配收入分别为412.13元和193.25元，到2014年，该指标值分别增加到32148.11元和12245.56元。同一阶段，人均消费支出从399.96元和184.89元相应增加到23611.74元和10043.21元。虽然城乡居民的人均收入及消费水平均得到了显著增长，但是从增长速度来看，城乡居民人均可支配收入的年均名义增长速度分别为12.86%和12.22%，城镇居民人均可支配收入年均增速略高于农村居民。由此带来的影响是：城乡居民的人均可支配收入绝对差距和相对差距均呈现扩大态势，农村与城镇居民的人均可支配收入的绝对差值已经由1978年的218.88元扩大到2014年的19902.55元，两者比值（农村/城镇）也由1978年的46.89%降低到2014年的38.09%，下降了8.8个百分点。

表7-23 1978~2014年城乡居民收入消费情况

年份	农村居民		城镇居民		两者比值（农村/城镇）	
	人均可支配收入（元）	人均消费支出（元）	人均可支配收入（元）	人均消费支出（元）	人均可支配收入（%）	人均消费支出（%）
1978	193.25	184.89	412.13	399.96	46.89	46.23
1979	222.72	205.18	416.33	424.96	53.50	48.28
1980	274.37	222.22	472.57	485.76	58.06	45.75
1981	325.37	266.05	560.69	517.44	58.03	51.42
1982	381.79	312.44	631.45	592.08	60.46	52.77
1983	395.92	328.76	714.20	660.12	55.44	49.80
1984	425.34	346.19	818.37	744.36	51.97	46.51
1985	495.31	388.00	954.12	889.56	51.91	43.62
1986	546.43	454.06	1102.09	998.88	49.58	45.46
1987	662.24	545.25	1320.89	1215.84	50.14	44.85
1988	808.70	684.67	1583.13	1506.99	51.08	45.43
1989	955.02	870.59	2086.21	1921.05	45.78	45.32

年份	农村居民		城镇居民		两者比值（农村/城镇）	
	人均可支配收入（元）	人均消费支出（元）	人均可支配收入（元）	人均消费支出（元）	人均可支配收入（%）	人均消费支出（%）
1990	1043.03	932.63	2303.15	1983.86	45.29	47.01
1991	1143.06	942.40	2752.18	2388.77	41.53	39.45
1992	1307.65	1060.29	3476.7	2830.62	37.61	37.46
1993	1674.78	1391.01	4632.38	3777.43	36.15	36.82
1994	2181.52	1882.00	6367.08	5181.30	34.26	36.32
1995	2699.24	2255.01	7438.68	6253.68	36.29	36.06
1996	3183.46	2584.16	8157.81	6736.09	39.02	38.36
1997	3467.69	2617.65	8561.71	6853.48	40.50	38.19
1998	3527.14	2683.18	8839.68	7054.09	39.90	38.04
1999	3628.93	2645.94	9125.92	7517.81	39.77	35.20
2000	3654.48	2646.02	9761.57	8016.91	37.44	33.01
2001	3769.79	2703.36	10415.19	8099.63	36.20	33.38
2002	3911.91	2825.01	11137.20	8988.48	35.12	31.43
2003	4054.58	2927.35	12380.40	9636.24	32.75	30.38
2004	4365.87	3240.78	13627.65	10694.79	32.04	30.30
2005	4690.49	3707.73	14769.94	11809.87	31.76	31.40
2006	5079.78	3885.97	16015.58	12432.22	31.72	31.26
2007	5624.04	4202.32	17699.30	14336.87	31.78	29.31
2008	6399.77	4872.96	19732.86	15527.97	32.43	31.38
2009	6906.93	5019.81	21574.72	16857.51	32.01	29.78
2010	7890.25	5515.58	23897.80	18489.53	33.02	29.83
2011	9371.73	6725.55	26897.48	20251.82	34.84	33.21
2012	10542.84	7458.56	30226.71	22396.35	34.88	33.30
2013	11067.79	8937.76	29537.29	21621.46	37.47	41.34
2014	12245.56	10043.21	32148.11	23611.74	38.09	42.53

资料来源：根据历年《广东统计年鉴》数据整理得到。

城乡居民的消费支出也呈现出类似的变化规律。1978 年，城乡人均消费支出分别为 399.96 元和 184.89 元，两者差值为 215.07 元；到 2014 年，上述指标值分别为 23611.74 元和 10043.21 元，两者差值进一步扩大到 13568.53 元。从增长速度来比较，城乡居民人均消费支出年均增速分别为 11.99% 和 11.74%。城乡居民人均消费支出的比值也呈现下降趋势，农村与城镇居民人均消费支出的比值从 1978 年的 46.23% 下降到 2014 年的 42.53%。

总体来看，广东城乡居民人均可支配收入和人均消费水平的比值变化经历了以下发展阶段：①1978~1982年，比值上升阶段；②1982~1994年，比值下降阶段；③1995~2000年，比值上升阶段；④2001~2010年，比值下降阶段；⑤2011~2014年，比值上升阶段。这意味着，广东农村和城镇之间的相对差异经历了一个较为复杂的变化过程，沿着相对差距缩小—扩大—缩小—扩大—缩小的路径演化。值得注意的是，在进入21世纪之后，广东城乡经济差异与区域经济总体差异的变化路径有一定差异，前者的发展轨迹为扩大（2001~2010年）—缩小（2011~2014年），后者呈现出上升（2000~2009年）—下降（2010~2011年）—上升（2012~2014年）的发展路径。

　　从消费结构来看，1978年以来，广东省城乡居民恩格尔系数总体均呈现稳定下降的趋势，农村居民的恩格尔系数从61.7%下降到39.5%，城镇居民则从66.6%下降到33.2%（见表7-24）。不难发现，在整个考察期间，城镇居民的恩格尔系数比农村居民下降得更快，从1978年高于农村居民4.9个百分点到2014年反而比农村居民低了6.3个百分点，这也从另一个角度间接印证了城市居民可支配收入增长更快，城乡收入水平绝对差距日益拉大。

表7-24　1978~2014年广东省城乡居民恩格尔系数　　　　单位:%

年份	农村居民	城镇居民	年份	农村居民	城镇居民
1978	61.7	66.6	1997	52.3	46.0
1979	59.9	67.0	1998	51.1	44.1
1980	60.4	65.5	1999	50.7	40.6
1981	59.3	65.8	2000	49.8	38.6
1982	58.4	64.2	2001	49.9	38.1
1983	60.3	64.5	2002	47.6	38.5
1984	59.3	63.6	2003	47.9	37.2
1985	60.4	58.3	2004	48.8	37.0
1986	58.8	58.6	2005	48.3	36.1
1987	57.3	56.7	2006	48.6	36.2
1988	55.2	56.7	2007	49.7	35.3
1989	53.7	56.5	2008	49.0	37.8
1990	57.7	57.2	2009	48.3	36.9
1991	57.4	53.1	2010	47.7	36.5
1992	54.0	51.5	2011	49.1	36.9
1993	52.8	48.9	2012	49.1	36.9
1994	55.6	46.4	2013	42.1	33.6
1995	54.5	48.0	2014	39.5	33.2
1996	51.6	47.3			

资料来源：根据历年《广东统计年鉴》整理得到。

需要注意的是，2014年全国总体农村人口比重为45.23%，广东省的农村人口比重达到了45.68%，较前者还高出0.45%。2014年，广东省仍有4032.42万人生活在农村。如何缩小城乡收入差异也是一个值得关注的现实问题。在广东省大力推进区域经济协调发展的背景下，除了聚焦于珠三角地区与粤东、粤西和粤北地区之间的经济差异和协调发展外，有必要通过系统的制度设计缩小城市与农村的经济差异，实现城乡协调发展。

三、县域经济差异

县域经济是以县级行政区划为边界的区域经济。在整个国民经济大系统中，县域经济既是一个相对独立和完备的经济单元，又是构造地带经济、经济区、省区、城市（城市群、大都市区、一般城市）等区域经济的基础。"郡县治，则天下安"。县域经济的发展速度在一定程度上决定着国民经济的发展速度，县域经济的发展潜力在一定程度上决定着国民经济的发展潜力。

虽然广东省一直重视县域经济的发展，但是县域经济不发达、发展不平衡却是广东实现"三个定位、两个率先"[①] 发展目标的"软肋"。除广州、深圳、中山、珠海、东莞、佛山六市外，广东省内其他15个地级市均设有县级行政区划，共有58个县级行政区。其中，珠三角13个，粤东8个，粤西10个，粤北27个，全省县域经济空间不平衡特征十分突出。

（1）珠三角、粤东、粤西和粤北四大区域间的县域经济发展不平衡。表7-25显示，2014年，珠三角、粤东、粤西、粤北四大区域县（市）的人口比重为21.83%、19.70%、27.26%和31.21%，面积比重依次为23.76%、9.1%、19.42%和47.72%，地区生产总值比重依次为32.51%、16.04%、17.98%和24.63%，珠三角县域以不足1/4的人口和面积创造了将近1/3的GDP，粤北地区则以接近1/3的人口和接近1/2的面积创造了1/4左右的GDP，主要经济指标的组合表现出明显的"错位"。

（2）珠三角、粤东、粤西和粤北四大区域内部县域之间的经济发展也呈现出显著的空间不平衡。2014年，珠三角、粤东、粤西、粤北县域生产总值的平均规模依次为269.38亿元、215.96亿元、288.94亿元和98.24亿元。四大区域内县域生产总值最高与最低的比值分别为4.49、38.36、3.2和8.13。相比较而言，珠三角和粤西区域的县域经济总量规模差异较小，粤东和粤北的县域经济总量规模相差较大，其中，由于粤东南澳县地域面积狭小，在58个县域经济体

---

① 2012年12月26日，习近平总书记在视察广东时提出，广东要努力成为发展中国特色社会主义的排头兵、深化改革开放的先行地、探索科学发展的实验区，为率先全面建成小康社会、率先基本实现社会主义现代化而奋斗。简称"三个定位、两个率先"。

表7-25　2014年广东县域经济主要指标

区域	面积 （万平方千米）	人口 （万人）	GDP （亿元）	第一产业 （%）	第二产业 （%）	第三产业 （%）
珠三角	3.34	832.32	3501.97	13.65	50.27	36.08
粤东	1.28	751.17	1727.69	14.09	54.48	31.43
粤西	2.73	1039.49	2889.40	24.86	31.89	43.25
粤北	6.71	1190	2652.37	21.00	37.38	41.62

资料来源：根据《广东统计年鉴》（2015）数据整理得到。其中，面积根据各县市政府网站数据加总而来。

中经济总量最小，与其他县域经济总量规模相差较大。从人均水平差异来看，珠三角、粤东、粤西与粤北县域人均生产总值分别为42075元、23000元、27796元和22288元，珠三角人均水平最高，粤东、粤西、粤北县域人均生产总值分别是珠三角的54.66%、66.06%和52.97%。珠三角、粤东、粤西与粤北县域最高人均生产总值分别为89955元、29630元、41225元、46735元，最低人均生产总值依次为25048元、15827元、15743元、10863元，最高水平依次是最低水平的3.59倍、1.87倍、2.62倍、4.30倍（见表7-26）。人均地区生产总值最高县域在珠三角，且珠三角区域的最低水平显著高于其他区域的最低值。

表7-26　2014年广东省四大区域县域经济比较

地区	珠三角	粤东	粤西	粤北
县域经济体平均规模（亿元）	269.38	215.96	288.94	98.24
县域经济总量最大值（亿元）	511.65	563.81	437.88	223.82
县域经济总量最小值（亿元）	113.98	14.70	136.72	27.52
县域总体人均生产总值（元）	42075	23000	27796	22288
县域人均生产总值最高（元）	89955	29630	41225	46735
县域人均生产总值最低（元）	25048	15827	15743	10863

资料来源：根据《广东统计年鉴》（2015）数据整理得到。

（3）县域个体之间的经济发展水平差异很大。如表7-27所示，2005~2014年，虽然县域经济均实现了持续稳定的增长，县域中最高人均生产总值从36476元增加到89955元，最小值相应从3713元增长至10864元，分别增长了1.47倍和1.93倍。但是，县域之间人均生产总值绝对差异呈现出显著的扩大态势，极差值由32763元增加至79092元，极值比一直在7以上。虽然变异系数总体呈现出较为明显的下降态势，但是截至 2014 年，仍然在 0.4 以上，说明县域经济个体之间的差异持续较高。尤其要注意的是，考察期间广东省县域进行了两次行政区划调整。先是在 2013 年，将从化、增城、清新、梅县、潮安、揭东撤县设区，县域经济体由之前的 67 个减少到 61 个；接着在 2014 年，云安、阳东撤县设区，电白县与茂名市茂港区合并成为电白区，县域经济体进一步降至 58 个。在 9 个撤县设区的县域经济体中，增城、从化的人均生产总值显著高于县域平均水平，清新、潮安、揭东、阳东持续略高于平均水平，梅县、云安、电白持续低于平均水平。因此，可以推断，行政区划调整是导致变异系数下降的一个重要原因。虽然这种方式对于降低统计意义上的区域经济差异有显著影响，但是并不能从根本上形成改变县域经济落后、缩小县域经济差异的持续、稳定的力量。

表 7-27   2005~2014 年广东省县域人均生产总值差异

年份	县域经济体（个）	最大（元）	最小（元）	极差	极值比	变异系数
2005	67	36476	3713	32763	8.82	0.53
2006	67	41887	4094	37793	9.23	0.52
2007	67	52376	4715	47661	10.11	0.55
2008	67	64217	5472	58745	10.73	0.55
2009	67	61296	5717	55579	9.72	0.50
2010	67	68068	6735	61332	9.11	0.49
2011	67	76728	8065	68663	8.51	0.48
2012	67	81342	8690	72652	8.36	0.47
2013	61	81565	9897	71668	7.24	0.42
2014	58	89955	10863	79092	7.28	0.42

资料来源：根据历年《广东统计年鉴》数据整理得到。

第三节   区域合作与一体化

一、珠三角一体化发展

1. 发展历程

自 20 世纪 70 年代末 80 年代初以来，伴随着中央政府在珠三角区域重点发展空间的政策调整，珠三角区域经济水平在总体上经历了由前工业化到工业化再到后工业化的演变，在经济空间结构上经历了由单核心到双核心再到三大经济圈的更替和调整。随着各经济地域单元的经济水平也均有明显的提升，珠三角区域呈现出一体化发展趋势。可以将珠三角的发展历程划分为以下几个发展阶段：

（1）单中心阶段（1980年以前）。改革开放之前，广东省的省会广州是珠三角区域的唯一核心。无论从经济总量还是从经济发展水平来看，广州均一城独大，占据明显优势。从经济总量来看，1978年广州地区生产总值已经达到43.09亿元，同年珠三角其他城市的经济总量之和为54.43亿元（中山5.76亿元，惠州6.76亿元，东莞6.11亿元，江门14.32亿元，肇庆8.52亿元，佛山12.96亿元）。从人均生产总值来看，1980年以前，广州是唯一一个人均生产总值过千元的城市，除惠州和肇庆外，其余城市均在区域平均水平附近。在单中心结构阶段，整个珠三角区域经济呈现出明显的低水平均衡结构特征。

（2）双中心阶段（1980~1994年）。1980年国家将深圳、珠海确立为经济特区，为两个城市的快速崛起提供了政策支持。其中，深圳凭借毗邻香港的区位优势和讲求效率的"深圳精神"，经济增长成效显著，1994年经济总量是1979年的（可比价格）105倍，达到615.2亿元（当年价），人均生产总值达到了1979年的10.83倍，达到19514元（当年价）。1980~1994年，深圳经济总量与广州差距逐渐缩小，与广州GDP之比从4.69%（2.7/57.55）提高到63.02%（615.20/976.18），人均生产总值实现了反超，与广州人均GDP比值从71.98%（835/1160）增加到126.00%（19514/15487）。到1994年，两市人均地区生产总值远高于珠三角地区的平均水平，经济总量占珠三角地区的比重达到50.44%（珠三角地区的GDP为3155.2亿元）。在此阶段，广州一城独大的格局被打破，深圳与广州并蒂争艳的双中心阶段逐渐稳定。

（3）经济区形成阶段（1994~2007年）。1994年，广东省政府正式设置"珠江三角洲经济区"，并在《珠江三角洲经济区经济社会发展规划（1996—2010年）》中提出：珠江三角洲经济区包括广州、深圳、珠海、佛山、江门、中山、东莞和惠州的惠城区、惠阳、惠东、博罗及肇庆的端州区、鼎湖区、高要、四会。在此阶段，广州与佛山两市因为地理位置紧邻、产业发展互补性强、两市民众社会联系密切，两地合作愿望强烈，互动密切。继广佛都市圈的概念之后，广佛同城化的地方探索实践持续推进，两地在道路交通基础设施建设方面展开了深度的合作，成为同一时期国内同城化发展的典范。此外，珠江口东岸的深圳、东莞和惠州之间的产业分工合作也得到了进一步的推进，为三地的紧密合作奠定了基础。

（4）一体化发展阶段（2008年至今）。2008年12月，国务院批复同意实施

《珠江三角洲地区改革发展规划纲要（2008—2020年）》（以下简称《规划纲要》），最终将"珠江三角洲经济区"范围扩大为由广州、深圳、佛山、珠海、东莞、中山、江门、惠州、肇庆九个地级市组成的经济区域，把推进珠三角区域经济一体化发展上升为国家战略。《规划纲要》指出，要"按照主体功能定位，优化珠江三角洲地区空间布局，以广州、深圳为中心，以珠江口东岸、西岸为重点，推进珠江三角洲地区区域经济一体化，带动环珠江三角洲地区的加快发展，形成资源要素优化配置、地区优势充分发挥的协调发展新格局"。作为推动珠三角区域经济一体化的具体措施，广佛肇、深莞惠、珠中江三大经济圈的概念得以正式提出，并在政府的大力推动下进入了快速发展的新阶段。

2. 总体特征

（1）多重力量推动。经济一体化的公共性质决定了政府是作为这种制度安排的提供者。作为国家内部地区一体化的代表，珠三角一体化进程既受到来自区域内部各子区域企业和居民的市场交易需求的推动，也受到珠三角不同层级政府的推动。其中，在《珠江三角洲地区改革发展规划纲要（2008—2020年）》（以下简称《规划纲要》）上升为国家层面的规划纲要之后，广东省政府在推动珠三角一体化发展中发挥了重要的统筹作用。

具体而言：一是建立了多层次的指挥协调和合作体系。时任广东省委书记汪洋亲自牵头督办有关工作。广东省成立了实施《规划纲要》领导小组，由时任黄华华省长任组长，常务副省长为常务副组长，两位有关副省长以及广州、深圳市长任副组长，广东省委、省政府有关部门和珠三角其他市市长为成员，统一指挥、统筹协调实施《规划纲要》，其最主要的任务就是推进区域经济一体化。珠三角地区各市分别成立了以党政主要领导为主的领导机构和横向的市长联席会议制度，签署了相关合作协议。广东省有关部门也建立了相应的领导和工作机制。广东省委、省政府还经常组织召开工作会议和现场会，及时解决一体化过程中遇到的突出问题。二是明确了推进一体化发展的责任落实机制。主要是实化目标责任，强化监督考核。实行了省委常委分片包干制和省领导重大项目分工负责制，同时把体现一体化的目标要求和任务量化分解到了珠三角各市和省各有关部门。三是加强了有利于一体化发展的行政管理体制改革探索。主要是进行了以大部制为重点的省级政府机构改革和深圳、佛山、顺德等地的行政管理体制改革，为打破部门和地区间的行政体制障碍创造了有利条件；尝试了行政审批制度改革和财政、投融资体制改革，实行竞争性分配财政资金，市场在区域资源要素配置中的基础作用增强；推进了广州、佛山、惠州、中山等市的统筹城乡发展综合改革试点、珠海市的流动人口服务管理改革和中山市的农民工积分制入户城镇等改革，有效地提高了统筹城乡发展的能力（聂炳华，2011）。

（2）契约行政发挥了积极作用。契约行政是我国区域政府间合作的一种主导模式。所谓契约行政，是指行政主体在行政过程中经过相对方的同意或认可，才能产生约束力的一种行政方式。签订横向行政契约是推动珠三角区域合作的重要形式。据统计，在 2006 年、2007 年、2008 年，珠三角区域签订的各种横向府际契约总计才 8 份，但自 2008 年底《珠三角发展规划纲要》颁布以来，珠三角区域政府间所开展的各种合作明显加速，共签订了 157 份横向府际契约，其中 2009 年最为活跃，共签订了 94 份。具体到次级区域来看，在 2006~2012 年签订的府际契约中，广佛肇经济圈共签订了 65 份，深莞惠经济圈共签订了 50份，珠中江经济圈共签订了 50 份。具体到这些府际契约涉及的合作事项来看，范围非常广泛，包括交通基础设施、环境保护、城市规划、医疗卫生事业、农产品质量安全、界河治理等方面（杨爱平，2014）。不容否认，大量行政契约的签订对推动珠三角一体化进程发挥了积极的作用。然而，与命令行政单方意志性特征相对应的是，契约行政的主要特点是双向选择性。由于合作收益的大小不一、实现合作收益的难易程度也不一样，这导致珠三角地方政府在府际合作和府际契约执行中带着各自的利益考量，从而催生出不同的决策偏好，现实中府际契约的实际执行力已经与当初设定的目标有差距甚至相去甚远。

（3）"五个一体化"发展规划推动。2009 年 6 月，广东省政府出台了《关于加快推进珠江三角洲区域经济一体化的指导意见》，确定了一体化发展的着力点，即省、市联手推进基础设施、产业发展、环保生态、城市规划和公共服务"五个一体化"，明确了珠三角一体化的目标是"2012 年基本实现基础设施一体化、初步实现区域经济一体化；2020 年实现区域经济一体化和基本公共服务均等化"。

2010 年 7 月 30 日，广东省人民政府出台实施珠三角基础设施、产业布局、城乡规划、基本公共服务和环境保护一体化"五个一体化"发展规划，以解决制约珠三角区域经济一体化的重点难点问题为切入点，分别从各自领域明确了推进一体化发展的总体要求、工作思路、重点任务和具体措施，并以地方立法形式予以确认和保障，在促进珠三角一体化发展中发挥了重要的引领导向和科学调控作用。

（4）"以点带面""以面带全"的梯度发展路径。具体而言，就是由广佛同城化带动三大经济圈建设，再由"三大经济圈建设"推进整个珠三角一体化发展的战略步骤。由于不同区域之间自然地理条件、发展基础、目标定位的差异，推动珠三角一体化必须循序渐进，由一体化进程中的表现突出的点——"广佛同城化"作为先行者和领跑者，带动广佛肇、珠中江、深莞惠三大经济圈一体化建设，继而实现整个珠三角的经济一体化发展目标。

广州、佛山是珠三角地区的核心城市，两市地域相连，历史文化同源，社会联系由来已久，是国内一体化步伐最快的地区之一（王德等，2009）。2008年两市联合发布了国内首个同城化发展规划——《广佛同城化发展规划（2009—2020年）》。2009年3月，时任广东省委书记汪洋提出在珠三角建设广佛肇、深莞惠、珠中江三个经济圈的战略构想，作为推动珠三角区域一体化的先导，进一步明确了实施珠三角一体化的战略步骤。鉴于广佛同城化和三大经济圈在推进珠三角一体化进程中的引领作用，下文将对其发展历程、演化特点等分别进行梳理、归纳。

3. 广佛同城化

在历史上，广州一直是岭南地区的政治、经济、文化中心，而佛山一直是岭南地区工商业重镇，两市在社会、经济、文化上的联系一直十分密切。在计划经济时期，受国家政策导向影响，两市经济联系变弱。改革开放以后，特别是1990年后，广州、佛山两市的产业联系显著加强，市民们的生活往来愈加紧密（魏宗财等，2014）。两市紧密相连的地理空间位置、高度相似的人文历史、互补性强的产业基础，加上两地市民较高的心理认可度，已经具备了同城化发展的基础条件。作为珠三角区域经济一体化的示范区和领头羊，广佛同城化经历了以下发展历程：

（1）概念萌芽期。2000年，随着珠三角城市经济的突飞猛进，互相毗邻的广州、佛山两市意识到由竞争转变为合作的重要性。广州率先明确了"东进、西联、南拓、北优"的城市空间发展战略，其中"西联"就是与佛山联合，"广佛都市圈"的概念由广州战略规划中出现，这就是"广佛同城化"概念出现时期。2003年末，"广州·佛山区域合作与协调发展"学术研讨会进一步讨论提升广佛都市圈竞争力的实施办法和措施。

（2）地方探索期。2005年，在"广佛区域合作发展论坛"中，广州和佛山在两地交通道路衔接建设、优势互补产业对接合作等领域开始形成合作共识。时任广州市长张广宁于2005年11月率政府考察团到佛山进行参观考察，以实际行动明确表达希望与佛山建立稳固沟通联系机制的愿望。次年，广州、佛山两市规划和交通部门一起着手开展《广佛两市道路系统衔接规划》的城市空间战略规划编制工作。佛山政府积极推动与广州在城市交通联系的强度和力度，加快了佛山与广州新机场、广州火车站、广州南沙港等广州重要交通枢纽的路网建设，为给两地连接交通路网搭起更坚实的平台，两市合作建设修整了广佛新干线、广佛路、浮萍路等广佛城市交通线路。2007年，在第四届"广州·佛山区域合作发展论坛"

上，广佛"同城化整合"的发展目标被提出，围绕经济合作、产业合作等问题，两地官员、专家学者、企业负责人进行讨论和探索。

（3）实质推动期。2008年，《珠江三角洲地区改革发展规划纲要（2008—2020年）》明确提出"强化广州佛山同城效应，携领珠江三角洲地区打造布局合理、功能完善、联系紧密的城市群"。在此背景下，2009年《广佛同城化发展规划（2009~2020年）》作为我国第一个编制完成的同城发展规划应运而生。从学术研究、民众期盼、城市合作探索，广佛同城化进一步上升到政府实质性推动、国家发展战略肯定的层面上。

在此阶段，为了保障广佛同城化的顺利实施，采取了一系列有特色的保障措施。一是确定了建立推进由广州市市委书记、市长和佛山市市委书记、市长共同组织形成的"四人领导小组"作为领导机构和"市长联席会议制度"协调机制。二是成立专责小组进一步明确责任。继广佛两市城市空间规划、基础设施同城化建设、两市交界环境整治和保护、同城产业协作互补四个专责小组分别负责相关工作的执行落实后，又增设了两个专责小组负责广佛两地金融和通信同城建设事宜。三是按照"先交界后纵深"的原则推动同城化进程。重点关注两市五大交界地区，即新客站周边地区、五沙地区、芳村桂城地区、花都空港地区及金沙洲地区，编制重点地区同城整合规划，将五大重点交界片区作为推进广佛两地同城化的示范片区和同城化形象展示窗口，以点带面，由浅入深、循序渐进地推动两地同城化进程。四是以交通基础设施协同建设为先导。2009年，广州、佛山两地共同编制了《广佛同城化区域交通一体化》和《广佛同城化建设交通基础设施三年工作规划》。同年年底开通了广佛城巴线路、快巴线路，并实施两地年票互认。2010年，我国国内第一条城际地铁——广佛地铁顺利开通，其后两市间投入建设和开通的地铁线路逐渐增加，不仅极大地便利了两地居民的互访，还有力地提升了同城化建设的水平。

广佛同城化建设取得了显著的成绩。2008~2014年，广州佛山两市生产总值指数连续多年高于珠三角整体水平。2014年，两市行政区划总面积11309平方千米，常住人口2043.1万人，地区生产总值14148.41亿元，在珠三角地区、广东省乃至全国经济社会发展格局中均占有重要地位。

4. 三大经济圈

2009年3月，广东首次提出建设"广佛肇""深莞惠""珠中江"三大经济圈。"化九为三"这一极具创造性的战略布局，极大地推动了珠三角一体化的进程。2014年珠三角地区三大经济圈主要经济指标比较如表7-28所示。

（1）广佛肇经济圈。广佛肇经济圈地处珠江入海口，位于整个广东省以及珠三角的中心位置，陆域总面积约26432平方千米，包括广州、佛山和肇庆三

表 7-28　2014 年珠三角地区三大经济圈主要经济指标比较

项目	指标	广佛肇	深莞惠	珠中江
经济规模	地区生产总值（亿元）	26155.53	24883.21	6763.67
	规模工业总产值（亿元）	19303.32	20190.03	8311.32
	财政一般预算收入（亿元）	741.21	910.01	312.88
	固定资产投资总额（亿元）	2599.14	2157.74	796.51
	消费品购买总值（亿元）	3153.53	2529.93	938.15
经济发展水平	地区生产总值增长（%）	8.57	9.76	7.33
	人均地区生产总值（元）	93110.36	95037.02	84017.06
	人均财政一般预算收入（元）	4953.85	6135.67	5121.23
	城镇居民人均可支配收入（元）	28753.75	35424.11	27427.86
	城镇居民人均消费支出（元）	22313.31	26332.56	21903.54
产业结构	第一产业占 GDP 比重（%）	1.91	2.09	2.12
	第二产业占 GDP 比重（%）	51.32	51.15	55.10
	第三产业占 GDP 比重（%）	46.77	46.76	42.78
对外经贸	实际利用外资总额（万美元）	310931	372312	119389
	出口总额（亿美元）	1110	4325	679
	进口总额（亿美元）	782	3103	416
科技文卫事业	高等院校数（个）	39	7	6
	文化机构数量（个）	60	32	29
	卫生机构数量（个）	1389	1393	587
基础设施建设	城市每万人拥有公交车辆（台）	13.31	13.93	9.97
	互联网宽带使用数（万户）	233.51	284.34	81.12
	人均邮电业务量（元）	5893.23	7745.22	6358.99

资料来源：根据历年《广东统计年鉴》数据整理得到。

市，核心城市为广州。2009 年 6 月 19 日，广州、佛山、肇庆三市共同签署了《广佛肇经济圈建设合作框架协议》（以下简称《协议》），标志着官方层面的"广佛肇"经济圈正式成立（周运源等，2012）。《协议》提出了以一体化为目标，以交通基础设施建设为先导，以劳动力和产业转移为重点，推动广佛肇经济圈发展。其后，三市在交通设施、产业发展、环境保护、教育文化、旅游等方面签订了多个专项规划，同时共同开展广佛肇经济圈重大发展战略研究，制定广佛肇一体化发展规划。

　　广佛肇经济圈的经济发展水平呈明显的梯度差异。广州是广东省省会，集国家中心城市、超大城市、国际大都市、国际商贸中心、国际综合交通枢纽、国家综合性门户城市等众多荣誉于一身，基础设施优越，外来人才众多，经济发展水平居于全国前列；佛山因其优越的自然条件以及独特的区位优势位居珠江三角洲第三大城市，经济总量约为广州的一半；肇庆偏居珠三角腹地，经济发展相对迟缓，经济总量为广州的1/9。

《广佛肇经济圈发展规划（2010—2020年）》提出，要"建设经济圈、生活圈、生态圈协同发展的幸福广佛肇，实现世界级经济、多元化生活、可持续生态的有机统一"，要"围绕'科学发展、先行先试'这一核心和五大战略定位，推动广佛肇经济圈'两年实现项目全面合作，五年实现制度体制协调，十年实现经济圈全面大融合'"。2014年末，广佛肇经济圈常住人口2662.1万人，GDP总量已经超过了北京，达26155.53亿元，占广东省经济总量的1/3和珠三角地区的1/2，人均GDP达到93110.36元。广佛肇经济圈已经成为携领珠三角地区全面发展、迈向国际化的领头羊。

（2）深莞惠经济圈。深莞惠经济圈地处珠江口东岸，是《珠江三角洲地区改革发展规划纲要（2008—2020年）》强调的珠三角一体化核心经济圈，包括深圳、东莞、惠州三市。三市总陆域面积达15721万平方千米，2014年初与年末平均常住人口近两千万人。历史上三市都归属惠阳地区，自1979年深圳被列为国家首批经济特区城市、1988年东莞宣布设市之后，两市便从惠阳地区割离，成为独立发展的三个地级市。同根同源三市在改革开放30年后因为区域经济一体化的趋势，重新携手协作，共谋发展。

三市在资源要素上有明显的相互补充性。深圳作为沿海地区最早开发的经济特区之一，土地资源上制约明显，但其在交通、港口及综合实力上具有突出竞争力；东莞作为珠三角的核心城市之一，不仅承接了经济圈的升级转移，还在资源共享、城市建设等方面发挥了其自身的优势引导作用，同时其便捷发达的交通、物流体系等合作平台也为深莞惠经济圈提供了更深层次的产业协作；惠州则在人口、土地、旅游以及海洋等方面最具资源优势。

2009年2月，三市颁布了《推进珠江口东岸地区紧密合作框架协议》，提出要"重点加强三市之间发展规划的衔接，在产业发展上错位发展，加大东江流域的水资源共同保护力度，加快城际轨道交通建设，促进完善珠三角电网和跨区域输电通道"。由此，深莞惠经济圈正式成立。随后，围绕经济圈一体化进程，各项行政管理合作、环保合作、金融业合作协议相继签署并落到实处。

2014年，深莞惠经济圈GDP高达24883.21亿元，占广东省GDP的36.7%，人均GDP达95037.02元。同年10月，深莞惠经济圈扩容，汕尾、河源两市进入。"三加二"党政会议通过了《深莞惠交通运输一体化规划》并计划在五座城市范围内合作推动重点项目建设。得益于珠三角地区与粤东地区的交通要道的开通，深莞惠经济圈有了更广阔的发展空间，将对经济圈内产业的优化升级和粤东地区的经济发展起到极大的推动作用。

（3）珠中江经济圈。珠中江经济圈毗邻澳门，包括珠海、中山和江门三市，是珠江口西岸的核心产业群中心，总陆域面积约 13013 平方千米。2009 年 4 月 17 日，首届珠海、中山、江门三市紧密合作工作会议在珠海举行，签订了《推进珠中江区域紧密合作框架协议》，三市在规划、交通基础设施、产业、环保、应急处理等方面将展开合作，以促进要素合理流动，形成珠中江三地互动共赢的良性发展，全面提高珠江口西岸地区的综合发展水平和整体竞争力。随后，三市也签订了医疗卫生服务、旅游、警务、农渔业、环保合作等领域的补充合作协议。

与广佛肇、深莞惠经济圈相比，珠中江三市"个头"相差不大，经济发展水平较为平衡。2014 年初年末常住人口平均 919.23 万人，GDP 总量达 7024.23 亿元，人均 GDP 达到 84017.06 元。三市合力推动交通基础设施建设、产业合作、生态环境保护，并针对跨市医疗卫生、旅游服务、警务维安、农渔业开发等领域签订了多项补充合作协议。通过系列研讨会和政党、民间交流，珠中江经济圈制定了符合本地发展实际的规划纲要，确立了推进经济圈内区域一体化的总体策略及实施机制。在产业发展方面，珠中江经济圈三市利用其在珠三角地区突出的资源优势，主动担当港澳及珠三角地区中心城市产业扩张、转移的承接者。在交通方面，三市积极推进公共交通一体化，在 2010 年已经实现了车辆通行费年票互认。现阶段大力推动交通网路一体化，并将 12 个交通基础建设项目作为重点推进工程。在通信信息领域，三市在通信资费以及网络建设等方面融合力度不断加大，近年来连续实现了区域内无线宽带 4G 技术、通信信号的共享。在生态建设方面，三市通过排放、收费、治理标准的统一规划以及联手防治水污染和空气污染，加强环境的治理和资源统筹，携手打造优质生活圈。

二、粤港澳经济合作

粤港澳三地地缘相近，人缘相亲，文化相融。在近现代历史上，三地之间的联系就十分密切。香港、澳门回归后，三地之间的关联就更为紧密，区域经济合作逐渐拓展到产业、交通、环保、社会等多个领域。由于香港和澳门在地理空间、经济总量、产业特色等方面的显著差异，两者与广东的经济合作具有较多的差异性。

1. 粤港经济合作

香港是广东尤其是在珠三角地区参与国际分工体系的最便捷通道。作为举世闻名的自由港，国际性金融、贸易、海空运及信息中心，又是华人社会，香港与内地关系密切。凭借其毗邻香港的区位优势，广东在改革开放后逐渐打破了封闭性，参与国际分工的程度逐渐深化，显著促进了区域经济增长，连续多年占据我国省域经济体总量最大的宝座。具体而言，改革开放以后，粤港区域经济合作经历了以下几个阶段：

（1）"前店后厂"阶段。20世纪70年代末，随着改革开放政策的实施，广东省确立了一批沿海开放城市，粤港经济合作开启了一个新时期。港澳在前、广东在后的分工形式是这一时期三地的主要合作模式。凭借土地租金和人力成本低廉两大优势，广东吸引了大量正处于产业结构调整过程中的港澳资本在境内设厂，从事产品的加工、包装和分配，并进行很少规模的内销与直接进口，港澳主要负责提供设计、技术、设备和对外销售。这种合作关系，一方面充分发挥了广东低廉而丰富的劳动力资源优势，使广东企业家快速地获得了创业所需的大量资金和企业管理经验；另一方面，解决了港澳两地劳动力匮乏、地价成本上升的难题，为港澳完成从工业和服务业并重到服务业独占鳌头的产业结构调整腾出了必需的空间。

在这一阶段，从生产要素的流动来看，香港单方面向广东输出资本、技术和设备，广东凭借本地的低价土地和低廉的劳动力等成本优势，和香港合作生产。由于广东的政治制度、社会制度与香港的不同，而且当时香港尚未回归，广东与香港政府之间的交流受限，两者的合作以民间分散合作为主。20世纪90年代初，粤港半官方的经济合作逐渐增加发展，但政府的协调能力十分有限。

（2）"前店后厂"与"店厂合一"共存阶段。随着广东经济实力的不断提高，资本积累增加，技术水平上升，两地之间的生产要素不再是香港向广东的单向流动，而逐渐演化为双向互动，两地的合作模式逐渐走向"前店后厂"和"店厂合一"共存。虽然仍以香港向广东输出为主，但是广东的资金、技术、人才等资源开始向香港流动。两者的合作领域从制造业开始向服务业等领域扩展，在广东设立的工厂也由主要集中在深圳东莞向珠三角其他地区甚至非珠三角区域扩散。随着1997年香港回归祖国，粤港之间的交流不再主要局限于民间，政府层面的合作交流有了制度保障，交流互动机制逐渐形成。1998年开始，粤港两地建立了"粤港合作联席会议"制度。该会议每年一次、由两地行政首长共同主持、轮流在广州和香港举行，参会人员由广东省与香港特区政府高层人员组成。会议下设15个专责小组，目的是全面加强粤港的多方面合作，改善两地在贸易、经济、基建发展、水陆空运输、道路、海关旅客等事务的协调。此项制度安排有效地保障了两地政府高层人员定期会面，极大地提升了粤港合作的深度、广度和效益。

（3）CEPA 实施后的新时期。2003 年，内地与香港、澳门都签订了《关于建立更紧密经贸关系的安排》（Closer Economic Partnership Arrangement，CE-PA）。在之后的四年，又分四次签订了 CEPA 的四个补充协议，更深层地扩展了广东、香港、澳门三地合作的有关内容。CEPA 的实施，大大减少了制度障碍，突破了粤港澳三地在区域经济合作的体制束缚，并强化了政府的主导作用，直接推动粤港区域经济的进一步融合。

粤港经济合作的内容由过去单纯的传统制造业向高新技术产业，金融、物流、旅游等服务业转变，两地在对外贸易、服务贸易以及投资等方面均取得了飞跃式的进展。港澳"自由行"、零关税等条款的逐步落实，直接推动了港澳旅游行业和服务行业的发展，如酒店业、餐饮业、零售业等，以及相关配套产业的发展。政府间的协调与合作进一步加强，跨行政区域的经济活动日益增多。以政府推动为重点的高层次经济规划与整体协调逐渐取代了前期以民间推动为主、政府协调为辅的区域合作模式。

2. 粤澳经济合作

澳门是一个国际自由港，也是全球最富有、最有活力的微型经济体之一。2014 年，在其总计 30.3 平方千米的国土面积上，承载了 62.2 万人口，实现了 4433 亿澳元的地区生产总值，人均 GDP 高达 89333 美元。30 多年来，粤澳充分发挥人缘、地缘和政策优势，两地已经基本形成相互依存、优势互补、共谋发展的合作关系，经贸交流日益密切，合作领域不断拓展，合作渠道日益畅通，取得了令人瞩目的成果（谢宝剑和陈广汉，2012）。

粤澳两地合作历史悠久，改革开放以后也经历了和粤港合作类似的演化历程。2014 年，澳门对广东进出口总额达到 22.53 亿美元，超过埃及、丹麦、奥地利、芬兰等国家对广东的进出口数额。1979~2014 年，广东接收的来自澳门的外商直接投资达到 9049 亿美元，同期来自北美洲、欧洲、拉丁美洲的数额分别为 5677 亿元、2794 亿元和 6369 亿元。然而，由于两地经济规模对比差异太大，且澳门产业结构存在的单一性制约因素，两者之间的经济影响效应并不是对等的。两地短期内经济波动具有同步性，但广东经济发展对澳门地区的经济发展影响很大且存在滞后性，而澳门对广东的经济影响相对较弱且不稳定（任杰和王宇飞，2014）。

由于澳门与珠海更为邻近，粤澳之间的经济合作很大程度上体现为珠澳合作。珠澳合作主要体现在两个方面：一是澳门率先在珠海投资，对珠海电子、纺织、食品、建材等工业产业和旅游产业的形成起到了至关重要的引导和推动作用，是珠海最大的外资来源地之一；二是大量内地居民获准移居澳门，成为澳门劳动密集型产业劳动力的主要来源，由此带动房地产、建筑业和商业的迅速发展（王玉琦，2008）。

2003 年 CEPA 以及其后系列补充协议的签署和实施，减少了粤澳经贸交流中的体制性障碍，加速了相互间资本、货物、人员等要素的更便利流动，对促进澳门经济繁荣发挥了积极的促进作用，也推动了内地的经济建设和改革开放。2009 年国家批复了《横琴发展总体规划》，为进一步深化粤澳合作提供了新的契机。

三、粤台经济合作

粤台经贸交流具有悠久的历史传统和商缘相生性（向晓梅，2010）。自改革开放以来，凭借邻近台湾的区位优势和毗邻香港的通道条件以及产业经济的高度互补性，各项交流合作逐年扩大升温，到现在已经是"根深叶茂"，经济合作成果丰硕。

广东长期以来都是两岸产业技术交流的主力省份，台资已经成为广东省的第二大外来投资，在粤台资企业的数量和投资额、粤台间的贸易额均在大陆各省市中名列前茅。截至 2010 年底，在粤台资企业已多达 22000 多家，遍及电子、精密机械、IT 等 30 多个行业，为广东创造了 600 多万个就业机会，也为广东培养了一大批管理人才和熟练工人。广东对台贸易额占整个大陆对台贸易总额的比重长期超过 1/3，2014 年，两地之间的进出口总额 638.54 亿美元。1979~2014 年，广东来自台湾的对外直接投资总额仅次于香港，居于全部国家和地区的第二位，累计达到 11601 亿美元。随着台商在粤投资的数量增加、规模扩大，近 20 个台商企业协会得以在广东成立。

粤台经贸合作呈现出以下特点：

（1）香港在粤台经贸合作中发挥着重要的平台作用。受台湾当局对两岸经贸交往"间接、渐进和单向"的限制性原则影响，粤台经贸合作早期的经贸往来、资金调度、人员交流只能以港澳第三地为中介间接进行。香港承担着粤台间接贸易的中转港、资金调度中心、两地货物运输和人员交往的中转枢纽和专业服务基地等功能作用（陈恩和唐洁，2006）。随着我国全方位开放格局的形成，尤其是两岸三通正式落地和 2010 年两岸经济合作框架协议（Economic Cooperation Framework Arrangement，ECFA）正式签署，香港在粤台经贸合作中的中介作用下降，广东对台资的吸引能力下降，台资比重逐渐下降。2000 年以后，长三角以及其他地区对台资的吸引能力增加，江苏取代广东成为台资内地占比最高的省份。近年来，广东接收的台资仅为全部大陆台资的 20% 以下，不及江苏的一半。

（2）在粤台资地域集中，产业集聚。台资早期主要集中在毗邻香港的深圳、东莞等地，以"三来一补"和加工贸易的方式进行，再通过香港外销。其后，邻近深圳、东莞的惠州、中山以及汕头等地也成为台资集聚区域。早期台商在粤主要从事制鞋、家具、塑胶、五金制品等产业，通过集中布局，逐渐吸引上下游企业，形成多个地方产业集群。台湾的 IT 产业转移到珠三角地区后也呈现出明显的空间集聚特征，东莞清溪、石碣镇聚集了大量的相关企业。当然，从产业层次来说，虽然早期台资企业相比港资企业的技术含量更高，但是随着2008 年前后台商大陆投资重心逐渐从珠三角地区转移到长三角地区，其在长三角地区的产业层次整体高于珠三角地区。

（3）粤台合作体现为产业、市场、创新等多个方面。①由于存在产业梯度差异，台湾通过向广东转移本地已经成熟的技术和产品，使其产业结构和创新能力都得到了优化和增强；广东则通过承接台湾产业转移，带动其自身产业的升级和发展。②粤台共同开拓国内外市场。一是在大陆扩大内需的政策引领下，产业西进，大力开拓面向中西部地区和农村地区的内销市场。二是随着广东与东盟经济一体化进程加快，粤台合作开拓东南亚市场。③粤台具备良好的合作创新条件。两地都面临着以科技创新促进转型升级、提供区域竞争力的问题，且两地在研发条件上具有较高的互补性。广东的优势在基础研究、成果应用方面，台湾在设计开发方面具有优势，两者具备合作创新的基础。尤其是在粤台资企业经历了由简单的来料加工后，正处于向高科技产业提升的关口，合作创新更为必要。在高科技产业领域，从参与合作的企业角度，可以将粤台高科技合作的模式划分为授权合作、异业合作、卫星联盟、在地合作、营销合作、代工合作、外包合作七种主要类型（王鹏和谢丽文，2014）。

（4）粤台合作程度日益深化，但尚未形成双向互动关系。20 世纪八九十年代，台商到粤投资主要表现为转移到珠三角的中下游产业与台湾岛内中上游产业之间的垂直分工关系，缺少与广东本地产业之间的有机联系。20 世纪 90 年代末，随着台湾 IT 产业以及重化工业成为投资广东的主力，产业的本地集群化发展趋势更加明显，带动了广东本地关联企业的发展。进入 21 世纪以来，台资企业更多注重与广东企业建立技术合作、加工制造等方面的合作关系，两地的分工也逐渐从早期的产品生产阶段分工走向产品技术研发、营运、制造、销售等功能性分工。但是，值得注意的是，粤台合作更多体现为台资赴粤投资，走出去的粤资极为有限。这种单向流动的局面和粤台两地对外资的政策差异有很大关系。

四、泛珠三角区域经济合作

泛珠三角区域包括广东、广西、海南、云南、贵州、四川、湖南、江西、福建九个省（区）和香港、澳门两个特别行政区，简称"9+2"。2003 年 8 月由广东省倡议提出并于 2004 年 6 月正式启动的泛珠三角区域合作，是中华人民共和国成立以来规模最大、范围最广的中国最大区域合作；它创造了我国东、中、西部非同质区域合作的新模式，是邓小平"一国两制"思想在区域合作领域的尝试，具有重大的理论创新和实践指导意义。

泛珠三角区域合作建立在相关区域发展的差异性上。2003 年，内地九省（区）广东、广西、海南、云南、贵州、四川、湖南、江西、福建的人均 GDP 相应为 17213 元、5969 元、8316 元、5662 元、3603 元、6418 元、7554 元、6678 元、14979 元，港澳两地的人均 GDP 分别为 179308 港元和 142638 澳元。按照人均 GDP 可以划分为三个层次：第一层次，港澳地区，经济发展水平遥遥邻先于内地省份；第二层次，广东和福建，人均 GDP 进入万元以上阶段，但与港澳仍有较明显差距；第三层次，广西、海南、云南、贵州、四川、湖南、江西，虽然七省之间经济发展水平也存在较显著的差异性，但是在泛珠三角区域经济格局中总体居于最低水平。居于领先层次的粤港澳大珠三角经济圈对周边地区具有较强的吸引力，优势集中体现在资本技术管理信息等方面；其他省（区）相对丰富的资源包括水电、矿产、土地、劳动力等，这种经济发展水平的梯度差异和资源要素格局差异奠定了泛珠三角区域区域互补共赢发展的可能性和前提。

泛珠三角区域合作顺应了产业成长的规律性。从区域产业结构来看，"9+2"集团中，港澳已经是后工业经济结构，内地沿海较发达的广东和福建主要是典型的工业化经济结构，内陆省份则多呈现出工业化初、中级阶段的结构特征，少部分区域甚至尚处于农业经济时代。这种产业发展的非均衡特征，必然导致产业在区域之间的自发流动和转移。未来"9+2"集团中第二、第三层次的欠发达区域必将进入快速工业化的新阶段，与邻近区域之间的产业交流互动必然更加频繁。推动泛珠三角区域合作，顺应了区域产业发展的规律和内在要求，不仅有助于欠发达区域实现工业化水平的大幅提升，也有助于发达地区的产业转型升级。

泛珠三角区域合作是互利共赢的合作。这也是自 2003 年提出泛珠三角区域合作以来，各省（区）积极响应区域合作得以迅速推进的根本原因。泛珠三角区域合作可以为相关区域带来更为有利的局面；对粤港澳等发达地区而言，可以进一步拓展腹地，提升区域经济竞争力；对其他欠发达省份而言，可以在制度框架内保障产业转移和承接，提升产业，增加区域发展机会。2014 年，面积占全国 1/5，人口占全国 1/3 的泛珠三角区域，已成为中国经济具有发展活力和发展潜力的地区之一，GDP 在十年间就增长了 3.8 倍，达到 18.6 万亿元，占全国 GDP 总量的 33%。

此外，泛珠三角区域内跨界基础设施建设、经济文化交流均取得了显著的成效。区域内"五纵七横"高速公路主干线全部完工，九省区高速公路里程由 2004 年的 1.14 万千米增加到 2013 年的 3.46 万千米。武广、厦深、南广、贵广高铁相继开通或即将开通，三小时高铁经济圈生活圈逐步形成。累计签约项目 20280 个，签约金额 42993 亿元。一批跨区重大合作项目加快推进，跨省区合作产业园区加快建设，区域产业梯度转移新格局日渐形成。农产品资源优势互补和产品运销合作体系初步完善。统一开放的市场逐步建立。各省（区）广泛开展劳务合作，积极促进人才交流，开通了人力资源市场信息对接联网，优化了区域内人力资源配置，逐步完善了农民工法律援助合作、跨省区养老保险转移接续、医疗保险异地结算等机制。生态环保合作成效突出，共同推动粤桂滇黔四省（区）珠江—西江经济带发展上升为国家战略，组织实施《粤桂合作特别试验区总体发展规划》。区域合作机制日臻完善。建立和完善了行政首长联席会议、政府秘书长协调制度等合作机制，搭建了高层论坛和经贸合作洽谈会两大平台。

五、海峡西岸经济区与珠江—西江经济带

不同于上文所述的广东省全部区域参与的区域合作，海峡西岸经济区（以下简称海西经济区）和珠江—西江经济带是广东省内部分区域参与以其他省份为主导的区域合作战略。

1. 海峡西岸经济区

海西经济区以福建省为主体，地理范围包括福建福州、厦门、泉州、漳州、莆田、宁德、龙岩、三明、南平，浙江温州、丽水、衢州，江西上饶、鹰潭、抚州、赣州，广东汕头、梅州、潮州、揭阳 20 个县（市）。海西经济区肇始于 2004 年福建省政府提出的海峡西岸经济区的战略构想。2009 年 5 月 4 日国务院常务会议讨论并原则通过《关于支持福建省加快建设海峡西岸经济区的若干意见》。2009 年 5 月 14 日，《国务院关于支持福建省加快建设海峡西岸经济区的若干意见》正式发布。2011 年 3 月，国务院正式批准《海峡西岸经济区发展规划》。

按照各地发展基础和资源环境承载能力，《海峡西岸经济区发展规划》将海峡西岸经济区划分为三大功能区，即东部沿海临港产业发展区，中部、西部集中发展区，生态保护和生态产业发展区，并确定了"一带、五轴、九区"的网状空间开发格局。"一带"即"加快建设沿海发展带"，"五轴"即福州—宁德—南平—鹰潭—上饶发展轴、厦门—漳州—龙岩—赣州发展轴、泉州—莆田—三明—抚州发展轴、温州—丽水—衢州—上饶发展轴和汕头—潮州—揭阳—梅州—龙岩—赣州发展轴；"九区"即厦门湾发展区、闽江口发展区、湄洲

湾发展区、泉州湾发展区、环三都澳发展区、温州沿海发展区、粤东沿海发展区、闽粤赣互动发展区、闽浙赣互动发展区。海西内部各区域相对明确的发展定位与分工，可以避免同构竞争，有助于整合海西内部各区域的比较优势，推进海西内部区域分工合作协调发展。

对广东而言，潮州、汕头、揭阳和梅州作为海西合作区主要参与城市，打破了区域经济合作主体集中于珠三角城市的格局，丰富了广东参与区域合作的区域层次和结构，不仅有助于深化与福建、江西、浙江等省份的经济合作，也有利于进一步深化与台湾的经济联系，更有可能为粤东、粤北城市的经济发展注入新的活力，促进区域经济整体的协调发展。

2. 珠江—西江经济带

珠江—西江经济带的概念萌芽于 2004 年《泛珠三角区域合作协议》的签署。随着广东促进区域协调发展和广西加快经济发展的意愿日渐强烈，两地形成了在交界区域共同建设粤桂合作特别试验区的构想。2012 年 4 月，两省（区）领导人明确了加快推进粤桂合作特别试验区前期工作、促进两广经济一体化发展的共识。继 2013 年 6 月《粤桂合作特别试验区总体发展规划（2012—2030年）》通过专家评审后，2014 年 7 月《珠江—西江经济带发展规划》（以下简称《规划》）得到国务院批复，正式上升为国家战略。经济带的范围包括：广东省的广州、佛山、肇庆、云浮四市和广西壮族自治区的南宁、柳州、梧州、贵港、百色、来宾、崇左七市，区域面积 16.5 万平方千米，2013 年末常住人口为 5228 万人。《规划》对珠江—西江经济带提出了"西南中南开放发展战略支撑带""东西部合作发展示范区""流域生态文明建设试验区""海上丝绸之路桥头堡"四个战略定位。

珠江—西江流域上接云贵、纵贯两广、下通港澳，历来是连接西南和华南的"黄金水道"。珠江—西江经济带连接我国东部发达地区与西部欠发达地区，是珠江三角洲地区转型发展的战略腹地、西南地区重要的出海大通道和面向港澳和东盟开放合作的前沿地带，自然禀赋优良、航运条件优越、产业基础较好、合作前景广阔，发展潜力巨大。珠江—西江经济带是广东广西两省（区）跨区域合作的体现，粤桂合作特别试验区也是我国唯一横跨东西部的省际合作试验区。其对于促进两广经济一体化，探索我国跨省区流域经济合作发展新模式有十分重要意义。

粤桂特别合作试验区（以下简称试验区）是两广推动珠江—西江经济带发展的重要平台，也是两者探索实现区域合作目标的有效途径。试验区以广东肇庆和广西梧州交接区域为中心点，在沿西江两岸分别划拨 50 平方千米共计 100平方千米的区域内，共同建立试验区。虽然面临着资金短缺、土地资源不足、体制机制障碍等问题，2014年10月，肇庆、梧州两市市长共同签署《粤桂特别合作试验区开发建设两市政府合作协议》，标志着实验区的建设工作正式启动，进入全面开发建设阶段。产业、基础设施建设、生态合作和城市建设是两市合作的重点。

目前，试验区面临的主要困境是（王敏红，2015）：①合作双方缺乏法律的约束，尚未形成保障两个地区市场融合度和行政职能融合度的相关法律制度。②合作层次不高，制度化程度较低。一是在合作形式上，试验区规划和建设主要在肇庆和梧州两市之间进行，未能升级为两省（区）之间的合作高度。二是合作内容主要局限在经济领域，对财税收入、社会民生、环境状况等考虑较少。三是在合作动机上，合作各方更多注重本地区GDP的增量，不能全面统筹考虑整个合作区域的健康发展。③没有建立有效的政府间合作协调机构。④尚未建立完善合理的政府间合作机制体系导致上述困境的既有客观原因，也有主观原因。前者主要是由两广经济发展差异较大、基础设施建设滞后等造成的，后者则主要是人的因素造成的，区域合作双方对试验区建设的意义、推进的方式方法等方面缺乏共识。这也是大多数区域合作无法回避的现实问题。

总体上，珠江—西江经济带跨越两省（区），牵涉到多个不同级别行政主体之间的纵横向利益协调，需要兼顾发达区域转型升级、拓展发展空间的利益需求和欠发达区域推动经济发展的需求。此外，珠江—西江经济带本质上是流域共同开发问题，需要克服河流上游和下游的经济利益和生态责任不对等的干扰。试验区开发建设是以点带面，推动珠江—西江经济带建设的战略设计。如何通过试验区开发建设实践，积累经验，破解珠江—西江经济带建设的体制机制障碍显得尤为迫切。

六、区域合作创新：深汕特别合作区及顺德—英德经济合作区

珠三角地区和粤东、粤西、粤北地区发展水平的强大反差已是不争的事实。2014年，珠三角地区整体人均GDP是全国平均水平的2.15倍，其中广州、深圳更是高达全国平均水平的2.76倍和3.21倍；粤东、粤西和粤北地区11个市的人均GDP没有达到全国平均水平，梅州甚至不到全国平均水平的一半。如何充分借助发达地区的力量，推动粤东、粤西和粤北地区跨越式发展，实现先富带后富，广东亟须一块可以"摸着过河的石头"。在此背景下，深汕特别合作区和顺德—英德经济合作区应运而生。

1. 深汕特别合作区

深圳是中国最具活力的经济特区；汕尾是粤东地区的一个后发城市，也是革命老区。两市共建深汕特别合作区，是广东省为了解决区域差异过大、促进

区域经济协调发展进行的一场特区+老区的"广东实验"。

深汕两市具有良好的合作渊源。广东省深汕特别合作区（以下简称合作区）的前身是10平方千米的省级重点产业园——深汕产业转移园，距离深圳坪山新区60千米。经过30多年的快速发展后，深圳的土地开发强度逼近50%，远超30%的国际警戒线，亟须拓展经济发展的新空间。粤东后发地区汕尾拥有丰富的资源禀赋。基于地理空间的邻近性和经济资源的互补性，2011年广东省委、省政府批复《深汕（尾）特别合作区基本框架方案》，并在省市政府的共同推动下，在深汕产业转移园的基础上正式创建了合作区。

合作区位于广东省东南部，地处珠三角平原和潮汕平原之间，西部、北部与惠州市惠东县接壤，东与汕尾市海丰县相连，南临红海湾，是粤东地区通往珠三角地区的桥头堡。合作区规划范围包括汕尾市海丰县鹅埠、小漠、鲘门、赤石四镇，总面积468.3平方千米，可建设用地145平方千米，海岸线长42.5千米，区内常住人口为7.1万人，具备建设一座中等规模滨海城市的条件。

广东省对该合作区的发展定位是：深圳产业拓展支撑区、珠三角产业发展协同区、粤东振兴发展先行区、区域协调发展示范区和现代产业新城。规划到2020年，合作区实现地区生产总值225亿元以上，2030年城市建成区80平方千米，市区人口80万人。适应国家战略发展需要，深汕特别合作区将逐渐建设成为我国战略性新兴产业和未来产业的重要基地，成为连接珠三角地区与海西经济区的重要依托、国家发展海洋经济示范区和实施21世纪海上丝绸之路的重要节点城市。

深圳和汕尾共建特别合作区，既学习借鉴了新加坡—苏州合作模式，又超越了"飞地经济"模式的局限。为了保障合作区的建设，明确了合作区党工委、管委会为广东省委、省政府派出机构，享有地级市一级管理权限，委托深圳、汕尾两市管理，深圳市主导经济管理和建设，汕尾市负责征地拆迁和社会事务的总体安排。在具体机构设置上，合作区单独设立国税、地税、公安机构，党工委、管委会下设综合办公室、党群工作局（纪工委机关、监察审计局）、发展规划和国土资源局、经济贸易和科技局（投资促进局）、财政局、城市建设和管理局、农林水务和环境保护局（海洋局）、社会事务局、市场监督管理局（物价局）九个部门。其中六个部门"一把手"由深圳派出，只有三个部门（社会事务局、党群工作局、水利环境部门）的"一把手"由汕尾派驻，各部门的副手双方各派一名。这种机构和人员设置一方面可以保障深圳、汕尾两市均参与到合作区建设的事务中来，有利于两市公务人员之间的交流学习；另一方面，充分考虑了两市经济发展的特色和开发区建设的要求，有利于相关机构和人员发挥各自优势，形成发展合力。

然而，仍然存在系列问题制约着合作区的发展。一是深汕特区的主体资格问题。作为广东省政府派出机构，特区管委会由广东省赋予地级市经济社会管理权限，但深汕特区管委会不是一级政府，如何实现广东省政府的意图，确保其行使地级市一级管理权限，是深汕特区建设发展的一个关键性问题。二是两市关于合作区的整体规划和合作体制尚不完善。虽然创造性地提出了"八深八汕两联盟"①的总体发展思路，规定了两者的分工，但是如何在分工中实现统一还需要解决更为具体的管理权和所有权问题。三是关于利益分配机制问题。目前，在合作区建设中，深圳投入资金和人才等市场要素，汕尾则提供土地要素，这些要素创造出的经济效益如何在要素的供给者之间合理分配并确保两者的合作高效、持续仍然是一个需要在实践中解决的关键问题。

2. 顺德—英德合作区

广东顺德清远（英德）经济合作区（简称两德合作区），其前身是佛山顺德（英德）产业转移工业园。2010年12月，顺德区政府和英德市政府签订了《区域经济合作协议》共建"广东顺德（英德）产业转移工业园"，2011年1月广东省委明确提出"实行省级产业转移园升降级制度"，2011年12月，该产业转移园区经广东省委、省政府批复正式升级为"广东顺德清远（英德）经济合作区"，规划总面积约36平方千米，规划到2020年实现工业总产值超过800亿元，GDP达到200亿元。

两德合作区的建立顺应了两地经济发展的现实需求。改革开放以来，顺德开创了以"以工业为主，以集体经济为主，以骨干企业为主"的"顺德模式"，建立了以家电产业为主导的产业结构，以工业化带动了经济的腾飞。然而，经过改革开放40年的超常规发展后，顺德大部分企业虽然发展势头良好，但是却面临着潜在的发展危机，尤其全球金融危机爆发以来，随着劳动力成本日益增加、人民币升值、原材料价格高涨、土地资源紧缺、环境管制日益加剧，企业生存压力普遍提高。目前，顺德的土地开发强度已经逼近深圳，达到了48%，亟须进一步拓展产业发展空间。英德是清远下辖县级市，也是广东省面积最大的县级行政区，地处珠三角连接内地的交通咽喉地带，紧邻湖南、江西，又与广州、深圳等特大城市相隔不远。英德资源丰富，但是与顺德相比，无论是在综合实力、产业结构还是技术能力方面，都存在很大的差距。两地合作渊源已久，佛山、顺德多年来对口帮扶清远，两地政府联系密切，互信度较高。不仅如此，在广东省推动产业转移的政策引领下，清远也是佛山主要的产业转入区域，合作兴建了清城区的佛山（清远）产业转移工业园、清新县的佛山禅城

---

① 即汕尾所有、深圳所用，汕尾管辖、深圳开发，汕尾发展、深圳拓展，汕尾空间、深圳形象等。

（清新）产业转移工业园和英德市的佛山顺德（英德）产业转移工业园。

两德经济合作区的制度构建主要体现在以下几个方面：

第一，管理体制构建。以顺德为主导，建立责权一致、分工合理、执行高效的运作和管理体制。在广东省政府的支持下，顺德区委、区政府与清远市委、市政府共同设立正处级机构，广东顺德清远（英德）经济合作区管理委员会，并赋予其地级市独立经济管理权限。管委会内设四个正科级机构，即党工委办公室（行政事务局）、经济事务局（审批局）、财政局和社会事务局。机构的职能分工中，经济管理部门正职由顺德区政府派出，统筹负责合作区的开发、建设、招商、运营和管理，推动先发地区改革经验、施政理念、优质服务的跨区域延展，社会事务管理部门正职由清远（英德）市政府派出。

第二，开发模式体制创新。以顺德雄厚的经济基础为依托，经济合作区由顺德区政府国有全资公司广东顺德控股集团有限公司在英德注册成立广东宏德投资有限公司，作为经济合作区的开发和运营主体，负责合作区范围内的土地储备和开发、城市基础设施建设和项目投资管理等。这种开发模式不同于广东省大部分工业园前期建设主要靠政府投入的做法，避免了资金严重不足进而造成园区内基础设施、公共服务建设投入不足，硬件滞后的普遍问题。

第三，利益分享机制体制构建。按照《区域经济合作协议》，顺德、英德双方按协议共享合作区产生的税收、GDP、工业产值，在 25 年的合作期限内，除土地开发、出让、转让等产生的契税，耕地占用税收入外，合作区内所产生的税收收入和非税收入地方留成部分、GDP 和工业产值由双方按 50∶50 的比例分成。合作期满后，合作区移交给清远市管理，此后所产生的税收、GDP、工业产值等全部归清远市所有。

第四，产业合作机制创新。采取产业链招商和转移模式，以顺德现有的家用电器、装备制造和电子信息三大传统支柱产业作为启动区的支撑性产业，招商面向珠三角、全国乃至国际产业转移和价值链分工。顺德区人民政府出台了关于鼓励顺德企业到合作区投资的若干优惠措施，如信用担保贷款、"三旧"改造政策、总部经济政策等措施。

第四节　经济特区

经济特区是中国中央政府主导下的开放"窗口"和改革"试验场"，也是我国计划经济向市场经济转型的一项重要机制。经济特区在探索中国特色社会主义发展道路上发挥了重要作用，不仅有力地促进了中国改革开放的深化，还以其自身经济社会的快速发展及对内地的示范、辐射、带动作用，极大地彰显了社会主义制度的优越性。

一、经济特区的建立

1. 经济特区设立的背景

20 世纪六七十年代，世界经济技术迅速发展，国际经济联系日益紧密，一些国家和地区把握时机，有效利用外资和引进技术，实现了经济起飞。韩国、新加坡、中国台湾、中国香港均采取了出口导向型战略，经济增长迅速，迅速崛起成为亚洲"四小龙"。这些国家和地区的成功经验吸引了众多关注，也在一定程度上为我国启动经济提供了有益的启示。

1966~1978 年，虽然国民收入以 6.6% 的年平均增速持续增长，但是受长期封闭的传统计划经济体制影响，全国生产力水平低下，广大人民群众依然在为解决温饱问题挣扎。1978 年，以 1970 年不变价格计，全国工农业总产值仅为5690 亿元，按当年价格计算的进出口总额为 355.1 亿元（其中出口 167.7 亿元，进口 187.4 亿元），全民所有制单位职工年平均工资仅为 644 元，与周边国家的差距日益明显。在深圳还是遭受极端贫困威胁的小渔村之时，一河之隔的香港却已经济繁荣，车水马龙。这一鲜明的对比，使得社会主义优越性如何体现的问题日益成为当务之急。与此同时，广大群众对经济发展的自主探索正在进行。安徽凤阳小岗村农民集体的土地承包给个人，事实上拉开了自下而上的改革序幕。在国际上，随着中国与日本、美国先后建交和关系改善，中国发展对外贸易的时机已经成熟。

1978 年 12 月召开的中国共产党十一届三中全会，是中华人民共和国成立以来具有深远意义的重大历史转折。全会明确了实践是检验整理的唯一标准判断，并认为应当将工作重点转移到社会主义现代化建设上来。在分析了国际、国内形势，总结国内外经济建设中正反两个方面的经验基础上，根据我国的国情和世界经济发展的趋向，全会提出了"对外实行开放、对内搞活经济"的方针，要求充分利用国内和国外两种资源，开拓国内、国外两个市场，学会组织内地建设和发展对外经济关系两套本领，加快我国社会主义现代化建设的步伐。并且，全会明确了在新的环境和条件下进行改革开放事业，只能采取渐进式的稳步推进路径。为适应这一战略的需要，就必须开辟改革开放的先行试验区，以对各种战略举措进行实验（深圳市史志办公室，1997）。之后，中央明确宣布：对外开放是建设有中国特色社会主义的一项基本国策。因此，在这样的历史背景下，建立经济特区成为了顺应时代需要的战略构想被提出来了。

2. 经济特区设立的历程

经济特区作为中国独特政治经济制度下的改革创新平台，担负着探索中国特色社会主义道路的重大使命，意义十分重大，必须慎重决策。其设立经历了以下历程：

（1）调研谋划阶段。1978年4月，国家计委和外贸部组织港澳经济贸易考察组对香港、澳门进行了实地的调查研究，形成了《港澳经济考察报告》。该报告第一次提出了在深圳、珠海设立实行特殊经济政策的出口加工区的设想，成为中国特区改革的前驱。

1978年7月15日，国务院颁布《开展对外加工装备业务试行办法》，要求大力发展加工装备业务和补偿贸易。同年12月15日，外贸部宣布取消不许外商在中国投资的禁区。这为创立经济特区打开了第二道门。

党的十一届三中全会后，改革开放成为当前最紧迫的任务。1979年1月，广东省革委会、交通部联合向国务院提出了在宝安蛇口建立工业区，以贯彻执行"立足港澳、依靠国内、面向海外、多种经营、工商结合、买卖结合"的方针的报告，得到了中央的批准。1979年2月，广东省委书记吴南生提出在汕头建立一个出口加工区。广东省委认为广东省有毗邻港澳、华侨众多两大优势，除了汕头，还应该在深圳、珠海办出口加工区。1979年4月，广东省委领导人习仲勋、杨尚昆向中央汇报了上述设想，并得到了中央的认可。

1979年6月，广东省委向中央递交了《关于发挥广东优势条件扩大对外贸易加快经济发展的报告》，明确提出在深圳、珠海和汕头市试办出口特区，允许华侨、港澳厂商直接投资办厂，也允许某些外国厂商投资办厂，或同他们兴办合营企业和旅游事业等。同一时期，福建省委也递交了《关于利用侨资、外资、发展对外贸易，加速福建社会主义建设的请示报告》，提出了设立厦门出口特区的建议。

同年6月，中央明确了同意在广东进行特区实验的态度。

（2）确定发文阶段。1979年7月5日，中央颁发了名为"中共中央、国务院批转广东省委、福建省委关于对外经济活动实行特殊政策和灵活措施的两个报告"的历史性文件。其中，中央确定在深圳、珠海、汕头、厦门设置"出口特区"，特区内允许华侨、港澳商人直接投资办厂，也允许某些外国厂商投资设厂，或者由地方同他们兴办合资企业，并由当地利用外资进行市政建设。这份文件还明确了特区的管理原则和基本建设等事宜，提出先在深圳、珠海两市试办特区。

从1979年8月开始，广东省有关部门就着手研究制定关于特区的政策法规。在近一年的时间内，多次讨论并数易其稿。1980年3月，由广东省政府提出申请并经由国务院同意，特区的名称确定为"经济特区"，而不是初拟的"出口特区"。同年5月，中央和国务院下达文件，将特区的名称正式确定为"经济特区"。

1980 年 8 月 26 日，第五届全国人大常委会第十五次会议批准了在广东省深圳、珠海、汕头和福建省厦门设置经济特区，明确规定在广东省深圳、珠海、汕头三市分别划出一定区域，设置经济特区，作为"技术的窗口、管理的窗口、知识的窗口、对外政策的窗口"。同时，会议批准公布了特区建设的纲领性文件《广东省经济特区条例》，标志着中国经济特区法律和历史地位正式确立。由此，中国迈开了向世界开放的具有重要历史意义的一步。

二、广东三大经济特区的发展

广东经济特区的发展成效显著。在 1980 年确立经济特区的身份之后，深圳、珠海、汕头三大经济特区的经济发展翻开了全新的一页，通过持续改革创新，在经济增长、制度建设、社会发展等方面均取得了令人瞩目的成绩，成为中国经济社会发展当之无愧的排头兵。

1. 深圳经济特区

（1）扩容历程。在深圳确立特区身份的最初，深圳特区的范围确定为东起大鹏湾的背仔角，往西南延伸至蛇口、南头公社一甲村止的海岸边界线以北，北沿梧桐山、羊台山脉的大岭古、打鼓嶂、嶂顶、九尾顶、髻山、大洋山以及沙湾、独树村、白芒大队以南的狭长地带，总面积 327.5 平方千米。整个特区呈不规则狭长形，东西长 49 千米，南北平均宽度约 7 千米（深圳市史志办公室，1997）。

2010 年，国务院《关于扩大深圳经济特区范围的批复》指出，将宝安、龙岗两区纳入特区范围，深圳经济特区扩展到全市，特区面积由 395 平方千米扩容为 1948 平方千米。在深圳特区扩容的过程中，深圳持续推进改革开放，从一个原来十分落后的边陲小镇逐渐发展成为一座举世瞩目的国际大都市。

（2）深圳主要经济指标（见表 7 - 29）。1979 年，深圳全市总人口仅有31.41 万人，按当年价计算的国内生产总值为 1.96 亿元，人均国内生产总值 606元。到 2014 年底，深圳已经发展成为拥有超过 1000 万年末总人口、地区生产总值达到 16449.40 亿元、人均地区生产总值逼近 15 万元、与北京、上海、广州并驾齐驱的一线城市。由于深圳、珠海、汕头三个经济特区成立最初都以发展出口导向型生产加工业为目标，并且在长期的发展过程中形成了特色鲜明的外向型经济，在 1984 年特区初创阶段结束并获得中央高度肯定后，1997 年香港回归、2008 年全球金融危机均是影响广东三大特区发展的大事件。因此，下文将按照1980~1984 年（特区起步阶段）、1985~1996 年（香港回归之前）、1997~2007 年（全球金融危机爆发之前）、2008 年至今的阶段划分，分别对三个特区城市的经济发展历程进行梳理。

1980~1984 年，在特区起步阶段，短短五年间，深圳市的总人口翻了一番，到 1984 年达到了 74.13 万人。GDP、出口额、固定资产投资、人均 GDP 均显著增长，GDP 是 1980 年的 6.16 倍，人均 GDP 将近 1980 年的 3 倍。

表 7-29　1979~2014 年深圳主要经济指标

年份	GDP（亿元）	出口总额（亿美元）	固定资产投资（亿元）	年末总人口（万人）	人均GDP（元）	第一产业产值比重（%）	第二产业产值比重（%）	第三产业产值比重（%）
1979	1.96	0.09	0.59	31.41	606	37.0	20.5	42.5
1980	2.70	0.11	1.38	33.29	835	28.9	26.0	45.1
1981	4.96	0.17	2.97	36.69	1417	26.9	32.2	10.8
1982	8.26	0.16	7.38	44.95	2023	22.9	38.1	39.0
1983	13.12	0.62	10.83	59.52	2512	17.2	42.6	40.2
1984	23.42	2.65	19.46	74.13	3504	11.1	45.5	43.4
1985	39.02	5.63	33.32	88.15	4809	6.7	41.9	51.4
1986	41.65	7.26	24.86	93.56	4584	7.9	39.2	52.9
1987	55.90	14.14	28.52	105.44	5349	8.3	39.4	52.3
1988	86.98	18.49	43.62	120.14	6477	6.6	41.3	52.1
1989	115.66	21.74	49.99	141.6	6710	5.9	43.7	50.4
1990	171.67	81.52	62.34	167.78	8724	4.1	44.8	51.1
1991	236.66	98.62	91.23	226.76	11997	3.4	47.6	49.0
1992	317.32	120.00	178.23	268.02	12827	3.3	48.0	48.7
1993	453.14	142.18	247.79	335.97	15005	2.4	53.4	44.2
1994	634.67	183.09	281.94	412.71	16954	2.1	52.9	45.0
1995	842.79	205.27	275.82	449.15	19550	1.5	50.1	48.4
1996	1050.51	212.08	327.53	482.89	22498	1.4	48.3	50.3
1997	1302.30	256.18	393.07	527.75	25675	1.1	47.6	51.3
1998	1544.95	263.96	480.39	580.33	27701	1.0	48.4	50.6
1999	1824.69	282.08	569.59	632.56	29747	0.8	49.9	49.3
2000	2219.20	345.63	677.12	701.24	32800	0.7	49.7	49.6

续表

年份	GDP (亿元)	出口总额 (亿美元)	固定资产投资 (亿元)	年末总人口 (万人)	人均GDP (元)	第一产业产值比重 (%)	第二产业产值比重 (%)	第三产业产值比重 (%)
2001	2522.95	374.80	686.37	724.57	34822	0.7	49.5	49.8
2002	3017.24	465.57	788.15	746.62	40369	0.6	49.3	50.1
2003	3640.14	629.62	949.10	778.27	47029	0.4	50.7	48.9
2004	4350.29	778.46	1092.56	800.80	54236	0.3	51.6	48.1
2005	5035.77	1015.18	1182.32	827.75	60801	0.2	53.4	46.4
2006	5920.66	1360.96	1273.67	871.10	68441	0.1	52.6	47.3
2007	6925.23	1684.93	1345.00	912.37	76273	0.1	50.2	49.7
2008	7941.43	1797.20	1467.60	954.28	83431	0.1	49.6	50.3
2009	8485.82	1619.78	1709.15	995.01	84147	0.1	46.7	53.2
2010	10002.22	2041.84	1944.70	1037.20	94296	0.1	47.2	52.7
2011	11807.23	2455.18	2060.92	1046.74	110421	0.1	46.4	53.5
2012	13319.68	2713.62	2314.43	1054.74	123247	—	44.3	55.6
2013	14979.45	3057.02	2490.20	1062.89	136947	—	43.4	56.6
2014	16449.48	2843.62	2717.42	1077.89	149495	—	42.6	57.4

资料来源:根据《深圳统计年鉴》(2015)整理得到。

1985~1996年,深圳进入了持续快速发展阶段。到1996年底,深圳的年末常住人口快速增长至482.89万人,按当年价计算进出口总额达390.53亿美元,GDP为1050.51亿元,人均GDP达22498元。这一阶段,总人口的年均增长率为16.9%,GDP年均增长25.6%,人均GDP年均增速为5.8%。

1997~2007年,深圳继续保持快速增长态势。到2007年,深圳年末常住人口为912.37万人,GDP达6925.23亿元,出口总额达到1684.93亿美元,人均GDP达到76273元,三次产业产值结构调整为0.1∶50.2∶49.7。这一阶段,总人口年均增长率为5.95%,GDP年均增速为15.96%,人均GDP年均增速为9.31%。

到2014年,深圳年末常住人口为1077.89万人,GDP为16449.48亿元,出口总额首次呈现明显回落态势,较2013年下降近7个百分点,为2843.62亿美元;人均GDP达到149495元。2008~2014年,各项指标增速进一步放缓,全市人口年均增长率为2.4%;GDP年均增速为10.66%,人均GDP年均增速为7.8%,均较上一阶段明显回落。

作为我国经济效率最高的先富区域,深圳不仅在经济发展上取得了举世瞩目的成就，在推动制度创新、城市发展等方面也是走在全国前列的先锋地区。20 世纪 90 年代中期，深圳率先进行国有企业股份制改革，创新国有资产管理体制，推行产权转让和破产。并且持续改革金融体制，推动建立了多层次、开放型的金融市场，创办多家区域性股份制银行，并成立全国第一家外汇调剂中心。据不完全统计，1993~2003 年，深圳特区就有 10 余种地方立法成为对应的国家立法的基础（见表 7-30）。制度创新领域的优势为深圳经济发展的活力提供了保障。

表 7-30　部分深圳地方立法与国家立法

深圳地方立法	时间	国家立法	时间
《深圳经济特区有限责任公司条例》《深圳经济特区股份有限公司条例》	1993 年 4 月 26 日	《中华人民共和国公司法》	1993 年 12 月 29 日
《深圳经济特区合伙条例》	1994 年 3 月 1 日	《中华人民共和国合伙企业法》	1997 年 2 月 23 日
《深圳经济特区严厉打击生产、销售假冒伪劣商品违法行为条例》	1993 年 7 月 24 日	《中华人民共和国消费者权益保护法》	1993 年 10 月 31 日
《深圳经济特区价格管理条例》	1995 年 11 月 3 日	《中华人民共和国价格法》	1998 年 5 月 31 日
《深圳经济特区格式合同条例》	1998 年 7 月 2 日	《中华人民共和国合同法》	1999 年 3 月 15 日
《深圳经济特区房地产登记条例》	1992 年 12 月 26 日	《中华人民共和国城市房地产管理法》	1994 年 7 月 5 日
《深圳经济特区土地使用权出让条例》	1994 年 6 月 18 日	《中华人民共和国城镇国有土地使用权出让和转让暂行条例》	1990 年 5 月 19 日
《深圳经济特区建设工程施工招标投标条例》	1993 年 11 月 10 日	《建设工程质量管理条例》	2000 年 1 月 10 日
《深圳经济特区财产拍卖条例》	1993 年 5 月 28 日	《中华人民共和国拍卖法》	1997 年 1 月 1 日
《深圳经济特区住宅区物业管理条例》	1994 年 6 月 18 日	《物业管理条例》	2007 年 10 月 1 日
《深圳经济特区律师条例》	1995 年 2 月 24 日	《中华人民共和国律师法》	1996 年 5 月 15 日
《深圳经济特区创业投资条例》	2003 年 2 月 21 日	《创业投资企业管理暂行办法》	2005 年 11 月 15 日

续表

深圳地方立法	时间	国家立法	时间
《深圳经济特区公民无偿献血及血液管理条例》	1995 年 11 月 1 日	《中华人民共和国献血法》	1997 年 12 月 29 日
《深圳经济特区政府采购条例》	1998 年 10 月 27 日	《中华人民共和国政府采购法》	2002 年 6 月 29 日
《深圳经济特区人体器官捐献移植条例》	2003 年 8 月 22 日	《人体器官移植条例》	2007 年 3 月 31 日

资料来源：熊金武，刘庆．改革开放的特区路径：一种制度创新的中国经验［J］．湖南大学学报（人文社科版），2019（1）：23-30.

2. 珠海经济特区

（1）特区扩容历程。1980 年 8 月，珠海经济特区被批准设立。1983 年，特区面积第一次扩大，包括香洲、吉大、拱北、前山、南屏、湾仔地区。1988 年，特区面积进一步扩大，调整后的特区范围包括上涌、下栅两个边防公安检查站以南的陆地和珠海市北面的淇澳岛，总面积为 121 平方千米。

2009 年，横琴岛纳入珠海经济特区范围，珠海经济特区面积扩容到 207 平方千米。2010 年 8 月 26 日，在珠海经济特区迎来建区 30 周年纪念日的当日，经国务院批准，从 2010 年 10 月 1 日起，珠海经济特区范围正式扩大到全市，总的陆地面积达到 1700 多平方千米，表明中央对珠海经济特区在新的历史时期继续发挥改革开放的"窗口"和"试验田"作用寄予厚望。

（2）特区经济发展（见表 7-31）。珠海经济特区成立之前，珠海经济以传统农渔业为主。1978 年，珠海工农业总产值仅为 8000 多万元，财政收入 700 万元，全市总人口不足 40 万人，人均 GDP 不足 600 元。珠海县城所在地香洲，还是仅有一条街的边陲小镇。

表 7-31 1979~2014 年珠海主要经济指标

年份	GDP（亿元）	出口总额（万美元）	固定资产投资（亿元）	年末总人口（万人）	人均 GDP（元）	第一产业产值比重（%）	第二产业产值比重（%）	第三产业产值比重（%）
1979	2.09	0.09	0.36	36.07	579	38.6	30.6	30.8
1980	2.61	0.13	0.58	36.53	720	36.4	31.8	31.8
1981	3.18	0.19	1.15	37.15	864	34.9	34.2	30.9
1982	3.53	0.21	2.30	37.78	943	32.7	34.6	32.7
1983	4.06	0.24	2.17	38.55	1063	31.7	35.1	33.2

续表

年份	GDP（亿元）	出口总额（万美元）	固定资产投资（亿元）	年末总人口（万人）	人均GDP（元）	第一产业产值比重（%）	第二产业产值比重（%）	第三产业产值比重（%）
1984	6.78	0.23	4.78	39.52	1738	26.4	38.4	35.2
1985	9.81	0.33	9.70	41.17	2431	21.8	41.7	36.5
1986	11.10	0.71	8.53	49.27	2455	23.4	39.9	36.7
1987	15.95	2.74	9.65	52.62	3131	22.9	40.1	37.0
1988	23.83	4.21	12.34	56.19	4608	19.6	40.9	39.5
1989	30.81	3.65	9.76	60.00	5303	15.7	46.3	38.0
1990	41.43	4.89	12.12	64.07	6678	14.4	43.6	42.0
1991	62.37	6.99	16.98	68.42	9415	10.1	43.7	46.2
1992	103.17	9.23	52.73	73.06	14564	6.4	49.1	44.5
1993	133.28	10.60	79.15	78.02	17643	5.0	52.7	42.3
1994	155.40	14.88	98.58	83.32	19263	6.0	51.0	43.0
1995	182.69	21.15	90.73	88.97	21207	5.9	51.5	42.6
1996	206.19	24.64	65.74	95.01	22413	5.7	50.0	44.3
1997	234.04	29.66	71.77	101.46	23824	5.2	49.9	44.9
1998	262.81	29.95	96.13	108.35	25052	4.9	49.7	45.4
1999	286.44	26.99	116.92	115.71	25568	4.7	50.7	44.8
2000	332.35	36.46	94.98	126.65	27770	4.6	52.0	43.4
2001	369.53	37.89	104.87	128.45	29315	4.6	51.3	44.1
2002	411.83	52.04	120.53	131.61	31671	4.7	50.5	44.8
2003	480.12	69.10	141.05	134.85	36036	4.4	51.1	44.5
2004	554.42	90.40	182.65	138.56	40511	3.8	51.4	44.8
2005	635.45	107.71	218.51	141.57	45320	3.6	53.4	43.0
2006	756.46	148.41	257.16	144.49	52190	3.4	55.3	41.2
2007	894.81	184.73	345.05	147.44	61305	2.9	54.6	41.8
2008	997.16	211.72	376.76	151.12	66799	2.9	52.4	42.5
2009	1038.80	177.83	410.51	154.18	68051	2.8	54.7	44.8
2010	1210.79	208.62	497.06	156.16	78030	2.7	54.2	42.6
2011	1410.34	239.87	637.39	156.76	90140	2.6	51.2	43.2
2012	1509.24	216.31	787.62	158.26	98519	2.6	51.4	46.0
2013	1679.00	265.92	918.77	159.03	105834	2.5	50.3	47.2
2014	1867.21	290.64	1135.05	161.42	116537	2.3	50.3	47.4

资料来源：根据《珠海统计年鉴》（2015）整理得到。

经历了特区初创阶段的发展，到 1984 年，珠海主要经济指标均有明显增长，年末总人口达到 39.52 万人，较 1979 年增加 3.45 万人；GDP 达到 6.78 亿元，较 1979 年增长 2.44 倍；人均 GDP 达到 1738 元，是 1979 年的 3 倍。

1985~1996 年，珠海经济蓬勃发展，各项指标高速增长。到 1996 年，珠海年末总人口达到 95.01 万人，GDP 达到 206.19 亿元；人均 GDP 达到 22413 元，三次产业产值结构由 1984 年的 26.4∶38.4∶35.2 调整为 5.7∶50∶44.3。在这一阶段，人口年均增速为 7.58%，GDP 年均增速为 25.2%，人均 GDP 年均增速为 16.57%。

1997~2007 年，珠海继续保持快速增长态势，但是各主要指标增速减缓。到 2007 年底，珠海总人口达到 147.44 万人，GDP 达到 894.81 亿元；人均 GDP 达到 61305 元。这一阶段，人口年均增速为 4.07%，GDP 年均增长 13.39%，人均 GDP 年均增长 8.73%。

2008~2014 年，珠海各项经济指标仍保持增长势头，但是增速进一步放缓。到 2014 年，珠海总人口达到 161.42 万人，GDP 达到 1867.21 亿元；人均 GDP 达到 116537 元。这一阶段，人口年均增速降为 1.3%，GDP 年均增长 9.76%，人均 GDP 年均增长 8.31%。

3. 汕头经济特区

（1）特区扩容历程。1980 年 8 月，第五届全国人大常委会第十五次会议批准设立汕头经济特区。以龙湖村西北侧 1.6 平方千米的沙丘地带作为特区的起步区域。实施了"开发一片，建设一片，投产一片，获益一片"的开发建设方针，发展出口加工业。

1984 年 11 月，国务院批准汕头经济特区作适当调整。调整后的汕头特区面积扩大到 52.6 平方千米。自此，汕头经济特区开始朝着建立以工业为主、工贸结合的综合性外向型经济方向发展。

20 世纪 90 年代初，由于特区面积无法适应高速发展的特区经济建设的需要，尤其是汕头出现了"一城两制"问题，束缚了汕头特区进一步发展。1991 年 4 月，国务院批准汕头经济特区扩大到了整个市区，总面积达到 234 平方千米。

2011 年 5 月，国务院批准了广东省《关于扩大汕头经济特区范围的请示》，汕头特区进一步扩容到全市，特区空间范围显著增加。

（2）汕头经济特区发展历程。广东汕头凭借其侨乡优势和商贸优势成为最早设立的四大经济特区之一。在中央的政策支持和汕头人民的努力下，汕头经济特区得到了迅速发展，人民生活水平明显提高（见表 7-32）。

表 7-32 1980~2014 年汕头主要经济指标

年份	GDP（亿元）	出口总额（亿美元）	固定资产投资（亿元）	年末户籍人口（万人）	人均地区生产总值（元）	第一产业产值比重（%）	第二产业产值比重（%）	第三产业产值比重（%）
1980	10.79	2.51	2.11	297.34	366	25.0	34.1	40.9
1981	12.62	2.68	3.18	304.78	419	25.3	32.5	42.2
1982	14.16	2.06	3.41	311.40	460	30.8	29.6	39.6
1983	13.40	2.35	3.47	317.07	426	31.4	29.0	39.6
1984	17.40	2.24	3.94	322.64	544	32.5	26.9	40.6
1985	24.06	2.57	7.49	327.40	740	25.3	31.2	43.5
1986	28.36	3.78	10.54	331.74	861	24.4	30.4	45.2
1987	38.65	5.33	13.88	335.49	1159	22.5	31.6	45.9
1988	57.14	6.19	25.51	340.13	1691	20.5	35.7	43.8
1989	65.47	6.58	17.52	344.21	1913	21.7	35.2	43.1
1990	72.45	8.31	21.30	369.81	2029	21.3	34.3	44.4
1991	89.58	11.03	25.50	376.22	2386	18.6	36.0	45.4
1992	109.10	16.05	39.68	381.94	2840	16.8	36.8	46.4
1993	147.21	16.98	73.52	388.12	3745	13.8	41.4	44.8
1994	195.25	22.02	97.83	395.21	4854	13.8	40.4	45.8
1995	259.28	21.28	124.33	401.27	6299	12.4	43.0	44.6
1996	308.84	23.07	129.07	407.29	7333	11.4	44.7	43.9
1997	366.11	42.32	131.05	413.09	8494	10.5	47.4	42.1
1998	412.67	34.50	126.18	417.95	9357	9.9	47.8	42.3
1999	439.83	26.94	132.57	448.94	9746	9.3	49.4	41.3
2000	450.16	25.89	112.48	458.83	9741	8.8	48.2	43.0
2001	443.37	13.41	102.97	461.56	9376	8.7	47.0	44.3
2002	459.39	15.70	108.12	479.50	9570	8.3	47.8	43.9
2003	498.43	18.92	119.24	484.64	10296	7.8	49.2	43.0
2004	571.31	25.45	132.01	487.52	11673	7.2	50.1	42.7
2005	635.88	31.82	155.75	491.29	12883	7.0	51.4	41.6
2006	718.70	34.83	176.77	495.35	14459	6.0	52.9	41.1
2007	829.49	39.12	206.96	500.82	16483	5.7	53.2	41.1

续表

年份	GDP（亿元）	出口总额（亿美元）	固定资产投资（亿元）	年末户籍人口（万人）	人均地区生产总值（元）	第一产业产值比重（％）	第二产业产值比重（％）	第三产业产值比重（％）
2008	951.81	43.23	261.36	506.57	18634	5.7	55.1	39.2
2009	1022.24	40.16	291.90	510.73	19719	5.6	54.3	40.1
2010	1132.23	49.35	303.54	524.11	21330	5.7	53.0	41.3
2011	1279.08	59.54	438.74	529.44	23658	5.8	51.0	43.2
2012	1430.72	61.63	611.92	532.88	26336	5.6	51.5	42.9
2013	1573.73	66.02	780.90	540.00	28804	5.4	52.4	42.2
2014	1716.51	69.66	1002.73	546.57	31201	5.4	52.6	42.0

资料来源：根据《汕头统计年鉴》（2015）整理得到。

1980 年，汕头全市年末户籍总人口为 297.34 万人，GDP 为 10.79 亿元；人均 GDP 为 366 元。到 1984 年，全市户籍总人口增长至 322.64 万人，GDP 为 17.40 亿元，人均 GDP 达 544 元。这一阶段，年均人口增长率为 2.06%，GDP 年均增速为 1.14%，人均 GDP 年均增长 1.12%。与深圳和珠海同一时期对比，汕头上述主要经济指标的增速显著偏低，这也显现出汕头经济特区成立之初面积过小、对整个城市经济的带动作用微弱的问题。

1985~1996 年，汕头年末户籍人口从 322.64 万人增长至 407.29 万人，年均增速为 1.96%，GDP 从 24.06 亿元增长至 308.84 亿元，年均增速达到 26.1%，人均 GDP 从 740 元增至 7333 元，年均增长 23.2%。除人口增长速度显著低于深圳、珠海外，这一时期汕头实现了和深圳、珠海基本同步的快速增长。

1997~2007 年，人口年均增长速度为 1.89%，GDP 年均增长 9.47%，人均 GDP 年均增速为 7.7%。到 2007 年，汕头的总人口持续增长至 500.82 万人，GDP 达到 829.49 亿元，人均 GDP 达到 16483 元。与前一阶段相比，全市人口增长保持了大体相当的增速，但是 GDP 及其人均水平增速明显减缓。

到 2014 年，汕头市户籍总人口达 546.57 万人，GDP 达 1716.51 亿元，人均 GDP 为 31201 元，三次产业产值结构调整为 5.4∶52.6∶42。这一阶段，人口年均增长率为 1.25%，GDP 及人均 GDP 年均增速分别为 8.37% 和 9.78%。

三、三大经济特区发展水平对比分析

1. 三大经济特区发展成效显著

作为中国对外开放的窗口，广东三大经济特区无论是经济总量、人均收入水平还是城市面貌等多个方面均有了巨大的变化。在经济特区成立之初，深圳、珠海均是经济落后的边陲小镇；汕头虽然是商贸较为发达的港口城市，但是其在全国和全省经济格局中并不具备优势。以成立经济特区为起点，经过30余年的发展，三大特区城市尤其是深圳成了我国对外开放取得巨大成就的缩影。从经济总量来看，2014年深圳GDP达到了16449.48亿元，经济总量是1980年的986倍，年均增速高达23.5%；同期珠海经济总量是1980年的347.74倍，汕头经济总量是1980年的66.56倍。从人口来看，深圳年末总人口由1980年的33.29万人增加到2014年的1077.89万人，珠海由1980年的36.53万人增加到2014年的161.42万人，汕头的户籍人口也由297.34万人增加到546.57万人。三市人均GDP增长明显，这一阶段深圳该项指标由1980年的835元增长至2014年的149495元，同期珠海该项指标从720元增加到116537元，汕头从366元增加至31201元。

2. 三大经济特区发展差异明显

三大经济特区呈现不同的发展轨迹，经济总量和经济发展水平的绝对差异和相对差异总体均呈现不断拉大态势（见表7-33）。1980年，珠海与深圳经济总量大体相当，两者比值为96.67%，到1984年这一比值急剧降至28.95%；到1996年降至20%以下，仅为19.63%；到2007年两者的比值仅为12.92%；到2014年进一步下降到11.35%。以深圳为参照对象，汕头的经济总量也呈现出和珠海类似的变化轨迹：从1980年将近是深圳的4倍到1984年两者的比值降至74.30%，到1996年该比值进一步降低至29.40%，2007年该比值为11.98%，2014年这一比值进一步下降为10.44%。

表 7-33　1980~2014 年三大特区城市主要经济指标对比

年份	GDP			人均 GDP		
	深圳（亿元）	珠海/深圳（%）	汕头/深圳（%）	深圳（元）	珠海/深圳（%）	汕头/深圳（%）
1980	2.70	96.67	399.63	835	86.23	43.83
1981	4.96	64.11	254.44	1417	60.97	29.57
1982	8.26	42.74	171.43	2023	46.61	22.74
1983	13.12	30.95	102.13	2512	42.32	16.96
1984	23.42	28.95	74.30	3504	49.60	15.53
1985	39.02	25.14	61.66	4809	50.55	15.39
1990	171.67	24.13	42.20	8724	76.55	23.26
1995	842.79	21.68	30.76	19550	108.48	32.22
1996	1050.51	19.63	29.40	22498	99.62	32.59

续表

年份	GDP			人均 GDP		
	深圳（亿元）	珠海/深圳（%）	汕头/深圳（%）	深圳（元）	珠海/深圳（%）	汕头/深圳（%）
2000	2219.20	14.98	20.28	32800	84.66	29.70
2005	5035.77	12.62	12.63	60801	74.54	21.19
2006	5920.66	12.78	12.14	68441	76.26	21.13
2007	6925.23	12.92	11.98	76273	80.38	21.61
2008	7941.43	12.56	11.99	83431	80.06	22.33
2009	8485.82	12.24	12.05	84147	80.87	23.43
2010	10002.22	12.11	11.32	94296	82.75	22.62
2011	11807.23	11.94	10.83	110421	81.63	21.43
2012	13319.68	11.33	10.74	123247	79.94	21.37
2013	14979.45	11.21	10.51	136947	77.28	21.03
2014	16449.48	11.35	10.44	149495	77.95	20.87

资料来源：根据《深圳统计年鉴》（2015）、《珠海统计年鉴》（2015）、《汕头统计年鉴》（2015）数据计算得到。

人均 GDP 的对比呈现出更加复杂的变化趋势。虽然珠海人均 GDP 从 1980 年的 720 元稳定增长到 2014 年的 116537 元，但是与深圳对比，两者的绝对差异从 1980 年的 115 元扩大到 2014 年的 32958 元。从相对差异来看，两者的比值从 1980 年的 86.23% 降至 1984 年的 49.60%，随后这一比值呈现明显的上升态势，到 1995 年珠海的人均 GDP 反超深圳，两者的比值最高达到 108.48%，其后又经过"下降—上升—下降"的变化趋势，到 2014 年两者的比值为 77.95%。汕头与深圳人均 GDP 的绝对差异和相对差异均与珠海类似。两者的绝对差异从 1980 年的 469 元扩大为 2014 年的 118294 元，同一时期两者的比值则从 1980 年的 43.83% 降至 2014 年的 20.87%。

3. 三大经济特区经济差异的主要成因

多方面的原因导致了三个特区城市的经济发展差异。其中，主要包括以下影响因素：

（1）区位差异。三个特区城市同在广东省内，但是彼此之间的区位差异不容忽视。在特区成立初期，香港作为世界的"东方明珠"，是国际经济活动中心，也是全球市场经济发展最好的地区之一。深圳与香港一河之隔，地理位置优越，具有毗邻的区位优势和特殊政策的比较优势。香港的资金、技术、管理经验不仅能直接助力深圳的建设和发展，而且能间接在观念和文化上为深圳的发展提供启示。珠海虽然和深圳同在珠三角，但是其毗邻澳门，与香港的邻近性明显不如深圳。虽然澳门经济发展水平明显高于珠海，但是无论是经济总量还是经济地位，其与香港都有明显的差距，对珠海的带动作用有限。汕头更是"省尾国角"偏于一隅，相较之下在地理位置上的劣势明显。

（2）外资吸纳能力的差异。特区经济增长的主要推动力量都来自资本（姬超和袁易明，2013）。从外资来源来看，深圳的外资主要来自香港，而珠海主要接受来自澳门的资金，汕头则主要接受海外侨资。从规模数量比较，港资显然要优于澳资和侨资，由此也导致了三者之间的发展水平差异。

（3）初始禀赋差异。设立特区就是为了大胆试验新体制，以解决最基本的生存和发展问题。因此，越是边远落后的经济特区越是展现了强大的发展动力。在特区建设的起步阶段，深圳、珠海只是一个个小渔村，产业基础很弱，属于现代化产业的真空地带，从客观上避免了结构扭曲问题，外来资金、人才的流入使这两个城市迅速崛起；而汕头特区是依靠老城区建立的，其发展过程受到原有基础条件的限制，不仅需要妥善处理好特区与非特区以及之间的关系，还要兼顾新区建设和老区改造之间的统一。相对于深圳、珠海近乎在一张白纸上绘就发展新蓝图，汕头则是在一张半成品上作画，难度更大。

中国经济特区最早选择的却是远离全国政治经济中心的几个小渔村，可谓一穷二白、毫无发展基础，虽然中国经济特区的起点非常低，例如深圳和珠海原来都是极端贫穷落后的自然村落，产业层次较低，但是由于工业基础接近于零，客观上避免了结构扭曲问题，这对于日后的发展反而是一大优势，这也是深圳、珠海经济特区的发展优于汕头经济特区的一个重要原因。

（4）历史文化差异。深圳、珠海属于年轻城市，外来人口（以年轻人为主）众多，为城市发展注入了活力，并且城市文化更具有包容性，为深圳、珠海的发展提供了文化基础和人才基础。而潮汕人虽自古就有开拓进取、不甘落后的精神，但有时比较排外。潮汕人注重家族和血缘关系，讲血缘，重亲情、乡情，但有时不太重视规则和法制，这也严重束缚了城市的发展。

第八章 城市化

城市是人类活动和经济集聚的载体。城市化是工业化和现代化的重要标志，也是经济和社会发展的必由之路。改革开放 40 年来，我国城市数量和规模均大幅提高，逐步形成了以城市群为核心的多极带动空间发展新格局。广东是我国改革开放的前沿阵地，得益于工业化的快速推进，全省城市化水平始终居于全国前列，并形成了珠三角、粤东、粤西多个城市群。其中，珠三角城市群更是中国最具竞争力的城市群之一，也是我国重要的经济增长极。进入 21 世纪，广东城市化正在从数量型向质量型转变，从追求单一经济目标向实现多元价值目标转变。

第一节　发展现状

一、城市化历程

城市化率的测度方法主要有两种：一是主要指标法，即选择对城市化表征意义最强、便于统计的个别指标，来测度城市化达到的水平；二是选用与城市化有关的多种指标予以综合分析和评价。本书采用第一种方法，并分别运用非农人口与总人口的比值以及城镇人口与常住人口的比值来测度广东城市化水平。根据大多数学者的观点，非农人口比重法可能会低估城市化水平，尤其是对于广东这种外来人口数量很多的地区来说，扭曲程度更大。但是，这种统计口径下的数据比较齐全，便于进行城市化水平的时序分析；而城镇人口比重法是目前通行的单一指标测度方法，但是从统计数据的获得来看，仅有 2005 年以来的数据，在数据分析上能够获得信息有限。因此，本章选用两种单一指标法来梳理广东城市化发展的历程。

1. 非农人口比重法

应用此方法测度 1949～2014 年广东城市化水平（见表 8-1）不难发现，

1949 年以来，广东省城市化水平总体呈现出上升态势，主要经历了缓慢发展、稳步上升、加速推进、平稳发展四个发展阶段。

表 8-1　1949~2014 年广东省城市化率变动情况

年份	总人口（万人）	非农业人口（万人）	农业人口（万人）	城市化率（%）	年份	总人口（万人）	非农业人口（万人）	农业人口（万人）	城市化率（%）
1949	2782.72	437.46	2345.26	15.72	1994	6691.46	1964.72	4726.74	29.36
1952	2910.45	512.93	2397.52	17.62	1995	6788.74	2035.37	4753.37	29.98
1957	3301.79	597.13	2704.66	18.09	1996	6896.77	2107.80	4788.97	30.56
1962	3575.38	658.46	2916.92	18.42	1997	7013.73	2173.50	4840.23	30.99
1964	3697.71	676.96	3020.75	18.31	1998	7115.65	2219.07	4896.58	31.19
1965	3865.51	676.99	3185.52	17.51	1999	7298.88	2276.42	5022.46	31.19
1970	4382.21	693.05	3689.16	15.82	2000	7498.54	2338.29	5160.25	31.18
1975	4858.48	759.84	4098.64	15.64	2001	7565.33	2391.31	5174.02	31.61
1978	5064.15	823.23	4240.92	16.26	2002	7649.29	2767.31	4881.98	36.18
1980	5227.67	909.71	4317.96	17.40	2003	7723.42	3681.93	4003.07	47.67
1982	5415.35	971.46	4443.89	17.94	2004	7804.75	3797.92	3973.52	48.66
1983	5494.12	1001.05	4493.07	18.22	2005	7899.64	4082.06	3792.32	51.67
1984	5576.62	1097.36	4479.26	19.68	2006	8048.71	4149.42	3880.37	51.55
1985	5655.60	1197.92	4457.68	21.18	2007	8156.05	4242.85	3894.02	52.02
1986	5740.70	1254.60	4486.10	21.85	2008	8267.09	4297.78	3950.53	51.99
1987	5832.15	1309.91	4522.24	22.46	2009	8365.98	4358.05	3990.01	52.09
1988	5928.31	1366.54	4561.77	23.05	2010	8521.55	4443.96	4054.37	52.15
1989	6024.98	1422.75	4602.23	23.61	2011	8637.19	4505.68	4111.72	52.17
1990	6246.32	1477.31	4769.01	23.65	2012	8635.89	4504.96	4090.05	52.17
1991	6348.95	1540.92	4808.03	24.27	2013	8759.46	4702.83	4031.97	53.69
1992	6463.17	1640.80	4822.37	25.39	2014	8886.88	4827.43	4032.42	54.32
1993	6581.60	1808.09	4773.51	27.47					

资料来源：根据《广东五十年》、《广东统计年鉴》（2015）计算得到。

（1）缓慢发展阶段（1949~1978 年）。这一阶段，广东省城市化水平变化缓慢，但其间过程十分曲折。

中华人民共和国成立之初，广东省总人口为 2782.72 万人，其中非农业人口 437.46 万人，其城市化率为 15.72%。1949~1952 年，广东与整个国家的城市化发展情形相似，在三年内顺利完成了战后国民经济复苏，使得城市化水平提升到 17.62%。随后广东进入了第一个五年计划时期（1953~1957 年），全省人口增加到 3301.79 万人，城市化率上升到 18.1%，广东省城市化进程平稳推进。其后，在 1958~1960 年"大跃进"时期，大量农村劳动力被组织进城，城市化水平高涨至 22%。三年自然灾害迫使国家调整经济政策，停产停厂，大量农民工被迫返乡，城市化率大大下降。到了"文化大革命"时期（1966~1976 年），大批城市人口下乡，导致广东城市化水平连续 11 年下降。到 1978 年，广东省城市化水平达到 16.26%，仅仅比 1949 年提高了不到 1 个百分点。

（2）稳步上升阶段（1979~2001 年）。1978 年底开始到 21 世纪初，广东省城市化水平开始稳定增长，进入恢复发展状态。由于改革开放进程的深入，广东率先发展工业。一方面，农村经济成功改革，为广东城市化发展提供了良好的物质基础；另一方面，从农村走出来的大量剩余劳动力为工业发展提供了充足的劳动力要素保障。这一时期，深圳、珠海、东莞、中山等相继设市并飞速发展，广东省城镇结构和布局发生翻天覆地的变化。虽然户籍制度并未完全放开，但是广东省非农业人口实现了较为稳定的增长，较 1978 年翻了一番，全省城市化水平稳步上升，1992 年达到 25.39%。2001 年非农业人口是 1978 年的三倍，达到了 2391.31 万人，城市化水平相应提高到 31.61%。

（3）加速推进阶段（2002~2005 年）。这一阶段城市化水平总体呈现出加速推进的状态。从 2001 年的 31.61% 提高到 2005 年的 51.67%，增长了 20.06%。与其他阶段相比，此一阶段虽然历时较短，但是波动频繁，增幅明显。2002 年较 2001 年提高了 4.57%，2003 年较 2002 年急剧增加了 11.49%，2005 年较 2004 年增加了 3.01 个百分点。除了前一阶段的动因外，行政区划的调整也是这一阶段城市化水平快速提高的一个不容忽视的诱因。如 2002 年，新会市调整为江门市新会区，佛山南海市、顺德市、三水市、高明市全部撤县设区；2003 年，汕头潮阳市拆分成潮阳区和潮南区，澄海市撤县设区成为澄海区，惠州惠阳市撤县设区；2004 年韶关曲江县撤县设区；2005 年，广州南沙和萝岗也先后设区。

（4）平稳发展阶段（2006 年至今）。这一阶段广东省城市化水平呈现出平稳增长态势。城市化水平从 2006 年的 51.55% 增长到 2014 年的 54.32%。近 10 年间，共增长了 2.77 个百分点，增幅显著降低。

2. 常住人口统计法

采用城镇人口占年末常住人口的比重方法测度 2005~2015 年的城市化水平发现，按照此方法计算的城市化水平显著高于非农人口比重法测度的结果（见表 8-2）。数据显示，2005~2014 年，广东省城市化水平呈现出稳定的上升态势，增加了 7.32 个百分点。与全国水平相比，广东一直保持着城市化水平的领先优势，2005 年比全国水平高 17.69%，2014 年比全国水平高 13.23%。根据世界城市化发展普遍规律，广东省城市化进程已接近城镇化率大于 70% 的稳定发展区间。随着内外部环境和条件的深刻变化，广东城镇化进入了以提升质量为主的新发展阶段。

表 8-2　2005~2014 年广东省城市化水平

年份	广东			全国城市化水平（%）
	年末常住人口（万人）	城镇人口（万人）	城市化水平（%）	
2005	9194	5579	60.68	42.99
2006	9442	5949	63.01	44.34
2007	9660	6099	63.14	45.89
2008	9893	6269	63.37	46.99
2009	10130	6423	63.41	48.34
2010	10441	6910	66.18	49.95
2011	10505	6986	66.50	51.27
2012	10594	7140	67.40	52.57
2013	10644	7212	67.76	53.73
2014	10724	7292	68.00	54.77

注：2005 年开始人口开始按照常住人口口径统计。

资料来源：根据《广东统计年鉴》（2015）整理得到。

表 8-1 和表 8-2 的数据显示，2005 年以来，按照常住人口口径统计的总人口和城镇人口均显著高于按照户籍统计的总人口和非农人口。以 2014 年为例，当年广东户籍人口总数为 8886.88 万人，非农业人口总数为 4827.43 万人；而常住人口总数为 10724 万人，城镇常住人口为 7292 万人。这意味着广东有大量的外来人口，虽然未能获得当地户口，但是长期工作、生活在广东，这也是两种城市化计算口径存在较大差距的原因所在。

二、城市化特征

1. 城市化水平整体较高

改革开放以来，广东城市化超常规发展，用 30 多年的时间走完了发达国家近 100 年才走完的历程，城市化水平较高，连续多年居于全国前列。表 8-3 显示，广东城市化水平连续多年居于全国省级区域第四位，仅次于上海、北京和天津。

表 8-3 近年来全国及各省（区、市）城市化水平对比　　单位:%

地区	2006 年	2010 年	2014 年	地区	2006 年	2010 年	2014 年
全国	44.34	49.95	54.77	河南	32.47	38.50	45.20
北京	84.33	85.96	86.35	湖北	43.80	49.70	55.67
天津	75.73	79.55	82.27	湖南	38.71	43.30	49.28
河北	38.77	44.50	49.33	广东	63.00	66.18	68.00
山西	43.01	48.05	53.79	广西	34.64	40.00	46.01
内蒙古	48.64	55.50	59.51	海南	46.10	49.80	53.76
辽宁	58.99	62.10	67.05	重庆	46.70	53.02	59.60
吉林	52.97	53.35	54.81	四川	34.30	40.18	46.30
黑龙江	53.50	55.66	58.01	贵州	27.46	33.81	40.01
上海	88.70	89.30	89.60	云南	30.50	34.70	41.73
江苏	51.90	60.58	65.21	西藏	21.13	22.67	25.75
浙江	56.50	61.62	64.87	陕西	39.12	43.50	52.57
安徽	37.10	43.01	49.15	甘肃	31.09	36.12	41.68
福建	50.40	57.10	61.80	青海	39.26	44.72	49.78
江西	38.68	44.06	50.22	宁夏	43.00	47.90	53.61
山东	46.10	49.70	55.01	新疆	37.94	43.01	46.07

资料来源：根据《中国统计年鉴》（2015）及《广东统计年鉴》（2015）数据计算得到。

2. 城市化水平区际差异大

四大区域中，珠三角地区城市化水平处于明显的优势地位，粤东地区次之，粤西地区第三，粤北地区最低（见表 8-4）。2000 年，珠三角地区城市化率为 71.59%，高出广东省平均水平 16.59 个百分点，分别比粤东、粤西和粤北地区高 21.14 个、32.95 个和 34.63 个百分点。到 2014 年，珠三角地区城市化水平达到 84.12%，比广东省平均水平高 16.12 个百分点，比粤东、粤西和粤北地区相应高出 24.57 个、43.09 个和 37.75 个百分点。从城市化水平的变化幅度来看，2000~2014 年，珠三角地区城市化水平提高了 12.53 个百分点，粤东、粤西和粤北地区分别提高了 9.1 个、2.39 个和 9.41 个百分点。珠三角地区也是四个区域中城市化水平提高最大的区域。

表 8-4 广东四大区域城市化水平　　单位:%

年份	2000	2005	2010	2014
珠三角	71.59	77.32	82.72	84.12
粤东	50.45	54.75	57.71	59.55
粤西	38.64	40.23	37.67	41.03
粤北	36.96	40.16	44.29	46.37
广东省	55.00	60.68	66.18	68.00

资料来源：根据历年《广东统计年鉴》计算得到。

在广东省 21 个地级市中，城镇人口占常住人口的比重也是差异显著。如表 8-5 所示，在珠三角地区九市中，早在 2000 年，广州、深圳、珠海城市化水平已经达到 80% 以上，佛山、东莞、中山达到 60% 以上，惠州、江门、肇庆分别居于珠三角地区后三位，城市化水平分别为 51.66%、47.08% 和 32.52%。粤东城市化水平整体较高，在 2000 年汕头城市化水平已经达到 67.00%，潮州也在 2010 年达到 60% 以上。粤西和粤北八市中，除韶关外，其余城市到 2014 年城市化率均在 50% 以下。从城市化水平的变化来看，2000~2014 年，共有六个城市的城市化水平增幅超过 15%。其中，东莞、中山、佛山增幅位居前三，分别增加了 28.77 个、27.4 个和 19.83 个百分点；江门增长了 17.12 个百分点，位居第四；清远、惠州各增长了 15.7 个和 15.34 个百分点，分别位居第五和第六。除清远外，增幅超过 15% 的城市均为珠三角城市，这也是珠三角地区整体城市化水平与粤东、粤西、粤北地区差距越来越大的一个原因。

表 8-5　广东省 21 个地级市城市化水平　　　　　单位：%

年份	2000	2005	2010	2014
广州	83.79	91.51	83.78	85.43
深圳	92.46	100.00	100.00	100.00
珠海	85.48	87.90	87.65	87.87
汕头	67.00	72.34	68.46	69.85
佛山	75.06	78.39	94.09	94.89
韶关	51.13	49.76	52.53	53.80
河源	26.53	32.47	40.04	41.26
梅州	37.21	41.63	43.01	46.90
惠州	51.66	55.01	61.84	67.00
汕尾	52.58	51.88	54.18	54.70
东莞	60.04	73.02	88.46	88.81
中山	60.67	74.29	87.82	88.07
江门	47.08	56.78	62.30	64.20
阳江	41.92	44.09	46.81	49.05
湛江	38.47	39.71	36.68	39.81
茂名	37.45	39.30	35.06	39.10
肇庆	32.52	38.99	42.39	44.01
清远	32.60	38.46	47.54	48.30
潮州	43.41	53.62	62.75	63.41
揭阳	37.91	41.15	47.31	50.53
云浮	35.86	37.26	36.96	39.47

资料来源：根据历年《广东统计年鉴》计算得到。

3. 推动城市化的力量多样化

首先，外向型经济发展对城市化进程起到了积极的促进作用。广东的城市化，从经济特区的成立发展，大中城市的升级和扩张，小城镇的崛起和壮大，都离不开外向型经济的带动作用（陈德宁和沈玉芳，2004）。改革开放以来，凭借毗邻香港的明显区位优势，广东外向型经济特征日益明显，逐渐成为我国的外经贸强省和大省，进出口总额年均占全国的约 1/4，从 1985～2014 年连续 29 年居全国第一；累计吸引外商投资占全国约 1/4；GDP 从 1989～2014 年连续 25 年居全国第一。随着跨国公司的进入，广东融入世界经济网络的程度日益深化，不同城市的分工合作逐渐明晰。不仅如此，广东省的城市化进程也受到全球城市化进程的影响，城市的功能定位更加国际化，进一步促进了城市化的质量提升。

其次，镇域簇群经济作用显著。截至 2009 年底，广东省共计有专业镇 296 个，创造 GDP 11027.48 亿元，工业总产值 25816.93 亿元，拥有高新企业 1608 个，规模以上企业 23441 家。专业镇经济对广东全省经济总量的贡献已达 34.15%，其中在专业镇发展较为成熟和迅速的佛山、中山、揭阳等地市，专业镇经济的贡献更为突出，佛山市的专业镇经济对佛山经济总量的贡献达 82.42%，中山市专业镇经济对中山经济总量的贡献达 54.98%。专业镇不仅推动了县镇经济的快速发展，而且对加快推动广东城市化发挥了重要的作用。一方面，蓬勃发展的专业镇经济较外向型经济的本地根植性更强，企业之间已经形成了抱团发展的紧密联系，对抗国际经济风险的能力更强；另一方面，专业镇的兴盛提供了大量就业岗位，就业门槛相对较低，为外来人口就业提供了必要的经济来源，是推动人口向城市集聚的又一重要动因。

最后，行政力量对城市化进程的影响不可忽略。从城市化水平的测度方法来看，无论是从户籍角度用非农业人口占户籍人口比重来测度还是用城镇人口占年末常住人口比重来测度，政府的干预都可以显著地影响到测度的结果。这种干预的力量体现在以下几个方面：一是城市等级的变化将直接影响城市的地位和未来发展，如深圳、珠海成为经济特区，对当地经济发展带来的利好直接吸引了生产要素包括资本、劳动力等集聚和迁入。二是行政区划的调整将直接影响辖区内的人口统计数据变化，导致城市化水平的相应变化。如从 20 世纪 90 年代末至今一直在推行的"县改区"，直接将大量农业人口转为城镇居民，进而导致城市化水平的急剧变化。三是行政区域的范围调整也对城市化进程产生较大影响。如在 1949 年，佛山仅仅是南海县的一个镇，历经 60 余年的区划调整，佛山市通过多次行政区划调整和辖区范围变化，逐渐成为广东第三大城。此外，由于城市的规模化扩张带来的行政区范围的被动扩张也进一步助推了城市化进程。大中城市凭借经济规模优势、产业发展和就业空间、较强的集聚辐射能力以及良好的生活条件和收入水平吸引了大量的外来劳动力。为了解决城市人口过于集中带来的负面影响，城市周边的城镇和乡村直接转化为城市的土地和人口，进一步提高了大中城市的城市化水平。如广州通过南拓北优、东进西连战略，促使城市规模进一步扩大。

三、城市化中存在的问题

1. 城乡非均衡发展，居民收入差距扩大

改革开放以来，广东城镇居民人均可支配收入绝对值从 1978 年的 412.13 元增长至 2014 年的 32148.11 元，较 1978 年实际增长了 10.97 倍；农村居民人均可支配收入的绝对数值从 1978 年的 193.25 元增至 2014 年的 12245.56 元，较 1978 年实际增长了 11.48 倍。同期，城乡居民人均消费支出之比从 1978 年的 2.16 扩大到 2014 年的 2.35，两者的绝对差距更是从 1978 年的 215.07 元扩大至 2014 年的 13568.53 元；城乡居民的恩格尔系数整体均呈现大幅下降的态势，但是城镇居民的降幅更为显著，从 1978 年比农村居民高 4.9 个百分点到 2014 年反而比农村居民低 6.3 个百分点（见表 8-6）。

表 8-6　1978~2014 年广东城乡居民收入差距情况

年份	城镇				农村			
	人均可支配收入		人均消费支出（元）	恩格尔系数	人均可支配收入		人均消费支出（元）	恩格尔系数
	绝对值（元）	实际增长（元）			绝对值（元）	实际增长（元）		
1978	412.13	100.0	399.96	66.6	193.25	100.0	184.89	61.7
1980	472.57	100.1	485.76	65.5	274.37	135.6	222.22	60.4
1985	954.12	151.1	889.56	58.3	495.31	214.5	388.00	60.4
1990	2303.15	200.8	1983.86	57.2	1043.03	272.9	932.63	57.7
1995	7438.68	350.4	6253.68	48.0	2699.24	386.6	2255.01	54.5
2000	9761.57	424.9	8016.91	38.6	3654.48	480.2	2646.02	49.8
2001	10415.19	457.0	8099.63	38.1	3769.79	497.0	2703.36	49.9
2002	11137.20	495.7	8988.48	38.5	3911.91	522.4	2825.01	47.6
2003	12380.40	547.2	9636.24	37.2	4054.58	540.1	2927.35	47.9
2004	13627.65	587.0	10694.79	37.0	4365.87	561.8	3240.78	48.8
2005	14769.94	623.8	11809.87	36.1	4690.49	587.0	3707.73	48.3
2006	16015.58	664.3	12432.22	36.2	5079.78	624.6	3885.97	48.6
2007	17699.30	707.9	14336.87	35.3	5624.04	665.5	4202.32	49.7

续表

年份	城镇				农村			
	人均可支配收入		人均消费支出（元）	恩格尔系数	人均可支配收入		人均消费支出（元）	恩格尔系数
	绝对值（元）	实际增长（元）			绝对值（元）	实际增长（元）		
2008	19732.86	748.3	15527.97	37.8	6399.77	715.8	4872.96	49.0
2009	21574.72	838.1	16857.51	36.9	6906.93	792.4	5019.81	48.3
2010	23897.80	901.0	18489.53	36.5	7890.25	874.0	5515.58	47.7
2011	26897.48	963.2	20251.82	36.9	9371.73	978.0	6725.55	49.1
2012	30226.71	1052.8	22396.35	36.9	10542.84	1069.0	7458.56	49.1
2013	29537.29	1125.4	21621.46	33.6	11067.79	1152.4	8937.76	42.1
2014	32148.11	1197.4	23611.74	33.2	12245.56	1248.0	10043.21	39.5

资料来源：根据历年《广东统计年鉴》计算得到。

2. 城市化各维度之间失衡

城市化是一个国家或地区经济、人口和社会等多维度转换过程，这些多维度转变过程在时间和速度上不一定同步，有可能出现分化发展的情况，导致不同维度城市化进程之间的失衡。赵祥（2014）计算了广东 2005~2011 年产业城市化、人口城市化、土地城市化、社会城市化和综合城市化指数，发现：①珠三角地区的产业城市化水平最高，其指标值明显高于其他三项城市化指标，社会城市化水平最低。2005 年珠三角地区产业城市化指数为 0.1901，而人口、土地和社会三项城市化的指数分别为 0.0863、0.0722 和 0.0544。到 2011 年珠三角地区产业城市化指数上升为 0.1429，而人口、土地和社会三项城市化的指数分别为 0.0944、0.0905 和 0.0818，产业城市化与其他三项城市化水平之间的差距进一步扩大，特别是产业城市化与社会城市化水平之间的差距十分明显。②粤西地区各分项城市化水平总体上较低，其中，社会城市化水平相对较高，而土地城市化水平则相对较低。③粤东地区的人口城市化水平明显高于其他分项城市化，特别是社会城市化与人口城市化之间的失衡情况最为严重。④粤北地区社会城市化水平相对较高，而其他分项城市化水平均明显偏低（见表 8-7）。

表 8-7　广东省四大区域分项城市化指数

年份	类别	珠三角	粤西	粤东	粤北
2005	产业城市化	0.1091（1，1）	0.0305（3，3）	0.0384（2，1）	0.0228（4，2）
	人口城市化	0.0863（2，2）	0.0378（3，1）	0.0937（1，2）	0.0169（4，4）
	土地城市化	0.0722（1，3）	0.0171（4，4）	0.0500（2，3）	0.0219（3，3）
	社会城市化	0.0544（1，4）	0.0309（3，2）	0.0105（4，4）	0.0498（2，1）

年份	类别	珠三角	粤西	粤东	粤北
2011	产业城市化	0.1429 (1, 1)	0.0327 (3, 3)	0.0495 (2, 2)	0.0302 (4, 3)
	人口城市化	0.0944 (2, 2)	0.0371 (3, 2)	0.0965 (1, 1)	0.0215 (4, 4)
	土地城市化	0.0905 (1, 3)	0.0284 (4, 4)	0.0450 (2, 3)	0.0307 (3, 2)
	社会城市化	0.0818 (1, 4)	0.0472 (3, 1)	0.0317 (4, 4)	0.0753 (2, 1)

注：表中珠三角、粤东、粤西和粤北地区城市化指数为区域内城市城市化指数的算术平均值；括号内的数值分别为各分项城市化指标值在四大区域和四项城市化维度中的排名。

资料来源：赵祥. 城市化失衡及其治理对策探析——基于广东地级以上城市数据的实证分析 [J]. 贵州社会科学，2014（11）：118-125.

此外，不同地区城市化各维度之间的失衡状况也有所差异。对于珠三角地区来说，这种失衡主要体现为产业城市化与其他分项城市化之间的失衡，但由于经济发展水平总体较高，其他分项城市化水平也明显高于其他地区。对于东西北地区来说，城市化面临的主要问题是产业城市化水平较低，工业发展落后，城市化发展的经济驱动力不足。

城市化各维度之间的失衡，一方面导致广东大量存在多种类型的"半城市化"地区，既有分布在大城市周边的郊区和孕育在大城市内部的城中村，也有一些新兴城市和非农产业发达的小城镇等，都呈现出不彻底的城市化状态；另一方面也使得"亚城市化"问题的弊端日益显现，城市的质与量不能协调发展，在外来人口增加提高城市化率的同时，城市的公共服务供给能力滞后。如何通过制度创新破除这种产业结构和就业结构与城市社会、管理、文化系统的脱节问题，既是一个普遍的社会问题，也是新阶段广东提高城市化质量不容回避的一个现实问题。

3. 城市化滞后于工业化

广东城市化的发展滞后于工业化的发展。我们用工业占国内生产总值的比重表示工业化率，用本省户籍非农业人口占总人口的比重表示城市化率。1978年，广东省工业化率为41.00%，城市化率为16.26%，城市化率滞后于工业化率24.74个百分点。到2000年，广东省工业化率为41.55%，城市化率提高到31.18%，城市化率与工业化率的差距已大大缩小，但依然滞后于工业化率10.37个百分点。2005年，广东省工业化率为46.50%，城市化率提高到51.67%，城市化率超过工业化率。此后，除2006年外，广东的城市化率一直超过工业化率（见表8-8）。有研究认为，城市化率与工业化率之比的合理范围是1.4~2.5（张宪平、石涛，2003）。依据这个观点，广东省城市化率与工业化率的比值一直在0.4~1.3，低于上述合理范围，表明广东城市化的进程滞后于工业化。这一局面的形成，很大程度上与广东特别是珠三角地区建立在"土地换取发展"① 基础上的经济发展模式有关。

表 8-8　1978~2014 年广东城市化率与工业化率的比值变化　　　　单位:%

年份	工业化率	城市化率	城市化率/工业化率
1978	41.00	16.26	39.66
1980	36.01	17.40	48.32
1985	32.20	21.18	65.78
1990	33.60	23.65	70.39
1995	41.30	29.98	72.59
2000	41.55	31.18	75.04
2005	46.50	51.67	111.11
2006	64.89	51.55	79.44
2007	51.47	52.02	101.06
2008	46.89	51.99	110.88
2009	45.81	52.09	113.71
2010	46.20	52.15	112.87
2011	46.29	52.17	112.69
2012	45.16	52.17	115.51
2013	43.05	53.69	124.72
2014	42.98	54.32	126.39

资料来源：根据历年《广东统计年鉴》数据计算得到。

相似的结论还可以通过分析珠三角地区建设用地的扩张获得。珠三角地区居民点及工矿用地从 2000 年的 5386.59 平方千米增加到了 2008 年的 7042.18 平方千米，年均增长 206.96 平方千米，年均增长率为 3.41%；独立工矿用地同期却从 1883.75 平方千米增加到了 2771.82 平方千米，年均增长 111.01 平方千米，增长率为 4.91%。工业用地的增长速度是居民点及工矿用地整体增长速度的 1.44 倍。每年在居民点及工矿用地增长中，超过一半用于工业生产，其余少部

---

① 所谓"土地换取发展"的经济发展模式，即地方及基层政府通过出让土地或出租厂房等方法吸引投资，尤其是外来投资以推动经济发展的模式。由于这种模式最易于接纳大量来自港澳的中小资本的产业转移，而 20 世纪八九十年代正是港澳产业转移的黄金时期，因此这种模式极大地促进了珠三角地区的普遍富裕，并使珠三角地区迅速完成了发展工业所需的积累。但由于提供土地的主体主要是管理区和村委会这两级，因此也造成了广东特别是珠三角"村村点火，镇镇冒烟"的分散工业化的格局。分散工业化不仅使得资源环境消耗过大，生态环境恶化，也导致大量外来务工人员在制度障碍下未能真正融入城镇化的进程，产生一系列社会问题。

分才被用于城市及建制镇用地、农村居民点用地等建设用途。由此可见，在珠三角地区快速经济社会发展中，工业化速度明显大于城市化，城市化滞后于工业化（仝德等，2013）。

4. 就业结构转换滞后于产业结构

改革开放以来，广东省就业结构的转换明显滞后于三次产业产值结构。相对于产值结构，广东第一产业就业比重偏高，第二及第三产业的就业比重偏低。如表 8-9 所示，1980 年广东第一产业在全省国内生产总值中的比重为 33.23%，就业比重为 70.68%，两者之间相差 37.45 个百分点；第二产业产值比重达到41.07%，就业比重仅为 17.10%；第三产业产值比重为 25.69%，就业比重为12.22%。到 2014 年，第一产业产值比重下降到 4.67%，就业比重仍然高达22.36%，两者仍然相差近 18 个百分点。第二、第三产业的产值比重分别为46.34% 和 48.99%，就业比重分别为 41.41% 和 36.23%。显然，随着广东产业结构不断演进，第二产业和第三产业产值比重总体呈现提升态势，第一产业产值比重相应下降；第二、第三产业承载就业的比重随之上升，第一产业承载就业的比重相应下降。但从产值比重和就业比重的对比来看，广东就业结构转换滞后于产值结构，第一产业仍然承载了过多的劳动力。要素资源的错配降低了农业生产的经济效率，这也是导致城乡收入差距的重要原因。

表 8-9 1980~2014 年广东三次产业产值结构和就业结构对比　　　　单位:%

年份	第一产业		第二产业		第三产业	
	产值比重	就业比重	产值比重	就业比重	产值比重	就业比重
1980	33.23	70.68	41.07	17.10	25.69	12.22
1990	24.67	52.97	39.50	27.21	35.83	19.82
1995	14.57	41.50	48.88	33.76	36.55	24.74
2000	9.18	39.95	46.54	27.95	44.27	32.11
2005	6.33	32.05	50.45	38.15	43.32	29.80
2006	5.76	30.37	50.64	38.81	43.58	30.82
2007	5.34	29.40	50.37	38.99	44.30	31.61
2008	5.36	28.80	50.28	38.95	44.35	32.25
2009	5.09	28.04	48.97	39.13	45.94	32.83
2010	4.97	24.45	49.57	42.37	45.40	33.18
2011	5.01	23.95	49.10	42.39	45.95	33.67
2012	4.98	23.77	47.66	42.07	47.30	34.16
2013	4.77	22.97	46.41	41.90	48.83	35.13
2014	4.67	22.36	46.34	41.41	48.99	36.23

资料来源：根据历年《广东统计年鉴》数据计算得到。

第二节　城市群发展

城市群是集聚经济在区域尺度上的体现（李学鑫，2007），是我国新型城镇化的主体形态，也是拓展发展空间、释放发展潜力的重要载体，还是参与国际竞争合作的重要平台。在一个有限的空间地域内，当城市的分布达到较高的密度即可称为城市群（戴宾，2004）。目前，广东共有三个城市群，分别是珠三角城市群、粤东城市群和粤西城市群。

一、珠三角城市群

珠三角城市群和珠三角区域的空间范围完全吻合，包括广州、深圳、珠海、佛山、东莞、江门、中山、惠州、肇庆九个城市。作为我国成熟型城市群的代表，珠三角城市群是我国经济增长最迅速、最具活力和潜力的区域，总体呈现出城市数量多、人口密度大、核心城市辐射能力强，经济总体实力强的特征，是我国最高水平的城市群之一，在全国乃至世界经济格局中具有举足轻重的地位。珠三角城市群土地面积为 54754 平方千米，占全国国土面积的 0.58%。2014 年底常住人口达到 5763.38 万人，占全国总人口的 4.21%，人口密度为 1053 人／平方千米。2014 年 GDP 达到 57650.02 亿元，占当年全国生产总值的 9.06%。按产值比较，珠三角城市群三次产业结构为 1.85∶45∶53.15，第三产业产值比重超过第一、第二产业之和，已经进入工业化后期阶段。2014 年珠三角城市群人均 GDP 达到 100448 元，是同年全国平均水平的 2.15 倍。

1. 城市群主要特征

（1）城市群空间结构体系。珠三角城市群的层级按照人口规模可以划分为四个：超过 1000 万人的特大城市，如广州、深圳；人口规模在 500 万~1000 万人的大城市，如佛山、东莞；200 万~500 万人的中等规模城市，包括江门、肇庆、惠州、中山四市；人口在 200 万人以下的小城市，如珠海（见表 8-10）。城市群内部呈现出 2-2-4-1 的等级结构，其中，广州、深圳作为首位城市，带动了整个珠三角城市群的发展。

表 8-10　珠三角城市群内部等级规模结构

级序	级别划分（万人）	城市数量	城市名称
1	>1000	2	广州、深圳
2	500~1000	2	佛山、东莞

续表

级序	级别划分（万人）	城市数量	城市名称
3	200~500	4	江门、肇庆、惠州、中山
4	<200	1	珠海

资料来源：根据《广东统计年鉴》（2015）整理得到。

珠三角城市群在空间上形成了以广州、深圳为双核心的 A 字型城市轴带布局（吕拉昌、黄茹等，2015）。其中，以珠江东岸的广州、东莞、深圳为节点，以 107 国道、广深高速公路和广深铁路为廊道形成了珠三角地区最大且全国著名的广深城市轴带。另一条城市轴带是沿珠江西岸，以 105 国道和广珠高速公路东线为依托，连接广州、佛山、中山、珠海等城市而形成的城市带；第三条城市带为东西走向，连通珠江两岸，在 325 国道—广珠公路西线—外海大桥—虎门大桥—205 国道或京九铁路沿线形成横向的城市集聚带，是珠江两岸人流、物流的主要通道。在这个 A 字型空间结构中，东强西弱的态势十分明显。珠江东岸的经济总量、人口数量、收入水平等指标都显著强于西岸，西岸都市区却是只见"星星"，不见"太阳"，各市实力均衡，未出现较为明显的核心，相互之间的经济联系较为薄弱。

（2）城市群功能定位。近年来，国家及广东省有关部门出台了大量重要文件，对珠三角城市群总体及城市个体的功能进行了定位。

2004 年 9 月，由广东省委、省政府和国家建设部联合编制的《珠江三角洲城镇群协调发展规划（2004—2020 年）》，明确了珠三角城市群的发展目标是发展成为世界级的城市群。2009 年 1 月，国家发展和改革委员会公布了《珠江三角洲地区改革发展规划纲要（2008—2020 年）》（以下简称《规划纲要》），不仅对珠三角城市群进行了总体定位，还对各个城市的功能及发展方向做了说明。其中，珠三角城市群的总体功能定位是："探索科学发展模式试验区、深化改革先行区、扩大对外开放的重要国际门户，世界先进造业和现代服务业基地、全国重要的经济中心。"《规划纲要》明确了广州、深圳在珠三角城市群的中心城市地位，指出要"按照主体功能区定位，优化珠江三角洲地区空间布局，以广州、深圳为中心，以珠江口东岸、西岸为重点，推进珠江三角洲地区区域经济一体化，带动环珠江三角洲地区加快发展，形成资源要素优化配置、地区优势充分发挥的协调发展新格局"。2010 年 12 月，国务院发布了《全国主体功能区规划》，其中将珠三角城市群明确为优化开发区域，并将其功能定位明确为："通过粤港澳的经济融合和经济一体化发展，共同构建有全球影响力的先进制造业基地和现代服务业基地，南方地区对外开放的门户，我国参与经济全球化的主体区域，全国科技创新与技术研发基地，全国经济发展的重要引擎，辐射带动华南、中南和西南地区发展的龙头，我国人口集聚最多、创新能力最强、综合实力最强的三大区域之一。"

（3）城镇化与经济发展。从城市土地资源使用来看，珠三角城市群土地面积最大的城市是肇庆，其后依次是惠州、江门及广州。市辖区面积最大的几个城市依次为广州、佛山、惠州、东莞。其中，值得注意的是深圳、佛山、东莞、中山四市的市辖区面积和全市土地面积相等，即这些城市的全部人口都是城镇人口，按照城镇人口比重计算方法衡量的城市化水平为100%。从建成区面积来看，广州、东莞、深圳三市遥遥领先，三市建成区面积之和达到2847平方千米，占整个城市群建成区面积总和的76.25%，占整个广东省建成区面积的55.88%。用建成区面积与市辖区面积的比值衡量城区开发度，深圳的开发度最高，达到了44.57%；东莞紧随其后，为37.48%；广州位列第三，为26.93%（见表8-11）。

表8-11　2014年珠三角城市群土地和人口资源概况

城市	城市群土地使用概况				城市群人口概况					
	全市面积（平方千米）	市辖区面积（平方千米）	建成区面积（平方千米）	建成区面积/市辖区面积（%）	户籍人口（万人）	常住人口（万人）	全市人口密度（万人/平方千米）	第一产业从业人员比重（%）	第二产业从业人员比重（%）	第三产业从业人员比重（%）
广州	7434	3843	1035	26.93	842.4	1308.05	1133.20	0.08	37.05	62.87
深圳	1997	1997	890	44.57	332.2	1077.89	1663.55	0.01	63.53	36.46
珠海	1724	1724	124	7.19	110.2	161.42	639.33	0.93	63.44	35.63
佛山	3798	3798	373	9.82	385.6	735.06	1015.30	0.01	74.54	25.45
江门	9505	1786	159	8.90	393.4	451.14	413.88	0.09	61.27	38.64
肇庆	14891	706	95	13.46	433.7	403.58	291.27	0.22	53.99	45.79
惠州	11346	2697	244	9.05	348.5	472.66	307.17	0.10	71.13	28.77
东莞	2460	2460	922	37.48	191.4	834.31	778.01	0	83.43	16.57
中山	1784	1784	107	6.00	156.1	319.27	874.78	0	77.81	22.19
广东省	179650	41508	5095	12.27	8872.5	5763.38	493.88	0.29	60.52	39.19

资料来源：根据《中国城市统计年鉴》（2015）数据计算得到。

珠三角城市群户籍人口最大的几个城市依次为广州、肇庆、江门、佛山，珠海是户籍人口最小的城市，其后分别是中山、东莞，均不足200万人。从人口密度来看，深圳最大达到了1663.55人/平方千米；广州次之，为1133.20人/平方千米；佛山第三，为1015.30人/平方千米，这也是城市群中人口密度达到

1000 人/每平方千米以上的三个城市。从就业结构来比较,城市群第一产业从业比重很低,均不到 1%。其中东莞、中山为零,珠海最高也仅为 0.93%。绝大部分人口从事第二、第三产业,第二产业从业人员比重最高的是东莞,达到 83.43%,中山、佛山分列第二、第三,均在 70% 以上;广州是第三产业从业人员比重最高的城市,达到 62.87%,肇庆、江门、珠海、深圳的第三产业也已经发展到了一定的规模,从业人员比重均超过了 35%(见表 8-11)。

从经济发展情况来看,广州、深圳作为核心城市的规模优势明显。广州 GDP 最高,2014 年为 16706.87 亿元,深圳紧随其后,达到了 16001.82 亿元,均远远高于其他城市,是位居第三的佛山当年经济总量的两倍多。从经济密度来看,深圳远高于其他城市,达到了 80129.30 万元/平方千米,东莞第二,广州第三,均在 20000 万元/平方千米之上;惠州、江门、肇庆最低,均在 3000 万元/平方千米以下,与深圳等差距甚远。在人均 GDP 上,深圳反超广州,高居九市榜首,达到 149495 元;广州、珠海、佛山紧随其后,均在 10 万元以上;中山、东莞、惠州均在 6 万元以上,江门和肇庆的人均 GDP 不足 5 万元,居于最后两位(见表 8-12)。

表 8-12　2014 年珠三角城市群经济发展概况

城市	GDP（亿元）	人均 GDP（元）	实际利用外资（亿美元）	城市化率（%）	经济密度（万元/平方千米）	第一产业产值占比（%）	第二产业产值占比（%）	第三产业产值占比（%）
广州	16706.87	128478	51.07	85.43	22473.60	1.31	33.47	65.23
深圳	16001.82	149495	58.05	100.00	80129.30	0.03	42.57	57.39
珠海	1867.21	116537	19.31	87.87	10830.70	2.35	50.27	47.37
佛山	7603.28	101617	26.56	94.89	19593.47	1.80	61.84	36.36
江门	2082.76	46237	8.54	64.20	2191.23	8.07	49.05	42.88
肇庆	1845.06	45795	13.33	44.01	1239.05	14.74	50.01	35.24
惠州	3000.37	63657	19.31	67.00	2644.43	4.70	56.56	38.74
东莞	5881.32	70605	45.29	88.81	23907.79	0.35	47.51	52.14
中山	2823.01	88682	6.81	88.07	15824.03	2.37	55.29	42.34
广东省	73120.79	1187295	268.71	68.00	4070.18	4.37	45.27	50.36

资料来源:根据《中国城市统计年鉴》(2015)计算得到。

珠三角城市群外向型特征明显,但是城市个体之间利用外资能力差异较大。深圳、广州、东莞位居前三,实际利用外资远高于其他城市,江门、中山此项指标位居最后。从三次产业结构来看,广州、深圳、东莞三市整体呈现出"三、

二、一"的数量特征,第三产业产值比重大于第二产业,已经进入工业化后期。其他城市均呈现出"二、三、一"的结构特征,其中佛山第二产业产值比重最高,达到了61.84%,惠州、中山次之,均在50%以上。

2. 主要城市发展状况

(1)广州。广州,简称穗,又称羊城、花城。地处广东省中南部、珠江三角洲北缘,东江、北江、西江的汇合处,濒临南海,与香港、澳门隔海相望。属海洋性亚热带季风气候,温暖多雨、光热充足。全年平均气温为21.9℃,是中国年平均温差最小的大城市之一。

广州是广东省省会,也是中国的"南大门"。从秦朝开始,广州一直都是华南地区的政治、军事、经济、文化和科教中心。广州有着深厚的历史文化沉淀和鲜明的文化个性,是海上丝绸之路发祥地、岭南文化中心地、近现代革命策源地和改革开放前沿地。作为全国首批历史文化名城之一,广州还是岭南文化分支广府文化的重要发源地和兴盛地。

广州区位优势优越,兼备河港与海港、水路与陆路、航空与航海等交通之便(吴郁文,1996),历来都是华南最大、历史最悠久的对外通商口岸。广州港于3世纪30年代起成为海上丝绸之路主港,唐宋时期成为中国第一大港,明清两代是中国唯一的对外贸易大港,是世界海上交通史上唯一的2000多年长盛不衰的大港。2014年,广州港货物吞吐量达50036.3万吨,集装箱1661万标准箱,分居全国第四和第五位。广州是全国重要的综合交通枢纽,铁路公路网络四通八达。白云国际机场也是全国重点机场之一,2014年旅客吞吐量仅次于北京首都机场,达到5478万人次。

广州是珠三角城市群的核心城市,也是国务院定位的国际大都市,国家三大综合性门户城市之一,五大国家中心城市之一。2014年,广州GDP16706.87亿元,仅次于上海、北京,居中国城市第三位。其中,第一产业增加值237.52亿元,增长1.8%;第二产业增加值5606.41亿元,增长7.4%;第三产业增加值10862.94亿元,增长9.4%。第一、第二、第三产业增加值的比例为1.42∶33.56∶65.02。三次产业对经济增长的贡献率分别为0.3%、30.9%和68.8%。财政总预算收入4834亿元,增长9.1%。完成固定资产投资4889.50亿元,比2013年增长14.5%。

广州商贸发达,商业网点多、行业齐全、辐射面广、信息灵、流通渠道通畅。2014年,广州社会消费品零售总额7697.85亿元,增长12.5%。商品进出口总额1306.00亿美元,比2013年增长9.8%。其中,商品出口总额727.15亿美元,增长15.8%;商品进口总额578.85亿美元,增长3.2%。

(2)深圳。深圳,又称鹏城。地处广东省南部,珠江三角洲东岸,与香港一水之隔，东临大亚湾和大鹏湾，西濒珠江口和伶仃洋，南隔深圳河与香港相连，北部与东莞、惠州接壤，辽阔海域连接南海及太平洋。

深圳是中国改革开放建立的第一个经济特区，是中国改革开放的窗口，在中国的制度创新、扩大开放等方面承担着试验和示范的重要使命。深圳也是我国的经济中心城市，经济总量长期居中国大陆城市第四位，是中国大陆经济效益最好的城市之一。经过 40 年的改革开放，深圳已发展成为有一定影响力的国际化城市，创造了举世瞩目的"深圳速度"，同时享有"设计之都""创客之城"等美誉。英国《经济学人》2012 年"全球最具经济竞争力城市"榜单上，深圳居第二位。深圳的成功创造了世界工业化、城市化、现代化史上的奇迹，是中国改革开放近 30 年辉煌成就的精彩缩影。2014 年深圳 GDP 为 16001.98 亿元，比 2013 年增长 8.8%。深圳已经形成了以第三产业为主的产业结构，2014 年第一产业产值比重不足 0.1%，第二、第三产业产值比重分别为 42.7% 和 57.3%。

深圳地处珠江三角洲前沿，是连接香港和内地的纽带和桥梁，是华南沿海重要的交通枢纽，在中国高新技术产业、金融服务、外贸出口、海洋运输、创意文化等多方面占有重要地位。2014 年 6 月 4 日，深圳建设国家自主创新示范区获批，成为我国首个以城市为基本单元的国家自主创新示范区。自 1999 年深圳成功举办第一届中国国际高新技术成果交易会以来（以下简称"高交会"），深圳就成了我国最大的国际科技成果交易市场，"高交会"也被誉为"中国科技第一展"。2014 年，深圳人均 GDP 居广东 21 个城市之首，达到 149495 元。

深圳是我国重要的边境口岸城市，也是我国进出口贸易大市。2014 年，深圳外贸进出口总额 4877.65 亿美元，其中出口总额 2844.03 亿美元，分别占全国和广东省出口总额的比重为 12.1% 和 44.0%；进口总额 2033.62 亿美元。截至 2014 年，进出口规模连续三年居内地城市首位；出口总额连续 22 年居内地城市首位。

（3）佛山。佛山，简称禅，地处广东省中南部、珠江三角洲腹地，东接广州，南邻中山，是广东省第三大城市。珠江水系中的西江、北江及其支流贯穿全境，属典型的三角洲河网地区。佛山历史上是中国天下四聚、四大名镇之一，如今是国家级历史文化名城、中国龙舟龙狮文化名城、广府文化发源地和兴盛地之一，享有全国文明城市、世界美食之都、品牌之都、最具浪漫城市等诸多美誉。

佛山与广州地缘相连、历史相承、文化同源，是"广佛都市圈""广佛肇经济圈""珠三角经济圈"的重要组成部分，在广东省经济格局中处于领先地位。作为中国先进制造业基地、广东重要的制造业中心，佛山创造了坚守以制造业为主导的实体经济，着力培育本土经济，坚持内生性发展的"佛山模式"，培育了众多知名企业和品牌，不仅使地区经济富有活力，也让"佛山制造"驰名海内外。

2014 年，佛山 GDP 为 7603.28 亿元，比 2013 年增长 8.6%，总量居广东省第三位，仅次于广州、深圳。三次产业结构为 1.9∶61.6∶36.5，其中第一产业增加值 142.47 亿元，增长 2.6%；第二产业增加值 4687.02 亿元，增长 9.4%；第三产业增加值 2773.80 亿元，增长 7.6%。民营经济是佛山经济的重要力量，也是佛山区别于其他城市的主要特征和优势所在。佛山出台了一系列促进民营企业发展壮大的政策措施，如禅城区实施"醒狮计划"、南海区实施"雄鹰计划"、顺德区实施"龙腾计划"等，从政策、资金、资源和服务等方面为企业提供良好发展环境。2014 年佛山民营经济增加值为 4653.59 亿元，占佛山 GDP 的比重为 61.2%。

二、粤东城市群

1. 城市群特征

粤东城市群由汕头、潮州、揭阳、汕尾四个地级市构成，位于广东省东部沿海，海岸线长约 892 千米，港湾众多，海洋资源丰富。2014 年粤东城市群土地总面积为 15315 平方千米，总常住人口 1728.61 万人，其中城镇人口 1029.38 万人。人口密度为 1117 人/平方千米，总体城市化水平为 59.55%。2014 年粤东城市群 GDP 为 5064.17 亿元，占广东省的 7.47%，人均 GDP 29393 元，按产值评价的三次产业结构为 8.29∶55.31∶36.40。

粤东四市中，从面积来看，揭阳最大，占粤东土地面积的 33.86%，汕尾第二，汕头最小。市辖区面积汕头最大，潮州次之，揭阳位居第三，汕尾最小。粤东整体开发强度较小，市辖区建成面积汕头最大，揭阳位居第二，汕尾、潮州远远落后；建成区面积与市辖区面积之比也是汕头最高，揭阳次之（见表8-13）。

表 8-13　2014 年粤东城市群人口及土地概况

城市	城市群土地使用概况				城市群人口概况				
	全市面积（平方千米）	市辖区面积（平方千米）	（市辖区）建成区面积（平方千米）	建成区面积/市辖区面积(%)	常住人口（万人）	全市人口密度（万人/平方千米）	第一产业从业人员比重（%）	第二产业从业人员比重（%）	第三产业从业人员比重（%）
汕头	2064	1956	250	12.78	552.37	0.27	0.08	59.59	40.33
汕尾	4865	421	16	3.80	300.66	0.06	1.91	59.75	38.34
潮州	3146	1414	42	2.97	272.04	0.09	0.09	58.21	41.70
揭阳	5240	1031	120	11.64	603.54	0.12	0.52	57.10	42.38

资料来源：根据《中国城市统计年鉴》（2015）计算得到。

就城市人口规模而言，揭阳和汕头较大，人口均在 500 万人以上，潮州、汕尾规模较小且两者接近，均在 300 万人左右。从整体就业结构来看，粤东城市群为"二、三、一"，第二产业就业比重均在 55% 以上，第一产业从业人员比重极低（见表 8-14）。

表 8-14　2014 年粤东城市群经济发展系列指标

城市	GDP（亿元）	人均 GDP（元）	实际利用外资（亿美元）	城市化率（%）	经济密度（万元/平方千米）	第一产业产值占比（%）	第二产业产值占比（%）	第三产业产值占比（%）
汕头	1716.51	31201	1.7813	69.85	8316.42	5.35	52.64	42.01
汕尾	716.99	23928	1.6282	54.70	1473.77	15.32	46.47	38.21
潮州	850.22	31302	1.092	63.41	2702.54	7.15	54.83	38.02
揭阳	1780.44	29600	2.3888	50.53	3397.79	8.82	61.67	29.5

资料来源：根据《中国城市统计年鉴》（2015）计算得到。

粤东四市经济规模差距不大。以 1000 亿元 GDP 为界，揭阳和汕头位于 1000 亿~2000 亿元，而汕尾和潮州位于 500 亿~1000 亿元。从人均 GDP 来看，汕头、潮州比汕尾、揭阳略高，前者均在 3 万元以上，后者在 2 万~3 万元。汕头作为粤东城市群中心城市的优势地位不明显，对其他城市经济体的辐射带动作用不强。虽然潮汕籍的华侨富豪较多，但是粤东整体较低的经济发展水平制约了该地对外资的吸引力，2014 年粤东四市实际利用外资总额 6.89 亿美元，仅与珠三角九市中利用外资最少的中山市相当。在粤东四市中，汕头城市化水平最高，揭阳最低。从经济密度比较，汕头最高，汕尾最低。粤东四市三次产业的产值结构均呈现出"二、三、一"的特征，其中汕头第一产业产值比重最低，汕尾最高，第二产业比重揭阳最高，汕尾最低，三产比重汕头最高，潮州最低。

粤东城市群存在的主要问题是土地资源紧缺，发展空间受限；核心城市的带动力不强；城市群交通基础设施薄弱；产业雷同，缺乏互补性发展，各市区域性基础设施建设协调不够；行政区划阻碍经济发展；环境污染和生态破坏问题严重；社会人文环境因素制约粤东的发展。

2. 主要城市发展状况——汕头

汕头是粤东城市群的核心城市，位于广东省东部，韩江三角洲南端，北接潮州，西邻揭阳，东南濒临南海。该市为亚热带海洋性气候，年均气温 21℃ ~ 22℃。境内韩江、榕江、练江三江入海，大陆海岸线绵延 217.7 千米，海岛岸线长 167.37 千米，有大小岛屿 82 个。

汕头是全国主要港口城市、中国最早开放的经济特区、海西经济区的重要组成部分。汕头港于 1860 年开埠，经贸发达，20 世纪 30 年代，汕头港口吞吐量曾居全国第三位，商业之盛居全国第七位，是粤东、闽西南、赣东南的交通枢纽、进出港口和商品集散地。汕头素有"岭东门户、华南要冲""海滨邹鲁、美食之乡"美称，享有中国优秀旅游城市、中国投资环境百佳城市、中国品牌经济城市、国家知识产权工作示范城市、国家电子商务示范城市等众多荣誉。

汕头华侨众多，与海外交往密切。海外华侨港澳台同胞 335 万人，遍布世界 40 多个国家和地区。1979~2008 年汕头累计实际吸收外商直接投资金额为 76.15 亿美元。汕头人多地少，这一自然条件的局限不仅造就了汕头人精耕细作的种植传统，还塑造了汕头民众不畏吃苦、勇于开拓、善于经营的个性。2014 年，汕头地区生产总值 1716 亿元，三次产业产值比重为 5.35 52.64 42.01。

三、粤西城市群

1. 城市群概况

粤西城市群主要包括湛江、茂名、阳江三个地级市，地形以山地丘陵为主，西部背靠大陆，南临南海，海岸线长，岛屿、港湾众多，土地矿产资源丰富。

2014 年该城市群总面积为 32644 平方千米，常住人口为 1880.8 万人。粤西城市群总面积 5198 平方千米，建成面积合计 279 平方千米，且这两项指标均是茂名最大，湛江次之，阳江最小。粤西城市群建成区占比均较低，人口密度较低，且均远低于珠三角城市群的平均水平。三次产业的从业人员比重均呈现"三、二、一"特征，第三产业吸纳了最大比重的就业人口（见表 8-15）。

表 8-15　2014 年粤西城市群土地及人口概况

城市	城市群土地使用概况				城市群人口概况				
	全市面积（平方千米）	市辖区面积（平方千米）	（市辖区）建成区面积（平方千米）	建成区面积/市辖区（%）	常住人口（万人）	全市人口密度（万人/平方千米）	第一产业从业人员比重（%）	第二产业从业人员比重（%）	第三产业从业人员比重（%）
湛江	13261	1703	108	6.34	818.99	617.6	3.51	38.91	57.58
茂名	11427	2715	120	4.42	772.38	675.93	1.82	43.35	54.83
阳江	7956	780	51	6.54	289.43	363.79	1.87	48.79	49.34

资料来源：根据《中国城市统计年鉴》（2015）计算得到。

2014 年，粤西三市经济总量为 5776.57 亿元，占广东省经济总量的 8.52%。粤西三市人均地区生产总值差异不大，且阳江最高，茂名次之，湛江最低。由于既不具备珠三角城市群的区位优势，也没有粤东城市群丰富的侨胞资源，粤西城市群整体在利用外资方面表现平淡。2014年粤西三市实际利用外资总额4.23亿美元，每个城市均不超过2亿美元。粤西三市城市化率都不足50%，经济密度较低，除茂名刚刚达到2000万元/平方千米外，其余两市均远低于此水平。湛江、茂名三次产业产值结构为"三、二、一"，阳江为"二、三、一"。值得注意的是，粤西三市第一产业产值占比较高，均在15%以上，湛江最高，达到19.01%（见表8-16）。这一方面是因为当地自然资源和气候条件适宜农作物生产，另一方面也是粤西城市群整体经济发展水平较低、工业化进程整体滞后所致。

表8-16 2014年粤西城市群主要经济指标

城市	GDP（亿元）	人均GDP（元）	实际利用外资（亿美元）	城市化率（%）	经济密度（万元/平方千米）	第一产业产值占比（%）	第二产业产值占比（%）	第三产业产值占比（%）
湛江	2258.99	31420	1.50	39.81	1703.48	19.01	39.58	41.41
茂名	2349.03	38951	1.56	39.01	2055.69	15.50	41.50	43.00
阳江	1168.55	46938	1.17	49.05	1468.76	16.51	48.03	35.45

资料来源：根据《中国城市统计年鉴》（2015）计算得到。

2. 主要城市发展状况——湛江

湛江是粤西城市群的中心城市，是1984年全国首批开放的沿海14个城市之一，也是中国大陆通往东南亚、欧洲、非洲和大洋洲航程较短的港口城市之一。位于中国大陆最南端雷州半岛上，地处粤桂琼三省（区）交会处，南濒南海，隔琼州海峡与海南省相望，西临北部湾，背靠大西南，东与茂名市相连。湛江地处北回归线以南的低纬地区，属热带和亚热带季风气候，终年受海洋气候调节，冬无严寒，夏无酷暑。年平均气温23℃，年平均雨量1417~1802毫米。湛江市下辖三个县级市、五个区和两个县。土地总面积13260平方千米，其中平原占66.0%，丘陵占30.6%，山区占3.4%。陆地大部分由半岛和岛屿组成，多为海拔100米以下的台阶地。

湛江海岸线长达1556千米，为全广东之最，约占广东省海岸线的2/5和全国的1/10；拥有148.7万亩海洋滩涂，也是全广东之最，占到全省总量的48%。湛江港自然条件优越，海岸线全长460多千米，仅内港岸线长达241千米，为世界第一港——荷兰鹿特丹港的三倍；其中深水岸线97千米，可发展为年吞吐10亿吨的国际大港。

2014年湛江生产总值达到2258.99亿元，比2013年增长10%，高于全国、广东省增长水平。人均 GDP 达到 31420 元，比 2013 年增长 7.9%。三次产业结构为 19.01∶39.58∶41.41。

第三节　乡村城市化

乡村城市化是指农村剩余劳动力和人口在乡村完成其职业的非农业转化，而不需要进入城市，即"在乡村完成的城市化"过程，其核心是农村劳动力的职业非农业转化和空间转移（薛德升和郑莘，2001），其实质是乡村在城乡二元结构下逐步走向区域一体化的过程，它意味着乡村地区不断具备被认为只有城市才具有的生产和生活方式等方面的特点，城乡之间的差异大为缩小，乡村人口的生活条件与城市日益接近（闫小培和刘筱，1998）。改革开放以来至 20 世纪 90 年代中期，广东省由于有改革"先行一步"的政策和毗邻港澳的地理区位优势，在利用国内外因素促进社会经济发展方面取得了显著的成就，乡村社会向城市社会的转变也比全国大多数省份迅速得多，尤其是在自然条件和经济发展基础较为优越的珠三角地区，更是成为乡村城市化的典型地区。

接下来，本节将以珠三角为例，着重分析广东乡村城市化的动因、特征，并归纳这一进程中存在的问题。

一、乡村城市化的动因

珠三角是传统农业发达地区，但是改革开放之前，依靠农业发展的乡村城市化进程十分缓慢，因为传统农业依赖农民个人经验积累的发展模式十分局限，而现代农业发展需要城市的技术和科技人才的支持。珠三角地区大规模城市化始于改革开放后，在国家政策和区域外部力量的推动下，乡村工业化进程显著加速，也使得乡村城市化发展成为珠江三角洲城市化的一大特色。

珠三角的地理环境是乡村城市化得以发生的最基本前提，它不仅自始至终影响乡村城市化形成发展的整个过程，同时也是乡村城市化区域性特征产生的基础（闫晓培和刘筱，1997）。珠三角位于广东省中南部，濒临南海，是我国南亚热带最大的冲积平原，气候高温多雨，热量充足，极有利于作物生产。区域内土壤肥沃，河网密集，有利于发展农业，是传统的农业发达区。同时，珠三角具有极为优越的地理位置，毗邻港澳，港口众多，交通便利，具有实施对外开放政策、发展外向型经济的基础条件。

随着党的十一届三中全会的召开，在农村实施了以联产承办责任制为主的一系列改革，解放了农村生产力，大大提高了农业生产效率，珠三角地区潜在的人多地少、劳动力过剩的问题更加突出。仅以四邑（新会、台山、恩平、开平）地区为例，在 1978 年，人均耕地占有面积仅为 1.1 亩。随着以经济建设为中心的确立，中央政府充分发挥珠三角毗邻港澳的区位优势，将深圳作为经济特区，开启了对外开放的新篇章。同一时期，香港劳动密集型产业在成本优势吸引下，大批转移到珠三角，形成了对当地劳动力的强劲需求。仅从资金的流入就可以看到这一势头：1986~1990 年，广东实际利用外资 95 亿美元，单 1990 年就利用了 20 亿美元，占当年全国利用外资的 20%；1992 年邓小平同志"南方谈话"之后，利用外资的势头更盛，1994 年达 114 亿美元，占全国的 26%（钟逢干，1999）。与此同时，在 1984 年，中央 1 号文件为农村剩余劳动力进城开了绿灯，"允许务工、经商、办服务业的农民自理口粮到集镇落户"。除珠三角本区域大量剩余劳动力被吸引外，珠三角区外、甚至省外的劳动力也在较高的收入吸引下进入珠三角。企业的区位选择决定了剩余劳动力的转移方式。由于珠三角出现了劳动力成本、交通成本、税收成本和土地成本的均质化现象，并导致了外商投资企业在村一级农村集体所有制单位的广泛分布，进而形成分散的农村城市化格局。根据这一企业空间分布特征，珠三角剩余劳动力的转移方式主要有以下几种：就地转移（居住地和工作地仍在农村）、摆动式空间转移（居住地在农村，工作地点在附近城镇）；非永久性空间迁移（居住地和工作地均在城镇，但户口在农村）；永久性空间迁移（乡村人口转化成城镇固定职工，工作地、居住地、户籍均发生变化）。乡村地区非农化水平从 1985 年的 40% 增至 1991 年的 48%，提高了 8 个百分点。

乡村工业化是珠三角乡村城市化的动力来源。外资企业和"三来一补"企业为主体的工业化发展，显著地提高了当地的工业化水平，使得珠三角区域内外大量农村劳动力转移到二三产业，一批明星城市诞生并迅速发展起来（如东莞、中山、顺德、南海被称为"广东四小虎"）。珠三角整体经济实力在 1980~1994 年突飞猛进，GDP 以年均 17.8% 的速度增长，到 1994 年，GDP 达 2983.6 亿元，是 1980 年的 25 倍。乡村地区的发展尤其令人瞩目。在改革开放之初，乡村经济发展各项指标明显低于珠三角整体水平，但由于其快于珠三角整体的经济增长速度，致使乡村发展水平逐渐接近于该区域整体水平。在此期间，珠三角非农业人口整体年均增长 4.1%，乡村年均增长 6.0%，高出前者 1.9 个百分点；乡村 GDP 和非农产值年均增长率比珠三角整体分别高 8.9 个和 2.9 个百分点。到 1994 年，珠三角乡村按市镇人口统计的城市化水平达 40.8%，非农产值占 GDP 的比重达 83.6%，工业劳动力占劳动力总数的比重达 22.14%，而同期珠三角这三个指标值分别为 65.6%、91.2% 和 25.76%；整个珠三角财政收入超千万元的镇达 136 个，其中超 5000 万元的有 25 个，并且各城镇都有较完善、档次较高的基础设施和社会服务设施，许多镇、管理区的个别公共设施水平已与大中城市媲美。

二、乡村城市化的特征

1. 乡村劳动力非农化迅速，后期逐渐放缓

1985~1991 年，珠三角乡村地区非农劳动力从 267.3 万人增加到 377.5 万人，增加了 1.4 倍，年均增长率为 5.9%；而同期劳动力总数增加了 1.2 倍，年均增长率为 2.9%，比非农劳动力增速低 3 个百分点。珠三角乡村地区非农化水平普遍提高，其中顺德、东莞、中山、新会、三水、四会六市超过 50%，顺德和东莞超过 60%（闫小培和刘筱，1998）。值得注意的是，由于统计口径的问题，这里的非农业劳动力既不包括亦工亦农劳动力，也不包括户口不在珠三角区域的外来劳动力。1979~1990 年，珠江三角洲已吸收了 300 万区外劳动力，致使大部分县市外来劳动力的数量大、比重高，甚至大大超过了本地劳动力的数量，在许多企业外来劳动力已成为职工队伍的主体（闫小培和刘筱，1998）。因此，若将这些因素考虑进去，珠江三角洲的非农化水平更高。

随着农村剩余劳动力的转移，经过改革开放 10 多年的发展，珠江三角洲乡村地区的劳动力大多已从土地上转移出去，从事非农活动，并出现劳动力短缺状况，因而招募了大量外来工弥补劳动力的不足。因此，就本地劳动力而言，在 20 世纪 90 年代中后期珠三角地区非农化进程明显放慢。

2. 具有空间分散性

因毗邻港澳的地缘优势，改革开放以来，珠三角迅速开始了外资驱动型工业化过程。外资成为珠三角城市化的首要和最为初始的驱动因素，而外商企业的选址行为直接影响了农村城市化的空间特征。以成本为导向的外资企业通过寻求劳动力成本、交通成本、税收成本、土地成本最小化的区位来达到企业利润的最大化。由于珠江三角洲的开放性、区位性质和行政管理特征，劳动力成本、交通成本、税收成本基本上可以看成是外生的，而且出现了均质化的现象（李郇和黎云，2005）。因此，土地成本就成了外资企业生产布局的主要考虑因素。在当时的财税体制和土地所有制下，村级政府不仅具有吸引稀缺外资的动力，还由于村级土地集体所有制的相对独立性，使得村委会在征地中的征地补偿费用方面具有较大的灵活性。因此，乡村土地在和城市土地竞争外资的过程中，不仅没有明显的劣势，甚至还显现出了一定的优势。

以东莞清溪镇为例。清溪镇位于东莞东南部，距香港 48 千米，全镇共有 23 个自然村。在沿镇域主要对外交通线的清塘路、清凤路、清樟路两侧，分布了大量的村一级的工业区。2001 年外商投资总额为 9.44 亿美元，其中在各自然村

的工业区的投资总额为 8.91 亿美元，占全镇的 94%。实际上外商是在各村进行投资选址，企业在各村分散布局，出现村村工业化的空间现象（李郇和黎云，2005）。

外资企业分散的空间布局使得本地劳动力一方面可以分享来自土地出让的收益分成，实现收入水平的大幅提升；另一方面也可以在本地直接转化为非农劳动力，导致了农业劳动力转移的分散性，呈现出"离土不离乡"的特点。

3. 整体滞后于工业化

从一般规律看，一个国家和地区的经济发展与社会进步过程中，其城市化水平与工业发展和非农人口的增加应是大体一致的。但在我国城市化却相对滞后。从珠江三角洲的情况看，1980～1994 年，乡村地区城市化水平（统计非农人口计算得到）仅由 14.63% 提高到 27.33%——在低水平上提高了近 13 个百分点；而工业化水平（以第二产业 GDP 计算）却从 33.6% 提高到 50%——在较高水平上提高了近 17 个百分点。1994 年工业化水平与城市化水平相差近 25 个百分点，乡村城市化滞后于工业化。尽管如此，乡村城市化水平提高的速度却大大快于工业化水平，1980～1994 年，前者的年均增长率为 6%，后者为 2.9%，表明两个水平的差距在逐渐缩小。但如前所述，这一分析是建立在统计非农业人口基础上的，若按实际非农业人口计，城市化水平会高得多。很明显，乡村城市化水平直接与非农人口数量有关，并由其决定，所以乡村城市化速度的提高是乡村人口非农化速度加快的结果。另外，工业化水平的提高，直接产生对劳动力的强大吸引力，推动了乡村人口向非农产业转变，导致非农人口的增加，进而推动了乡村城市化的进程（闫小培和刘筱，1997）。

4. 镇域经济崛起

改革开放以来，随着经济制度的根本变革，成千上万渴望创业致富的农民开始从有限的土地上转移出来，务工经商成了他们的新选择。长期计划经济的影响使得我国大量小商品生产匮乏，从事资金技术门槛不高的小商品的生产加工成了很多新转移进入非农行业的农民的共同的选择。因此，20 世纪 90 年代以来，广东出现了大批经济规模超十亿、几十亿甚至百亿元的产业相对集中、产供销一体化、以镇级经济为单元的新型经济形态，即所谓的专业镇经济。这些分布在珠三角及其腹地区域的专业镇，最显著的特征就是小企业、大产业、小产品、大市场。

譬如中山古镇从 1982 年发展至今已经成为国内最大的灯饰专业生产基地和批发市场。全镇登记注册的灯饰厂企共 4000 多家，从业人员 6 万多人，共有灯饰铺位 1000 余家，形成了长约 7 千米的"灯饰一条街"。古镇灯饰在全国同行业市场中的份额约 60%，还大量出口到港澳台地区、东南亚、日本、美国及欧洲各国等 99 个国家和地区，享有较高的知名度和美誉度。东莞虎门服装产业萌芽于 20 世纪 70 年代末，经 30 多年的发展，虎门镇已经成为全国有名的"中国服装名城""中国女装名镇"和"广东省技术创新服装专业镇"，从一个国内生产总值仅 6500 多万元的海边小镇，迅速发展成为生产总值达 348 亿元、富有现代气息的时尚之都。从 1996 年举办第一届服交会至今，虎门服装服饰业一直保持稳定发展态势。服装服饰制造企业总数逐步增长，从 1996 年的 500 家增加到 2014 年的 2280 家，规模以上服装企业产值由 1996 年的 20 亿元递增到 2014 年的 184 亿元，年产各款服装 2 亿余件（套），并形成了一个以富民时装城为中心的服装销售圈和以富民布料市场为中心的面料经营圈，现有大型服装、鞋类、面料和辅料市场 29 家，销售店铺 8000 多个。

除上述两个专业镇外，珠三角地区还形成了中山沙溪服装、东莞石龙及清溪电脑制造、东莞厚街及南海平洲制鞋、南海官窑玩具、狮岭皮具等多个专业镇。专业镇经济的蓬勃发展不仅使得珠三角整体经济实力在 20 世纪 80 年代至 90 年代中期突飞猛进，也使得珠三角农村地区的经济面貌大为改观，经济实力显著增强。1994 年珠三角财政收入超千万元的镇共 136 个，其中超 5000 万元的有 25 个。1996 年珠三角城镇人口达 1011.6 万人，占总人口的 46.6%，每 96 平方千米就有一座建制镇，且村按镇建设，镇按城建设，在一定程度上改变了农村传统的分散自然村落的旧格局。珠三角地区公路行车里程超过 20000 千米，公路密度逾 60 千米/百平方千米，其中东莞、深圳达 97 千米/百平方千米，顺德更高达 139 千米/百平方千米，且公路等级较高，路面质量较好。此外，各城镇都有较完善、档次较高的基础设施和社会服务设施，其中许多镇、管理区的个别公共设施水平甚至可以与大中城市媲美。

三、乡村城市化进程中存在的问题

快速、迅猛的乡村城市化进程收获了经济增长的硕果，也使得农民收入水平整体显著提升。但是，由于城乡二元社会的结构关系没有改变，行政体制和管理机制没有改变，这种制度和管理变革上的滞后带来了一系列的问题。

（1）城市化质量不高，人口市民化任务艰巨。2014 年珠三角地区常住人口的城市化率为 84.12%，而户籍人口的城市化率仅为 72.87%，两者相差了 11.25 个百分点。而且，很多城市实施村改社区，直接将一些农村居民点整村纳入城市范畴，但是这部分在统计意义上的新增城市居民仍然保留着农村生活方式。城市公共服务设施配套不足，与城市化发展水平不匹配。城镇公园、绿地、广场数量较少，公共图书馆、文化馆、博物馆拥有量较低，与住房和城乡建设部《宜居城市科学评价指标体系》中提出的 0.3/万人的标准相去甚远。受户籍制度、社会保障制度等因素影响，珠三角地区大量本地农村居民尤其是外来务工人员未能真正融入城市社会，无法平等享受基本公共服务，对城镇的归属感和认同感较低，一定程度上制约了社会的和谐发展。市场经济的推动下，人们注重经济利益，传统的文化观念受到冲击，思想观念、劳动方式、社会交往均发生了相应的变化。人们在利益驱使下利用土地制度的缺陷和管理制度的不完善，由种粮食和经济作物改为"种房子"，农民成为以收租为主要收入的食利阶层，不思进取，甚至沾染上黄赌毒的恶习。同时，相较于同时期城市居民社会福利的削减和市场化，本地农民身份拥有更好的经济保障水平和政策红利，农民更愿意保留农村户口而不愿意转移为城市户口，从而在一定程度上制约了区域整体城市化水平的进一步提升。

（2）城镇规划水平较低，城市景观杂乱。城乡建设模式相对粗放，建设用地增长远高于人口增长。部分县、镇建成区面积盲目扩张、无序蔓延，导致土地利用效率较低。空间职能不明，区域功能和内部功能分布不合理，工商居混杂。工业用地及工厂分散布局，"村村有工业，处处是工厂"，而真正有规模的工业集聚区欠缺，环境污染问题较为普遍、严重。

（3）经济发展陷于"低端锁定"。在珠三角乡村工业化进程中蓬勃兴起的劳动密集型产业为主的外向型经济，长期居于产业价值链的低端，利润微薄，深受国际金融市场环境影响，风险较大。创业主体受到自身文化素质、科技水平的制约，初期多选择门槛较低的传统行业进入，以生产适用、技术简单的产品为主，在生产技术上模仿多于创新，独立发明创造能力不足。由于乡镇企业与大中城市空间距离较远，产业规模普遍较小，经济实力较弱，在吸引高素质人才方面具有天然的劣势，制约了企业的转型升级和长期发展。

第四节　新型城市化

新型城市化，是相对于我们过去的城镇化道路或者模式而言的。新型城市化包含人口、经济、社会、环境等方面较为丰富的内容，要坚持实现人口、资源、环境、发展四位一体的互相协调（牛文元，2008）。具体而言，"新"体现在由过去片面注重追求城市规模扩大、空间扩张，转变为以提升城市文化、公共服务等内涵为中心，使城镇成为具有较高品质的适宜人居之所。因此，其不再局限于单纯的城镇人口指标，而是更加注重城乡一体化和均等化，注重城乡统筹发展、集约发展和谐发展，注重提升农村村民和城镇居民的生存条件、生活方式和生活质量。

广东省在改革开放以来，城镇化水平快速提高，城镇体系不断完善。根据世界城镇化发展普遍规律，全省城镇化进程已接近城镇化率大于70%的稳定发展区间，随着内外部环境和条件的深刻变化，传统城市化进程中的问题越来越突出。

（1）城市经济发展不均衡，中小城市和小城镇发展不足。个别大城市城市人口快速增长，导致城市交通拥挤、房价高企。第六次人口普查显示，2010年广东省流动人口数量达3128万人，位居全国之首，相当于广东省常住人口的30%，其中省外流动人口达2150万人，约80%的省外流动人口集中在广州、深圳、佛山、东莞四市。2000~2014年，广东省人口最多的四个人口大市广州、深圳、东莞、佛山年末常住人口分别增长了31.48%、53.71%、29.38%和37.64%（见表8-17）。快速流入的人口带来了经济增长的动力，也导致严重的交通拥堵和房价上涨。国内数字地图内容提供商高德发布的《2014年第二季度中国主要城市交通分析报告——市民躲避拥堵出行建议》显示，2014年第二季度全国重点城市拥堵排名上海居首，杭州、北京、重庆、深圳、广州、福州、沈阳、成都、济南紧随其后。广州榜上有名，拥堵延时指数2.02，位居第六。

表8-17　2000~2014年广州、深圳、东莞和佛山的年末常住人口

单位：万人

年份	广州	深圳	东莞	佛山
2000	994.80	701.24	644.84	534.05
2005	949.68	827.75	656.07	580.03
2009	1186.97	995.01	786.08	687.47
2010	1270.96	1037.20	822.48	719.91
2011	1275.14	1046.74	825.48	723.10
2013	1292.68	1062.89	831.66	729.57
2014	1308.05	1077.89	834.31	735.06

资料来源：根据《广东统计年鉴》（2015）整理得到。

（2）城乡发展不均衡，城市化质量不高。城乡收入比从1980年的1.72增加到2015年的2.6，突破了国际警戒线。农村教育、医疗、卫生、养老等基本公共服务水平较低，大量农村青壮年人口大量转移到城市务工，农村凋敝，家庭分散化现象突出。农村留守儿童、妇女和老人问题日益突显，给经济社会发展带来诸多风险隐患。

（3）土地过度开发和低效利用并存，个别城市发展空间、资源约束日益严重。目前深圳、东莞的国土开发强度已逼近50%，中山、佛山已超过30%，可开发土地与用地需求的矛盾十分尖锐。珠三角地区人均城市建设用地达到157

平方米，远高于发展中国家人均用地 83.3 平方米的水平。与此同时，低效用地现象依然存在，城市化发展普遍存在"摊大饼"现象。

（4）城市管理服务水平不高。重城市建设、轻管理服务，城市污水和垃圾处理能力不足，大气、水、土壤等环境污染加剧，城市管理运行效率不高，公共服务供给能力不足，城中村和城乡接合部等外来人口集聚区人居环境较差。

2014 年，为全面贯彻落实中央城镇化工作会议精神和《国家新型城镇化规划（2014—2020 年）》，探索符合广东实际的新型城镇化道路，广东召开了全省新型城镇化工作会议，印发《中共广东省委广东省人民政府关于促进新型城镇化发展的意见》，并开展《广东省新型城镇化规划（2014—2020 年）》编制工作。其中，明确提出广东新型城镇化发展的目标任务、政策机制和行动计划，全面探索具有广东特色的新型城镇化道路。

同年，广东省住房城乡建设厅还制定了《广东省新型城镇化"2511"试点方案》，谋划在全省范围内开展"2511"试点工作，即选择 2 个地级市、5 个县（县级市、区）、10 个建制镇作为新型城镇化综合试点，选择 10 类项目作为新型城镇化专项试点，为全省新型城镇化提供可复制、可推广的经验和模式，探索具有广东特色的新型城镇化道路。

在广东省推动新型城市化发展的过程中，在以下几个方面积累了宝贵的经验：

一、推动城市发展转型

城市经济转型与城市化进程密不可分，城市化要求城市改变原有的产业结构和城市功能，是导致城市经济转型的直接原因（顾乃华等，2011）。广东省率先推动了城市转型发展，在创新型城市、宜居城市建设以及资源枯竭城市转型方面进行了积极探索。

1. 广深创新型城市建设成效及特征

2009 年广州被批准成为国家创新型城市试点，2010 年又被批准成为国家创新型试点城市。2011 年广州出台了《广州市建设国家创新型城市试点工作实施方案》和《广州国家创新型城市建设总体规划（2010—2015 年）》（以下简称《规划》），明确提出率先建成国家创新型城市的目标。在《规划》中，将广州创新型城市建设的任务进一步明确为：健全区域创新体系，提高自主创新能力；调整优化产业结构，构建现代产业体系；加快智慧城市建设，支撑城市创新发展；大力发展民生科技，促进社会可持续发展；超前部署基础设施，增强城市创新潜力；优化创新发展环境，激发城市创新活力；强化辐射带动功能，引领发展方式转变七大具体任务。同时，《规划》提出要推进华南科技创新中心、信息广州、现代服务业、战略性新兴产业、先进制造业、创新型园区、民生科技应用、文化环境和社会事业八大创新工程建设，夯实创新发展基础，激发创新发展活力，提高广州自主创新能力和创新发展水平。2014年，广州荣获第四届中国城市信息化50强第二名，成功入选首批"宽带中国"示范城市，名列福布斯中国大陆最具创新力的25个城市的第九位、《自然》期刊中国十大科技领先城市中的第九位，在中国城市竞争力研究会中国城市科技创新力排行榜中排第四位，在澳洲智库"2thinktown"咨询公司全球445个城市的创新城市指数中排第190位（尹涛和张赛飞，2015）。

深圳构建创新型城市的发展历程是同其作为我国改革开放的"试验田"分不开的。"三来一补"和"三资"企业是深圳自主创新的发展起点。20世纪80年代，大批的"三来一补"企业利用土地、人口、政策等多方面的红利，为深圳工业的发展积累了大量的外汇资金，培养了一批管理人员和熟练工人，提高了深圳工业的生产能力与技术水平。"三资"企业则通过引进先进机器设备、生产技术和管理方法，使深圳在技术创新、技术人员和管理人员培训等方面走出了一条快捷发展的道路。这一时期，深圳以电子信息产业为突破口，打开了发展高新技术产业的大门，为创新资源的聚集打下了基础。从20世纪90年代开始，深圳快速发展的制度经验在全国各地推广，深圳的特区优势逐渐丧失。为应对深圳在资源和空间等方面受到的限制，深圳市政府积寻求自主创新的发展方向，重点发展高新技术产业，在全国率先走上了自主创新之路。1995年，深圳提出把高新技术产业作为第一支柱产业；2000年前后，深圳推出了"高新技术产业三个一批"（一批重点产业、一批大型企业、一批名牌产品）战略，重点培育本土自主创新企业，扶持华为、中兴等26家重点高新技术企业以及19个知名高新技术产品来带动高新技术产业发展。随后，在2004年1月，深圳市政府出台"一号文件"，提出了推进区域创新体系的战略任务，全面提升深圳自主创新能力，优化高新技术产业发展的软硬环境。2008年，为进一步增强自主创新能力，加快国家创新型城市建设，深圳市制定了《关于加强自主创新促进高新技术产业发展的若干政策措施》。历经多年持续的努力，深圳在创新型城市建设领域取得了令人瞩目的成就。2014年6月，国务院批准深圳建设国家自主创新示范区，深圳成为我国首个以城市为基本单元的国家自主创新示范区。

作为传统城市和新兴城市的代表，广州、深圳建设创新型城市的发展路径动力机制和要素组合等都有明显的不同，形成了不同的发展模式（蒋玉涛和郑海涛，2013）。从创新路径来看，广州的创新路径属于自体蔓生型，而深圳属于扦插嫁接型。相较而言，广州的发展路径具有以下特点：一是产业的创新发展脱胎于传统的工业基础；二是本土化的科技教育和人才资源成为市场化创新的

"班底"。这种发展方式具有明显的蔓生型特点，以渐进式、改良式的技术演进和制度演变为主，与本地产业、文化和制度黏合度高，往往缺乏革命性的创新动力和成果，因而其创新道路如枝叶蔓生，难以迅速成长出参天大树。深圳的扦插嫁接型道路主要呈现以下特征：一是通过"三来一补"加工贸易植入全球产业链。二是通过政府直接配置资源促进区域创新体系和主导产业体系建设。深圳还利用其作为中央特批"试验田"的政治地位和政策优势，与中央部委和内陆省份的优势科技、产业资源进行对接。这使得深圳能够在短时间内迅速集聚国内技术、人才和产品资源，形成区域创新体系和产业体系的雏形。如深圳的电子信息产业就是通过政府直接配置产业和创新资源而得以迅速成长起来的。三是通过体制突破和经济激励嫁接人才和资本等高端创新要素。

此外，从创新的重点领域比较，广州偏向于经济社会综合型城市，而深圳着重于产业技术主导型城市。广州的科技创新服务于经济社会发展，产业创新和民生科技同样重要，而深圳作为新兴城市，重点创新领域偏重于产业技术。在制度创新的保障方面，由于广州和深圳肩负的历史使命和发展基础的差异，两者的角色也不同。前者作为制度的跟随者，制度变迁在整体上逐步推进，属于改良型渐次变迁，没有经历重大的波动和激进式改革。后者则担当着制度的革新者，通过试点、试错不断完善各项创新制度。

2. 珠海的宜居城市创建经验①

1996 年，联合国第二次人居大会提出了城市应当是"适宜居住的人类居住地"的概念，引起了世界范围内对于"宜居城市"的广泛关注。此后，"宜居城市"成为众多城市发展、建设的理念和目标。广东省各个城市如广州、珠海、肇庆、清远等也纷纷将宜居城市作为城市发展的目标和方向。

珠海作为南方海滨城市和经济特区，具有生态环境优美和自然人文资源丰富等优势，自建市以来一直将"宜居"作为城市追求，始终坚持"生态优先、以人为本"的发展理念。30 多年来，珠海一直塑造出山海相拥、城田相间、陆岛相望的城市风貌，在宜居城市建设方面走在全国前列。

珠海的成功在于做到了总体建设思路明确，具体举措完善。具体而言，在总体思路方面，珠海市重视总体战略部署，科学制定了国际宜居战略。2012 年，珠海率先提出"蓝色珠海，科学崛起"的战略构想，明确要把珠海建设成为海上丝绸之路的明珠、中国南海战略的节点、国际宜居城市的标杆。为实现这一目标，先后出台了《关于加快建设生态文明新特区科学发展示范市的决定》《关于创建全国生态文明示范市的决定》《关于提高环境宜居水平建设美丽珠海的实

---

① 根据罗文君等在 2015 年《城乡建设》上发表的《珠海市——实施新型城镇化战略，建设国际宜居城市》及 2015 年 8 月 24 日发表在《南方日报》上的《珠海何以蝉联中国最宜居的城市？》总结。

施意见》《美丽珠海行动（2013—2017年）》等一系列文件，着力在经济参与全竞争、环境宜居建设、文化建设、社会治理、法制建设等领域实现新的突破。2015年，珠海市出台了《关于实施新型城镇化战略建设国际宜居城市的决定》，提出一年打基础、三年上台阶，到2030年基本建成国际宜居城市的目标。

为了实现上述目标，珠海市高端谋划城市建设蓝图。一是引入多个高端专家团队，科学谋划国际宜居城市建设。二是制定新型城镇化规划，探索城镇化发展模式。三是构建国际宜居规划体系，谋划城市长远发展。建立以《珠海城市概念性空间发展规划》为统领，以《珠海市城市总体规划》《横琴总体发展规划》《西部生态新区发展总体规划》为主体，以环境宜居规划和控规为抓手，以专项规划和幸福村居规划为基础的国际宜居城市规划体系。四是推进"三线"划定，奠定城市生态安全格局。此外，珠海十分注重统筹推进各项宜居规划建设工作，构建了一套落实新型城镇化要求、体现珠海特色并与国际接轨的评测指标，从空间、生态、出行、人文、服务、经济、价值七个方面，设置愿景、核心、基础三个层级的引导控制指标，建立动态更新机制，作为评价各区各部门工作的绩效标准。深度推进国民经济和社会发展规划、主体功能区规划、土地利用总体规划、生态文明建设规划和城乡规划的"五规融合"管理体系建设。系统开展全面深化珠港澳合作、加快共建环珠江口宜居湾区等25项任务150个具体项目，形成清晰的工作任务台账，并将其作为推进国际宜居城市建设的有力抓手。先后开展两批环境宜居重点项目，涉及重点地区改造、生态环境治理等方面。

在具体举措方面，首先，全力打造横琴自贸区平台，探索粤港澳合作新模式；加快建设西部生态新区，夯实珠江口西岸核心城市基础。其次，重点专注住房供给和建筑市场监管两个领域，完善住房供应体系，强化建筑市场监管，从而全面提升城市居住水平和建筑业竞争力。最后，多管齐下抓好宜居城市建设的四项重点工作：①抓好城市设计管控，凸显城市风貌特色，重点强化城市天际线、山脊线和海岸线"三线"管理，严格控制城市建筑色彩风貌，保持山海相拥、陆岛相望的自然特色。②抓好幸福村居创建，建设美丽乡村样板。围绕"规划科学、生产发展、生活富裕、生态良好、文明幸福、社会和谐"总体要求，先后投入五亿元扶持多个重点村居建设，并通过引进高水平规划团队指导村居建设、全面推进乡村污水处理和垃圾分类处理工作。③抓好城市更新改造，促进城市转型升级。坚持整体谋划，探索形成了"东西统筹、城乡统筹；产城统筹，宜居宜业统筹；局部利益和整体利益统筹，群众利益和公共利益统筹"的"六个统筹"的"三旧"改造城市更新模式。④抓好公共设施配套，提升民生服务水平。借助市场力量，完善基础公共服务设施体系，并借鉴新加坡邻里中心理念，构建居住区、小区两级体系，为社区居民提供行政管理、医疗卫生、文化体育、社会福利、市政公用、交通及商业等方面的"一站式"服务，提高公共服务设施覆盖范围和服务质量。

经过长期不懈的努力，珠海取得了丰硕的成果。目前，珠海是珠三角生态环境最好、土地开发强度最小、低端产业集聚最少、人群密度和素质最均衡的城市之一。珠海是"中国十大魅力城市""最具幸福感城市""外国人最爱的中国十大旅游城市"，空气质量常年位居中国主要城市前五名。2014年城市竞争力蓝皮书《中国城市竞争力报告》中，珠海位于榜首。在2015年第十届中国城市发展与规划大会上，珠海作为中欧合作最佳实践案例在大会亮相，同时珠海首次发布了珠海建设宜居城市的创新指标体系。

3. 韶关的资源枯竭城市转型实践

韶关地处粤北，矿产资源丰富，开发历史悠久。在韶关被列为资源枯竭型城市之初，已累计向国家提供煤炭1.4亿吨，铁矿石6500万吨，十种有色金属共计400多万吨。围绕当时丰富的矿产资源，形成了采、选、冶、铸、加工一条龙的产业体系。高峰时期，韶关的煤炭、钢和铁产量分别占广东省总额的68%、45.7%和80.4%。然而，经过多年的开采，韶关的煤矿、铁矿、铅锌矿已经濒临枯竭。截至2005年，韶关的煤矿企业已全部关闭，导致5万多人失业；煤炭探明储量从2.64亿吨到目前剩余可采储量仅7500万吨；铅锌矿剩余可采储量141万吨，可采年限不足八年。韶关冶炼厂、钢铁厂等企业矿石资源对外依赖度一度超过60%。受此影响，韶关市大中型资源工业增加值比重下降25%，资源型产业增长乏力，急需发展替代产业，以增强韶关市的可持续发展能力。

"资源诅咒"使得韶关20世纪80年代初至90年代的经济发展盛况不复存在，人均GDP水平从广东省平均水平的一倍以上不断下滑，到20世纪90年代后期已经降至广东省平均水平的50%左右。2011年12月，经国务院批准，韶关成为中国第三批资源枯竭型城市，这是广东省作为东部发达省份首次有城市享受国家的经常性专项转移支付资金支持。除可获得中央和广东省的财政资金支持外，韶关还可在教育、社保、医疗、信贷等方面享受国家的政策支持。2014年1月，广东省审议通过了《韶关市资源枯竭城市转型发展规划》，提出韶关要探索一条具有特色的资源枯竭城市转型发展之路。

"韶关昔日的辉煌得益于工业，今日欠发达也源自于工业"。在沉痛的反思下，韶关市明确了未来五年经济建设的主攻方向为发展工业，集中优势资源，充分挖掘老工业基地的潜力，加快结构调整，发展新兴高端产业，建立生态型工业体系，以工业新崛起推动经济新跨越。大力投入资金对老牌国企如韶钢集团进行技术改造，采用新型、绿色的生产模式应对来自国内外的市场竞争。顺应广东"双转移"的趋势，与东莞结对子，建设莞韶产业园，并利用成本优势积极走出去寻找大项目落户。截至 2014 年 11 月，以机械装备，新材料、生物制药为主导产业的莞韶产业园已落户项目 300 多个，在建项目 112 家，规模以上工业企业 89 家，从业人员四万多人。按照目标，莞韶产业园工业总产值将在 2015 年达到 500 亿元，到 2020 年达到 1000 亿元。

此外，大力发展生态产业是韶关转型发展的又一重要举措。2010 年，南雄、乐昌、仁化、始兴和乳源五个县（市）被划入南岭山地森林生态及生物多样性功能区（以下简称"南岭生态区"）。地处南岭生态区的南雄、乐昌、仁化、始兴和乳源五个县（市）的国土面积、林地面积皆占韶关全市的 60% 左右，常住人口也占全市总人口的 45.9%，是韶关带动整体崛起的战略高地。不仅如此，韶关旅游资源丰富，拥有世界级、国家级品牌的景区景点 17 处，农业产品丰富，通过"三品"认证农产品达 414 个。凭借上述优势，2013 年以来，韶关加快构筑现代旅游产业体系，大力发展生态农业、森林生态旅游、竹木加工等特色优势产业，尝试走"生态发展产业化，产业发展生态化"之路，力争实现生态与经济效益双赢。①

二、推进城乡发展一体化

"十五"后期，我国进入了统筹城乡经济社会发展一体化的新阶段。党的十七届三中全会通过了《关于推进农村改革发展若干重大问题的决定》，指出"扩大公共财政覆盖农村范围，发展农村公益事业，使广大农民学有所教、劳有所得、病有所医、老有所养、住有所居"，提出了加快建设一体化的城乡社会保障体系的必要性。为了响应中央号召、推进城乡经济社会发展一体化，广东省在"十一五"期间出台了一系列政策文件，各市、县开始对医疗、社保、养老保险、就业、教育等影响民生的重大问题和二元结构带来的难题进行了新的实践和探索。具体而言，广东省主要从以下方面着手推动城乡一体化进程（黄声驰，2011）：

（1）改革基层政权与经济组织的关系，使政、经分离，在政经分设的基础上建设服务型政府。以中山市为例，在推动城乡管理体制对接方面，首先是全面开展农村股份合作制改革，建立起促进农民转型的稳定权益保障机制和利益分配机制，加速农民与土地的分离；其次是对村一级集体经济进行统一核算改革；最后是社区管委会与股份合作经济组织分设，社会管理由管委会负责，经

---

① 卜瑜. 韶关资源枯竭转型发展生态旅游［N］. 广州日报，2014-01-13；索有为，李凌. 广东出台《韶关市资源枯竭城市转型发展规划》 ［EB/OL］.［2014-01-08］. 中国新闻网，http://www.chinanews.com/cj/2014/01-08/5714102.shtml.

济管理由股份合作经济组织负责。在建设服务型政府方面，通过政府机构改革，完善统筹城乡的政府管理机制。各级政府部门在出台各种政策措施时，不再城乡分治，而是按照城乡经济社会发展一体化的要求，在政策制定、项目安排、工作部署、财力投放、人员配备上切实体现城乡一体化，建立了城乡帮扶工作机制，逐步形成了全方位、全社会共同参与推进城乡一体化的新格局。并从改善民生入手，推进城乡公共服务一体化服务。

（2）建立城乡社会保障体系，推动其他社会事业的发展。①建立农村合作医疗制度，覆盖全省农村，且保障水平不断提高。2011年提出基本医疗保障制度全面覆盖城乡居民，城镇职工参保率达到95%以上，"新农合"参合率达到98%以上，珠三角地区率先建立覆盖城乡居民的基本医疗卫生制度。②建立农民养老保险制度。广东农民养老保险工作开始于1992年，经过多年的探索，深圳、东莞、中山、佛山、珠海、广州六市全面实施了农民与被征地农民养老保险制度。③农村文化、教育等社会事业也得到发展。农村免费义务教育政策全面落实，"城乡教育联动发展计划"和县（区）内城乡教师收入"两个基本持平"政策的实施，使农村学校教学水平和硬件设施建设水平同步提高。广东省九成以上的乡镇有广播、电视站、医院、卫生院，95%的村在三千米范围内有小学，71%的村在五千米范围内有中学。

（3）发展农村工业化，为构建城乡一体化公共服务提供坚实经济基础。农村工业是农村经济发展的重要支柱之一，对推动农村经济总收入的增长起着非常重要的作用。以东莞为例，其强大的综合经济实力为构建城乡一体化的公共服务提供了坚实的财力支持。在社会救助方面，从2007年起开始实施覆盖城乡的最低生活保障制度，2008年起将城乡居民的最低生活保障标准统一提高至每月400元/人。在养老保险方面，2000年率先在全国实行农民养老保险；2004年将农村医疗一步到位调整为城乡居民基本医疗保险；2006年启动了农村基本养老保险与职工养老保险并轨；2008年实现了农村基本医疗保险与职工医疗保险的统筹。在劳动就业方面，建立起市、镇、村三级的劳动就业服务平台。在教育方面，积极开展省教育强镇创建活动。在卫生方面，实现每个镇街均有一所政府设置的综合性医院，每个村均有一所卫生站，形成了以市、镇、村为主体的三级医疗卫生保健网络。

（4）发展现代农业，建设现代农业产业体系。2010年，广东省农村居民纯收入7805元，连续两年高于城镇居民收入增速，城乡居民收入比缩小到3.05∶1，遏制了城乡居民收入差距继续扩大的趋势。

（5）加速建设小城镇，壮大县域经济，提升区域经济综合竞争力。加速建设小城镇，推动农村人口和第二、第三产业往县城镇聚集，新增基础设施投资和产业项目向县城镇倾斜，是壮大县域经济，提升区域经济综合竞争力的必由之路。

总体上来看，上述举措起到了积极的作用。广东省城乡居民人均可支配收入和人均生活消费支出均呈现出稳定增长态势，而且农村居民的增长速度更快。2006~2014 年，农村居民人均可支配收入占城镇居民的比重从 31.72% 提高到 38.09%，增长了 6.37%；农村人均生活消费支出占城镇居民的比重相应从 31.26% 提高到 42.53%，增长了 11.27 个百分点。从恩格尔系数来看，虽然农村居民恩格尔系数持续高于城镇居民，但是两者的差值也在持续缩小中（见表 8-18）。

表 8-18 2006~2014 年广东省城乡居民收支对比

年份	农村居民			城镇居民			农村居民人均可支配收入/城镇居民人均可支配收入（%）	农村居民人均生活消费支出/城镇居民人均生活消费支出（%）
	人均可支配收入（元）	人均生活消费支出（元）	恩格尔系数（%）	人均可支配收入（元）	人均生活消费支出（元）	恩格尔系数（%）		
2006	5079.78	3885.97	48.6	16015.58	12432.22	36.2	31.72	31.26
2007	5624.04	4202.32	49.7	17699.30	14336.87	35.3	31.78	29.31
2008	6399.77	4872.96	49.0	19732.86	15527.97	37.8	32.43	31.38
2009	6906.93	5019.81	48.3	21574.72	16857.51	36.9	32.01	29.78
2010	7890.25	5515.58	47.7	23897.80	18489.53	36.5	33.02	29.83
2011	9371.73	6725.55	49.1	26897.48	20251.82	36.9	34.84	33.21
2012	10542.84	7458.56	49.1	30226.71	22396.35	36.9	34.88	33.30
2013	11067.79	8937.76	42.1	29537.29	21621.46	33.6	37.47	41.34
2014	12245.56	10043.21	39.5	32148.11	23611.74	33.2	38.09	42.53

资料来源：根据《广东统计年鉴》（2015）计算得到。

当然，不容忽视的是，虽然广东省整体在推动城乡一体化发展上成效显著，但是由于广东省存在较大的区域发展差异，粤东、粤西和粤北地区的城乡差异显著高于珠三角地区。因此，在推动城乡发展一体化的战略部署下，虽然四大区域城乡一体化水平均有提升，但是粤东、粤西和粤北地区城乡差异较大的局面没有得到根本改观，促进粤东、粤西和粤北地区城乡一体化发展仍然任重道远。

三、积极推动城市新区建设

城市新区开发与建设是我国当今城市发展的主要态势（刘荣增和王淑华，2013）。其对解决城市发展空间约束、促进产业转型升级、创新社会发展新模式具有积极的作用。

随着国家区域发展战略日益由单极驱动转向多极增长，国家相继批复了多个国家级新区。广东省内共有珠海横琴、深圳前海、广州南沙三个新区相继纳入国家战略。与此同时，滨海新区也成为广东沿海城市社会经济发展的重要增长极和向海拓展空间的主要载体。自2013年以来，珠三角地区其他城市以及粤东、粤西地区城市相继设立了一批国家级和省级滨海新区，包括江门大广海湾综合发展经济区、湛江海东新区、阳江滨海新区、潮州新区等（见表8-19）。此外，北部山区城市也积极加入了新区建设的大潮中，如韶关确立了规划面积达490平方千米的芙蓉新区，梅州确立了规划面积为498平方千米的嘉应新区等。

表8-19　近年来广东省新建新区名录

区域	城市	名称	面积（平方千米）	级别
珠三角地区	广州	南沙新区	803	国家级
	深圳	前海深港现代服务业合作区	15	国家级
	珠海	横琴新区	106.46	国家级
	江门	大广海湾综合发展经济区	3240	省级
	东莞	长安新区	20.36	省级
	惠州	环大亚湾新区	2168	省级
	中山	翠亨新区	230	省级
粤东地区	汕头	海湾新区	480	省级
	汕尾	汕尾新区	465.1	省级
	潮州	潮州新区	783.5	省级
粤西地区	阳江	阳江滨海新区	505.9	省级
	茂名	茂名滨海新区	1688	省级
	湛江	海东新区	228	省级

注：潮州新区含海域230平方千米，海东新区含海域48平方千米。

资料来源：龚蔚霞，等.协调视角下广东城市滨海新区空间规划策略研究［J］.城市发展研究，2016（11）：32-38.

上述新区几乎都远离主城区，虽然具有较大的发展潜力，但是发展基础较为单薄。为了把发展潜力更好地转化为发展成果，许多新区把主要精力都放在经济发展上，并且在发展规划、区域合作、制度创新等方面都进行了积极的探索。下文着重介绍广东的三个国家级新区建设情况。

1. 南沙新区

南沙新区是广州市辖区，地处珠江出海口和大珠江三角洲地理几何中心，是珠江流域通向海洋的通道、连接珠江口岸城市群的枢纽、广州市唯一的出海通道，距香港 38 海里、澳门 41 海里。下辖六个镇和三个街道。1990 年 6 月，南沙确定为重点对外开放区域和经济开发区。1993 年 5 月 12 日，国务院批准设立广州南沙经济开发区，2005 年，南沙变身为独立行政区，2012 年 9 月 6 日，国务院正式批复《广州南沙新区发展规划》。2012 年 10 月 11 日，国务院新闻办举办中外记者新闻发布会，介绍国务院新近批复的《广州南沙新区发展规划》，南沙新区成为全国第六个国家级新区。

抓住上升为国家级新区契机，近年来南沙新区主要按照以下思路建设开发：一是高标准完善规划，规划好各种功能、业态和产业布局，充分体现生态宜居的要求；二是要在制度创新上有大突破，构建对接国际投资贸易通行规则的高水平制度框架，使南沙新区真正成为制度创新的试验田；三是增强产业集聚能力，加快发展先进制造业和现代服务业，迅速做大经济规模；四是加快中心城区和重大交通基础设施建设，全力打造国际航运枢纽港，突出精细化、品质化管理，实现城市建设管理有大变化；五是推动社会管理与国际接轨，提升城市品位。

经过近年来的开发建设，南沙新区综合实力显著增强。2014 年南沙新区实现地区生产总值 1025.59 亿元，按可比价格计算，比 2013 年增长 13%；实现税收总额 336.69 亿元，较 2013 年增长 12.91%。南沙经济技术开发区、高新技术产业开发区、保税港区等国家级特殊经济功能区发展态势良好，一批重点项目竣工投产。基础设施日趋完善，京港澳高速、南沙港快速、地铁四号线、广深港客运专线、广州港南沙港区等建成投入营运，水运、空运、铁路、公路运输网络发达，区域交通枢纽功能明显增强，城市功能配套日益完善。生态环境良好，人居环境优美，一系列城乡发展规划的编制实施使得南沙新区在统筹城乡发展方面走在了全省前列。

2. 横琴新区

横琴新区位于珠海市横琴岛所在区域，地处珠海南部，是珠海目前 146 个海岛中最大的一个。新区地理位置优越，毗邻港澳，交通十分便利。南距国际航线大西水道四海里；北距珠海保税区不到一千米；西接磨刀门水道，与珠海西区一衣带水；东与澳门一桥相通，最近处相距不足 200 米，距香港 41 海里，周边有香港、澳门、广州、深圳四大国际机场和珠海、佛山两个国内机场。2009 年 8 月 14 日，国务院正式批准实施《横琴总体发展规划》，将横琴岛纳入珠海经济特区范围，要逐步把横琴建设成为"一国两制"下探索粤港澳合作新模式的示范区。2009 年 12 月 16 日，横琴新区管委会在珠海市横琴岛正式挂牌成立，为广东省人民政府派出机构并委托珠海市人民政府管理，规格为副厅级。

2015 年 3 月 24 日，中共中央政治局审议通过广东自由贸易试验区总体方案，横琴被纳入广东自贸区范围。

与南沙新区不同，横琴在区位上紧邻澳门，承担着为澳门经济"适度多元化"提供协作及促进粤澳合作的职能，因而其制度创新明显倾向于与澳门的对接及融合，着力构建自由贸易区（杨英和秦浩明，2014）。围绕这一目标，横琴主动对接国际高标准投资贸易规则，着力进行体制机制创新。2015 年，横琴已制定对港澳负面清单、发布政府部门权力清单、制定 1748 项工商行政违法行为提示清单、制订横琴与港澳差异化市场轻微违法经营行为免罚清单，这些清单推动横琴形成了趋同港澳的国际化营商环境。在司法改革领域，率先推行立案登记制、率先实行将"类似案件类似判决"引入法庭辩论制度、确立中国第一个现代化综合法院框架、率先推行第三方法官评鉴机制，使横琴的法治环境进一步得到提升。在政务服务领域，率先推出商事登记主体电子证照卡和"三个零"政府服务，努力实现企业到政府办事"零跑动"、在法律规定之外对企业实施"零收费"、实现对企业"零罚款"。①

持续的制度创新带来了区域营商环境的改善，成功吸引了众多高端项目、高端企业、高端人才的入驻，也带来了显著的经济增长绩效。2011～2015 年，横琴经济指标呈现指数级的增长，GDP 增长了 10.5 倍，公共财政预算收入增长了 13.3 倍，2015 年横琴固定资产投资约占珠海市的 24%，公共财政预算收入约占珠海市的 15%。截至 2015 年底，横琴片区已有注册登记的港澳投资企业 1097 家，其中香港企业 222 家，澳门企业 875 家。

3. 前海深港合作区

前海深港合作区全称为"前海深港现代服务业合作区"，位于深圳南山半岛西部，伶仃洋东侧，珠江口东岸。紧临香港国际机场和深圳机场两大空港，深圳—中山跨江通道、深圳西部港区和深圳西站、广深沿江高速公路贯通其中，未来可在 10 分钟内抵达深港两地机场，半小时内抵达香港中环。

前海深港合作区的发展以深圳较好的金融环境及紧邻香港这一国际性金融中心为基础，在制度创新中重点突出要推进金融创新，提出将其打造成中国的曼哈顿。紧紧围绕人民银行金融支持自贸试验区建设 30 条，前海自贸片区持续推动金融改革创新，目前已明确落地 24 条，在众多方面实现全国领先。一是人民币业务创新创下多个"全国首例"。片区成功发放首笔 NRA 对外人民币贷款，办理首批跨境双向人民币资金池业务，成立全国首个跨境 B2B 交易结算平台，完成国内首单跨境碳资产回购交易，发行首单企业境外母公司"熊猫债"，完成

---

① 沈文金. 横琴屡创全国率先，促进粤澳深度融合［N］. 南方日报，2015-12-09；沈文金，吴志远，林群员. 粤自贸区首批推广经验过半"横琴创造"［N］. 南方日报，2015-12-31.

首单个人人民币跨境结算业务，人民币业务创新走在了全国前列。二是率先启动外汇管理制度改革。2015年3月，片区率先启动外债宏观审慎管理试点。三是深化粤港澳金融合作。积极开展双向股权投资试点，持续推动自贸片区与香港等国际金融市场对接。四是重大金融平台和创新金融机构高度集聚。前海深港合作区积极推动亚投行、港交所在前海设立运营总部或交易平台，打通境内境外两个市场；成立了全国第一家民营互联网银行微众银行、全国第一家首家CEPA框架下的消费金融公司等创新型金融机构，TCL、苏宁、奇虎360、信义、华强等民营企业积极发展产业金融，有效填补了全市甚至全国在该领域的空白（广东省政府发展研究中心课题组，2017）。

此外，前海深巷合作区还在其他领域积极推进机制体制创新，如大力开展政务服务创新，为企业提供"一门式、一网式"服务；努力建设成为法制建设创新高地，在构建与国际通行商业规则对接的制度规则体系、构建多元化国际化纠纷解决机制等方面均有突破；在贸易业态创新上重点推进跨境电商、平行进口汽车等新兴贸易业务形态，成效较好。

第九章　基础设施布局

基础设施是社会赖以生存发展的一般物质条件。1994 年《世界银行发展报告》指出，基础设施完备与否有助于决定一国的成功与失败，一个国家的基础设施能力与其经济产出是同步增长的。因此，"基础设施即便不是牵动经济活动的'火车头'，也是促进其发展的'车轮'"。扩展人类活动空间、克服空间阻力、削弱空间阻隔、合理利用空间及其所包含的物质条件是人类建设基础设施的主要目的之一（金凤君，2001）。

本章所指的基础设施包括交通基础设施、能源基础设施、通信基础设施等。改革开放以来，与持续快速的经济增长相适应，广东基础设施建设水平显著提高。日趋完善的基础设施反过来又成了促进广东经济持续增长的物质保障。

第一节　交通网络

20 世纪 80 年代初期，作为改革开放的前沿阵地，广东省"贷款修路、收费还钱"等公路建设体制创新使得广东基础设施建设走上了快车道。这一时期，发展重点是建设大型桥梁、高速公路、深水泊位、枢纽港站、深水航道，以及先进的运输工具、生产设备等。① 随着公路水路网络进一步完善，广东省综合运输能力不断提高，交通运输业逐渐向现代化方向发展。

值得注意的是，广东省交通网络的分布是不均衡的。道路与交通等基础设施建设是先从离港澳地区最近的珠三角核心区开始，然后向周边地区梯度扩散，并进一步扩大到更大范围。这种梯度扩散是由经济发展对运输的需求与运输能力成长所决定的。直到 20 世纪 90 年代后期，随着收入水平的普遍提高与市场规模的扩大，广东的交通网络与道路建设进入到一个大发展时期。2003 年广东省高速公路实现了中心城市到山区城市的全面连通，2004 年实现了所有地级市通

---

① "辉煌 60 年·交通巡礼"系列访谈——广东：弹指一挥间交通换新颜 [EB/OL]. [2009-06-09]. http：//zizhan. mot. cn/zhuzhan/zaixianfangtan/jiaotongxunli/guangdongjiaotong/wenzishilu/2009-06-09.

高速公路，2005 年实现了与陆路通高速公路。到"十五"期末，广东已形成了以珠三角地区为核心、连接港澳、以沿海为扇形面向山区和内陆省份辐射的高速公路网络（王珺等，2012）。

近年来，广东省交通基础设施的建设不再完全局限于交通运输网络在全省范围内的覆盖，而是开始转向运输效率方面的提升，高速公路、高速铁路等项目建设提速。2014 年，广东省交通基础设施建设共完成投资 1062.3 亿元，公路建设完成投资 990 亿元（其中高速公路完成 768 亿元，国省道公路建设完成 80 亿元；地方公路建设完成 142 亿元）；公路站场建设完成 2.1 亿元；港口建设完成 62.9 亿元。大量的资金投入带来了广东省交通网络的升级发展。截至 2014 年底，广东省铁路营运里程达到 3818 千米，公路通车里程 212094 千米，内河通航里程 12150 千米，民航航行里程 228.58 万千米，全省客运量达 193299 万人，货运量达 352926 万吨。

一、公路网络

公路运输具有便捷、灵活、快速、门到门服务的特点，其运输方式在国民经济发展中起到越来越重要的作用，而高等级公路的建设是公路运输服务业发展的物质基础，且在省级行政区域中高等级路网的建设将会对区域内的各个城市的交通可达性产生重大的影响（徐旳和陆玉麟，2004）。

表 9-1 显示，2000 年以来，广东省公路建设成效显著。广东省公路通车里程翻了将近一番，从 2000 年的 102606 千米增加到 212094 千米。在等级公路体系中，高速公路是等级最高的公路。此外，公路体系中还按照技术等级标准（包括是否设置隔离带、行车时速要求等）划分了一级、二级、三级和四级这四种等级公路①和等外公路。2000~2014 年，等级最高的高速公路增长幅度最为显著，通车里程从 1186 千米增长到 6266 千米，增长了 4.28 倍；同一时期，一级千米通车里程翻了一番，二级公路增长了 43.56%，三级公路增长了 94.84%，四级公路增长了 121.49%。此外，等外公路的通车里程也显著增长，涨幅达到了 67.92%。

---

① 以一级公路为例。一级公路是一种路面等级较高的公路，在公路等级排名中位居第二，在二级公路之上、高速公路之下，主要功能是连接各大地区的经济政治中心、通往重要工业区域或交通枢纽。一级公路的主要特征是设有超长距离的标准中央隔离带、路面宽敞笔直，最低车道数量要求为双向四车道，以双向六车道或八车道居多；没有急弯陡坡、可以供汽车快速行驶，行车限速 60~100 千米/小时；被广泛运用在主干路网的建设中。

表 9-1 2000~2014 年广东省公路建设情况　　　　　单位：千米

年份	通车里程	等级路						等外公路
		合计	高速公路	一级	二级	三级	四级	
2000	102606	93695	1186	5391	13397	9156	64565	8911
2005	115337	106476	3140	7301	17146	12461	66428	8861
2010	190144	170144	4839	10126	19082	16089	120008	19999
2011	190724	172382	5049	10339	19044	16996	120955	18342
2012	194943	177204	5524	10544	19042	17210	124884	17740
2013	202915	186357	5703	10621	19125	17364	133544	16558
2014	212094	197131	6266	10787	19233	17840	143005	14963

资料来源：根据《广东统计年鉴》（2015）整理得到。

1. 高速公路

高速公路是我国华南地区最重要的交通网络系统。自第一条高速公路——广佛高速通车以来，广东省高速公路发展历程大致分为以下几个阶段（郑蒙蒙，2017）：

第一阶段（1989~2002 年）：起步阶段。广东省拥有的第一条高速公路是1986 年动工建造、1989 年建成通车的广佛高速，也是我国最早一批开建完工的高速路。广佛高速始于广州市白云区，终于佛山禅城，全长 15 千米，通车后两地行车时间由原来的两个小时缩短至半个小时，是连接广州和佛山两市的重要交通动脉。20 世纪 90 年代，借着改革开放的有利形势，广东加快了高速公路的建设步伐，先行在广州、东莞和深圳三市重点推进高速公路的建设。1993 年，惠盐高速（惠州—深圳）正式建成通车；1997 年，连接广州和深圳两个中心城市的广深高速正式通车营运，一举改变了广州、东莞、深圳和香港之间"路程长、常堵车、耗时多"的交通状况，促进了珠三角城市之间的融合和珠三角世界级城市群的形成。这一时期是广东省高速公路建设的起步阶段，其间通车的高速公路还包括深汕高速、汕汾高速公路、广珠东线高速公路等。成批主干高速的相继贯通，大幅缩短了相邻城市之间的车程和时间，极大提高了沟通环境和运输效率。截至 2002 年底，广东省高速公路通车里程总数已经达到 1741千米。

这一阶段的高速公路建设具有以下特征：①正在形成以广州和深圳两市为中心，连接省内各地级市的高速公路主骨架；②高速公路网络将珠三角城市连接成片，推动形成珠三角都市圈；③广东省高速公路建设速度较为缓慢，处于探索和积累经验的阶段。

第二阶段（2003~2010 年）：提速阶段。首批建成的高速公路在通车后的几年内以其便捷、高效的运输优势吸引了大量的交通流，显示出良好的经济效益和社会效益。以广佛高速为例，自通车以来，该路线的年平均日交通量（折合成小客车）由 1989 年的 7708 辆/日上升到 1993 年的 41446 辆/日，交通量翻了5.4 倍，年均增长率达到了 52.3%，车量和收费额逐年递增，成为全国经济效益最好的高速公路之一。在此背景下，广东省政府提出了"三年三大步"的战略目标——2003 年实现中心城市到山区市全部通高速公路、2004 年实现全省地级市通高速公路、2005 年实现与陆路相邻省份全部通高速公路，标志着高速公路建设开始进入提速阶段。2004 年底，伴随着广梧高速（马安至河口段）的通车，广东省内 21 个地级市全部实现高速公路通车，顺利完成"市市通高速"的战略目标。2005 年底，除海南和澳门外，广东省与相邻省份之间至少开通了一条高速公路，至此"三年三大步"的战略目标如期完成。在提速阶段，广东省高速公路通车里程数快速增长，截至 2010 年底，全省高速公路通车总里程 4835千米。广东省基本形成了以珠三角为中心，连接港澳，以沿海扇形面向山区和内陆省份辐射的高速公路网络，全省形成了"一日生活圈"。

第三阶段（2011~2015 年）：路网完善阶段。经过前期大规模的投资建设，2011 年珠江三角洲九个地级市在广东省范围内率先实现了县县通高速的目标。随着粤东、粤西和粤北地区振兴发展战略的出台，作为"三大抓手"之一的交通基础设施建设被摆在了首要位置，2013 年开展的高速公路大会战将粤东、粤西、粤北地区的高速公路建设推向了一个新高潮。"十二五"期间，粤东、粤西和粤北地区新建高速公路 1156 千米，通车里程达 3282 千米，比"十一五"增长了 51%。2015 年，新丰、紫金、连平、平远、揭西、高州、茂名、陆河八个粤东、粤西和粤北地区县（市）结束了无高速公路的历史，至此广东省 67 个县（市）全部通达高速公路，通车总里程突破 7000 千米，跃居全国首位。新建的高速公路拉近了粤东、粤西和粤北地区与珠三角地区的时空距离，改善了粤东、粤西和粤北地区的交通区位及投资环境，增强了珠三角对粤东、粤西和粤北地区的辐射带动效应，极大地拓展了广东未来发展的新空间。

经过上述几个阶段的建设，广东高速公路整体朝着"九纵五横两环"为主骨架、以加密线和联络线为补充、以珠江三角洲为核心、以沿海为扇面、以沿海港口（城市）为龙头向山区和内陆省区辐射的快速路网建设方向迈进。其中，"九纵五横两环"总里程约 7000 千米。实施建成后，广东省相邻地级市（包括邻省地级市）之间基本上连通高速公路，确保重要城市之间实现便捷的连接；省中心城市与区域中心城市之间一般有两条高速公路通道，确保高速公路网运行的可靠性；广东省 15 万人口以上的城市通高速公路，县城、沿海重要港口、机场、铁路枢纽基本上能够在 30 分钟以内上高速公路；利用高速公路可以实现省内任何两个城市之间当天到达，省会到省内其他城市可以当日往返；与港澳及周边省区的高速公路网保持有效的衔接，广东省将形成19条高速公路出省通道，广州至周边省会城市可在10小时以内到达。

上述"九纵五横两环"路线具体布局如表9-2所示。

表9-2　广东省"九纵五横两环"高速公路网络

序号	路线名称	主要控制点	里程及组成路段
一纵	汕头至福建龙岩（省界）	汕头、揭阳、丰顺、梅州、蕉岭	共218千米，包括汕梅高速公路，梅州环城高速公路，天汕高速公路
二纵	汕尾至江西瑞金（省界）	汕尾、海丰、陆河、揭西、五华、兴宁、平远	共300千米，包括兴汕高速公路和平兴高速路
三纵	深圳至江西赣州（省界）	深圳、惠州、河源、和平	共281千米，包括盐排高速公路、惠盐高速公路、惠河高速公路、粤赣高速公路
四纵	深圳至湖南汝城（省界）	深圳、东莞、博罗、龙门、新丰、翁源、始兴、仁化	共430千米，包括盐排高速公路、博深高速公路，并规划建设博罗—新丰段及新丰—仁化段
五纵	京珠高速公路（粤境路段）	珠海、中山、广州、从化、佛冈、英德、翁源、韶关、乳源、乐昌	共465千米，包括广珠东线高速公路、广珠北线高速公路、广韶高速公路及京珠北高速公路
六纵	珠海至连州	珠海、中山、顺德、广州、清远、阳山、连州	共371千米，包括月环支线、广珠西线高速公路、广州环城高速公路、广清高速公路及清连高速公路
七纵	珠海至湖南永州（省界）	珠海、江门、鹤山、高明、肇庆、四会、广宁、怀集、连山、连南、连州	共451千米，包括江珠高速公路、江肇高速公路、广贺高速公路及连怀高速公路（在建）
八纵	阳江至云浮	阳江、阳春、罗定、郁南	共197千米，包括阳阳高速公路、云阳高速公路（在建）及云岑高速公路（在建）
九纵	茂名至广西岑溪（省界）	茂名、高州、信宜	共160千米，主要路段为包茂粤境段高速公路
一横	福建漳州（省界）至广西贺州（省界）	大埔、梅州、兴宁、龙川、翁源、英德、怀集	共623千米，包括已经建成的梅龙高速公路、梅河高速公路及尚在规划中的龙川—英德段、英德—怀集段

序号	路线名称	主要控制点	里程及组成路段
二横	汕头至湛江（原揭阳至茂名）	汕头、揭阳、揭西、紫金、河源、龙门、佛冈、清远、肇庆、新兴、阳春、茂名、湛江	共850千米，包括已于2015年12月通车的汕湛高速揭博段、在建的云浮—阳春段和规划中的汕头—揭西段、河源—清远段、清远—云浮段、阳春—茂名段和茂名—湛江段
三横	惠州至广西梧州（省界）	惠东、惠州、增城、广州、南海区、高要、云浮、郁南	共403千米，包括广惠高速公路、广肇高速公路和广梧高速公路
四横	福建漳州（省界）至广西玉林（省界）	潮州、揭阳、揭西、陆河、惠东、东莞、中山、江门、新兴、罗定、岑溪	共767千米，包括已经建成的惠莞高速公路、虎岗高速公路、虎门大桥、广珠东线高速公路、中江高速公路、江鹤高速公路和尚在建设中的江罗高速公路、云岑高速公路、饶平—潮州段和潮州—惠州段
五横	同三国道主干线粤境段及联络线	饶平、潮州、汕头、汕尾、惠州、深圳、东莞、广州、佛山、江门、珠海、阳江、茂名、湛江、徐闻、廉江	共1372千米，包括汕汾高速公路、汕头海湾大桥、深汕高速公路、惠盐高速公路、机荷高速公路、广深高速公路、广佛高速公路、佛开高速公路、开阳高速公路、西部沿海高速公路、阳茂高速公路、茂湛高速公路、渝湛高速公路和湛徐高速公路
一环	珠江三角洲环形高速公路	番禺区、三水区、南海区、顺德区	共186千米，包括广州北二环高速公路、广州西二环高速公路、广州南二环高速公路、广州东二环高速公路
二环	珠江三角洲外环高速公路	深圳、东莞、增城、花都区、肇庆、高明区、江门、中山、珠海	共416千米，包括梅观高速公路、莞深高速公路、广州北三环高速公路、广州机场高速公路、江肇高速公路、江鹤高速公路、中江高速公路、广珠西线高速公路、月环支线和尚在建设中的肇花高速公路和港珠澳大桥

资料来源：根据百度百科及广东省交通运输厅网站相关信息整理而成。

　　高速公路因其具有的专供汽车行驶、分方向、全程封闭和高通行能力特征而具有比一般等级公路更高的安全性和通行效率，不仅可以直接降低道路使用者的运输时间成本、推动地区综合运输体系的完善和发展，也可以改善区域交通条件，优化区位、增强区域之间的空间相互联系和作用、促进区域经济增长。实证研究表明：高速公路建设对广东省地区整体经济发展具有显著的正向拉动作用，高速公路通车里程增长 1%，将会拉动广东省 GDP 增长 0.138%；高速公路建设能够显著提高工业企业的劳动生产率和成本费用利润率，高速公路通车里程数增加 1%，工业部门的劳动生产率将会提高 0.149%，成本费用利润率将会提高 1.7%，高速公路对服务业发展的影响并不显著，但对旅游产业的发展具有非常明显的带动作用（郑蒙蒙，2017）。

目前，广东省高速公路基本形成了以珠江三角洲为核心向外辐射粤东、粤西、粤北地区和内陆省区的高速公路网络。广东省高速公路在空间分布上具有明显的不均衡特点。从高速公路网络的布局形态上看，珠三角地区路网密度较大，高速公路网络以广州和深圳两个中心城市为核心呈环形放射状。纵贯延伸的高速公路网络将珠三角九个城市紧密地联系在一起，加强了城市之间的经济交流与合作，推动了广佛肇、深莞惠、珠中江三大经济圈的发展，成为珠三角区域经济一体化的重要支撑。与珠三角地区相比，粤东、粤西和粤北地区的高速公路网络发育程度较低，路网结构呈低水平的树状结构。

表 9-3 显示了 2015 年广东省 21 个地级市的高速公路密度和排名。从密度上看，深圳市高速公路密度最大，每百平方千米的高速公路里程数为 21.06 千米，是排在末位的潮州市的 12 倍多，后者仅为 1.68 千米。从地区上看，除肇庆市外，珠三角都市圈的八个城市高速公路密度均处于广东省的平均水平以上，网络密度已经超过纽约、东京、巴黎都市圈水平。从总体上看，现阶段广东省不同地区高速公路发展水平存在较大差异，高速公路空间分布呈不均衡状态。

表 9-3　2015 年广东省 21 个地级市高速公路密度及排名

单位：千米/百平方千米

地区	高速公路密度	排名	地区	高速公路密度	排名
深圳	21.06	1	清远	3.05	12
东莞	13.62	2	梅州	3.04	13
广州	12.83	3	汕尾	2.57	14
佛山	12.61	4	阳江	2.45	15
中山	8.91	5	韶关	2.44	16
珠海	7.23	6	河源	2.41	17
揭阳	5.22	7	肇庆	1.93	18
惠州	5.18	8	湛江	1.77	19
江门	4.05	9	茂名	1.75	20
云浮	3.86	10	潮州	1.68	21
汕头	3.68	11			

资料来源：郑蒙蒙. 高速公路建设对广东省地区经济发展影响的实证分析 [D]. 广州：暨南大学硕士学位论文，2017.

2. 非高速公路

广东省非高速公路（包括高速除外的等级公路和等外公路）的空间分布也呈现明显的不均衡的特征（见表9-4）。一级公路的73.10%、二级公路的32.00%和三级公路的41.73%集中分布在珠三角地区，粤北地区则在二级公路和四级公路的通车里程上位居四大区域之首，分别达到了37.15%和43.81%，等外公路的54.18%分布在粤西地区。无论是路网密度还是公路等级，珠三角地区都远远超过了粤东、粤西和粤北地区。

表9-4　2014年广东省非高速公路里程情况　　　　单位：千米

地区	等级公路里程（高速除外）				等外公路
	一级	二级	三级	四级	
广州	1056.61	909.94	1436.87	365.42	1098.05
深圳	664.56	256.30	209.40	95.72	0.00
珠海	332.25	133.25	454.22	376.59	25.69
佛山	918.25	238.19	721.82	1652.11	0.00
惠州	339.10	733.20	1466.05	9377.32	186.43
东莞	2580.15	1370.02	253.54	518.98	87.15
中山	393.98	554.70	376.12	1082.65	44.10
江门	730.58	824.30	1469.76	4791.31	1817.18
肇庆	389.60	961.00	879.54	11108.87	5.93
顺德	480.37	171.07	176.62	401.43	0.00
汕头	233.09	446.81	1095.16	1946.39	11.21
汕尾	95.80	645.72	339.05	4044.75	234.05
潮州	126.87	552.31	286.90	3956.36	72.78
揭阳	175.91	1283.16	887.39	4543.39	118.75
阳江	335.55	480.57	486.56	7774.90	710.70
湛江	526.98	1272.61	779.50	12411.79	6566.85
茂名	289.54	1254.33	787.65	12404.74	828.91
韶关	211.82	819.67	1419.02	12846.42	297.91
梅州	49.72	2037.55	1445.49	12386.25	1304.02
河源	214.11	942.41	1419.12	12063.62	721.54
清远	360.88	2353.49	1126.94	20248.03	130.17
云浮	281.20	992.40	322.84	5107.87	701.61
珠三角	7885.45	6151.95	7443.93	33270.38	3264.53

续表

地区	等级公路里程（高速除外）				等外公路
	一级	二级	三级	四级	
粤东	631.68	2928.00	2608.50	14490.89	436.79
粤西	1152.07	3007.51	2053.71	32591.43	8106.46
粤北	1117.72	7145.51	5733.41	62652.20	3155.26
广东	10786.92	19232.97	17839.54	143004.90	14963.04

资料来源：根据广东省交通厅提供的资料整理。

在城市道路分布上，东莞是一级公路里程最高的城市，达到了 2580.15 千米，比粤西和粤北地区的总和还要高；紧随其后的是广州，总里程达到了 1056.61 千米。一级公路里程最少的是梅州和汕尾，均不足 100 千米，分别仅有 49.72 千米和 95.80 千米。清远和梅州的二级公路里程位居 21 个地级市前两名，分别达到了 2353.49 千米和 2037.55 千米。江门和惠州则居三级公路里程前两位，两者的差距非常小，分别为 1479.76 千米和 1466.05 千米。清远和韶关是四级公路里程最多的城市，其中清远达到了 20148.03 千米，比粤东地区的总里程还要高；韶关为 12846.42 千米。湛江则集中了大量的等外公路，远远高于其他城市，达到了 6566.85 千米，是珠三角等外公路里程的两倍多；江门等外公路里程在广东省居第二位，达到了 1817.18 千米。深圳、佛山和顺德区没有等外公路。

二、铁路网络

1. 发展历程

铁路作为近代交通运输工具，一经出现，就对社会生活产生巨大影响（唐灵，2014）。近代广东有三大铁路，分别是粤汉铁路粤段、广九铁路和广三铁路。这三大铁路在 1927 年前已基本建成。粤汉铁路全线由广州起，出韶关经湘鄂段到达湖北汉口，故粤汉铁路粤段也称粤汉铁路广韶段或南段。广三铁路是粤汉铁路支线，由广州起，经佛山到达三水，是广东最早建成的铁路，也是近代广东营业状况比较好的铁路。广九铁路由中、英合建，由广州大沙头站起经深圳罗湖到达香港九龙。

此外，广东还有潮汕铁路和新宁铁路两条民营铁路，两者都由民间筹集资本修建，并成立公司自行管理铁路运营。其中，潮汕铁路全线于 1908 年竣工，包括正线 39 千米和支线 3.1 千米。新宁铁路由旅美华侨陈宜禧集股成立新宁铁路有限公司兴建，干线西起斗山，经新宁、公益而达江门北街，于 1913 年竣工通车；支线从新宁至白沙，于 1920 年建成。

虽然广东铁路建设的时间较早，但是真正开始发展是在中华人民共和国成立之后，京广铁路实现了连通改造，京九、广深、广茂、广梅汕铁路等多条线路顺利建成。由于受国家经济发展指导思想的影响，广东长期不属于全国铁路建设的重点省份，计划经济时期广东新线建设很少。直到改革开放初期，广东省内干线路网布局改善甚少，复线铁路几乎空白，铁路路网规模相对全国比较滞后。20 世纪 90 年代初，此时广东珠三角地区有着全国最密集的高速公路网，而铁路线网还是一个"人"字形，即以广州为中心往北是京广铁路，西翼是广茂铁路，东翼是广深铁路。广东省铁路通车里程名列全国倒数第二，1990 年铁路营业里程仅为 1287 千米，仅仅比 1980 年增长了 281 千米。人均长度更是少得可怜，与其经济第一大省的地位极不相称。其"运营里程短，覆盖密度低"的现状，使得春运期间"一票难求"矛盾异常突出。

意识到铁路网建设滞后带来的制约，广东铁路建设进程开始加快，并迎来了两个明显的增长高峰。一个增长高峰是"八五"期间，广东省铁路营运里程从 1990 年的 1287 千米增加到 1995 年的 1861 千米，增长了 574 千米。另一个增长高峰期是"十一五"和"十二五"期间。2005 年广东铁路营业里程为 1924 千米，仅比 2001 年增加了 39 千米，但到 2010 年增至 2297 千米，到 2014 年达 3818.14 千米，营运里程翻了将近一番。尤其是在"十二五"期间，广东仅广铁集团负责的项目（不包括地方独资）就完成铁路建设投资近 1237 亿元，较"十一五"期间完成投资增幅约 9%，京广、广深港、贵广、南广等多条高铁相继建成。到 2015 年底，广东铁路运营里程约 4021 千米，相比 2005 年底的 1924 千米，增长了约 2097 千米，翻了一番以上（见表 9-5）。

表 9-5　1980~2014 年广东铁路建设情况

年份	铁路机车数量（台）	铁路营业里程（千米）	中央铁路（千米）	地方铁路（千米）
1980	—	1006	702	304
1985	—	1026	703	323
1990	273	1287	680	607
1995	431	1861	684	1177
1998	488	2028	773	1255
1999	518	2022	774	148
2000	538	1942	694	1248
2005	470	1924	693	1231
2010	448	2297	629	1668
2012	395	2577	629	1948
2013	356	3202.63	629	2573.63
2014	354	3818.14	629	3189.13

资料来源：根据《广东统计年鉴》（2015）相关数据整理得到。

2. 广东铁路干线

广东境内现有三条国家干线普通铁路和五条国家干线高速铁路[①]通过。其中，三条国家干线普通铁路包括南北走向的京九线（北京—深圳—香港）、京广线（北京—广州—香港）和焦柳线（乌兰察布—焦作—柳州—湛江）；五条国家干线高速铁路中，有四条为南北走向，分别是沿海通道（大连丹东—秦皇岛—天津—东营—潍坊—青岛—连云港—盐城—南通—上海—宁波—福州—厦门—深圳—湛江—北海）、京港通道（北京—衡水—菏泽—商丘—阜阳—合肥—九江—南昌—赣州—深圳—香港九龙）、京哈—京港澳通道（哈尔滨—长春—沈阳—北京—石家庄—郑州—武汉—长沙—广州—深圳—香港）、兰（西）广通道（兰州、西宁—成都、重庆—贵阳—广州），一条为东西走向的广昆通道（广州—南宁—昆明），连接华南、西南地区，贯通珠三角、北部湾、滇中等城市群。此外，广东省已有三条出省高铁，分别是厦深线、南广线、贵广客专线，广东省内有三条城际铁路，分别是广深城际、莞惠城际和广珠城际。除广肇城际正在建设之中外，还有多条高铁线路亦在建设中，如广深港高铁、深茂铁路、梅汕客专和赣深客专等。广东省综合交通运输体系发展"十三五"规划指出，到 2020 年，广东省铁路运营总里程达 5500 千米，以高速铁路为骨干的铁路网络基本形成，高速铁路运营里程达 2000 千米，实现市市通高速铁路，与各陆路相邻省（区）均有高速铁路连接，铁路出省通道由 13 条增加到 17 条；城际铁路运营里程达 650 千米，珠三角城际铁路网覆盖珠三角九市及清远市区。城市轨道交通运营里程达 1100 千米，广州、深圳等中心城市轨道交通网基本建成。

（1）京九铁路。京九铁路：北起北京，跨越京、冀、鲁、豫、皖、鄂、赣、粤、港九个省级行政区的 103 个市（县），南至深圳，连接香港九龙，全长 2553千米。它北连环渤海经济区，中连中原经济区，南连珠三角经济区，是一条十分重要的南北通道。京九铁路于 1993 年开工建设，1996 年建成通车，也是我国南北最长、建设规模最大、投资最多的铁路干线。京九铁路途经广东和平、龙川、河源、惠州、东莞、深圳六个县（市），对于提高广东北部地区和珠三角地区之间的通达性具有重要的作用。

---

① 国家干线铁路简称国干铁路，是指在全国范围内具有重要的经济、政治、文化和军事作用的骨干铁路。国家干线铁路不同于区际干线铁路、国际跨境铁路或其余支线性质铁路，它的整体意义和综合地位是居首的。"三横五纵"国家干线铁路是普铁路网的组成部分，没有连接中国所有的省级行政区，全部都是已竣工通车的客货共线铁路，列车最高运营速度 50~200 千米/小时，将逐渐侧重于货物运输。因国内全面进入高铁时代，普速铁路大量扩充、高级线路大量施建，故"三横五纵"的概念越来越模糊且淡化，各线铁路端点也经常转移更换。"八纵八横"国家干线铁路是高铁路网的组成部分，完全连接中国所有的省级行政区，一部分路段已建成通车，有客货共线和客运专线铁路，列车最高运营速度 200~350 千米/小时，重点承担客运。

（2）京广铁路。京广铁路是一条从首都北京通往广东广州的铁路，于1957年全线建成，全长2302千米。原分为北南两段。北段从北京到湖北汉口，称为"京汉铁路"，于1897年4月动工到1906年4月建成。南段从广东广州到湖北武昌，称为"粤汉铁路"，于1900年7月动工到1936年4月建成。京广铁路连接五省一市，是贯通中国南北的重要铁路大通道，是国家铁路南北交通大动脉，也是中国铁路运输最为繁忙的主要干线，具有极其重要的战略地位。在1957年武汉长江大桥建成通车后，两条铁路接轨，并改名为京广铁路。京广铁路是中国最重要的一条南北铁路干线，其连接了六座省会、直辖市，以及多座大中城市。在广东境内，京广铁路经过韶关、清远、广州三市。

（3）京广高速铁路。又称京广客运专线、京广客专、京广高铁，是中国运营中的高速客运专线之一，被誉为世界上运营里程最长的高速铁路，由武广段、郑武段、京郑段三段先后开通组成。京广高速铁路自北京西站起，经过北京、河北、河南、湖北、湖南、广东六省（市），止于广州南站，全长2298千米/小时，共36座车站，设计最高时速350千米/小时，运营时速为300千米/小时（列车最高峰值时速不超过310千米/小时）。其于2012年12月26日正式全线贯通，至此北京至广州的时间缩短至8小时左右。在广东境内，京广高铁有乐昌东站、韶关站、英德西站、清远站、广州北站、广州南站六个站点。通车运营后，京广高铁对于方便中原地区与东、西部地区之间的人员流动，促进沿线经济社会发展，推动中部崛起、西部大开发发展战略的实施具有十分重要的意义。

（4）厦深铁路。厦深铁路东起福建厦门，西到广东深圳，是国家干线高速铁路上海至深圳快速客运通道的一部分。规划里程约514千米，设计时速250千米/小时，总投资约为417亿元。于2007年11月23日开工，2013年底通车。全长511.809千米，全线设18个车站，以客运为主，兼顾货运，输送能力将达旅客列车75对，货运2500万吨。厦深铁路自厦门北站引出，沿鹰厦铁路南侧，经福建漳州，广东潮州、汕头等，至深圳北站，沿线经过厦门、漳州、潮州、汕头、揭阳、汕尾、惠州、深圳八市。

（5）南广高速铁路。南广高速铁路跨桂、粤两省（区），始于广西南宁的南宁东站，经广西贵港、梧州，广东云浮、肇庆、佛山至广州的广州南站，线路全长577.1千米，其中广西境内349.8千米，广东境内227.3千米，全线设车站23座，设计速度200千米/小时，预留250千米/小时条件。南广高铁于2008年11月9日正式开工，2014年4月18日广西段通车，2014年12月26日全线正式开通运营。

（6）贵广高速铁路。贵广高速铁路又称贵广高铁、贵广客运专线，是一条双线电气化客运专线，是中国穿越喀斯特地貌最长的高铁，是八横八纵中兰广高铁的重要组成部分。贵广高铁自贵阳北站，经过贵州、广西和广东，全长857千米，设计时速300千米/小时，运营时速250千米/小时。贵广高铁共有23个客运站，在广东境内有六个站点，分别是怀集、广宁、肇庆东、三水南、佛山西、广州南。贵广高铁整条线路走向非常直，甚至比贵阳到广州的飞机航线里程还要短15千米。2014年12月26日，作为中国西南地区第一条时速250千米/小时的高铁，贵广高铁正式开通运营，使得贵阳至广州的运行时间由原来的20小时缩短至4~5小时。贵广高铁是西南地区最便捷的出海大通道，是连接"一带一路"和实现珠江—西江经济带、中孟缅印经济走廊"互联互通"的高速通道，大大缩短了西南地区与珠三角地区间的时空距离，为沿线的桂林、贵阳等老牌旅游城市的增长注入了新的动力。

（7）广深城际。广深城际又称之为广深城际铁路或者广深城轨，是珠三角城际快速轨道中的一条，最高时速为140千米。线路于2011年开通，经过广州、东莞、深圳三市，共有14个站点，其中广州市内三个，东莞六个，深圳四个。从广州到东莞仅需22分钟，到深圳需66分钟。

（8）莞惠城际铁路。莞惠城际铁路是广东省内一条连接东莞市与惠州市的城际铁路，呈东西走向，为珠三角城际快速轨道交通的放射线路之一。该项目于2009年5月8日动工建设；铁路全长103.1千米，设18个车站，基础设施设计速度200千米/小时，列车最高运营速度160~200千米/小时。莞惠城际铁路是珠江口东岸地区轨道交通的骨干项目之一，建成后进一步密切东莞和惠州的联系，对推动珠三角交通一体化，加快经济一体化进程，提升珠三角地区整体竞争力和辐射带动能力具有重要作用。莞深城际铁路和佛莞城际铁路建成通车后，莞惠两地居民通过城际列车在东莞西站换乘即可快速到达广州白云国际机场、深圳宝安国际机场、广州南站、广州东站、广州北站等重要交通枢纽，并且，城际铁路将吸引更多的投资者到珠三角地区投资置业或旅游观光。

（9）广珠城际铁路。广珠城际铁路是珠三角轨道交通网的主轴线，也是国内第一条连接众多城镇的城际铁路。它曾隶属珠江三角洲城际铁路中的广州—佛山—中山—珠海—澳门纵向干线，现已被纳入中国高速铁路网，属于国家八纵八横高速铁路主通道中哈京港澳线广州至澳门区间的部分路段。该线路在广东境内经过广州、佛山、江门、中山、珠海四市，正线全长142.3千米，旅客列车设计时速200千米。广珠城轨于2012年12月31日全线通车，通车后广州南站至珠海站最快只需59分钟，至新会站最快只需55分钟。

三、航空网络

1. 发展概况

中华人民共和国成立后，广东民航事业从零开始，在没有民用飞机、没有民航机场、设备相当简陋的条件下起步。经过多年来的建设，2008年，广东省机场旅客吞吐量占全国机场的14.14%，货邮行吞吐量为全国机场的14.77%，飞机起降架次为全国机场的11.67%；有民用飞机345架，其中波音、空中客车占147架，载客总座位超过2.22万个，飞行员队伍1750多人，航线通达全球169个国家和地区的905个目的地（朱允光，2009）。到2014年，广东已经成为全国民航运输大省，民航客运量达到9924万人，货运量达到了246.27万吨，占全国的比重分别达到了25.36%和41.45%（见表9-6）。

表9-6　1980~2014年广东民航机场基本情况

年份	合计			进港			出港		
	架次（万次）	旅客（万人）	货物（万吨）	架次（万次）	旅客（万人）	货物（万吨）	架次（万次）	旅客（万人）	货物（万吨）
1980	1.6	161	2.9	0.8	81	1.4	0.8	80	1.5
1985	4	318	6.2	2	160	3	2	158	3.2
1990	6.2	687	13.5	3.1	343	5.9	3.1	344	7.6
1995	17.7	1963	39.5	8.8	963	14.1	8.9	1000	25.4
2000	23.6	2143	73	11.8	1044	30.9	11.8	1099	42.1
2005	38.4	4100	133	19.2	2023	58.6	19.2	2077	74.4
2010	58.56	7189	198.4	29.3	3533	83	29.3	3655	115.5
2011	61.18	7768	203.96	30.59	3837	84.56	30.59	3931	119.4
2012	65.6	8283	213.59	32.79	4090	86.81	32.81	4193	126.8
2013	70.83	9124	226.75	35.41	4502	91.96	35.42	4622	134.8
2014	76.9	9924	246.27	38.45	4877	99.93	38.45	5047	146.3

资料来源：根据《广东统计年鉴》（2015）整理得到。

2. 主要航线和机场

（1）主要航线。目前，广东省已经基本建成以广州、深圳、珠海、佛山、湛江为中心的国际国内航空运输网，主要航线可以通达国内的各个省份和国外多个国家和地区。广东省各大机场主要航线如表9-7所示。

表9-7　广东省各大机场主要航线

广州白云国际机场	国内：31个省（区、市）、131条线路
	国际：41个国家及中国的港澳台地区，75条线路
深圳宝安国际机场	直达国内121个城市，其中，中南地区18个、西南25个、华北17个、华东40个，东北10个，西北6个，新疆5个。直达澳门、台北、台中、高雄四市。在国际航线方面，能直达27个亚洲城市和14个洲际城市

续表

机场	通航城市
珠海金湾国际机场	直达国内61个城市，具体名单如下：北京、天津、石家庄、太原、运城、呼和浩特、邯郸、哈尔滨、大连、长春、沈阳、上海虹桥、上海浦东、杭州、济南、南昌、合肥、温州、南京、宁波、晋江、南通、厦门、常州、无锡、福州、青岛、淮安、台州、烟台、义乌、徐州、扬州/泰州、重庆、成都、贵阳、昆明、丽江、遵义、达州、保山、腾冲、万州、西安、兰州、乌鲁木齐、郑州、武汉、长沙、海口、三亚、揭阳、衡阳、南宁、梅州、柳州、十堰、洛阳、常德、湛江、宜昌
揭阳潮汕机场	直达国内47个城市，包括银川、贵阳、武汉、广州、上海、三亚、重庆、昆明、北京、海口、南阳、西安、青岛、衡阳、杭州、成都、沈阳、天津、义乌、宁波、长沙、哈尔滨、南京、温州、珠海、合肥、济南、铜仁、兴义、毕节、长春、烟台、石家庄、南宁、桂林、郑州、舟山、湛江、包头、宜昌、武夷山、兰州、鄂尔多斯、张家界、张家口、天水、唐山
湛江机场	通达内地19个城市和中国香港及曼谷。19个内地城市分别是：沈阳、北京、天津、郑州、西安、成都、重庆、武汉、杭州、上海、贵阳、柳州、广州、厦门、揭阳、深圳、佛山、三亚、海口
梅县机场	通达15个内地城市和曼谷、柬埔寨以及中国的台中、高雄、香港地区。国内通航城市名单如下：北京、南昌、天津（经过武汉、郑州）、西安（经长沙）、大连（经杭州）、上海、广州、南宁（经珠海）、海口、湛江
惠州机场	通达18个国内城市，包括上饶、无锡、哈尔滨、武汉、郑州、长沙、西安、南宁、南京、济南、海口、贵阳、成都、昆明、重庆、上海、杭州、北京

资料来源：根据各机场官网信息整理。

（2）主要民航机场。广州白云国际机场是中国三大国际枢纽机场之一，更是亚洲乃至世界最为繁忙的机场之一。机场原址位于广州市白云区西侧，最初主要用于军事目的，于1933年建成，后改成民用。改革开放后白云机场发展迅猛，其旅客吞吐量和起降架次曾连续8年位居全国第一位。但由于旧白云机场位于市区中心，经过数次扩建但仍远远无法满足需求，择新址建设新机场势在必行。1992年就开始进行新机场的选址工作，2000年8月正式动工，历时四年耗资198亿元人民币的新白云机场于2004年8月竣工并正式启用。自2004年8月5日新白云机场启用以来，业务迅猛发展，2010年国际机场协会（ACI）全球机场旅客满意度测评中居第七位，晋升"世界十佳服务机场"，2016实现年旅客吞吐量5978万人次，跻身世界超大型繁忙机场行列。白云国际机场所在地广州是华南地区最大的进出口岸和重要的交通枢纽，凭借其得天独厚的地理位置及海陆空层次分明的交通体系，具有覆盖东南亚、连接欧美澳、辐射内地各主要城市的天然网络优势。从白云机场起飞，6小时内可飞抵亚太20多个城市和地区。未来，白云机场将进一步成为集高铁、地铁、城际轨道和高速公路多种交通方式于一体的交通中心和换乘枢纽，实现泛珠三角、珠三角地区城市与白云机场之间的有效衔接，与广州港、南沙自贸区一道，在国家"一带一路"等新一轮对外开放大格局中发挥更大的作用。

深圳宝安国际机场位于珠江口东岸，机场距离深圳市区 32 千米，是中国境内集海、陆、空、铁联运为一体的现代化大型国际空港。深圳宝安国际机场于 1991 年 10 月正式通航。通航以来，深圳机场航空客、货运业务持续保持快速增长。客运方面，2003 年，旅客年吞吐量首次突破 1000 万人次，正式跨入全球百强机场行列。2007 年，旅客年吞吐量突破 2000 万大关，跨入世界最繁忙机场行列。2013 年，年旅客吞吐量突破 3000 万大关，实现了十年内千万级旅客量的"三连跳"。2016 年，年旅客量首次突破 4000 万人次大关，仅用三年时间就再次完成客流千万级跨越。货运方面，2011 年 3 月，深圳机场被世界权威货运杂志 *Air Cargo News* 授予全球"年度最佳货运机场"奖，这是国内首次有机场获得该荣誉。2015 年，深圳机场货邮吞吐量首次突破 100 万吨，正式迈入了货邮百万吨级机场行列。2016 年，深圳机场荣获由货运专业杂志 *Asia Cargo News* 颁发的"亚洲最具潜质货运机场"奖。

珠海金湾国际机场位于珠江口西岸的珠海市金湾区，东邻香港、澳门，北接中山，西连江门、阳江、茂名和湛江，距离珠海市区和澳门约 35 千米，距离中山，江门市区约 75 千米，距离阳江，茂名约 250 千米，覆盖人口 2400 余万人。1995 年 6 月建成通航，机场占地 229.85 万平方米，跑道长 4000 米，宽 45 米。停机坪可以停放 26 架飞机，航站楼建筑面积 9.2 万平方米。自 1996 年以来，逢双年 11 月都承办国家举行的"中国国际航空航天国际博览会"，是全国唯一举行航空航天博览会的机场。2008 年，旅客吞吐量 112.18 万人，货邮量 11139.3 吨，飞机起降 30430 架次。

揭阳潮汕国际机场定位为国内中型机场，场址位于广东省揭阳市空港经济区登岗镇，是揭阳、汕头、潮州三市的地理中心，距离揭阳、汕头、潮州市区分别为 22 千米、28.5 千米、24 千米，距离梅州市区 120 千米，服务总面积三万多平方千米的粤东地区，辐射闽南部分地区。候机楼面积 5.5 万平方米，停机坪面积 16 万平方米，停机位 21 个，其中廊桥机位 12 个，可满足年旅客吞吐量 450 万人次使用需求。2011 年 12 月 14 日，汕头外砂军民合用机场当日民航运输业务结束后，转场到揭阳潮汕机场运营。2011 年 12 月 15 日揭阳潮汕机场正式通航。机场飞行区按 4E 级标准规划，本期按 4D 级标准、满足 B767 型飞机的起降要求建设。2014 年 7 月，揭阳潮汕国际机场航空口岸日前通过国家验收，该机场成为广东省内继广州白云机场、深圳宝安机场之后第三个对外开放的口岸机场，这意味着该机场将具备加速开通国际航线重要条件，成为粤东直通海外的空中快速通道。

湛江机场位于广东省湛江市西郊，是粤西地区唯一的民用机场，距湛江市中心 5 千米。原称西厅机场，为法国殖民主义者租借广州湾（今湛江）时期所建，先后曾被侵华日军和国民党军队占据使用。中华人民共和国成立后，湛江机场于 1952 年修复通航，1995 年扩建工程破土动工，1997 年 10 月验收并投入使用。机场占地面积 3000 亩，设计年旅客吞吐量最大为 130 万人次，飞行区等级 4D，跑道长 2400 米，能满足波音 757 以下飞机的起降要求。机场现有多条国内航线和两条国际地区航线，并开辟了至香港直通包机航线。2008 年，湛江机场旅客吞吐量达到 30.28 万人，货邮行吞吐量达 1329.7 吨，起降飞机 4685 架次。

梅县机场位于广东省梅州市梅江区三角镇长岗岌，距市区中心 4 千米。机场飞行区等级为 4C 级，停机坪面积 20400 平方米，可同时停放五架波音 737 飞机。国内候机楼和航管楼建筑面积为 4300 平方米，按每小时旅客吞吐量为 1000 人次设计。国际候机楼建筑面积 2552 平方米。为满足越来越多的港澳台同胞和海外侨胞回乡探亲的需要，梅县机场从开航之初的广州—梅县—广州航线逐渐拥有多条国内航线和国际航线、与白云机场互补的航线网，也为粤北地区的居民出行提供了更多的选择。

惠州机场位于惠州市惠阳区平潭镇内，于 1985 年开设民航服务，2002 年停止民航服务改为军用机场。2007 年，停航近 5 年的惠州机场复航工作进入实质性操作阶段，2015 年 2 月正式恢复民航服务，是粤港澳地区继广州白云国际机场、深圳宝安国际机场、珠海金湾国际机场、揭阳潮汕国际机场、香港国际机场、澳门国际机场、佛山沙堤机场、梅州客都机场、湛江西厅机场之后的第 10 个民用机场。

3. 存在的问题

第一，广东省各个机场之间尤其是珠三角区域的机场呈现出以竞争为主的格局。从航空产业结构上来说，广东省已经发展成为我国的"航空第一大省"，客货吞吐量逐年上升，机场数量在全国也居于前列。然而，广东省目前启用的主要民航机场大部分集中在珠三角区域地区。如果算上邻近的香港和澳门国际机场，在珠三角地区 2 万多平方千米的范围内，3000 多万人口拥有香港、广州、深圳、珠海、澳门 5 座国际机场和佛山、惠州 2 座军民两用机场，是全球机场密度最高的区域（文雅，2011）。和京津冀地区以及长三角地区相比，珠三角地区机场群所依托的腹地远远小于强者，而其机场密度、空域密度以及旅客和货运吞吐量却远高于京津冀机场群和长三角机场。在资源相对紧缺的状态下，各机场之间竞争激烈，不仅使得机场群的枢纽连通性及客源集中度远不及世界成熟的枢纽机场，而且一些民用机场一直处于"吃不饱"的状态。如 2009 年复航的佛山沙堤机场，其规划的佛山前往三亚、南宁、无锡等地的航线由于客流过少、亏损过大等原因相继停航，其"存活期"最短的南宁航线更是在开通一个多月后便被取消，目前佛山机场仅剩下佛山前往北京一条航线。佛山机场方面曾确认，仅至 2012 年 10 月，其复航前三年的亏损就达 2600 万元①。珠海金湾机场 1995 年通航营运，其当时年设计客流量为 1200 万人次，并按照国际机场标准设计建造。但从 1995 年运营以来，珠海机场的年旅客吞吐量一直徘徊在 70 万人次上下，直到 2007 年才突破百万人次，2012 年实现年旅客吞吐量 209 万人次，但该数据距离其当初设计的年旅客吞吐量 1200 万人次的标准，仍有高达 1000 万人次的缺口。由于客流少，这也使得珠海机场长期"吃不饱"，运能远未充分发挥。如何通过合作、错位发展成为不容回避的现实问题。

第二，珠三角机场群一体化交通体系有待进一步完善。综观纽约、东京、伦敦等世界级机场群建设，都建立了方便快捷、功能完善、高效顺畅的一体化交通体系。珠三角地区也应进一步完善机场群一体化综合交通模式，确保航空运输以及机场间地面交通运输的有效衔接，以机场为中心，科学布局汇集直达机场以及机场间的高铁、公路、地铁等服务功能，构建多机场区域立体交通网络，发挥聚集效应，实现航空旅客服务无缝对接。

四、水运网络

1. 概况

广东大陆海岸线长达 3000 多千米，港湾众多，有大小河流近 2000 条，总长 36000 多千米，是全国水资源条件最优越的区域之一，发展水运的自然条件得天独厚。唐代之前，用于军事和邮传等政治目的的水运量，远超于经济目的的商货量。宋代之后，商品性的运输量日渐增加。然而，具有民生日用商品意义的水运，要到明代嘉靖、隆庆（1522～1573 年）年间之后。在清代，广东的水运体系，已基本形成。水运使广东的商品进入国内各地市场，乃至国外市场（叶显恩，1987），也由此刺激了广东商品性农业和手工业的发展。

然而，广东的内河航运曾一度处于封闭的运输格局。从中华人民共和国成立至改革开放前，广东投入航道建设的资金仅 0.81 亿元，高等级航道数量明显不足，相当一部分航道处于天然状态。改革开放后，广东航道事业进入"黄金时代"，航道建设步伐明显加快，建设重点逐步从整治低等级航道转移到整治高等级航道，从建设内河航道转移到建设沿海航道。1978～2008 年，广东省航道

---

① 广东 7 个机场 5 个亏损各地仍计划新建 [N/OL]．[2013-09-18]．南方都市报，http：//news. sohu. com/20130918/n386794254. shtml.

建设投资达近 40 亿元, 整治航道 2060 千米。到 2009 年, 广东省共有航道里程 17535 千米, 其中内河航道 1335 条, 占全国的 10%, 居全国第二位; 内河航道通航里程 11843 千米, 占全国的 9.6%, 居全国第二位; Ⅰ~Ⅶ级等级航道 4410 千米, 沿海航道里程 3939 千米。① 到 "十二五" 时期末, 广东省航道系统共管辖航道 17783 千米 (包括内河航道 13844 千米、沿海航道 3939 千米), 其中千吨级以上内河高等级航道 897 千米, 较 "十一五" 末增加了 104 千米。辖区共有 11310 千米航道纳入养护范围, 较 "十一五" 末增加了 408 千米; 设标里程 6004 千米、设置公用航标 4775 座, 较 "十一五" 末分别增加了 514 千米、1034 座。② 目前, 珠江三角洲已初步形成了以通航 1000 吨级及以上标准航道为骨干, 以四级航道为基础, 江海直达, 连通港澳的航道运输网; 与西南等省 (区) 衔接的省际通航能力大大提高; 粤东、粤北地区通航条件得到改善。航道养护能力取得长足的进展, 航道维护管理水平稳步提高, 并逐步向管理科学化、规范化发展, 确保了航道安全畅通。

港口是经济社会发展的重要支撑、对外开放的重要门户, 也是海洋经济发展的重要节点和先进制造业发展的重要依托。中华人民共和国成立初期广东省主要内河港口只有 42 个, 码头 412 座, 总长 7057 米, 内河港口大多是由自然岸坡建成的步级码头, 小部分是沿江而建的木质栈桥码头。货物装卸主要靠肩挑人扛, 极少装卸机械和专用仓库、堆场。中华人民共和国成立 60 多年来, 特别是改革开放后, 随着加强港口规划指导、进一步拓宽投融资渠道和增强港澳运输能力, 广东省港口得到了蓬勃发展。1978~2008 年底, 广东省共投入港口建设资金 520 亿元, 投资年均增长率达到 24%。至 2008 年底, 广东省生产性泊位总数 2842 个, 其中万吨级泊位 222 个, 港口通过能力达到 10.33 亿吨/年。率先建成了全国第一个 30 万吨级原油码头, 并拥有 20 万吨级铁矿石码头和 10 万吨级集装箱码头等一批专业化规模化泊位。2008 年广东省港口共完成货物吞吐量 9.88 亿吨, 集装箱吞吐量 4038 万标准箱。③2000~2014 年, 广东省码头泊位先减少后增加 (见表 9-8)。其中, 码头泊位在 2000~2005 年, 呈现出急剧减少的态势, 合计减少了 265 个; 2005 年以后开始呈现出稳定增加的态势, 2014 年较 2005 年增加了 185 个, 达到了 3111 个。货物吞吐量和旅客吞吐量在 2000~2014 年均呈现出稳定的增长态势。其中, 货物吞吐量增势显著, 翻了两番多; 旅客吞吐量也翻了一番, 到 2014 年达到了 3346.87 万人。

---

① ③ "辉煌 60 年·交通巡礼" 系列访谈——广东: 弹指一挥间 交通换新颜 [EB/OL]. [2009-06-09]. http://zizhan.mot.gov.cn/zhuzhan/zaixianfangtan/jiaotongxunli/guangdongjiaotong/wenzishilu/2009-06-09.

② 陆亚兴. 凝心聚力 加快发展全面推进广东航道现代化建设 [EB/OL]. [2016-01-18]. http://newscenter.southcn.com/n/2016-01/18/content_140988849_3.htm.

表 9-8 2000~2014 年广东港口数量级及客货吞吐量

年份	码头泊位（个）			货物吞吐量（万吨）			旅客吞吐量（万人）		
	合计	沿海港口	内河港口	合计	沿海港口	内河港口	合计	沿海港口	内河港口
2000	3191	1373	1818	31649	25495	6154	1670.32	1330.81	339.51
2005	2926	1334	1592	70926	59273	11653	2095.12	1753.55	341.57
2010	3082	1884	1198	122258	105300	16958	2483.21	2109.39	373.82
2012	3125	1963	1162	140776	121266	19510	2869.27	2457.39	411.88
2013	3128	1980	1148	156373	130831	25542	3045.42	2597.65	447.77
2014	3111	1993	1118	165455	137631	27824	3346.87	2842.60	504.27

资料来源：根据《广东统计年鉴》（2015）整理得到。

　　2014 年广东省港口完成集装箱吞吐量首次突破 5000 万标准箱，达到 5293 万标准箱，比 2013 年增加 386 万标准箱，同比增长 7.3%，位居全国第一。其中，沿海港口完成 4740 万标准箱，同比增长 7.3%；内河港口完成 553 万标准箱，同比增长 7.8%。广东省有八个港口的集装箱吞吐量超过 100 万标准箱，其中深圳港完成 2396 万标准箱，广州港完成 1660 万标准箱，分列全球集装箱码头第三位和第八位。目前，广东省沿海港口开通国际航线 320 多条，国内航线 150 多条，台湾航线 50 多条，通达全球 100 多个国家和地区的 200 多个港口。

　　2. 主要港口简介

　　港口建设对外贸大省广东具有重要的意义，广东省外贸进出口货物的 90% 通过港口运输，能源、原材料等大宗散货进口的 95% 通过港口完成。中华人民共和国成立 60 多年来，广东省港口事业快速发展，港口面貌日新月异，已基本形成以广州港、深圳港、汕头港、湛江港等为沿海主要港口，佛山港、肇庆港为内河主要港口，潮州、揭阳、汕尾、惠州、东莞、中山、江门、阳江、茂名九个地区性重要港口为补充的分层次发展格局。广东省主要沿海港口情况如表 9-9 所示。

表 9-9 广东主要沿海港口情况

项目及港口名称		2000 年	2005 年	2010 年	2012 年	2013 年	2014 年
码头泊位（个）	广州港	141	617	633	657	568	579
	湛江港	41	142	184	184	177	177
	汕头港	28	88	91	91	92	92
	深圳港	121	142	172	172	159	153

续表

项目及港口名称		2000 年	2005 年	2010 年	2012 年	2013 年	2014 年
万吨级码头泊位（个）	广州港	32	51	62	68	68	71
	湛江港	24	31	31	31	30	32
	汕头港	6	16	18	18	19	19
	深圳港	34	56	69	69	67	67
货物吞吐量（万吨）	广州港	11128	25036	42526	43517	45517	48217
	湛江港	2038	6620	13638	17092	18006	20238
	汕头港	1284	1736	3509	4563	5038	5161
	深圳港	4224	15351	22097	22807	23398	22324
集装箱吞吐量（万 TEU）	广州港	142.98	468.26	1270.00	1454.74	1531.11	1638.86
	湛江港	7.48	17.78	32.01	41.21	45.18	58.08
	汕头港	11.44	36.83	93.50	125.02	128.80	130.30
	深圳港	395.84	1619.67	2250.96	2294.13	2327.85	2403.73
旅客吞吐量（万人）	广州港	15.00	94.98	79.01	74.89	77.02	71.07
	湛江港	29.60	596.68	1051.41	1215.23	1235.34	1303.18
	汕头港	5.50	0.24	—	0.00	0.00	0.00
	深圳港	203.36	368.66	333.88	432.57	490.20	568.55

资料来源：根据《广东统计年鉴》（2015）整理得到。

（1）广州港地处珠江入海口和我国外向型经济最活跃的珠江三角洲地区中心地带，濒临南海，毗邻香港和澳门，东江、西江、北江在此汇流入海。广州港经济腹地辽阔，以广东为主，并以广州市为主要依托，包括广东、广西、湖南、湖北、云南、贵州、四川以及河南、江西、福建的部分地区。广州港是珠江三角洲以及中南、西南、赣南、闽南等地区物资的主要集散地，便利的海、陆、空交通，使其成为上述地区客、货运输的集散中心，担负着国内和外贸物资的转口任务。[①] 作为华南地区最大的对外贸易口岸，广州港通过珠江三角洲水网，与珠三角各大城市以及与香港、澳门相通，由西江联系我国西南地区，经伶仃洋出海航道与我国沿海及世界诸港相连。广州港由内港、黄埔、新沙和南沙四大港区和珠江口锚地组成，通达世界 80 多个国家和地区的 300 多个港口，是我国与东南亚、中印半岛、中东、非洲、澳洲和欧洲各国运距最近的大型口岸。随着黄埔新港、新沙港区和南沙港区的建设和发展，截至 2014 年，广州港泊位达到 579 个，万吨级码头泊位 71 个，货物吞吐量达到 48217 万吨，集装箱

---

① 360 百科：广州港，https：//baike.so.com/doc/6696797-6910709.html。

吞吐量达到 1638.86 万标准箱，旅客吞吐量达到了 71.07 万人。广州港已从中国古代"海上丝绸之路"的起点，发展成为我国华南地区最大的综合性主枢纽港。

（2）深圳港位于珠江口以东，南海大亚湾以西的深圳市两翼，分为西部港区和东部港区。其中西部港区主要包括蛇口、赤湾、妈湾和东角头和福永等港区；东部港区主要包括盐田和沙渔涌、下洞等港区。深圳港的直接腹地为深圳市、惠阳市、东莞市和珠江三角洲的部分地区，转运腹地范围包括京广铁路和京九铁路沿线的湖北、湖南、江西、粤北、粤东、粤西和广西的西江两岸。[①] 在 2012 年深圳港总体规划中，将深圳港的性质明确为"我国沿海主要港口和集装箱干线港，国家综合运输体系的重要枢纽；珠三角地区乃至广东省全面建设小康社会、率先实现现代化、提升国际竞争力的重要依托；泛珠三角地区扩大对外开放、发展外向型经济、参与国际经济交流合作的重要战略资源；深圳市提升贸易、物流、金融等国际化功能的重要支撑，香港国际航运中心和物流中心的重要组成部分"。伴随着我国改革开放的整体发展进程，深圳港经历了 20 世纪 80 年代的起步发展阶段（1979~1991 年）、20 世纪 90 年代的结构和布局调整阶段（1992~2000 年）、新世纪的功能提升阶段（2001 年至今），迅速崛起为全球第四和国内第二大集装箱干线港。2014 年，深圳港的码头泊位达到了 153 个，万吨级码头泊位合计 67 个，货物吞吐量达到 22324 万吨，集装箱吞吐量 2403.73 万标准箱，旅客吞吐量达到了 568.55 万人。

（3）湛江港位于中国大陆最南端的广东省雷州半岛，东临南海，南望海南岛，西靠北部湾，北倚大西南。湛江港素以天然深水良港著称，是中国大陆通往东南亚、非洲、欧洲和大洋洲航程最短的港口，是中国大西南和华南地区货物的出海主通道，是全国 20 个沿海主要枢纽港之一，已与世界 100 多个国家和地区通航。作为新中国成立后自行设计和建造的第一个现代化港口，湛江港一期工程于 1956 年竣工投产，经过近 60 多年的建设，湛江港已形成调顺岛、霞海、霞山、宝满、坡头、廉江、遂溪、雷州、徐闻九个港区。现有生产性码头泊位 39 个，其中万吨级以上 26 个，年通过能力 4792 万吨，仓库面积 22.7 万平方米，堆场面积 133.4 万平方米，油罐容积 54.7 万立方米，装卸机械 770 多台（套），港作船舶 22 艘，输油管线 41.5 千米，铁路专用线 107 千米。作为我国沿海主要港口之一和综合运输体系的重要枢纽，湛江港是全国唯一的东、中、西三大地带共用的沿海主枢纽港，货源腹地横跨华南、西南、中南三大经济区域，主要包括广东、广西、云南、贵州、四川、重庆、湖南等省（区），并辐射湖北、江西、安徽、福建、江苏等部分地区。经过多年的建设发展，湛江港已

---

① 360 百科：深圳港，https://baike.so.com/doc/6696797-6910709.html。

经成功跻身于我国沿海大港之列。2014 年，湛江港的货物吞吐量达到了 20238 万吨，是 2000 年的近 10 倍。

汕头港位于广东省汕头市，扼韩江、榕江、练江之出海口，东临台湾海峡，距高雄 214 海里，距香港 187 海里，历来是粤东、闽西、赣南物资的重要集散地和海上门户，也是广东省距离台湾最近的港口。汕头港历史悠久，于 1860 年开埠，是一个有 150 多年历史的老港，直接经济腹地是汕头、潮州、揭阳、梅州四市所辖的广大地区，其间接腹地包括闽西南及赣南部分地区。作为我国华南地区对外贸易的重要口岸、沿海 25 个国家级主要港口之一以及粤东唯一的主要港口。截至 2014 年，汕头港已有码头泊位 92 个，万吨级码头泊位 19 个，全年货物吞吐量 5161 万吨，集装箱吞吐量为 130.30 万标准箱。目前，汕头港已与世界上 57 个国家和地区的 268 个港口有货物往来，已经成为粤东乃至泛珠地区连接"21 世纪海上丝绸之路"沿线国家的重要渠道。

第二节 能源网络

能源在当今社会经济发展中扮演着越来越重要的角色，是实现经济增长的重要生产因素。既是经济大省、强省又是能源消费大省的广东，90% 以上的能源依靠外省调入或进口，是典型的能源输入型地区。如何在经济发展的进程中保持稳定、充分的能源供给的同时持续降低单位 GDP 能耗，是广东经济发展不容回避的现实问题。

一、能源消费特征

1. 能源消费总量持续增长

2014 年，广东省一次能源消费量达到 25636.29 万吨标准煤，终端能源消费量达到 28669.57 万吨标准煤，能源消费量居全国前列。其中，终端能源消费量达到了全国总量的 6.73%。1990~2014 年，广东省一次能源消费量增长了将近 6 倍，终端能源消费量增长了 6.28 倍（见表 9-10）。

从其构成来看，一次能源消费以原煤为主的格局长期稳定，但是原煤所占比重总体呈现出持续下降的趋势；原油比重不容忽视，总体亦呈现下降态势；与此相反，电和天然气所占比重则呈现出持续上升的态势。终端能源消费以电为主的格局十分明显，1990~2014 年，电力消费比重从最初和原煤持平到高于原煤 43.3 个百分点，结构变化十分显著。值得注意的是，原煤、原油在广东省终端能源消费中的比重逐渐下降的同时，电和天然气的比重却呈现出不断攀升的趋势。

表 9-10   1990～2014 年广东省能源消费总量及其构成

年份	一次能源消费量（万吨标准煤）	构成（%）				终端能源消费量（万吨标准煤）	构成（%）			
		原煤	原油	电	天然气		原煤	原油	电	天然气
1990	3690.25	56.5	35.3	8.2	—	3936.44	33.6	22.4	33.0	11.0
1995	6147.61	56.4	28.5	14.9	0.2	7062.28	27.0	20.9	39.7	12.4
2000	7983.46	52.2	35.0	12.6	0.2	9080.20	17.1	22.6	45.4	14.9
2001	8169.60	52.5	34.0	13.5	—	9775.15	15.9	22.6	46.1	15.4
2002	9036.40	51.9	31.0	17.1	—	10861.68	14.5	21.6	49.2	14.7
2003	10462.09	53.5	28.6	17.7	0.2	12414.48	17.8	22.6	44.5	15.1
2004	12013.14	51.4	28.4	20.0	0.2	14487.74	11.7	20.7	52.6	15.0
2005	13086.58	52.8	26.1	20.8	0.3	17255.84	10.9	23.6	50.7	14.8
2006	15281.00	50.4	26.2	22.1	1.3	19254.03	12.5	23.7	48.7	15.1
2007	17344.10	52.0	24.2	20.3	3.5	21427.33	12.0	22.2	49.3	16.5
2008	17679.13	50.8	24.6	20.5	4.1	22671.76	13.8	21.2	48.5	16.5
2009	19235.86	46.5	27.5	20.6	5.4	23943.39	12.2	20.9	46.3	20.6
2010	22317.17	47.1	28.5	18.8	5.6	26344.85	11.4	18.9	47.0	22.7
2011	24131.26	51.5	26.1	16.2	6.2	27780.05	12.3	17.3	48.6	21.8
2012	24080.97	48.8	26.8	18.2	6.3	28377.06	11.5	17.2	49.2	22.0
2013	24930.93	46.4	27.1	20.0	6.5	27666.36	10.4	16.8	51.0	21.8
2014	25636.29	43.7	26.6	22.9	6.8	28669.57	10.2	16.6	53.5	19.7

资料来源：根据《广东统计年鉴》（2015）整理得到。

2. 本地能源生产和消费之间缺口巨大

表 9-11 显示，广东省能源生产总量处于持续上升状态，1995～2014 年增加了 2972.03 万吨标准煤。其中，在能源构成上，电力和天然气所占份额持续上升，电力从 1995 年的 34.9% 增加到 2014 年的 48.3%，同期天然气从 0.5% 增加到 19.9%，增幅都很显著。然而，原煤、原油所占比重持续下降。

表 9-11   1995～2014 年广东省能源生产情况

年份	能源生产总量（万吨标准煤）	构成（%）			
		原煤	原油	电力	天然气
1995	2622.53	29.1	35.5	34.9	0.5
2000	3711.69	8	53.6	27.1	11.3

续表

年份	能源生产总量 （万吨标准煤）	构成（%）			
		原煤	原油	电力	天然气
2005	4758.79	7.2	44.1	36.2	12.5
2010	5268.89	—	37.85	40.7	21.45
2012	5088.88	—	33.95	44.22	21.83
2013	5365.36	—	34.4	47	18.6
2014	5594.56	—	31.8	48.3	19.9

资料来源：根据《广东统计年鉴》（2015）整理得到。

值得注意的是，虽然广东省生产的能源总量呈上升态势，但是与历年能源消费量相比，却长期处于供不应求的状态。1995年，广东省终端能源消费量为7062.28万吨标准煤，而省内的能源生产总量仅为2622.53万吨标准煤，消费缺口达到4439.8万吨标准煤；其后，能源生产和消费总量之间一直缺口巨大，且还在进一步扩大中。到2014年，能源生产总量仅占全省消费总量的19.57%，能源消费缺口扩大到23075.01万吨。广东逐渐扩大的能源消费缺口只能依靠从外省或者外国调入能源来弥补，这表明广东经济发展的过程中长期存在着能源供应的约束问题。

3. 工业是能源消费大户

表9-12显示，从能源消费的行业结构来看，工业生产消费的能源所占据的份额最大，分别达到能源消费总量的61.68%、原煤消费量的99.01%以及电力消费量的65.99%。生活消费与交通运输、仓储及邮政业所耗费的能源总量也相当可观，分别位列第二、第三。

表9-12 2014年广东分行业能源消费总量和原煤、电力消费量

行业	能源消费总量 （万吨标准煤）	原煤消费量 （万吨）	电力消费量 （亿千瓦时）
农、林、牧、渔、业	490.85	59.19	87.18
工业	18253.14	15766.24	3454.68
建筑业	738.19	3.91	59.59
交通运输、仓储及邮政业	3034.23	4.31	75.52
批发和零售贸易餐饮业	1415.48	43.44	272.78
其他行业	1581.32	2.21	474.64
生活消费	4080.05	44.39	810.84
消费总量	29593.26	15923.69	5235.23

资料来源：根据《广东统计年鉴》（2015）整理得到。

4. 单位 GDP 能耗下降

表 9-13 显示，广东省单位 GDP 能耗一直呈现出下降趋势，从 1990 年的 2.37 万吨标准煤/亿元降至 2014 年的 0.86 万吨标准煤/亿元。其中，"九五"期间下降了 0.76 万吨标准煤/亿元；"十五"降幅为 0.37 万吨标准煤/亿元，其后广东省单位 GDP 能耗从 2001 年到 2014 年共下降了 0.29 万吨标准煤/亿元。到 2014 年单位能耗仅为 1990 年的 36.28%，这表明广东省在降低能耗方面取得了实质性的成效。然而，从降幅来看，广东省能耗下降的幅度呈现出日益减缓的趋势，这也表明能耗继续下降的空间有限，"十三五"时期节能降耗的任务更加艰巨。

表 9-13 1990~2014 年广东单位 GDP 能耗

年份	GDP（亿元，以 1990 年为基期）	能源消费总量（万吨标准煤）	单位 GDP 能耗（万吨标准煤/亿元）
1990	1559.03	3690.25	2.37
1995	3811.11	6147.61	1.61
2000	6413.32	7983.46	1.24
2001	7086.01	8169.60	1.15
2002	7962.77	9036.40	1.13
2003	9144.83	10462.09	1.14
2004	10497.26	12013.14	1.14
2005	11980.16	13086.58	1.09
2006	13753.93	15281.00	1.11
2007	15798.54	17344.10	1.10
2008	17446.95	17679.13	1.01
2009	19139.42	19235.86	1.01
2010	21521.75	22317.17	1.04
2011	23673.99	24131.26	1.02
2012	25610.39	24080.97	0.94
2013	27777.45	24930.93	0.90
2014	29933.99	25636.29	0.86

资料来源：根据《广东统计年鉴》（2015）相关数据计算得到。

从各市 GDP 能耗变化情况来看（见表 9-14），除个别年份个别城市外（如惠州在 2007 年单位 GDP 能耗增长速度为 13.94%），其余年份各个城市单位 GDP 能耗整体呈现出下降的趋势，不过下降的速度各不相同。佛山、广州、东莞位列年均下降速度最快的前三名。

表 9-14　2007~2014 年广东各市单位 GDP 能耗增长速度　　　单位:%

地区	2007 年	2008 年	2009 年	2010 年	2011 年	2012 年	2013 年	2014 年
广东省	-2.93	-4.32	-4.27	-2.94	-3.78	-2.94	-5.38	-3.56
广州	-4.62	-4.56	-4.01	-4.60	-4.91	-4.60	-4.94	-3.52
深圳	-2.81	-2.90	-2.76	-2.94	-4.39	-2.94	-4.51	-4.35
珠海	-2.84	-3.31	-3.60	-3.67	-3.93	-3.67	-4.75	-4.12
汕头	-4.38	-2.54	-3.85	-3.19	-3.44	-3.19	-4.48	-3.85
佛山	-4.50	-7.97	-6.93	-4.38	-4.01	-4.38	-4.53	-4.45
韶关	-4.78	-4.91	-4.51	-1.57	-3.68	-1.57	-4.31	-5.01
河源	-6.69	-4.98	-3.65	-1.06	-3.67	-1.06	-6.36	-2.21
梅州	-2.45	-4.03	-3.90	-3.23	-4.39	-3.23	-4.86	-3.69
惠州	13.94	-5.89	-0.95	-5.82	-3.97	-5.82	-3.91	-3.69
汕尾	-1.57	0.28	-5.60	-2.02	-3.73	-2.02	-3.63	-1.12
东莞	-4.86	-5.11	-4.48	-2.02	-4.61	-2.02	-4.46	-5.88
中山	-5.23	-3.96	-4.03	-1.50	-4.18	-1.50	-3.91	-3.81
江门	-0.80	-6.68	-5.79	-2.30	-3.66	-2.30	-5.23	-3.02
阳江	-8.54	-3.62	-3.56	-1.00	-3.47	-1.00	-3.91	-3.38
湛江	-3.85	-3.38	-2.76	-0.30	-3.67	-0.30	-4.21	-4.03
茂名	-3.74	-5.29	-3.73	-4.25	-3.90	-4.25	-5.16	-2.38
肇庆	-3.03	-3.50	-4.80	-2.44	-3.74	-2.44	-4.94	-3.51
清远	-2.28	-5.70	-3.82	-1.96	-3.94	-1.96	-6.82	-3.03
潮州	-3.52	-3.43	-3.54	-3.32	-3.71	-3.32	-5.55	-3.55
揭阳	-5.18	-3.99	-3.15	-2.21	-4.22	-2.21	-5.00	-2.00
云浮	-5.86	-3.64	-3.27	-1.54	-3.68	-1.54	-6.95	-3.08

资料来源:根据《广东统计年鉴》(2015) 整理得到。

5. 人均生活能耗增加

与单位 GDP 能耗持续下降不同,广东省生活用能耗的人均水平呈现出持续增长的态势。1995 年平均每人年生活用能源为 146.11 千克标准煤,到 2010 年这一指标数值翻了一番,达到了 296.18 千克标准煤,2014 年进一步增长到 381.88 千克标准煤,是 1995 年人均水平的 2.61 倍 (见表 9-15)。

表 9-15　1995~2014 年广东省人均每年生活用能情况

能源品种	1995 年	2000 年	2005 年	2010 年	2012 年	2013 年	2014 年
生活用耗能（千克标准煤）	146.11	148.90	227.85	296.18	363.49	350.10	381.88
煤炭（千克）	40.07	9.63	10.54	6.96	6.02	6.11	6.10
汽油（千克）	4.50	4.42	14.57	28.97	38.18	45.91	45.86
煤油（千克）	1.18	0.24	0.33	0.35	0.37	0.38	0.37
柴油（千克）	0.37	0.57	0.98	1.39	1.58	1.75	1.74
液化石油气（千克）	24.51	31.47	43.66	36.97	43.06	28.73	31.50
电力（千瓦时）	165.24	239.09	359.06	536.60	653.89	669.90	759.93

资料来源：根据《广东统计年鉴》（2015）整理得到。

二、电力

电力是对人民生产、生活至关重要的基础和公用事业，与人民生产、生活的方方面面息息相关，它不仅为国家的经济发展提供强大动力，是国家经济健康持续稳定高速发展的重要前提条件；也在改善和提高人们生活水平上起到重大作用。近年来，广东电力消费量一直呈现稳定上升的态势（见表 9-16），2000~2014 年一直保持着 10.26% 的年均增速，到 2014 年广东省电力消费量达到了 5235.23 亿千瓦时，居全国 31 个省级行政区之首，占全国电力消费总量的 9.41%。其中珠三角地区的电力消费量占据了广东省的大部分份额，2000 年为 74.58%，到 2014 年该比值虽略有下降，但仍然高达 72.65%。在 21 个地级市中，2000 年，广州位列电力消费量首位，比位列第二的深圳高 48.43 亿千瓦时；最低的是河源，仅为同年广州的 3.88%。到 2014 年，深圳超越广州位居 21 个地级市电力消费量之首，广州位居第二；同年最低的为汕尾，仅有 43.80 亿千瓦时，仅为深圳的 5.62%。

表 9-16　2000~2014 年广东省电力消费情况　　　单位：亿千瓦时

区域	2000 年	2005 年	2008 年	2010 年	2011 年	2012 年	2013 年	2014 年
广东省	1334.58	2673.56	3506.78	4060.13	4399.02	4619.42	4830.13	5235.23
珠三角	995.29	2054.64	2660.10	3066.18	3261.79	3397.86	3518.83	3803.37
粤东	89.72	188.77	260.87	324.38	358.33	376.55	405.06	451.55
粤西	66.22	111.66	150.75	184.91	203.63	232.57	257.25	294.95
粤北	102.52	204.04	289.84	356.88	395.49	406.25	450.33	498.78
广州	238.78	425.67	545.92	625.90	663.55	694.13	710.69	765.85

续表

区域	2000 年	2005 年	2008 年	2010 年	2011 年	2012 年	2013 年	2014 年
深圳	190.35	440.21	585.92	663.55	696.02	714.01	721.48	779.93
珠海	30.82	61.58	89.60	102.26	112.56	117.47	121.73	134.32
汕头	43.91	87.60	112.87	136.81	149.69	154.36	160.62	174.20
佛山	168.84	316.29	396.00	463.08	485.62	506.95	527.06	564.13
韶关	35.81	58.72	73.52	84.06	95.60	96.67	109.28	119.14
河源	9.27	23.90	38.96	51.52	58.91	58.38	65.60	74.38
梅州	22.70	40.40	52.03	60.88	66.20	66.33	69.78	76.51
惠州	43.53	105.22	153.57	192.46	209.66	227.36	248.44	276.41
汕尾	9.35	16.87	24.46	29.73	32.32	35.19	37.74	43.80
东莞	179.78	419.83	514.16	562.00	586.07	604.28	622.51	660.99
中山	54.54	123.63	156.60	186.65	198.55	206.49	217.10	237.64
江门	64.65	113.63	140.26	165.21	187.68	196.14	207.31	227.87
阳江	12.09	22.46	30.39	40.43	47.48	64.00	77.15	90.71
湛江	24.15	49.09	63.82	78.68	85.43	93.45	98.16	109.48
茂名	29.98	40.11	56.54	65.80	70.71	75.12	81.94	94.77
肇庆	24.00	48.58	78.08	105.08	122.09	131.03	142.50	156.24
清远	22.60	59.47	96.25	125.53	135.71	142.44	156.74	173.89
潮州	13.95	33.17	48.07	59.16	63.65	66.12	68.20	74.62
揭阳	22.51	51.13	75.47	98.68	112.67	120.87	138.50	158.93
云浮	12.14	21.55	29.08	34.89	39.06	42.43	48.93	54.85

资料来源：根据《广东统计年鉴》（2015）整理得到。

在具体的能源消费构成上，煤炭、煤油的消费数量呈现出下降的态势，而汽油、柴油、液化石油气和电力均呈现出上升的态势。其中，1995～2014 年，汽油的年人均消费量增长了 9.19 倍，柴油增长了 3.7 倍，电力增长了 3.60 倍，液化石油气的增幅最小，增长了 28.52%。

然而，由于我国电力负荷主要分布在东部地区，而主要的电力资源，如煤炭、水能、风能等则主要分布在西部与北部地区。电力负荷与电力资源的逆向分布造就了中国跨区域资源优化配置的必要性（王春亮等，2015）。广东省作为电力需求大户，本地生产的电力能源不能满足消费需要。2014 年，广东省发电装机容量约 1.07 亿千瓦，其中，煤电约 6000 万千瓦，占 56.0%；气电约 1600万千瓦，占 15.0%；核电 1045 万千瓦，占 9.8%；水电（含抽水蓄能）1450 万千瓦，占 13.5%；风电、太阳能光伏发电、生物质发电等可再生能源发电装机容量约 700 万千瓦，占 6.5%。此外，西电东送送电能力约 3500 万千瓦。[①]

根据广东省"十三五"能源结构调整实施方案，"十三五"期间，将推动电源结构逐步优化。广东省电源装机容量约 1.34 亿千瓦，其中煤电约 6400 万千瓦，占 47.8%，比 2015 年下降 11.2 个百分点；省内煤电机组全部实现超低排放。气电约 2300 万千瓦，占 17.2%，比 2015 年提高 2.6 个百分点。核电约 1600 万千瓦，占 11.9%，比 2015 年提高 3.5 个百分点。水电（含抽水蓄能）1570 万千瓦，占 11.7%，比 2015 年降低 2 个百分点。西电东送能力约 4000 万千瓦，比 2015 年提高 500 万千瓦。广东省"十三五"规划新增电源约 3600 万千瓦，其中煤电约 600 万千瓦、气电约 900 万千瓦、核电约 800 万千瓦、抽水蓄能约 200 万千瓦、可再生能源发电约 1100 万千瓦。新增装机容量中，核电、可再生能源发电和气电等清洁电源比重占 83%。这表明，广东省电源结构多样，有煤电、水电等常规能源发电，以及核电、风电、太阳能等新能源发电，基本涵盖了我国常用的电源类型，多种发电模式中，煤电比重将逐渐下降，但仍然占据电源结构的主力位置。

三、天然气

天然气是广东发展低碳绿色能源的主要方向，为大幅提升天然气占能源消费比重，广东正积极培育天然气利用市场，构建稳定、多元、经济的气源保障体系。[②] 经过近十年的发展，广东天然气供应能力不断提高，管网逐步建设，主干管网运营管理机制初步建立，利用规模逐步上升，但从国际天然气利用发展经验来看，广东天然气利用水平仍处于初级阶段（郭贤明，2018）。

1. 供应能力不断提高

广东省天然气资源供应渠道主要来源于进口液化天然气、内陆管道天然气和南海海上天然气。现有天然气来源主要有三个：广东深圳大鹏进口液化天然气接收站、珠海横琴岛海上天然气接收站、西气东输二线广东段工程。天然气供应商包括中石油、中石化、中海油三大石油公司（张雪球，2013）。根据广东省能源发展"十三五"规划，广东省天然气供应能力从 2010 年的 90 亿立方米/年增加到 2015 年的 350 亿立方米/年。

2. 消费数量不断提高

广东省天然气利用起步晚，1995 年才开始消费天然气。近年来，随着经济发展、城市化进程加快以及人均收入的增加，广东省天然气消费量不断增长。作

---

① 相关数据由广东省发展改革委能源处提供。
② 广东省能源局广东省能源发展"十三五"规划［R］．广东省发展和改革委员会，2016.

为华南地区天然气消费量最大的省份，广东正处于天然气需求的高速增长期。2014 年，广东省全年天然气消费量达到 133.83 亿立方米，占全国天然气消费总量的 7.33%（见表 9-17）。在这一变化过程中，广东省天然气呈现出气源从单一走向多元化、去向从珠江三角洲逐渐向省、从城市向城镇扩散的空间流动特征。由于不同行业承受天然气价格的能力的差异，天然气消费经历单一利用向多样化利用的转变，由发电和工业领域向第三产业和生活领域拓展（蔡国田等，2012）。

表 9-17　1995~2014 年广东省天然气消费数量　单位：亿立方米

年份	1995	2000	2005	2008	2010	2012	2014
消费量	1.02	1.43	2.49	53.58	120	124.05	133.83

资料来源：根据历年《中国能源统计年鉴》整理得到。

3. 管网建设逐步完善

广东省天然气主干管道总长 500 千米，初步形成了以珠江三角洲为中心，覆盖珠江两岸主要城市的天然气管网雏形。已开工建设的主干管网包括西二线工程广东段和省天然气主干管网一期工程，管线里程合计长约 1283 千米，截至 2010 年底已建成 900 千米（张雪球，2013）。根据 2011 年 11 月 29 日广东省人民政府发布的《广东省天然气主干管网建设运营模式方案》，由广东省统筹全省天然气主干管网的规划、建设和运营，形成覆盖全省、资源共享、开放使用的天然气输送网络，即"全省一张网"。[①] 按照"一张网"的发展目标，2010 ~ 2016 年新增省级主干管网超过 800 千米，建成覆盖珠三角的省级主干管网。截至 2016 年底，广东省已形成连接广州、深圳、佛山、东莞、惠州、中山、珠海、江门、肇庆、清远十市的输气干线和送电厂专线，其中省级主干管网超过 1500 千米。各地市已建成城市高压、次高压、中压等各级管网长度超过 3000 千米。

4. 运营管理机制逐步完善

2009 年，为提前规划布局省级主干管网设施，保障天然气安全、稳定供应，广东省制定了《广东省油气主干管网规划（2009—2020 年）》。2011 年，为形成覆盖全省、资源共享、开放使用的天然气输送网络，打造为各资源供应方及省内用户提供公平的竞争平台和优质高效的服务平台，广东省出台了《广东省天然气主干管网建设运营模式方案》，提出了省主干管网建设和运营"一张网、保民生、有竞争"基本原则，"统筹调配"和"代输"相结合的运营模式，以及"统筹调配"价格采用"同网同价"、"代输"价格采用"成本+利润"的价

---

① 吴莉. 广东建天然气"全省一张网"［N］. 中国能源报，2011-12-05.

格机制。

总体而言，广东省天然气市场还处于初级阶段，由于广东无本地天然气资源，天然气全部依靠省外长途调入，其成本上与可替代能源的竞争力不强，无论在区域上和行业上的普及率还比较低。并且，天然气气源集中掌握在中海油、中石油等少数公司。受较难掌握垄断企业的内部发展战略、高价长约气合同执行、其他气源资源落实不理想等不确定因素影响，广东省气源资源保障程度较低（郭贤明，2018）。

四、新能源

新能源又称非常规能源，是指传统能源之外的各种能源形式，是随着新技术的出现而陆续被人类转化为能量的资源（温浩，2012），包括太阳能、风能、生物质能、氢能、地热能、海洋能、核能等能源形式。目前风能、太阳能、核能等能源形式由于实用且技术初步成形而发展迅速，氢能、地热能、海洋能等新能源形式仍然处于初期尝试阶段。随着支撑 20 世纪人类文明高速发展的以石油、煤炭和天然气为主的石化能源出现了前所未有的危机，鼓励开发新能源，已经成为世界上众多国家的能源战略政策导向。

广东是我国新能源产业发展的先行者。自国家战略性新兴产业发展规划出台以来，广东新能源产业开发利用进入规模化增长阶段。截至 2013 年底，广东省新能源发电装机规模约 10000 兆瓦特，年发电量 510 亿千瓦时，占当年全社会用电量的 10%（见表 9-18）。在各产业环节中，广东核电、风电、光伏发电和光热利用的装备制造水平较高，是其新能源产业的主要竞争力所在（郭贤明等，2015）。下文将简要介绍广东风能、太阳能、核能及生物质能的发展现状。

表 9-18　2013 年广东新能源产业发展情况

产业	类型	规模绝对值	占全国比重	各产业环节处于国内水平			
				资源及开发	装备制造	科研创新	配套服务
风电	陆上风电	2000 兆瓦特	2.3%	低	高	中	中
太阳能	光伏发电	300 兆瓦特	2.0%	低	中	中	中
	光热利用	980 万立方米	4.9%	低	高	中	中
生物质能	生物质能发电	600 兆瓦特	15.0%	高	中	中	中
	沼气利用	20344 万立方米	1.5%	低	中	中	中
核电	—	6120 兆瓦特	48.6%	高	高	中	中
地热能	—	0.3 兆瓦特	1.1%	中	中	中	中

资料来源：郭贤明，钟式玉. 广东新能源产业对经济发展的作用与潜力［J］. 电力与能源，2015（10）：653-657.

1. 风能

广东省大陆海岸线总长约 4114.4 千米，位列全国第一，海域面积 41.93 万平方千米，沿海风能资源达到 3~6 级，年平均风功率密度为 300~600 瓦/平方米，堪称全国海上风能资源最丰富的三大地区之一，① 陆地上和近海风能理论储量超过 1.7 亿千瓦，潜在发电装机容量在 1 亿千瓦以上。然而，广东风能资源分布并不均衡，主要集中在粤东和粤西沿海地区，并呈现出东多西少的特点，近年来开始向内陆山区和近海地区发展。据《广东省海上风电场工程规划报告》，广东近海可供开发风电资源规模为 1100 万千瓦左右。

早在 1985 年广东就在南澳岛建设风电场，2005 年 9 月惠来石碑风电场投产，总装机容量为 10 万千瓦，曾是当时全国装机容量最大的风电场。到 2013 年，广东省建成风电装机容量 2000 兆瓦特，占全国风电装机容量的 2.3%。广东风电制造业发展较早，主要涵盖了叶片、机舱、电控系统、塔架等零部件及风机整机等产业内容，装备制造水平较高。

作为全国最早发展风力发电的地区之一，广东在风电场的建设维护方面积累了大量的现场经验，沉淀了一批风电建设与运营人才，风电场建设已有一定的基础，在风电快速发展的今天，这是一笔十分难得的宝贵资源。然而，由于风电是靠天吃饭的产业，风能资源较好地区主要集中在粤东区域，特别是南澳岛，虽然风资源丰富，但由于岛屿面积小，可开发规模相应非常小。此外，风电投资高，且投资回报率相较火电过低。这些缺点在一定程度上制约了风能资源的开发和风电的发展。

2. 太阳能

光伏发电作为一种清洁能源，受到世界各国的高度重视。广东省太阳能资源丰富，年辐照时数 2200 小时左右，年辐射总量 4200~5800 兆焦耳/平方米，相当于一年辐射在我省土地的能量达 300 亿吨标煤左右。此外，广东省尤其是珠三角地区集中连片屋顶资源丰富，为安装分布式光伏发电系统提供了条件；而粤东、粤西和粤北土地资源丰富，可以布局建设地面光伏电站。得益于上述有利条件，广东省在光伏发电方面是全国的先行者，2004 年在深圳建成了当时亚洲装机容量最大的 1 兆瓦并网屋顶光伏发电示范系统。近年主要发展国家金太阳示范项目和光电建筑一体化项目，以屋顶分布式光伏发电为主。"十五"和"十一五"期间广东省开展了太阳能路灯、太阳能景观灯、小型屋顶光伏系统的推广工作。"十二五"以来，广东省积极推进金太阳示范项目和光电建筑一体化项目建设，屋顶分布式光伏发电获得较快发展。截至 2013 年底，全省建成光伏

---

① 陈韩晖，等. 广东拟建海上风电巨无霸　足支撑广深莞居民用电［N/OL］.［2011-09-22］. 南方日报，http：//news. sohu. com/20110922/n320183459. shtml.

发电装机容量约 30 万千瓦, 同比增长近 3 倍。①

3. 核能

广东省是我国最早开始建设运营核电站的省份。自 20 世纪 80 年代建设大亚湾核电站以来, 经过 20 多年的发展, 在广东省和中广核集团的努力下, 截至 2007 年底, 广东省已经建成投产大亚湾和岭澳一期共 400 万千瓦, 在建的岭澳二期 200 万千瓦的核电发展规模, 占广东省发电装机容量的 13%。

广东核电发展一直处于国内领先地位, 截至 2013 年底, 广东省在运装机容量 6120MW, 约占全国核电装机容量的 50%。广东核电产业已形成较为完整的产业链, 核电装备制造业形成一定规模, 核电建设、管理和配套服务水平处于国内领先。其中核电装备制造业涵盖了核岛、常规岛主设备与辅助设备、电气仪控设备、通用设备和其他配套设备等产业内容, 已在珠三角地区形成集聚发展的格局。按照规划, 到 2020 年, 广东全省核电装机将达 2400 万千瓦, 在建 1000 万千瓦 (易经纬, 2020)。广东核电比重将继续上升, 并超过世界平均水平, 率先将广东省建成核电大省。

目前, 广东已有大亚湾、岭澳和阳江核电站投入运营, 台山核电站正在建设中。其中, 大亚湾核电站位广东省深圳市大鹏新区大鹏半岛, 离香港尖沙咀直线距离 51 千米, 由广东核电投资有限公司和香港核电投资有限公司合资建设与运营, 隶属中国广核集团管辖, 拥有两台百万千瓦级压水堆机组, 所生产电力 70% 的供应香港, 30% 的供应广东。该核电站于 1987 年开工建设, 1994 年 5 月正式投入商业运行。大亚湾核电站是中国大陆第一座大型商用核电站, 也是大陆首座使用国外技术和资金建设的核电站。岭澳核电站也位于深圳龙岗区大鹏镇, 是继大亚湾核电站投产后, 广东地区兴建的第二座大型商用核电站。岭澳核电站一期拥有两台装机容量 99 万千瓦的压水堆核电机组, 主体工程 1997 年 5 月开工, 2003 年 1 月建成投入商业运行, 2004 年 7 月 16 日通过国家竣工验收。岭澳二期于 2004 年 3 月被列为国家核电自主化依托项目; 2004 年 7 月被国务院批准建设; 2005 年 12 月正式开工; 两台机组分别于 2010 年 7 月 15 日和 2011 年 8 月 7 日建成并投入商业运行。阳江核电站是国家核电中长期发展规划项目, 位于广东省西部沿海地区。该项目由中国广核集团出资建设, 总投资近 700 亿元。采用中国自主品牌的 CPR1000 改进型压水堆核电技术, 连续建设 6 台百万千瓦级核电机组, 是中国核电建设史上首个按厂址建设规模一次核准的项目。2008 年 12 月 16 日, 阳江核电站正式开工。阳江核电站 1 号、2 号、3 号机组已分别于 2014 年 3 月 25 日、2015 年 6 月 5 日、2016 年 1 月 1 日实现商业

---

① 详见《广东省太阳能光伏发电发展规划》。

运营，3 台在运机组商运后运营业绩良好。

正在建设中的台山核电站位于广东省台山市赤溪镇，厂地处沿海山区，三面环山，东南面临海。该电站由中国广核集团、法国电力公司、粤电集团公司共同投资的中外合资企业台山核电合营有限公司负责一期工程的资金筹措、建设、运营、管理，并承担最终的核安全责任。2009 年 12 月 11 日，商务部正式批准了该合资项目，同年 12 月 21 日和 2010 年 4 月 15 日，台山核电 1 号、2 号机组分别开工，目前项目总体进展顺利。

4. 生物质能

广东生物质能利用以垃圾发电、农林废弃物发电、沼气利用为主。其中，广东垃圾发电起步早，全省每年产生的垃圾资源近 4500 万吨，折算能源总量约为 640.84 万吨标煤左右。广东生活垃圾焚烧发电比例远高于全国平均水平，在技术及产业规模方面均处于国内领先水平。垃圾发电的应用技术水平和产业规模居全国前列产业，在一定程度上缓解了广东省城市垃圾围城的现状。2013 年底，广东省建成垃圾发电装机容量 440 兆瓦特。农林废弃物发电规模则相对较小，同年全省建成农林废弃物直燃发电装机容量 160 兆瓦特。沼气利用方面，到 2013 年底，广东建成并正常使用的农村沼气池超过 50 万户，年产沼气 2 亿立方米，占全国沼气生产规模的 1.5%。

总之，作为经济强省、世界制造基地和能源消费大省，广东正在大力推进科技创新，支持战略性新兴产业发展。在广东省近年来的能源发展规划中，将稳步推进能源生产结构调整，清洁能源比例将进一步提高。在规模化发展核电的同时，充分利用广东省较丰富的可再生能源资源，着力发展风能、太阳能，适度开发生物质能，积极探索海洋能、地热能的规模化商业利用，因地制宜发展农村新能源。根据《广东省能源发展"十三五"规划》（2016~2020 年），到 2020 年，广东省将建成风电装机容量 800 万千瓦、光伏发电装机容量 600 万千瓦、生物质发电及其他 120 万千瓦。随着能源革命和产业变革的深入推进，新能源产业在广东的发展前景非常广阔。

第三节　信息基础设施

改革开放以来，广东省信息化进程持续快速发展，信息基础设施不断完善，信息技术在国民经济和社会各领域的应用日益广泛，在推动经济发展方式转变和创新社会管理方面发挥了重要作用，信息产业已发展成为国民经济重要支柱产业。《广东省信息化发展规划纲要（2013—2020 年）》指出，2012 年广东省电子信息制造业实现总产值2.35万亿元，占全国的27.6%，连续22年居全国首位；软件业务收入4224.2亿元，占全国的16.9%；电子商务交易额1.5万亿元，其中网上购物额占社会消费品零售总额比例达7.9%，居各省（区、市）之首；互联网普及率达63.1%，无线宽带网络覆盖率达66.4%，均居全国前列。下文分别从通信行业和邮电行业对广东信息网络建设的情况加以说明。

一、通信行业概况

作为全国经济发展第一大省和出口外贸型经济大省，广东省人口众多，而且外向型企业数量庞大，因此广东省整体通信需求旺盛，业务总量持续增长；另外，由于广东省人均GDP已经达到中等发达国家水平，普通消费者有能力支付较多的通信费用。再者，从消费群体年龄结构上来看，广东省常住人口中有较多宽带上网需求和通信需求的15~64岁人群占比达到77.19%，因此整体通信市场需求量大。

2013年，广东省电信业务总量达到1552.10亿元，同比增长6.2%。截至2013年底，广东省固定电话用户3099.90万户，其中城市电话用户2265.70万户，乡村电话用户834.20万户；移动电话用户14706.10万户，全年新增2238.10万户，3G移动电话用户达到4469.10万户，新增1684.80万户；固定宽带用户2081.70万户，同比增长9.4%，移动互联网用户9923.70万户，同比增长5.7%。[①]

2013年8月17日，国务院发布了"宽带中国"战略实施方案，首次将"宽带战略"提升到国家战略层级；同年12月4日工信部正式向三大电信运营商发布4G牌照。由此，我国的三大电信运营商全面进入光纤宽带业务和4G无线通信业务的全业务竞争时代。广东省内的通信行业发展格局也随之改变。

2014年，广东省通信业务收入总量从1月的134.1亿元下降至12月的116.6亿元，降幅达到13%，通信业务总体市场收入呈下降趋势；固定电话用户总量呈现自然衰减之势，1~12月共计减少133.7万户；移动电话用户方面，1~12月仅增长173.5万用户，达到14943.4万户，增长率仅为1.17%，其中3G用户增长368万户，增长率为7.9%；4G用户自2014年6月商用放号以来呈现快速增长趋势，至12月底已达到1469.7万户，月增长率达44.3%；固定互联网宽带接入用户方面，1~12月增长了309.4万户，增幅为14.73%（见表9-19）。

---

① 数据来源：广东省统计局发布的《2013年广东省国民经济和社会发展统计公报》。

表 9-19 2014 年广东省通信业务发展数据

2014 年	电信业务收入（亿元）	固定电话用户（万户）	移动电话用户（万户）	3G 移动用户（万户）	4G 移动用户（万户）	固定互联网宽带接入用户（万户）
1 月	134.1	3084.3	14769.9	4613.2	—	2100.4
2 月	126.0	3062.0	14736.4	4685.5	—	2113.1
3 月	141.1	3055.0	14661.6	4991.4	—	2289.3
4 月	135.6	3060.9	14638.9	5022.2	—	2298.5
5 月	138.1	3030.8	14644.7	5107.3	—	2304.5
6 月	123.6	3001.6	14550.0	5034.2	168.6	2319.0
7 月	123.9	2999.3	14549.7	5092.3	275.5	2312.9
8 月	121.4	2988.1	14641.0	5243.4	466.4	2332.5
9 月	121.3	2985.7	14643.0	5269.2	646.0	2362.8
10 月	117.6	2976.9	14716.2	5012.1	856.7	2380.4
11 月	114.1	2956.9	14830.7	4963.5	1127.6	2387.6
12 月	116.6	2950.6	14943.4	4981.2	1469.7	2409.8

资料来源：根据广东省通信管理局 2014 年 1~12 月发布的统计数据整理。

从行业发展格局来看，广东电信、广东移动和广东联通三大电信运营商都已实现固定电话+固定宽带+移动通信的全业务运营新格局，电信服务市场三足鼎立的竞争格局已经形成（见表 9-20）。截至 2014 年底，广东电信的移动用户达到 2216 万户（3G/4G 用户合计 1642 万户），固网宽带用户达到 1772万户，固网本地电话用户数达到 2472.9 万户。广东联通的移动用户达到 5105万户（3G/4G 用户合计 1807 万户），固网宽带用户达到 595 万户，固网本地电话用户达到 528.7 万户。广东移动的移动用户数为 14839 万户（3G/4G 用户合计 2979 万户）。广东移动在广东省内的移动通信市场上仍占据主导地位，其市场份额达到 67%。广东电信在固网宽带市场上占据主导地位，市场份额达到 73%（吕玉琳，2014）。

表 9-20 2014 年底广东省内三大运营商用户数据 单位：万户

运营商	移动用户数	3G/4G 用户数	固网宽带用户数	固网本地电话用户数
广东电信	2216	1642	1772	2472.9
广东移动	14839	2979	63	—
广东联通	5105	1807	595	528.7

资料来源：吕玉琳．广东电信的业务单元发展战略分析研究［D］．兰州：兰州大学硕士学位论文，2014.

二、邮政业务概况

邮政业是国家重要的社会公用事业，是融合物品运送、信息沟通、资金流通、文化传播等多种功能于一体的复合型、基础性产业，是推动流通方式转型、促进消费升级的现代化先导性产业，在促进经济社会发展中发挥着重要作用（何光军等，2018）。广东省邮电业从20世纪90年代起就进入了快速发展的时期，邮电业务总量从1990年的26.3亿元到2014年激增到3394.39亿元，25年间增长了百余倍（见表9-21）。从具体的业务构成来看，虽然邮电业务总额与通信业务总额的差距越来越大，但是邮政业务在邮电业务中的占比有较明显的上升，邮政业务和通信业务从1990年的14.86 : 85.14调整为2014年的25.33 : 74.67。

表9-21　1990~2014年广东邮电业务发展情况　　　　　　单位：亿元

年份	邮电业务总量	邮政	通信	年份	邮电业务总量	邮政	通信
1990	26.30	3.91	22.39	2003	1202.52	54.33	1148.19
1991	38.89	4.60	34.29	2004	1781.78	55.12	1726.66
1992	57.06	5.59	51.47	2005	2121.94	59.82	2062.12
1993	94.25	7.10	87.15	2006	2540.54	69.48	2471.06
1994	142.78	8.32	134.46	2007	3070.55	77.30	2993.25
1995	204.93	9.63	202.60	2008	3564.85	87.97	3476.88
1996	265.56	10.92	254.64	2009	3938.15	101.16	3837.00
1997	330.38	11.44	318.94	2010	4832.94	118.57	4714.37
1998	418.18	15.20	402.98	2011	1918.01	291.36	1626.65
1999	542.65	19.72	522.93	2012	2174.67	395.18	1779.49
2000	757.22	50.40	706.82	2013	2507.99	592.00	1915.99
2001	782.67	42.13	740.54	2013（调整）	2820.42	592.00	2228.42
2002	917.87	48.36	869.51	2014	3394.39	859.81	2534.58

注：由于2014年更换调查方法，采用经济调查结果进行推算，因此导致2013年和2014年数据差异较大。表中"2013（调整）"为用新方法对2013年进行推算得到的数据。

资料来源：根据《广东统计年鉴》（2015）整理得到。

然而，长期居于全国邮政行业收入规模前列的广东邮政，在近年来也遭遇了企业盈利压力增加、发展速度下滑等问题。为应对挑战，广东邮政于2010年提出转型发展的重大战略，在观念、经营、机制、能力、体制等各个方面推动转型，不断创新传统业务，逐步做强竞争性业务，强化板块联动，着力实现传统业务与竞争业务良性互动发展。

根据《2014 年广东省邮政行业发展统计公报》，2014 年广东省邮政行业业务总量完成 859.81 亿元，同比增长 45.24%，占全国邮政行业业务总量的 23.26%；邮政行业业务收入（不包括邮政储蓄银行直接营业收入）完成 563.39 亿元，同比增长 31.92%，占全国邮政行业业务收入的 17.59%。

在具体的业务构成上，广东省邮政行业呈现如下特点：[①]

（1）邮政普遍服务业务整体呈现下降态势。函件业务量持续下滑。2014 年函件业务量完成 69168.05 万件，同比下降 1.17%，降幅较 2013 年缩窄。包裹业务量同比下降。2014 年包裹业务量完成 529.61 万件，同比下滑 21.08%。报刊业务量继续下降。2014 年订销报纸业务完成 86821.79 万份，同比下降 7.97%。2014 年订销杂志业务完成 7004.23 万份，同比下降 16.99%。汇兑业务大幅下降。2014 年汇兑业务完成 2212.49 万笔，同比下降 25.71%。

（2）快递业务快速增长。2014 年快递服务企业业务量完成 33.56 亿件，同比增长 59.28%，占全国快递业务量的 24.04%；快递业务收入完成 461.25 亿元，同比增长 36.96%，占全国快递业务收入的 22.55%。2014 年广东省快递业务收入占全省邮政行业总收入的比重为 81.87%，比 2013 年提高 3.01 个百分点。同城、异地、国际及港澳台快递业务量占广东省业务量比例分别为 28.7%、66.7% 和 4.6%；同城、异地、国际及港澳台快递业务收入占广东省业务收入比例分别为 15.6%、52.6% 和 26.1%。珠三角及粤东、粤西和粤北市场占比基本稳定，快递业务量占广东省比重分别为 94.52%、3.86%、0.80% 和 0.82%，快递业务收入占广东省比重分别为 95.82%、2.36%、0.84% 和 0.98%。

（3）在机构设备方面，2014 年广东省邮政行业拥有邮政营业场所总数 3139 处，比 2013 年增加 0.7%；取得快递业务经营许可证的快递企业 2206 家，备案分支机构 4841 家。广东省拥有邮政信筒信箱 8154 个，比 2013 年末减少 1384 个。广东省拥有邮政报刊亭总数 2700 处，比 2013 年末减少 552 处。广东省邮政行业拥有各类汽车 3.39 万辆，比 2013 年末增长 20.01%，其中快递服务汽车 3 万辆，比 2013 年末增长 22.87%。快递服务企业拥有计算机 6.85 万台，比 2013 年末增长 30.10%；手持终端 10.17 万台，比 2013 年末增长 31.45%。

（4）从通信网路建设来看，广东省邮政邮路总条数 952 条，比 2013 年末增加 45 条。邮路总长度（单程）12.25 万千米，比 2013 年末增加 958 千米。广东省邮政农村投递路线 4017 条，比 2013 年末减少 29 条；农村投递路线长度（单程）22.44 万千米，比 2013 年末增加 1987 千米。广东省邮政城市投递路线 3996

---

① 根据《2014 年广东省邮政行业发展统计公报》整理。

条，比 2013 年末增加 264 条；城市投递路线长度（单程）12.72 万千米，比 2013 年末增加 9820 千米。

（5）从服务能力来看，广东省邮政普遍服务营业场所平均服务人口 3.39 万人，邮政普遍服务营业场所平均服务半径 4.27 千米。邮政城区每日平均投递 2 次，农村每周平均投递 5 次。人均函件量为 6.45 件，每百人订有报刊量为 7.20 份。年人均快递使用量为 31 件。年人均用邮支出 525.35 元，年人均快递支出 430.11 元。

第十章 区域可持续发展

　　可持续发展是建立在社会、经济、人口、资源、环境相互协调和共同发展基础上的发展，其宗旨是既能相对满足当代人的需求，又不对后代人的发展构成危害。它是人们对传统发展模式和工业文明进行深刻反思的基础上形成的新发展观和新发展模式，也是人类走出生态危机的一种理性选择。作为世界上最大的发展中国家，我国于 1994 年 3 月发布《中国 21 世纪议程——中国 21 世纪人口、环境与发展白皮书》，并于 1996 年在中共十五大报告中明确提出"在现代化建设中必须实施可持续发展战略"。

　　进入 21 世纪以来，为解决面临的资源、环境与发展问题，我国提出了一系列与可持续发展相关的新理念，并采取了相应的实际行动，不仅进一步深化认识了可持续发展的内涵，也完善和丰富了具有中国特色的可持续发展实践。继党的十六届三中全会首次提出科学发展观的新发展理念后，党的十六届五中全会审议通过的《中共中央关于制定国民经济和社会发展第十一个五年规划的建议》明确提出了主体功能区的概念，并迅速将主体功能区划及不同类型的主体功能区建设作为落实可持续发展战略的重要途径。

第一节　区域可持续发展水平

　　走可持续发展之路，是广东省的必然选择。作为改革开放的排头兵，广东经济总量持续快速增长，连续多年雄踞省级经济体首位。然而，广东的发展在很大程度上是沿用以资源消耗、环境污染为代价的发展模式。在经济高速发展的同时，其深层次的矛盾和问题不可避免地突显，如产业层次总体偏低，产品附加值不高，贸易结构不合理，创新能力不足，土地、能源、水资源和原材料供应日益紧张，劳动力成本持续上升等。在新的经济形势下，要避免广东省的相对衰落，促进经济和社会的持续健康发展，必须主动寻求一条人口、经济、社会、环境和资源相互协调的可持续发展道路。

一、广东推进可持续发展的举措

1. 政府高度重视,形成了走区域可持续发展之路的共识

广东省高度重视并将可持续发展理念贯彻于决策过程中,在长期的实践过程中逐渐形成了走可持续发展道路的共识。1996 年《广东省国民经济和社会发展第九个五年计划纲要》指出:"要坚持走可持续发展道路,……提高环境质量,维护生态平衡,……合理分配资源。"1997 年,广东省组织 70 多位专家完成并出版发行了《中国 21 世纪议程广东省实施方案研究报告》。该研究报告提出了广东省实施可持续发展要坚持的重要原则:经济发展必须与环境、资源相协调、相适应;经济与社会必须同步协调发展;要兼顾当前利益和长远利益,重视环境保护;以人的全面发展为中心,充分注意人口素质的提高及人民生活质量的改善。1998 年 5 月,广东省第八次党代会将"可持续发展"作为广东跨越世纪、推进全省现代化进程的三大战略之一。"九五""十五"期间,广东省先后投入数百亿元,部署实施"碧水工程""蓝天工程",并积极推动全省企业开展清洁生产,大力发展循环经济。2002 年 1 月,广东省九届人大五次会议上发布的《政府工作报告》中指出:"我省的人口、资源、环境与社会发展的矛盾仍然比较突出,……促进可持续发展仍是政府的一项主要工作。"其后,继"十一五"规划提出"把提高经济增长质量和效益放在首位,……建设资源节约型社会、环境友好型社会,实现节约发展、清洁发展、安全发展和可持续发展""实施绿色广东战略,以促进经济社会发展与人口、资源、环境相协调为目标,发展循环再生的绿色经济,构筑系统安全的绿色生态,建设优美高质的绿色环境,培育人与自然和谐的绿色文明,促进自然生态环境系统与经济社会发展系统良性循环,提高可持续发展能力"的总体发展要求后,广东省"十二五"规划明确指出要"抓住转型升级建设幸福广东这个核心……更加注重绿色发展、生态文明……提高发展的全面性、协调性、普惠性和可持续性"。

2. 以可持续发展试验区为抓手,推动全省可持续发展水平的提升

可持续发展实验区是我国为推动可持续发展战略转变的各级地方政府的具体行动,是一项有中国特色的地方可持续发展示范工程(李俊莉和曹明明,2011)。自 1992 年广东省在珠海市湾仔镇建立第一个可持续发展实验区以来,经过 22 年的不断发展,截至 2013 年,广东省共有省级可持续发展实验区 32 个,已建成国家级可持续发展实验区 8 个(刘玲等,2015)。在地域分布上,粤东、粤西、粤北地区与珠三角地区各占总数的 50%,其中,粤东地区有 8 个,粤西地区有 6 个,粤北地区有 2 个。从行政区域上看,分布地区涵盖 14 个县及县级市、10 个镇、6 个区和 1 个岛。

广东省可持续发展实验区（见表 10-1）是一种推进可持续发展战略，探索可持续发展道路的良好形式与途径，已在省内外产生了积极的社会影响。首先，广东的实验区建设先人一步，1992 年就建立了第一个实验区——珠海市湾仔镇可持续发展实验区，也是全国首个省级试验区。其原因在于广东省经济起飞较早，由此导致的社会、经济、环境等问题暴露得也比其他地区早得多。因此，对可持续发展的需求就很快地被提上了日程。其次，广东的实验区空间分布也较为合理，珠三角、粤东、粤西和粤北地区都覆盖到了，其对于解决多样性的区域经济发展问题具有积极作用。再次，政府和公众对可持续发展的理念认同感很高，因此广东的实验区发展能够引起地方政府的高度重视，越来越多地方积极申报建立实验区。最后，广东的实验区发展具有地方特色，能够为解决各种不同的问题提供思路和启示。如梅州市丰顺县可持续发展实验区着力于解决后发地区发展经济又不以牺牲生态环境为代价的问题；韶关市南雄市可持续发展实验区则偏重于探索已有良好生态系统得到有效保护前提下的发展问题；肇庆市四会市可持续发展实验区则是自然、经济和社会各子系统相对协调，全面、均衡发展的典型。

表 10-1　广东省可持续发展试验区情况一览

序号	实验区名称	级别	类型	认定时间
1	珠海市湾仔镇可持续发展实验区	省级	建制镇型	1992 年
2	顺德容桂镇可持续发展实验区	国家级	建制镇型	1993 年
3	东莞市清溪镇可持续发展实验区	国家级	建制镇型	1993 年
4	广州市天河区可持续发展实验区	国家级	城区型	1999 年
5	汕头市南澳县可持续发展实验区	省级	县及中小城市型	2000 年
6	廉江市廉城镇可持续发展试验区	省级	建制镇型	2001 年
7	中山市三角镇可持续发展实验区	省级	建制镇型	2003 年
8	惠州市小金口镇可持续发展实验区	省级	建制镇型	2003 年
9	佛山市三水区大塘镇可持续发展实验区	省级	建制镇型	2004 年
10	肇庆市高要市可持续发展实验区	省级	城区型	2004 年
11	江门市开平市苍城镇可持续发展实验区	省级	建制镇型	2005 年
12	梅州市蕉岭县可持续发展实验区	国家级	县及中小城市型	2006 年
13	佛山市禅城区张槎街道可持续发展实验区	省级	建制镇型	2006 年
14	河源市东源县可持续发展实验区	省级	县及中小城市型	2006 年
15	江门市新会区双水镇可持续发展实验区	省级	建制镇型	2006 年
16	梅州市兴宁市可持续发展实验区	省级	县及中小城市型	2006 年
17	梅州市丰顺县可持续发展实验区	国家级	县及中小城市型	2006 年

续表

序号	实验区名称	级别	类型	认定时间
18	云浮市云安县可持续发展实验区	国家级	县及中小城市型	2006 年
19	汕头市金平区可持续发展实验区	省级	城区型	2006 年
20	江门市新会区可持续发展实验区	国家级	城区型	2007 年
21	肇庆市鼎湖区可持续发展实验区	省级	城区型	2007 年
22	云浮市郁南县可持续发展实验区	省级	县及中小城市型	2007 年
23	韶关市南雄市可持续发展实验区	国家级	县及中小城市型	2007 年
24	梅州市大埔县可持续发展实验区	省级	县及中小城市型	2007 年
25	梅州市禅城区可持续发展实验区	省级	城区型	2008 年
26	湛江市特呈岛可持续发展实验区	省级	县及中小城市型	2008 年
27	云浮市新兴县可持续发展实验区	省级	县及中小城市型	2009 年
28	清远市清新县可持续发展实验区	省级	县及中小城市型	2009 年
29	河源市连平县可持续发展实验区	省级	县及中小城市型	2010 年
30	茂名市高州市可持续发展实验区	省级	县及中小城市型	2010 年
31	东莞市石龙镇可持续发展实验区	省级	建制镇型	2011 年
32	肇庆市四会市可持续发展实验区	省级	县及中小城市型	2012 年

资料来源：刘玲，等．基于政策引导的试验区可持续发展探讨 ［J］．广州大学学报（社会科学版），2015（1）：69-73.

3. 深入开展理论研究，理论研究成果丰硕

广东省非常注重可持续发展理论的研究。1996 年成立的广东省可持续发展协会，是我国在相关领域出现最早的地方性可持续发展社团研究组织。广东省内多所高校、科研院所以可持续发展作为研究方向，撰写和发表了一系列专著报告或文章，探讨实施可持续发展战略的新思路、新方法。如《珠江三角洲资源环境与可持续发展》系列丛书、《中国可持续发展》期刊、《广东可持续发展进程》系列等。仅广东科技出版社叶维生编辑就编辑出版了多部环保专著，包括《珠江三角洲区域空气监控网络 QA/QC 手册》《重点行业清洁生产工作指南》《区域空气质量监控网络系统的设计与实现》《区域空气质量监控网络质量管理体系与标准操作程序》《区域空气质量集成展示与实况发布技术》等。在科技论文方面，围绕广东省资源环境承载力测算、可持续发展水平测度、不同行业的可持续发展问题及对策研究等问题也积累了大量的研究成果。此外，广东省还出版了诸如《可持续发展知多少》《省长顾问解题可持续发展》之类的科普读物。这些研究成果为广东全面实施可持续发展战略提供了丰富的理论指导和实践依据，同时也为我国其他地区推动可持续发展进程提供了参考和示范。

4. 加大科技投入，建立可持续发展科技创新体系

"没有科学就没有可持续发展"。这是 1997 年联合国教科文组织在联合国环发大会上提出的观点。广东省很早就认识到了科技创新是可持续发展得以落实的核心要素。"九五"计划特别是"十五"计划以来，广东省高度重视科技创新工作，累计科研投入超过 30 亿元，建立了较为完善的社会发展科技创新体系，为广东省坚定不移地走可持续发展之路提供了强有力的科技支撑。尤其在医疗、环保、资源与生态、社会安全、减灾防灾等领域开展的科技攻关项目取得了一大批成果，成绩斐然。其中，在医疗卫生领域，科技综合实力名列全国前 3 位；环境保护技术力量雄厚，综合实力跃居全国先进行列，尤其在除尘技术、污水处理、垃圾处理与发电技术方面达到国内先进水平；在海洋资源开发方面，科技人才实力位居全国前列，部分技术处于全国领先水平；节能与新能源技术应用成效显著，太阳能利用、风能发电、垃圾和生物质发电技术产业化已成为广东新能源产业发展的主力军。①

此外，广东省还积极推动可持续发展方面的跨国、跨境交流与合作。基于区位优势，一方面与美国、日本、英国、法国、丹麦、加拿大等国开展可持续发展的国际交流与合作，另一方面还积极推动与香港、澳门以及国内其他省（市、区）的区域合作与交流探讨。

二、可持续发展水平评价

推动区域可持续发展战略的实施是可持续发展研究和实践的重点问题。在区域可持续发展水平动态变化的过程中，开展区域可持续发展水平的评价研究具有重要的现实意义。一方面可以通过此类研究获得目标区域可持续发展水平的变化趋势；另一方面也可以据此找出可持续发展进程中存在的问题，并采取针对性的措施。因此，下文将先对广东省近年来区域可持续发展水平进行总体评价，进而着重对珠三角九市的可持续发展水平进行比较。

1. 评价思路与方法

可持续发展的评价应立足可持续发展的内涵，充分体现突出可持续发展的特征和目标导向。从可持续发展的本质出发，其体系具有三个最为明显的特征：其一，它必须能衡量一个国家或区域的"发展度"（数量维）；其二，衡量一个国家或区域的"协调度"（质量维）；其三，是衡量一个国家或区域的"持续度"（时间维）（牛文元，2008）。因此，对可持续发展的评价也必须体现出上述三个维度的统一。

① 锡华，匡贤玲. 先行一步，扎实推进——"两院"副院长黄宁生谈广东可持续发展 [J]. 广东科技，2018（1）：22–26.

基于这一认识，本书借鉴国内外关于可持续发展指标体系设计及其应用的经验，遵循科学性和实用性相结合、系统性和针对性相统一、全面性和代表性相统一、可比性和可靠性相结合的原则，结合广东及珠三角的统计数据状况，设计了可持续发展指标体系（见表10-2）。

表10-2 区域可持续发展水平评价指标体系

综合指数	准则层（AHP）	领域层（AHP）	指标变量层	权重（AHP）
可持续发展综合指数	可持续发展水平（0.369）	经济发展水平（0.400）	GDP 总量	0.208
			人均 GDP	0.262
			第二产业占 GDP 比重	0.182
			制造业从业人数占全部非农从业人数比重	0.166
			进出口总额占 GDP 比重	0.182
		社会发展水平（0.283）	人口自然增长率（逆）	0.322
			每万人病床数	0.07
			城市居民人均住房面积	0.135
			城市居民人均可支配收入	0.407
			人均客运量	0.066
		资源环境支持水平（0.317）	人均耕地面积	0.33
			人均工业废水排放量（逆）	0.338
			人均工业烟尘排放量（逆）	0.332
	可持续发展能力（0.272）	经济社会发展能力（0.556）	人均财政收入	0.227
			GDP 年均增长率	0.275
			进出口增长率	0.275
			人均固定资产投资完成额	0.223
		资源环境支撑能力（0.444）	万元 GDP 用电量（逆）	0.5
			工业废水排放量增率（逆）	0.5
	可持续发展协调度（0.359）	经济与资源环境协调度（0.437）	用电量增率/GDP 年均增长率（逆）	0.455
			工业烟尘排放量增率/GDP 年均增长率	0.545
		社会与资源环境协调度（0.227）	用电量增率/职工年均工资增率（逆）	0.455
			工业烟尘排放量增率/人口增长率	0.545
		经济与社会协调度（0.336）	人口增长率/GDP 年均增长率	0.5
			职工年均工资增率/GDP 年均增长率	0.5

资料来源：参考可持续发展水平评价相关文献指标体系设置。

在表10-2中，可持续发展综合指数被分解为可持续发展水平、可持续发展能力和可持续发展协调度三个方面。其中，可持续发展水平体现了可持续发展的数量维特征，又被进一步分解为经济发展水平、社会发展水平和资源环境支持水平，并用GDP总量、人均GDP等13个指标具体衡量；可持续发展能力体现了可持续发展时间维的特征，被进一步分解为经济社会发展能力和资源环境支撑能力，并用人均财政收入、GDP年均增长率等六个指标加以刻画；可持续发展协调度则体现了质量维特征，并被继续分解为经济与资源环境协调度、社会与资源环境协调度、经济与社会协调度三个方面，采用六个具体的指标对其进行刻画。原始数据主要从2000~2014年的《广东统计年鉴》《广东省统计公报》，珠三角九市的《统计公报》《统计年鉴》以及《中国城市统计年鉴》等资料中获得。

接下来就是各指标权重的确定问题。本书运用AHP层次分析法，对指标按其重要性进行排序，从各指标权重中可以体现出不同因素对区域可持续发展综合指数带来的影响程度差异。

进一步对原始数据进行标准化处理。由于表10-2中指标体系的计量单位不一致，无法进行统一比较，因此本书采用式（10-1）的方法对原始数据进行标准化处理，从而使得数据结果取值范围为[0, 1]。

$$K_i = (X_i - X_{min}) / (X_{max} - X_{min}) \qquad (10-1)$$

其中，X_i表示某一年某个指标的实际值；X_{max}、X_{min}分别表示某一年该指标所有数据的最大值、最小值。注意到指标体系中含有正效应指标和逆效应指标，按照式（10-2）对逆效应指标的原始数据进行正向化的标准化处理：

$$K_i = (X_{max} - X_i) / (X_{max} - X_{min}) \qquad (10-2)$$

根据式（10-1）和式（10-2），对广东省数据进行标准化处理的结果如表10-3所示。

表10-3 2000~2014年广东省可持续发展评价指标标准化结果

具体指标 \ 年份	2000	2001	2002	2003	2004	2005	2006	2007	2008	2009	2010	2011	2012	2013	2014
N1	0	0.023	0.048	0.089	0.142	0.207	0.278	0.369	0.457	0.504	0.618	0.745	0.813	0.907	1
N2	0	0.022	0.052	0.100	0.160	0.235	0.311	0.405	0.491	0.526	0.631	0.751	0.817	0.909	1
N3	0.203	0.046	0	0.471	0.719	0.962	1	0.946	0.930	0.674	0.792	0.700	0.421	0.177	0.163
N4	0.254	1	0.892	0.912	0.88	0.859	0.834	0.801	0	0.781	0.855	0.833	0.799	0.749	0.683
N5	0.223	0	0.323	0.611	0.807	0.815	0.977	1	0.739	0.153	0.452	0.471	0.484	0.533	0.231
N6	0	0.132	0.396	0.340	0.439	0.528	0.401	0.396	0.42	0.415	0.552	0.962	0.561	1	0.962

具体 指标 年份	2000	2001	2002	2003	2004	2005	2006	2007	2008	2009	2010	2011	2012	2013	2014
N7	0	0.018	0.052	0.086	0.138	0.178	0.221	0.271	0.339	0.434	0.551	0.655	0.806	0.894	1
N8	0.300	0	0.316	0.782	0.831	0.877	0.940	0.919	0.862	0.923	0.941	0.959	1	0.681	0.790
N9	0	0.029	0.061	0.117	0.173	0.224	0.279	0.355	0.445	0.528	0.631	0.765	0.914	0.883	1
N10	0.041	0.076	0.098	0.099	0.124	0.009	0.094	0.111	0.805	0.652	0.727	0.845	1	0	0.037
N11	1	0.966	0.869	0.826	0.770	0.644	0.516	0.442	0.386	0.363	0.348	0.311	0.062	0.025	0
N12	0.499	0.417	1	0.382	0.410	0.386	0.942	0.239	0.888	0.437	0.224	0.143	0.051	0.070	0
N13	0.323	0.736	0.756	0.586	0.738	0.750	0.740	0.405	0.387	1	0.541	0.511	0.460	0.394	0
N14	0	0.041	0.045	0.062	0.077	0.137	0.190	0.280	0.355	0.401	0.520	0.658	0.763	0.874	1
N15	0.717	0.388	0.393	0.818	0.958	1	0.860	0.995	0.691	0	0.754	0.680	0.001	0.162	0.099
N16	0.814	0.367	0.919	0.995	0.937	0.78	0.865	0.791	0.471	0	1	0.691	0.469	0.552	0.236
N17	0	0.015	0.035	0.089	0.137	0.191	0.233	0.300	0.37	0.469	0.587	0.611	0.726	0.875	1
N18	0.078	0.138	0.063	0	0.033	0.190	0.298	0.419	0.645	0.722	0.785	0.894	0.929	0.998	1
N19	0.158	0.089	0.982	0.549	0.214	0.159	0.756	0.436	0.976	0	0.895	0.114	0.121	0.196	1
N20	0	0.084	0.061	0.032	0.064	0.104	0.094	0.097	1	0.131	0.086	0.114	0.095	0.120	0.056
N21	0.735	0.643	0.429	0.313	0.483	0.420	0.404	0.240	0.404	1	0	0.396	0.366	0.352	0.074
N22	0.259	0.397	0.332	0	0.010	0.093	0.137	0.253	1	0.555	0.217	0.391	0.507	0.368	0.383
N23	1	0.827	0.624	0.462	0.718	0.617	0.592	0.319	0.594	0.976	0	0.578	0.580	0.551	0.317
N24	0.768	0.538	0.617	0.891	0.969	1	0.922	0.976	0.841	0	0.902	0.951	0.067	0.545	0.437
N25	0.786	0.566	0.571	0.228	0.110	0	0.078	0.174	0.299	0.751	0.197	0.274	1	0.179	0.768

资料来源：根据相关数据计算得到。

继而，采用式（10-3）和式（10-4）对可持续发展综合指数进行计算。

$$P_i = f(B_1, B_2, B_3) = \sum_{i=1}^{3} W_i B_i \qquad (10\text{-}3)$$

$$B_i = \sum_{j=1}^{n} W_{ij} r_{ij} \qquad (10\text{-}4)$$

其中，P_i 表示可持续发展能力的综合指数；W_i 表示一级指标（可持续发展水平、可持续发展能力和可持续发展协调度）的权重；$B_1 = f$（经济发展水平、社会发展水平和资源环境支持水平），$B_2 = f$（经济发展能力和资源环境支撑能力），$B_3 = f$（经济与资源环境协调度、社会与资源环境协调度和经济与社会协调度）；W_{ij} 表示各项指标的权重；r_{ij} 表示各指标的标准化值。据此计算广东省可持续发展的综合评价指数（见表10-4）。

表 10-4　2000~2014 年广东省可持续发展评价

年份	可持续发展水平	可持续发展能力	可持续发展协调度	可持续发展综合指数
2000	0.484	0.286	0.587	0.467
2001	0.434	0.173	0.498	0.386
2002	0.629	0.443	0.425	0.505
2003	0.708	0.418	0.326	0.492
2004	0.870	0.371	0.399	0.565
2005	0.823	0.390	0.375	0.544
2006	0.898	0.551	0.370	0.614
2007	0.829	0.536	0.335	0.572
2008	0.777	0.628	0.663	0.696
2009	0.638	0.269	0.569	0.513
2010	0.943	0.779	0.224	0.640
2011	0.954	0.592	0.435	0.669
2012	0.784	0.491	0.409	0.57
2013	0.851	0.593	0.336	0.596
2014	0.653	0.621	0.310	0.521

资料来源：根据相关数据处理得到。

最后，设置可持续发展评价标准（见表 10-5），将可持续发展综合指数分为六个等级。

表 10-5　可持续发展综合指数评价标准

综合指数	可持续发展综合评价
0~0.30	很低
0.31~0.45	低
0.46~0.60	中等
0.61~0.80	中高等
0.81~0.90	较高
0.91~1.00	高等

2. 评价结论

（1）广东省总体评价。为了直观地评价广东省在考察期间可持续发展度的发展态势，根据表 10-4 的计算结果绘制了图 10-1。

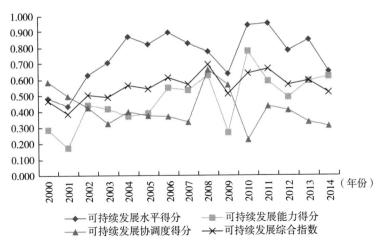

图 10-1　2000~2014 年广东省可持续发展综合指数变化趋势

图 10-1 显示广东省可持续发展综合指数呈无明显规律的动态变化趋势。在考察期间，2008 年达到顶峰，为 0.696；2001 年最低，仅为 0.386；两者差值达到 0.310。对照表 10-5 的评价标准，广东省可持续发展水平除了 2001 年处于低级水平，2006 年、2008 年、2010 年和 2011 年处于中高等水平以外，大部分年份都处于中等水平。

进一步观察其在三个维度上的变化趋势，考察期间广东可持续发展水平、可持续发展能力均在 2001 年达到最低值且总体均呈现出上升态势。这是因为随着时间的推移，虽然资源环境支持水平呈现出下降态势，但是经济发展水平和社会发展水平总体呈现出提升的态势，最终使得全省可持续发展水平呈现出上升态势。时间维度的可持续发展能力整体上升一方面得益于经济社会的发展，虽然 GDP 增长率和进出口增长率略有波动，但除个别年份外，整体仍维持在较高水平，且广东省的人均财政收入和人均固定资产投资完成额呈现出较为稳定的增长态势；另一方面得益于能源技术及产业结构调整政策的持续推进，广东省单位 GDP 能耗量和废物排放量整体呈现出持续的下降态势。

值得注意的是，质量维度的可持续发展协调度则总体呈现出明显的下降态势，2014 年较 2000 年下降了 0.277，年均下降 1.98%，且大部分年份该指标值在 0.30~0.45。具体而言，绝大多数年份经济与资源环境协调度最低，社会与资源环境协调度次之，而经济与社会协调度相对较高。这表明广东自然资源贫乏且环境承载压力大的特征明显抑制了其与经济系统和社会系统的协调度，也是制约广东可持续发展总体水平的因素之一。

（2）珠三角九市的横向比较。采用上述思路，对 2014 年珠三角九市的可持续发展综合指数进行测度（见表 10-6）。测度结果表明，广州、深圳和佛山的可持续发展综合指数在 0.609~0.721，可归入中高等可持续发展地区；珠海、东莞、中山和惠州四市综合指数在 0.559~0.581，相应归入中等可持续发展地区；江门和肇庆两市平均综合指数在 0.310~0.450，归入低等可持续发展地区。并且，排首位的广州和排末位的肇庆可持续发展综合指数差异明显，前者是后者的近两倍，绝对值相差 0.343。

表 10-6　2014 年珠三角可持续发展综合指数及排名

城市	可持续发展水平	排名	可持续发展能力	排名	可持续发展协调度	排名	可持续发展综合指数	排名
东莞	0.558	3	0.379	8	0.763	3	0.583	5
佛山	0.472	4	0.445	6	0.874	1	0.609	3
广州	0.615	2	0.842	1	0.738	5	0.721	1
惠州	0.432	7	0.416	7	0.799	2	0.559	7
江门	0.407	8	0.121	9	0.597	8	0.397	8
深圳	0.676	1	0.633	3	0.704	6	0.674	2
肇庆	0.217	9	0.492	5	0.458	9	0.378	9
中山	0.451	5	0.548	4	0.739	4	0.581	6
珠海	0.437	6	0.711	2	0.638	7	0.584	4

资料来源：根据相关数据处理得到。

具体而言，在可持续发展水平方面，按照得分从高到低排列，依次是深圳、广州、东莞、佛山、中山、珠海、惠州、江门、肇庆。在可持续发展能力上，按照得分从高到低排名依次是广州、珠海、深圳、中山、肇庆、佛山、惠州、东莞、江门。可持续发展协调度的排名依次是佛山、惠州、东莞、中山、广州、深圳、珠海、江门、肇庆。

第二节　主体功能区

"主体功能区"的概念首次出现在《中共中央关于制定国民经济和社会发展第十一个五年规划的建议》中，虽然文件并没有对什么是主体功能区进行明确的界定，但是却明确了将国土空间划分为优先开发区域、重点开发区域、限制开发区域和禁止开发区域四种类型。

随后，2006 年 10 月国务院办公厅下发了《关于开展全国主体功能区划规划编制工作的通知》，明确了该项工作的目的和意义、主要任务和工作步骤以及工作组织和要求。2007 年 7 月，国务院办公厅下发了《关于编制全国主体功能区规划的意见》，明确指出"要根据不同区域的资源环境承载能力、现有开发密度和发展潜力，统筹谋划未来人口分布、经济布局、国土利用和城镇化格局，将国土空间划分为优化开发、重点开发、限制开发和禁止开发四类，确定主体功能定位，明确开发方向，控制开发强度，规范开发秩序，完善开发政策，逐步形成人口、经济、资源环境相协调的空间开发格局"，并将编制全国主体功能区规划作为"全面落实科学发展观、构建社会主义和谐社会的重大举措"。在上述意见的指引下，全国各地掀起了主体功能区规划和建设的热潮。

一、背景及意义①

1. 背景

广东省地处中国大陆最南部，东邻福建，北接江西、湖南，西连广西，南临南海。广东省地理位置优越，陆地面积为 17.98 万平方千米，约占全国陆地面积的 1.87%。广东省国土空间具有以下特点：一是地貌类型复杂多样，山多平地少。广东素有"七山一水二分田"之称，山地、丘陵、台地和平原的面积分别占广东省土地总面积的 33.7%、24.9%、14.2% 和 21.7%，河流和湖泊等占广东省土地总面积的 5.5%。二是人多地少，可供开发的后备土地资源有限。2010 年，广东省人口密度为 581 人/平方千米，是全国人口密度（140 人/平方千米）的四倍多。人均资源匮乏，广东省人均占有土地面积 1700 平方米，不到全国人均水平的 1/3；人均耕地面积只有 300 平方米，相当于全国平均数的 1/3，远低于联合国划定的 530 平方米的警戒线。三是水资源丰富，但时空分布不均。四是海洋资源丰富，发展潜力巨大。五是生物多样性与生境敏感区特色突出。

随着广东省经济高速增长，广东省国土空间开发经历了由点状到面状和带状的发展历程，国土开发强度不断提高，呈现出多样化的开发格局和空间结构。具体而言，粤西和粤北地区是重要的农业生产空间；珠三角地区是城市和工业发展的主要地区，粤东地区人口密集，均占据了大量的城市用地、建制镇用地和工矿用地；粤北地区是重要的生态屏障和水源保护地。

然而，广东省国土空间的变化也带来了一些必须正视的问题：

（1）国土开发用地量大，空间利用效率有待进一步提高。城市及城镇空间快速扩张，建设用地面积迅速增长。2000~2010 年，广东省建设用地增加了 2960 平方千米，年均增长 1.76%。截至 2010 年，广东省建设用地面积为 18485 平方千米，开发强度为 10.29%，其中深圳、东莞均超过 40%。但是产业层次总体偏低，发展方式总体粗放，土地利用集约程度有待提高。2010 年广东省单位

---

① 根据《广东省主体功能区规划》相关内容整理。

建设用地每平方千米生产总值产出为 2.56 亿元，虽然位于国内较高水平，但远低于发达国家和地区（一般在 10 亿元以上）的水平。部分中小城市、建制镇、开发区占用的国土空间较大，而所集聚的人口和经济规模相对较小。

（2）国土空间开发利用不尽合理，资源环境问题凸显。由于长期只重视国土空间的经济增长作用，忽视其生活服务与生态支撑功能，导致生活空间和生态空间质量未能得到根本改善。一些地区不顾资源环境承载能力过度开发，带来森林破坏、湿地萎缩、水土流失加剧、气象灾害频发、河流和大气污染严重等生态环境问题。2010 年，广东省 15.4% 的省控江河断面水质为 V 类和劣 V 类，酸雨污染依然比较严重，珠三角地区大气复合污染问题较为突出。粤北地区作为广东省生态屏障，承担着全省生态保护、水源保护、生物多样性保护等重要功能，但有的地方由于盲目发展工业，出现了生态环境恶化的趋势，有可能危及广东省的生态安全。

（3）经济布局不平衡，区域间公共服务和生活水平差距过大。广东省经济发展空间高度聚集在珠三角地区，粤东、粤西和粤北地区发展相对滞后。国土生产空间长期集中于珠三角地区，使珠三角地区的国土资源过度消耗，部分城市面临无地可用的困境。同时，珠三角地区劳动密集型企业过多导致外来人口大量聚集，使其面临越来越大的社会公共服务压力。

2. 意义

（1）有利于缓解广东省资源环境的约束。广东省由于国土空间开发利用不尽合理，资源环境问题凸显，使资源环境承载能力面临日益严峻的挑战。然而我国"十一五"规划提出的按照资源环境承载能力、现有开发强度和未来发展潜力划分四类主体功能区，赋予不同区域不同的分工定位，实施不同的发展战略、思路和模式。根据不同主体功能区的环境承载能力，制定资源环境保护政策，能切实缓解广东省日益尖锐的资源环境矛盾冲突。

（2）坚持科学发展观，建立广东新格局。作为全国改革开放"排头兵"的广东省，经济总量保持快速增长。1978~2014 年，广东省 GDP 增长了 482.6 倍，年均增长 12.6%，比同期全国平均增速快 3.1 个百分点，比世界平均增速快 9.7 个百分点，经济总量连续 29 年位居全国第一。然而这种快速的经济增长模式很大程度上是以高消耗、高排放、高污染、低效益为代价的，是一种粗放式和掠夺式经济增长，难以长期维持下去。开展主体功能区划正是考虑不同地区的资源环境承载能力、开发密度和发展潜力，实行不同的发展速度、目标、模式和政策，切实缓解各地区的盲目攀比和发展冲动，从而促进统筹区域发展和科学发展观在广东的落实和实现。

（3）有利于提高广东各区域的公共服务水平。根据"十二五"规划，主体功能区建设的目标之一便是要推进各区域基本公共服务均等化，以便完善公共财政体系。2009 年人均生产总值最高的深圳市是最低的梅州市的 7.39 倍，2009 年财政支出最高的深圳市是最低的潮州市的 22.59 倍。这反映出广东省区域经济发展的不协调，不仅表现为人均收入水平的失衡，更表现为不同地区人民的生活水平的享有的公共服务差距过大。主体功能区建设的一个重要目标就是努力实现各区域居民收入增长和经济发展同步、劳动报酬增长和劳动生产率提高同步。科技、教育、文化、卫生、体育等社会事业全面发展，社会保障水平不断提升，初步实现基本公共服务均等化。因此，主体功能区建设有利于广东将财政支出更多地倾向于改善对农民、贫困地区居民、弱势群体的公共服务，加大对公共设施的投入力度，改善目前广东城乡之间、市州之间、不同社会群体之间公共服务严重不均的状况（周婕，2012）。

在广东省有限的国土空间里，既要满足经济发展、工业化城镇化推进、人口增加、人民生活改善、基础设施建设等对国土空间的巨大需求，又要为保障农产品供给安全守住耕地，为保障生态安全和人民健康保住并扩大绿色生态空间。积极推进主体功能区建设是应对国土空间开发难题的重要举措，具有重要的现实意义。

二、主体功能区划的内容

2012 年 9 月 14 日，广东省人民政府印发了《广东省主体功能区规划》（以下简称《规划》）。《规划》明确了广东推进形成主体功能区，要从战略高度出发，遵循不同国土空间的自然属性，着力构建"五大战略格局"（见图 10-2）。

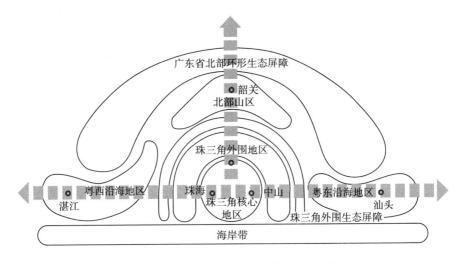

图 10-2　广东省国土开发总体战略格局概念图

（1）要构建"核心优化、双轴拓展、多极增长、绿屏保护"的国土开发总体战略格局。其中，"核心优化"中的"核心"是指珠三角核心区，是国家层面的优化开发区域。"双轴拓展"是指沿海拓展轴与南北拓展轴（深穗、珠穗—穗韶拓展轴），构成支撑广东省空间开发格局的倒"T"字形主骨架，也是珠三角核心区向外辐射的主通道。"多极增长"中的"多极"包括由重点开发区域——珠三角外围片区、粤东沿海片区、粤西沿海片区和北部山区点状片区构成的广东省经济新的增长极。"绿屏保护"中的"绿屏"是指以广东省北部环形生态屏障、珠三角外围生态屏障以及蓝色海岸带为主体构成的区域绿地系统，是维护广东省生态环境与水源安全的"绿色屏障"。

（2）要构建"一群、三区、六轴"的网络化城市发展战略格局。"一群"即珠三角城市群，是广东省城镇空间格局的核心力量与辐射源。"三区"包括潮汕城镇密集区、湛茂城镇密集区和韶关城镇集中区，是广东省未来社会经济发展的新引擎。"六轴"包括两大主轴——沿海发展轴和深（珠）穗—穗韶城市功能拓展轴和四个副轴——云浮—肇庆—佛山—广州—河源—梅州城镇发展副轴、汕头—潮州—揭阳—梅州城镇发展副轴、惠州—河源城镇发展副轴、海安—廉江城镇发展副轴。

（3）要构建"四区、两带"为主体的农业战略格局。其中，"四区"包括珠三角都市农业区、潮汕平原精细农业区、粤西热带农业区、北部山地生态农业区。"两带"则指的是沿海海水增、养殖农业带和南亚热带农业带。

（4）构建"两屏、一带、一网"为主体的生态安全战略格局。"两屏"是广东北部环形生态屏障和珠三角外围生态屏障。前者由粤北南岭山区、粤东凤凰—莲花山区、粤西云雾山区构成，具有重要的水源涵养功能，是保障广东省生态安全的重要屏障。后者由珠三角东北部、北部和西北部连绵山地森林构成，对于涵养水源、保护区域生态环境具有重要作用。"一带"即蓝色海岸带，是指广东省东南部广阔的近海水域和海岸带，包括大亚湾—稔平半岛区、珠江口河口区、红海湾、广海湾—镇海湾、北津港—英罗港、韩江出海口—南澳岛区等区域，是重要的"蓝色国土"。"一网"即以西江、北江、东江、韩江、鉴江以及区域绿道网为主体的生态廊道网络体系。

（5）构建"三大网络、三大系统"为主体的综合交通战略格局（"三大网络"即高速公路网、轨道交通网以及高等级航道网；"三大系统"即集装箱运输系统、能源运输系统以及快速客运系统），形成以广州、深圳、湛江为全国性综合交通枢纽城市，以汕头、珠海、韶关为区域性综合交通枢纽城市，以其他地级市为地区性综合交通枢纽城市，以空港、海港和陆路交通枢纽为结点，以高速公路、轨道交通、主要出海航道及千吨级以上内河航道、油气管道为骨架，公路、轨道交通、水路、航空和管道运输等多种运输方式有效衔接，层次分明、功能完善、环保高效的综合交通运输体系。

《规划》将广东省陆地国土空间划分为优化开发、重点开发、生态发展（即限制开发）和禁止开发四类主体功能区域（见表10-7）。优化开发区域24379.1平方千米，占广东省的13.55%。重点开发区域37437.6平方千米，占广东省的20.81%。生态发展区域118085.7平方千米，占广东省的65.64%，其中，重点生态功能区61146.2平方千米，占广东省的33.99%；农产品主产区56939.5平方千米，占广东省的31.65%（优化开发、重点开发、生态发展区域以县级行政区为基本单元，面积包含基本农田和禁止开发区域的面积；禁止开发区域以自然或法定边界为基本单元，分布在其他主体功能区域之中）。

表 10-7　广东省域范围主体功能区划

功能区分类 （面积及占广东省比例）		范围
优化开发区域 （24379.1平方千米，13.55%）	国家级优化开发区域 （24379.1平方千米，13.55%）　珠三角核心区 （24379.1平方千米，13.55%）	广州市、深圳市、珠海市、佛山市、东莞市、中山市全部；惠州市：惠城区、惠阳区；江门市：蓬江区、江海区、新会区；肇庆市：端州区、鼎湖区。共6个地级以上市和7个市辖区
重点开发区域 （37437.6平方千米，20.81%）	国家级重点开发区域（13985.3平方千米，7.77%）　海峡西岸经济区粤东部分（8564.2平方千米，4.76%）	汕头市：金平区、龙湖区、潮阳区、潮南区、澄海区、濠江区；汕尾市：城区、陆丰市；潮州市：湘桥区、潮安县；揭阳市：榕城区、揭东县、惠来县、普宁市。共14个县（市、区）
	北部湾地区湛江部分（5421.1平方千米，3.01%）	湛江市：赤坎区、霞山区、麻章区、坡头区、廉江市、吴川市。共6个市（区）
	省级重点开发区域（23452.3平方千米，13.04%）　粤西沿海片区（5168.3平方千米，2.87%）	阳江市：江城区、阳东县；茂名市：茂南区、茂港区、电白县。共5个县（市、区）

续表

功能区分类 （面积及占广东省比例）		范围
重点开发区域 （37437.6平方千米， 20.81%）	省级重点开发区域 （23452.3平方千米，13.04%）	**珠三角外围片区** （8991.0平方千米，5.00%） 惠州市：惠东县、博罗县；江门市：鹤山市；肇庆市：四会市、高要市。共5个县（市）
		粤北山区点状片区 （9293.1平方千米，5.17%） 韶关市：浈江区、武江区、曲江区；河源市：源城区；梅州市：梅江区、梅县；清远市：清城区、佛冈县；云浮市：云城区、新兴县。共10个县（市、区）
生态发展区域 （118085.7平方千米，65.64%）	国家级重点生态功能区（23515.0平方千米，13.07%）	**南岭山地森林及生物多样性生态功能区粤北部分**（23515.0平方千米，13.07%） 韶关市：乐昌市、南雄市、始兴县、仁化县、乳源县；梅州市：兴宁市、平远县、蕉岭县；河源市：龙川县、连平县、和平县。共11个县（市）
	省级重点生态功能区（37631.2平方千米，20.92%）	**北江上游片区**（15902.5平方千米，8.84%） 韶关市：翁源县；清远市：连山县、连南县、连州市、阳山县、清新县；肇庆市：广宁县。共7个（县）市。（南岭山地森林及生物多样性生态功能区的韶关市5个县也在此片区内）
		东江上游片区（1967.4平方千米，1.09%） 韶关市：新丰县。共1个县。（南岭山地森林及生物多样性生态功能区的河源市3个县也在此片区内）
		韩江上游片区（7515.6平方千米，4.18%） 梅州市：大埔县、丰顺县；汕尾市：陆河县；揭阳市：揭西县。共4个县。（南岭山地森林及生物多样性生态功能区的梅州市3个县也在此片区内）
		西江流域片区（4725.1平方千米，2.63%） 肇庆市：封开县、德庆县。共2个县
		鉴江上游片区（3083.1平方千米，1.71%） 茂名市：信宜市。共1个县（市）

功能区分类 （面积及占广东省比例）		范围
生态发展区域 （118085.7 平方千米， 65.64%）	省级重点生态功能区（37631.2 平方千米，20.92%）	分布在重点开发区域的山区县生态镇（4437.6 平方千米，2.47%）	梅县：梅西镇、石坑镇、大坪镇、松源镇、隆文镇、桃尧镇；新兴县：天堂镇、河头镇、里洞镇、大江镇；惠东县：宝口镇、安墩镇、白盆珠镇、高潭镇；普宁市：高埔镇、梅林镇、船埔镇、大坪镇、鲘溪乡；高要市：活道镇、小湘镇、乐城镇、水南镇、潮安县：凤凰镇、赤凤镇、文祠镇、归湖镇；佛冈县：高岗镇、水头镇。共 29 个镇
	国家级农产品主产区（56939.5 平方千米，31.65%）	粮食主产区（47242.4 平方千米，26.26%）	云浮市：云安县、郁南县、罗定市；河源市：东源县、紫金县；梅州市：五华县；惠州市：龙门县；汕尾市：海丰县；江门市：台山市、开平市、恩平市；阳江市：阳春市；湛江市：雷州市；茂名市：高州市；肇庆市：怀集县；清远市：英德市。共 16 个县（市）
		甘蔗主产区（6450.5 平方千米，3.59%）	茂名市：化州市；湛江市：徐闻县、遂溪县。共 3 个县（市）
		水产品主产区（3246.7 平方千米，1.8%）	汕头市：南澳县；阳江市：阳西县；潮州市：饶平县。共 3 个县
分布在优化、重点、生态发展三类区域的各类禁止开发区共 225646.2 平方千米，占广东省的 14.25%			依法设立的各级自然保护区、风景名胜区、森林公园、地质公园、世界文化自然遗产、湿地公园及重要湿地等区域（911 个）

资料来源：根据《广东省主体功能区规划》整理而成。

三、推动主体功能区建设的做法与经验

主体功能区建设具有优化区域产业布局、调整城镇化与经济发展的空间格局、重塑区域之间的关系、实现区域长期综合效益（包括经济效益和生态效益）的效应。但是，在实践中推动主体功能区建设却是一项艰巨而复杂的任务。

首先，主体功能区建设以主体功能区规划为前提和导向。科学、合理的主体功能区规划并非易事，必须建立在对目标区域自身、目标区域与其所在区域系统的关系、经济发展现状与未来趋势等多方面因素的综合把握之上。

其次，主体功能区规划的落实需要大量的政策配套措施作为保障才能实现预期效果。在主体功能区内部，需要产业政策指导其选择产业类型、产业部门与产业规模；需要投资政策引导其重点领域的发展；需要土地政策确定其开发建设的强度与速度；需要人口政策约束人口集聚程度并解决人口迁移、就业等相关问题；需要财政政策界定其资金集中与分配能力等。此外，上述政策体系不仅要避免相互重叠、冲突，还必须相互配合，共同发挥出推动主体功能区建设的作用。

再次，推进主体功能区建设是对我国区域利益进行的一次深刻而重大的调整，对目标区域中不同主体功能区而言并非都是"帕累托改进"。对于优先开发和重点开发区域而言，主体功能区规划明确了两者的发展权益，而限制发展区域和禁止开发区域的发展权益则受到制约。协调好不同类型的主体功能区之间的利益关系是保障主体功能区建设落到实处的根本。因此，需要制定完善的产业转移政策、财政分配政策和生态补偿政策等来规范与协调区域关系与区域利益分配（刘玉，2007）。

最后，各级政府在主体功能区规划、配套政策的制定与落实、区际利益关系的重构与协调中都发挥着不可替代的作用，是推动主体功能区建设的重要主体之一。然而，现阶段地区的绩效考核仍然偏重于财政税收、地区生产总值、招商引资等经济指标，有些地区甚至以牺牲生态环境为代价来推动经济增长，这与我国主体功能区战略要求的区域发展绩效考核标准不相适应。如何根据不同类型主体功能区的发展特征与要求，建立起有助于主体功能区建设的差别化绩效评价系统、充分调动各级政府的积极性事关主体功能区建设的成败。

为推进主体功能区建设，广东省积极探索、先行先试，在全国范围内率先制定了符合广东省情、具有广东特色、符合国家战略要求的总体开发策略，并出台实施多个配套文件，为推进主体功能区建设提供了有力的政策支撑。不仅如此，广东省内在不同的区域层面上涌现出了一批主体功能区建设卓有成效的市（县、区），它们的亲身实践和政策创新也为其他区域推动主体功能区建设提供了有益的参考。

1. 广东省措施①

（1）完善政绩考核评价办法，推进了主体功能区建设。2008 年 6 月，广东

---

① 根据时任广东省长朱小丹 2011 年 4 月发表在《行政管理改革》上的《广东探索主体功能区建设新路子》一文整理。

省出台了《广东省市厅级党政领导班子和领导干部落实科学发展观评价指标体系及考核评价办法（试行）》，将广东省 21 个地级以上市划分为都市发展区、优化发展区、重点发展区和生态发展区四个区域类型，对不同区域提出不同的发展要求和考核评价指标。对列入都市发展区的市，重点评价对广东省经济的辐射带动作用，强化对现代服务业、社会管理、公共服务、科技创新、社会公平、人居环境以及人的全面发展的评价。对列入优化发展区的市，重点评价其调结构、转方式的状况，强化对经济结构、资源消耗、环境保护、自主创新以及基本公共服务覆盖面等评价。对列入重点发展区的市，重点评价其工业化和城镇化优先发展的绩效，强化经济增长、吸纳人口、质量效益、产业结构、资源消耗和环境保护以及外来人口公共服务水平等评价。对列入生态发展区的市，重点评价生态保护优先发展绩效，强化水质、水土流失治理、森林覆盖率等生态环境状况评价。

（2）出台产业转型升级政策，推进了主体功能区建设。2008 年以来，广东省委、省政府出台了促进产业转型升级、推动区域协调发展的一系列政策文件。2008 年 5 月，广东省委、省政府出台了《关于推进产业转移和劳动力转移的决定》，进一步推进"双转移"工作，通过珠三角地区"腾笼换鸟"，促进产业梯度转移，推动欠发达地区工业化进程。广东省建立了 34 个省级产业转移工业园区，2010 年实现产值 1954 亿元，税收 109 亿元，分别同比增加 115.4%、105%，转移就业 147 多万人，成为欠发达地区的新增长极。2008 年 7 月，广东省人民政府出台了《关于加快建设现代产业体系的决定》，在全国首开先河提出了现代产业体系的完整定义，确定了建设现代产业体系的六大主体产业群、八大重要载体和六大保障措施，目前广东省现代产业 500 强项目建设发展加快推进，初步形成珠三角现代产业核心区、粤东粤西沿海经济带、北部山区特色产业配套区协调发展的产业发展格局。

（3）实施基本公共服务均等化规划，推进了主体功能区建设。为实现城乡和区域一体化发展，结合主体功能区建设，2009 年广东省出台了《广东省基本公共服务均等化规划纲要（2009—2020 年）》，以实现城乡、区域和群体间基本公共服务均等化为目标，从公共教育、公共卫生、公共文化体育、公共交通、生活保障、就业保障、医疗保障、住房保障八个方面确立了建设目标、财政投入和保障措施。分四个阶段推进基本公共服务均等化进程，努力缩小粤东、粤西和粤北欠发达地区与珠三角地区基本公共服务的差距。到 2020 年实现广东省城乡、区域和群体间基本公共服务均等化，基本公共服务水平在国内位居前列，在国际上达到中等发达国家水平。

（4）完善财政转移支付政策，推进主体功能区建设。为促进省和市县财权与事权相统一，扶持欠发达地区发展生态经济，广东省不断完善财政转移支付政策。2010年，广东省出台《关于调整完善激励型财政机制意见》，根据主体功能区划实施差异化的财政激励机制，增加对生态发展区域市县一般性转移支付，同时建立生态激励型财政机制，转移支付与县域生态环境挂钩，确保财政转移支付向生态发展区倾斜。同年，出台《广东省调整完善分税制财政管理体制实施方案》，规定自2011年1月1日起，将广东省营业税、企业所得税、个人所得税、土地增值税地方收入部分，省级与市县分享比例由"四六"调整为"五五"。调整后，到2015年前后省级财政每年可多集中财力达100亿元左右，全部用于增加转移支付和落实各项民生及产业政策，可基本解决落实生态补偿机制和推进基本公共服务均等化的财力需求；粤东、粤西和粤北地区人均基本公共服务支出占珠三角地区的比例可由目前的57%提高到2015年的70%左右。

（5）实施差别化的土地政策，优化国土开发格局功能区建设。广东省先行制定、实施了《广东省土地利用年度计划管理办法》《支持现代产业发展用地的若干意见》《重点项目先行用地管理办法》等，将差别化作为土地利用年度计划分解的重要原则，从先行用地指标上优先保证国家和省重点工程和民生工程项目。针对主体功能区规划中提出的建立土地生态补偿机制，已在东莞、佛山等市率先探索实施耕地保护补偿机制，并将建立基本农田保护补偿机制纳入广东省政府2011年工作要点。在编制省国土规划过程中注重与主体功能区规划在国土空间开发总体框架、国土功能分区等方面协调对接，开展了省、市、县、镇级土地利用总体规划修编、国土资源"十二五"规划编制等工作，大力推进土地节约集约利用。

（6）出台环境保护规划，推进了资源节约、环境友好型社会建设。广东省把生态保护和建设作为主体功能区建设的重中之重，分区域实施差别化的环境保护政策。一是出台《广东省环境保护规划纲要（2006—2020年）》，在生态保护上将全省划分为严格控制区、有限开发区和集约利用区，制定不同的生态分级管理标准。分区制定产业准入制度，对不符合产业政策、不符合重要生态功能区要求、达不到排放标准和总量控制目标的项目，一律不予批准。二是出台《珠江三角洲环境保护一体化规划（2009—2020年）》《粤北山区环境保护规划（2011—2020年）》，以分区和分级控制为基础，结合主体功能区规划和环境容量要求，引导珠三角优化产业布局和对严格控制区实行强制性保护。"十一五"期间，广东化学需氧量和二氧化硫排放量分别减排18.88%和18.81%，超额25%完成国家下达的减排目标任务。

2. 典型区域的实践经验

（1）清远市主体功能区建设经验。

1) 清远市概况。清远市位于广东省的中北部，面积达 1.92 万平方千米，是广东省陆地面积最大的地级市。下辖清城、清新两个区和佛冈、阳山、连南、连山四个县（其中，连南瑶族自治县和连山壮族瑶族自治县为少数民族自治县），并代管英德、连州两个县级市，户籍人口约 410 万人。地势西北高、东南低，兼有平原、丘陵、山地和喀斯特地形的多样性地貌。其中，山地居多，占全市面积的 42%，丘陵占 37.1%。清远市自然资源和人口分布的区域差异十分明显。能源和矿产资源分布主要集中在生态脆弱的北部山区，人口则主要集中在地势相对低平的南部地区。清远市是珠三角的重要生态屏障区和水资源保护区，生态脆弱区域占全市土地面积的 55%。这表明，清远市不是所有的土地空间都适宜大规模、高强度的工业化城市化开发，必须以主体功能区规划为契机，根据土地空间的自然属性、主体功能区规划和区域经济发展的要求，科学分类，因地制宜，合理定位，有序开发。

2) 清远主体功能区划。2009 年底，清远被批准成为广东省主体功能区规划试点市。2011 年清远市启动主体功能区规划，规划以重点开发区和生态发展区为主，细化到全市 85 个乡镇街道，明确其职能，赋予其主体功能区，层次推进（谭建军，2014）。一是南部四县（市、区）为重点开发区，面积共 8360.3 平方千米，占土地面积的 43.40%，作为产业、人口的承接地，城市化推进的主要区域。重点开发区内划分为城市功能区提升区、城镇与工业集聚发展、都市农业与村镇发展、生态调节区四类区域。二是北部"三连一阳"为限制开发区域，并进一步划分为生态保护区和禁止开发区，其中生态保护区面积为 7447.5 平方千米，占清远市面积的 38.66%，实施"面上保护、点上开发"的主体功能区布局，主要发展生态产业和农业，以第一产业为主，严格控制开发其他产业的发展，走生态、绿色、资源优化发展之路，建设集约型城镇。另外，禁止开发区域为法律规定的自然保护区，共计 36 个，面积达 3459 平方千米，占清远市面积的 17.9%，在未来的发展中要强制禁止开发活动，严格限制产业的发展，禁止人口的内流，形成纯生态地区。

3) 清远市主体功能区建设的特色。一是实现关键政策创新突破。以主体功能区理念与分区为指导，积极推进农村综合改革，取得了很好的效果。初步建立了生态调节镇的财力保障机制，保障生态调节镇每年 160 万元的正常运转经费。其中，省级财政通过以奖代补方式，按照每个生态调节镇 60 万元/年的标准安排补助资金，市级财政按每个生态调节镇 10 万元/年的标准定额支持，县（市）政府按每个生态调节镇 90 万元/年的标准确保，保障了生态调节镇的正常运转。二是基本公共服务均等化建设初见成效。民生投入力度加大，2011 年清远市全市基本公共服务财政支出 58.2 亿元，是 2006 年的 3.4 倍，一般预算支出占比从 2006 年的 34.5% 上升到 36.99%。并且,公共财政覆盖范围不断扩大,政府提供公共服务的项目不断增加、标准不断提高,群众切实享受到的实惠程度不断扩展,基本建立和完善了基本公共服务均等化长效工作机制。三是在推进主体功能规划建设中实现重大战略转变。首先,通过主体功能区划,明确了区域发展定位,全面实施南融北拓的"桥头堡"发展战略。进而,调整空间布局,确立"南优、中拓、北育"的主体功能空间格局。毗邻广州的南部地区重点推进中心城区的提质扩容,中部集聚建立吸引珠三角地区产业转移的产业园区,北部四县市集中在副中心城市连州市设立少数民族产业园区,其他三个县不再设工业园区。最后凝练出了六大行动计划,确立了"加大区域协调发展力度,做好六个'突破'"的战略方针,即在主体功能区规划建设方面率先突破;在基本公共服务均等化方面率先突破;在中心城区扩容提质方面率先突破;在对接融入珠三角方面率先突破;在吸引珠三角人才方面率先突破;在县域经济发展和扶贫开发方面率先突破。

(2)增城主体功能区建设经验。

1)增城基本情况简介。增城位于珠江三角洲东北部,1993 年由县升级为县级市(由广州市代管),2014 年撤市设区成为广州的市辖区。增城国土面积 1616 平方千米,境内地势北高南低,北部为低海拔山地,占广州市面积的 6.3%,山脉呈东北与西南走向,平行排列的中山与低山,其间形成了东江与增江。中南部为丘陵和台地,分别占全区面积的 35.1% 和 23.2%;南部为河流三角洲平原,加上河谷平原,占全区面积的 35.4%。增城全境共有七镇四街,南部地区包括新塘镇、永宁街、仙村镇和石滩镇,中部地区包括中新镇、朱村街、荔城街、增江街,北部地区为派潭镇、小楼镇和正果镇。从经济发展水平看,南部经济最为发达,中部次之,北部欠发达,形成了南部、中部、北部梯次发展的格局。

2)增城主体功能区划。2003 年,增城区率先启动了主体功能区规划工作。增城区区委、区政府请来专家学者,为增城的经济发展"把脉问诊"。经过深入调研和充分论证,增城将区位条件、资源禀赋、产业现状、生态环境等发展要素与整个"珠三角"都市圈的发展有机结合起来,依据"南部工业发达、中部生活设施齐全、北部自然风光秀丽"的实际情况,按照"宜工则工、宜农则农、宜商则商"的原则,将全区 1616 平方千米的土地划分为南、中、北三个主体功能区。

其中,增城南部区位优势得天独厚,交通发达,与广州经济技术开发区和东莞市紧密相连,毗邻深圳和港澳。是珠三角经济大动脉广(广州)—东(东莞)—深(深圳)黄金走廊的后发地区,也是广州东部产业带的重要组成部分和广州实施"东进"战略的主战场,有一定的工业基础和城镇配套设施,有大片可供开发的丘陵地,投资成本低,工业承载力较好。因此,把南部定为重点开发区,以新塘为龙头,按照国家级创新产业园区的标准高起点开发,走新型工业化道路,大力调整优化产业结构,营造工业制造业产业圈,打造成广州东部乃至广东省的经济增长极。

中部地区(增城市区)环境优美,是广州的城市副中心,也是增城区的政治、文化中心,城市公共服务和配套设施较为完善,具有集聚本区及承接广州、东莞、惠州等周边城市分流人口的效应,在产业发展上要与周边地区实现错位互补发展,为周边地区发展大生产,搞好配套大生活。据此,把中部定为优化开发区,以增城市区为核心,营造适宜创业和生活居住的优美环境,创建文化产业城,打造国际化会议休闲胜地,推动形成城市生活圈。

北部地区以山区为主,旅游资源丰富,发展生态旅游和都市农业前景广阔。与从化、博罗、龙门相接,生态资源好,可实现四县(市)互动,共同打造广州东北部绿色生态屏障和生态旅游区。与河源、惠州相邻,也切合广东东部生态带的布局,一小时车程范围内拥有数千万的旅游人口。据此,把北部定为限制开发区,以白水寨省级风景名胜区为龙头,严格保护生态环境,加强生态文明建设,营造国际化乡村生态大公园,大力发展都市农业、生态旅游和会议休闲经济,形成都市农业与生态旅游圈。

3)增城推动主体功能区建设的经验。[①] 在明确了南中北三大主体功能区后,增城区按照"总体规划、分步实施,政府主导、市场运作,龙头带动、协同推进"的总体思路,加上注重机制体制保障,让主体功能区建设从设想变成现实。

一是总体规划,分步实施。首先,为实现三个功能圈资源的优化配置,2004年,增城推行"大乡镇建制",对全市镇级行政区划设置进行调整,把原来的15个镇一个街道办事处调整为六个镇三个街道办事处。此外,增城市认真做好超前规划和整体谋划工作,邀请国内外知名专家学者进行科学论证,高起点编制了《增城市国民经济和社会发展第十一个五年规划纲要》《增城市城市总体发展战略规划》《广州增城片区发展规划》,以规划的形式确立了三大功能区的定位。在此基础上,分别制定了《广州东部增城汽车产业基地总体规划》(南部)、《增城市中心城区总体规划》(中部)、《白水寨风景名胜区总体规划》(北部)及相关区域的控制性详细规划等,并严格按照规划要求推进功能区建设。

二是政府主导,市场运作。在推进主体功能区建设中,一方面发挥政府引导作用,另一方面发挥市场在资源配置中的基础性作用,努力实现"两轮驱

---

① 根据增城区人民政府撰写的《广州增城市规划建设三大主体功能区的实践与探索》整理。

动"。政府严格把好产业发展关，按照推进形成主体功能区的要求，研究提出不同主体功能区的产业发展规划和措施。在南部重点开发区域，发展以汽车、摩托车及其零部件为主的先进制造业，增强自主创新能力，同时改造传统的牛仔服装产业，提升产业结构层次和竞争力；在中部优化开发区域，加强城市基础设施建设，完善公共服务，大力发展文化产业，以增强城市承载和聚集能力，引导邻近镇村、周边人口向中部城区集中；在北部限制开发区域，注重生态建设、环境保护，发展以都市农业和生态旅游业为主的特色产业，坚决不发展工业，限制不符合主体功能定位的产业进入。政府还积极策划一系列招商、文化与旅游活动，创立品牌，增强投资吸引力，引导社会资金投入三大主体功能区建设。同时，注重充分发挥市场机制作用，通过大胆策划、科学规划，以有限的财政资金为杠杆，政府资金先行启动，创造条件吸引社会资金的投入，破解资金、土地、人才、技术、管理等难题，更有效地实现资源的优化配置。白水寨风景名胜区交由广之旅进行经营的成功做法就是"政府搭台，企业唱戏"的典型，最终实现了政企双赢。

三是龙头带动，协同推进。在主体功能区建设中注重突出重点，培育龙头，协同推进其他工作，确保主体功能区建设顺利推进。具体而言，在南部以广州东部汽车产业基地为龙头推动工业组团集聚发展；中部以新城市中心建设为龙头，着力打造文化产业城；北部以白水寨风景名胜区为龙头，打造800多平方千米的国际化乡村生态大公园。为了适应主体功能区建设的需要，增城市加大对农民的就业培训力度，注重转移农民到中南部就业安居，减少农民，腾出空间，更好地保护生态和发展生态旅游。

四是注重体制机制保障。第一，建立了生态补偿机制，完善财政体制，实现基本公共服务均等化。通过建立财政转移支付、设立北部山区专项发展基金等途径建立了较为完备的区际利益补偿机制。从2002年开始，增城每年从南部工业镇税收超收返还额中提取10%给北部山区镇，每个镇每年补贴不少于300万元，2006年增加到1000万元；北部山区专项发展资金从2006年开始，增城区每年拿出3000万元用于支持北部山区镇，北部山区镇税收市级留成部分也全部返还。此外，增城区还建立了对生态公益林的补偿机制，并逐年提高补贴标准，鼓励山区镇按功能规划发展。第二，建立科学的政绩考核机制，实行差异化的政绩考核。对于经济发展，北部镇只考核农业和服务业产值，不考核工业；南部镇侧重考核工业总产值；中部侧重考核现代服务业和城镇功能配套能力。第三，建立资源配置机制。根据功能区定位在财政投向、土地资源等方面进行优化配置。工业建设用地向南部集中，推动工业产业组团式集聚发展；农田保护区和生态保护区向北部集中，形成都市农业和生态旅游业集群发展效应。第四,实行组织保证机制,对各功能区管理选配对口专业干部。增城在南部和中部镇街班子中侧重配备工商管理和城市规划等专业的干部,在北部镇班子中侧重配备了接受过旅游专业、农学类专业高等院校教育的干部。"四管齐下",较好地破解了主体功能区建设中的体制机制障碍,为增城区形成三个主体功能区错位发展、良性互动的局面奠定了基础。

(3)云安县①主体功能区建设经验。

1)云安县基本情况简介。云安县位于广东省西部,西江中游南岸,东与云浮市城区相连,南与新兴县、阳春市接壤,西与罗定市、郁南县毗邻,北临西江与德庆隔江相望,是沟通沿海与内地、连接珠三角与大西南的交通要道。云安县地形东、西、南高,北低,93%为丘陵地带,7%为平原地。属亚热带季风气候,气候温和,四季分明,雨量充沛。云安县总面积1184.73平方千米,是广东省最年轻的县,1996年7月挂牌成立,设立之初,云安县辖六都、高村、白石、镇安、富林、托洞、茶洞、南盛、前锋9个镇。2003年,茶洞与托洞合并,设立石城镇,自此,云安县下辖镇调整为8个。2014年,经国务院同意,撤销云安县,设立云浮市云安区。

云安县自然资源丰富。地表水年平均径流量为11.12亿立方米,水力发电蕴藏量为4万千瓦时。主要矿藏有瓷土、石灰石、大理石、花岗岩、铁、锡、钨、铜等近50种,优质石灰石储量20亿吨以上,毗邻世界硫铁矿储量和品位第一的云浮硫铁矿,松脂资源丰富,拥有西江黄金水道和广东省内河第二大港六都港,是中国石材基地中心云浮的重要组成部分。

2)云安县推动主体功能区建设的动因。实施主体功能区划战略,是云安县在贯彻落实中央加快经济发展方式转变决策部署的大背景下,立足山区县情实际,统筹区域城乡发展的创新实践。其动因主要有以下三方面:②

一是源于传统发展模式之"痛"。云安县过去由于在发展中没有很好地处理当前与长远、发展与环境、发展与民生的关系,片面追求发展经济,形成"镇镇开发、村村点火"局面,一些区位条件较差的农业镇、边远镇,无论条件如何,都要搞招商引资、上工业项目,费了九牛二虎之力,但收效甚微。各乡镇在统筹城乡建设规划、土地资源利用、产业布局优化上各自为政、盲目开发,导致重复建设甚至负债建设的无序局面。

---

① 2014年9月29日,广东省政府向云浮市转发《国务院关于同意广东省调整云浮市部分行政区划批复的通知》(粤府函〔2014〕209号),撤销云安县设立云安区。为避免表述混乱,本书统一采用原名称"云安县"。

② 根据中共云安县委、云安县人民政府2012年发表在《中国机构改革与管理》上的《云安改革巡礼(一)——广东省云安县县域主体功能区划的实践与探索》一文整理。

二是源于穷则思变带来之"压"。云安县建立之初，经济基础十分薄弱，财政收压力异常突出，机关运作也不能得到基本保障。经过一段时间的发展，初步完成了从艰难起步到"十年腾飞"的发展历程。但是，"发展失衡、总量不足"仍然是云安县不容回避的问题。穷则思变带来的压力，使改革成为云安走出困境的唯一出路。

三是源于金融危机倒逼之"势"。2008年下半年国际金融危机引发的一系列问题，让云安县更加清醒地看到，破解欠发达地区科学发展难题迫在眉睫。因此，云安县立足县情实际，理清改革思路，提出了"发展不足统筹补，协调不足功能补，活力不足改革补"的应对之策，萌发了主体功能区建设的有关构想和发展思路。

因此，云安县立足山区实际，在广泛调研论证和充分考虑各镇经济基础、区位条件、人口分布、资源禀赋等差异的基础上，于2009年制定《云安县主体功能区规划》，把全县8个镇划分为"优先发展区""重点发展区"和"开发与保护并重示范区"三类功能区。2012年，根据《云浮市统筹发展规划》的要求，云安县又将原来的三大功能区进一步调整为"工业化促进地区""特色农业地区"和"生态与林业协调发展区"，构建以"三区两园一走廊"[①]为主线的区域经济结构和区域分工格局，致力于构建"功能互补、错位竞争、有序竞合"的发展格局。

3）云安主体功能区建设的特色。[②]一是科学明晰功能定位。结合主体功能区划要求，明确各功能区的功能定位，形成合理的区域经济结构和区域分工格局。具体而言，"工业促进地区"（六都镇、石城镇、镇安镇）以石材水泥硫化工构成的循环经济、新型材料、农副食品加工业为主要特色。同时，把县城六都镇作为"云城—云安同城化"的重要组成部分，承担部分城市服务功能。"特色农业地区"（白石镇、南盛镇、前锋镇）通过南盛十万亩柑橘种植基地、南盛柑橘批发市场、前锋温氏养鸡基地、白石万亩西瓜基地、前锋仙人谷生态旅游区、南盛卧龙湖生态旅游度假区等项目的建设与带动，提高农业产业化经营水平与农民收入。"生态与林业协调发展区"（富林镇、高村镇）通过粮食生产基地、高村高产油茶示范基地、高村高脂松基地、富林畜牧养殖基地、云安商品林基地、富林云雾山漂流等项目建设，促进生态环境的保护与资源的适当开发相结合，为全县提供健康舒适的生态环境。

---

① "三区"即三类主体功能区，"两园"即云浮循环经济工业园、云安县现代农业示范园，"一走廊"即国道324经济走廊。

② 根据中共云安县委、云安县人民政府2012年发表在《中国机构改革与管理》上的《云安改革巡礼（一）——广东省云安县县域主体功能区划的实践与探索》相应内容整理。

二是"三化"同步，科学构建功能互补发展格局。所谓"三化"是指工业向园区化集中、土地向规模化集中、农民向社区化集中。具体做法包括：把新一轮土地利用规划修编工作与推进主体功能区建设有机结合起来，以县域统筹的手段科学安排三类功能区的建设用地指标；充分发挥镇级土地流转服务中心作用，按照"自愿、平等、有偿"的原则，引导农村耕地向农业龙头企业、农村集体经济组织、农民专业合作经济组织和种植大户集中，推进农村土地规模化经营、集约化发展；以"特色农业地区""生态与林业协调发展区"为试点先行地，坚持群众自愿原则，实施城乡居民的空间转移和公共服务的延伸转移，让更多的农民向城镇、社区转移落户。"三化"同步推进，为提高土地利用效率、科学构建主体功能区的互补格局奠定了基础。

三是强化县域统筹，科学构建功能履职保障格局。首先，以县域主体功能区划为引领，以强化县级经济建设、镇级社会建设、村级社区建设为重点，按照不同区域城乡基本公共服务均等的目标要求，重点明晰镇村两级功能职责是"基本职责+主导职责"。其中，镇级功能职责是"5+X"，"5"即"社会维稳、农民增收、公共服务、政策宣传、基层建设"基本职责；"X"即赋予各地不同的功能定位、职责要求和经济社会发展目标的主导职责。村级功能职责是"5+1"，"5"即"农民增收、社会稳定、公共服务、生态保护、组织建设"基本职责；"1"即以年度中心工作为主导职责，包括需要村级贯彻落实上级的决策部署，以及乡镇结合功能定位、职责要求和社会发展目标而交办村级完成的工作任务。其次，强化财政统筹，保障功能运作，在镇级层面上，按照"保障基本、体现共享、注重激励"的原则，建立税收共享、财政保障机制。先后出台"项目招入地与所在地税收共享""资源地和项目地税收分成""园区税收增量共享""乡镇运作全额保障""低碳发展生态补偿"及城乡基本公共服务均等化等财税激励机制，既保障了乡镇运作，又理顺了乡镇利益关系，更激励了乡镇履行功能职责的积极性。在村级层面上，通过建立村干部在职和退休保障体系，极大地调动了村干部的工作积极性。此外，坚持把功能区划理念融入乡镇考评机制，建立"不以 GDP 大小论英雄、只以功能发挥好坏论成败"的政绩考核机制，设置共同指标和类别指标共 60 个，科学设置分值权重，以相同的指标内容、不同的指标权重，实行分类考核，把考评重点放在功能履职上来，体现权责一致，充分体现"功能发挥了、考核得分高"的特色和"科学性、公平性、公开性、公正性"的特点，从根本上破除"唯 GDP 论"的政绩观念，营造了"重实绩、比贡献"的工作格局。

第四篇

经济发展展望

　　依托良好的区位优势和国家改革开放政策的支持，广东省在经历30多年的高速发展之后，成为我国参与全球竞争的前沿阵地和支撑全国经济发展的重要引擎。目前，伴随国际分工格局的深度调整和我国经济发展进入结构调整的关键时期，广东省经济发展的条件和面临的内外部环境正在发生深刻的变化，这对广东未来经济发展的方向及路径选择产生着重大的影响。在新的国际国内经济发展形势下，广东经济发展正面临着新的机遇与挑战。对此，正确把握广东经济发展趋势，制定有针对性的发展战略与规划，抓住机遇，应对挑战，推动广东稳步走向国际前沿，引领中国重塑世界经济格局，是广东经济发展亟须解决的重大问题。基于此，本部分将从经济发展趋势、经济发展战略选择两个方面展开具体分析。

第十一章 经济发展趋势

在国际国内经济形势发生巨大改变的背景下，系统地分析广东经济发展环境的变迁，全面认识广东经济发展面临的机遇与挑战，正确把握广东经济发展趋势，对于国家和广东制定相关的战略与规划，合理引导经济发展趋势，实现广东在全国经济发展和应对全球竞争中的战略定位至关重要。因此，本章以广东省经济发展趋势为主题，首先系统地分析广东经济发展面临的国际国内经济环境变迁，其次分析广东经济发展面临的机遇与挑战，最后对广东省的经济发展趋势进行综合的判断。

第一节 经济发展环境变迁

广东经济发展所取得的成就与 20 世纪 70 年代末以来的国际和国内经济环境变化密切相关。从未来发展来看，广东的经济发展仍将受到国际和国内经济环境变化的影响。因此，把握广东经济发展的趋势，首先需要对国际经济环境和国内经济环境的新变化有科学的认识。

一、国际经济环境变迁

广东是一个外向型经济特征十分明显的经济体。国际经济环境变迁是影响广东经济发展的一个十分重要的因素。近 10 年来，国际经济环境正在发生前所未有的变化，主要包括国际金融危机的爆发及其带来的一系列持续影响、第三次工业革命的兴起及其带来的经济形态与经济发展方式的变化、发达国家的再工业化和发展中国家低成本优势所引起的进出我国的外商直接投资发生结构性变化等。这些重大的变化成为影响广东未来经济发展的重要国际性因素。

1. 国际金融危机的影响

2007 年，美国爆发了次贷危机，继而引发了世界性的金融危机。对于广东经济发展而言，这次国际金融危机主要产生了以下三个方面的重要影响：

第一,国际市场需求乏力,导致对外贸易这个改革开放以来广东经济发展的重要动力显著弱化。

国际金融危机以来,世界范围内的需求锐减,这直接导致国际贸易规模急剧缩水。受此影响,广东的对外贸易也出现了大幅波动,总体上表现为进出口的大幅下降。表11-1的统计数据显示,在国际金融危机发生之前,广东的进出口总额、出口总额的年增长率均高于20%。而到2007年,国际金融危机发生之后,广东进出口总额、出口总额的增速均出现大幅度下降。2009年,进出口总额、出口总额的增速分别为-10.6%、-11.2%,进口总额的增速也下降为-9.7%。其后,经过国家出口政策的强刺激,进出口出现了短暂的回升,但是,到2014年,进出口总额增速又变为-1.4%,进口总额增速更是降为-5.5%,出口总额也仅为1.5%。与国际金融危机发生前的2006年相比,广东进出口总额、出口总额、进口总额的年增速分别下降了24.6个百分点、25.3个百分点、24.2个百分点。

表11-1　2006~2014年广东省进出口年增长率　　　　单位:%

年份	进出口总额	出口总额	进口总额
2006	23.2	26.8	18.7
2007	20.3	22.3	17.6
2008	7.8	9.5	5.5
2009	-10.6	-11.2	-9.7
2010	28.4	26.3	31.5
2011	16.4	17.3	15.0
2012	7.7	7.9	7.4
2013	11.0	10.9	11.1
2014	-1.4	1.5	-5.5

资料来源:根据历年《广东统计年鉴》整理得到。

国际市场需求乏力对广东的经济发展产生了很强的约束,这一点可以从广东经济的对外贸易依存度的变化中明显看出。图11-1显示,2008~2014年广东经济的对外贸易依存度出现了明显的下降。具体来说,在国际金融危机发生之前的2006年、2007年,广东的对外贸易依存度分别是158.1%、151.7%,而到2014年,其对外贸易依存度变为97.5%。在这个过程中,出口依存度和进口依存度均发生了同步变化。由于广东经济发展的外向型特征十分明显,对外贸易依存度的下降并不是广东经济的主动作为,而是由国际金融危机引致的世界市场需求乏力所导致的。这是导致广东经济增速下降的一个重要原因。

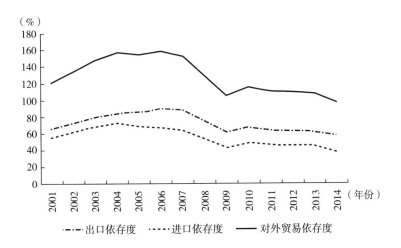

图 11-1　2001~2014 年广东经济对外依存度变化

资料来源：笔者计算得来。

从目前的情况来看，世界市场需求仍然处在低迷状态，尚未见到需求复苏的迹象，广东的经济增长在经历国际金融危机的冲击之后，也处于一个比较低的水平（见图 11-2）。由此可以判断，未来广东经济发展仍将受到国外市场需求低迷的约束。那么，如何通过调整国际贸易的产品和服务结构、空间结构，增强对外贸易这个经济发展动力，是广东经济发展需要考虑的一个重要问题。

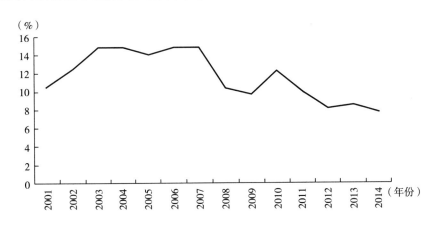

图 11-2　2001~2014 年广东省实际 GDP 增长率

资料来源：笔者计算得来。

第二，外商直接投资动力不足是国际金融危机制约广东经济发展的另一个重要因素。众所周知，依托毗邻港澳等的良好区位优势，外商直接投资是改革开放以来广东经济实现快速发展的重要原因之一。近30年来，随着对外开放不断地向深度和广度拓展，广东利用外资取得了突破性的进展。然而，国际金融危机发生之后，发达国家的流动性资金出现普遍短缺，导致全球外商直接投资流量下降，这也大大降低了流向广东的外商直接投资额。从表11-2可知，广东利用外资协议项目个数、协议金额、实际利用外资等在2008年和2009年都大幅度地下降，而且2009年比2008年的下降幅度更大。其中，利用外资协议项目个数和协议金额在2009年的降幅分别达到了-36.60%和-40.61%。2009年之后，广东利用外资的各项指标的增长率一直处于波动变化状态。

表11-2　2005~2014年广东历年利用外资的增长情况　　　　单位:%

年份	利用外资协议（合同）项目	#外商直接投资	利用外资协议（合同）金额	#外商直接投资	实际利用外资额	#外商直接投资
2005	11.90	0.70	20.60	22.60	17.60	23.50
2006	-4.30	0.80	6.10	3.50	17.40	17.40
2007	3.80	12.47	28.45	38.14	10.16	18.02
2008	-23.28	-26.37	-15.77	-15.61	8.41	11.92
2009	-36.60	-37.91	-40.61	-38.69	-4.61	1.92
2010	5.80	29.80	38.00	40.10	3.60	3.70
2011	21.00	24.70	38.50	41.00	6.20	7.60
2012	-14.10	-14.10	1.70	0.90	8.00	8.00
2013	-8.40	-8.70	3.40	3.80	5.10	6.00
2014	7.60	9.00	18.40	18.60	7.70	7.70

注：表中带#项为前一项的构成部分，例如，表中第三列表示的是利用外资协议（合同）项目数量中的外商直接投资项目数量。

资料来源：根据《广东统计年鉴》（2015）整理得到。

另外，图11-3显示，国际金融危机发生之后，广东实际利用外资占GDP的比重迅速下降，特别是在2007~2011年，该比重的年均降幅高达10%以上。外资占固定资产投资的比重也表现出类似的变化轨迹。由此可见，在国际金融危机导致外部需求迅速萎缩，同时国内消费需求难以在短时期内快速提升以弥补外部需求不足的情况下，国际金融危机引发的资金短缺成为制约广东经济发展的重要因素。而且，这种消极影响在短时期内难以消除。在未来，如何恢复投资者的信心，提升投资的质量和优化投资产业结构是广东经济发展需要注意的问题。

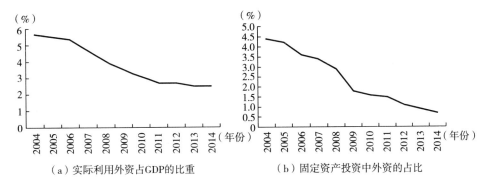

（a）实际利用外资占GDP的比重 　　　　（b）固定资产投资中外资的占比

图 11-3　2004~2014 年广东省外商直接投资占 GDP 的比重和

固定资产投资中利用外资的比重

注：由于 2004 年实际利用外资的统计口径发生了变化，图中仅给出了 2004 年以后占比的变化情况。

资料来源：笔者计算而来。

第三，从长远来看，国际金融危机成为世界经济结构调整的一个重大诱因。这主要体现在两个方面：一是在产业结构方面，国际需求市场低迷迫使部分国家主动进行产业结构升级，以提升自身的国际竞争力；二是在空间结构方面，由于各个国家在产业结构、对外开放程度等具有异质性，其受到金融危机的影响程度，和对待国际金融危机的态度、能力等存在显著差异，这将促使世界经济格局发生新的变化。对广东而言，前一个变化将会刺激广东加快产业结构转型升级的步伐，在世界产业结构调整及新格局形成的过程中，尽快形成自己的产业优势。后一个变化将为广东调整对外贸易和经济合作的空间布局提供新的方向。广东需要洞察世界经济空间格局所发生的变化，相应地调整对外贸易和经济合作的战略。

根据统计数据，广东的进出口产品结构①在国际金融危机前后发生了明显的变化。在出口产品结构方面，图 11-4 显示，初级产品出口在广东出口总产品中所占的比例较低，2005 年约为 2%。国际金融危机之后，初级产品出口在经历短暂的上升之后呈稳步下降趋势。工业制成品出口所占的比例始终保持在 95% 以上，并且在 2008 年经历一个短暂的下降之后快速回升。其中，机电产品出口比例在 2008 年以前约为 30%，而在 2008 年经历短暂的下降之后快速攀升至 50%；高新技术产品出口占总出口的比重呈快速上升的趋势。由此可知，国际金融危机虽然对广东省的出口贸易产生了较大的影响，但对不同行业的影响是存在差异的，即对初级产品和处于产业链低端的工业制成品出口的负面影响最大，对

---

① 本书以每年各类产品出口额占总出口额的比重表示出口产品结构；以每年各类产品进口额占总进口额的比重表示进口产品结构。

高新技术产品和处于产业链高端的产品出口的负面影响相对较小。

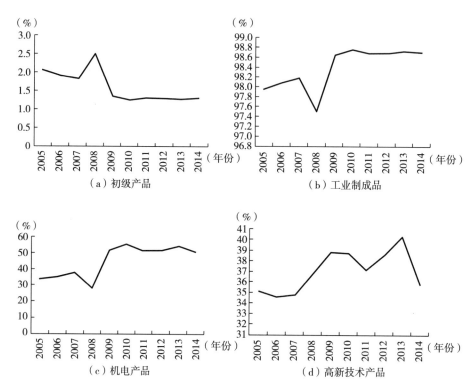

图 11-4　2005～2014 年广东各类产品出口额占总出口额的比重

资料来源：笔者绘制。

在进口产品结构方面，图 11-5 显示，国际金融危机发生之后，广东初级产品进口的比重在 2008 年达到最高 13.8% 之后急剧下降，并保持在 4% 左右；工业制成品进口的比重在 2008 年达到最低之后迅速上升，并在 95% 左右保持稳定。其中，机电产品进口的比重从 2006 年以来保持下降趋势，在 2011 年达到了最低。高新技术产品进口的比重则保持一种平稳的上升趋势。由此可见，国际金融危机对低附加值产品的进口和出口的影响较大，对高附加值产品的影响则相对较小。

此外，国际金融危机也促使广东外贸进出口市场结构发生了变化。表 11-3 显示，在出口市场结构方面，亚洲是广东产品出口的主要市场，港澳台地区则在整个亚洲市场中占据主导地位，其出口总额占广东出口总额的比重在 30% 以上。2008 年，广东产品出口在亚洲市场所占的份额在经历小幅的下降之后呈逐渐上升的趋势。特别是与"一带一路"相关国家的出口贸易持续增加（梁育填

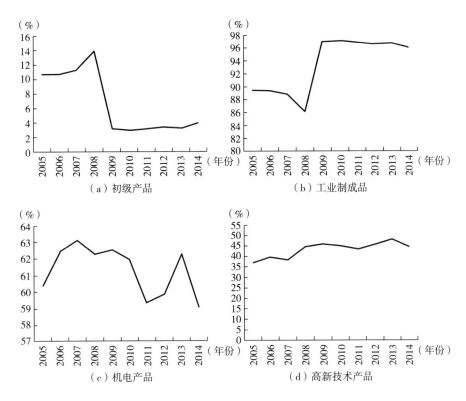

图 11-5　2005~2014 年广东各类产品进口额占总进口额的比重

资料来源：根据历年《广东统计年鉴》计算绘制。

等，2015）。在非洲和拉丁美洲等所占的市场份额虽然相对较小，但其比重也呈现出不断上升的趋势。在欧美地区的市场份额则呈逐渐下降的趋势。

表 11-3　2005~2014 年广东外贸出口市场结构　　　　单位:%

年份 地区	2005	2006	2007	2008	2009	2010	2011	2012	2013	2014
亚洲	53.30	52.96	54.10	53.45	54.97	55.30	57.50	60.60	63.30	60.20
#港澳台地区	37.20	37.55	37.10	34.80	33.81	35.30	36.90	39.90	42.80	37.00
日本	5.80	4.87	4.70	4.76	4.85	4.80	4.70	4.70	4.10	4.00
东盟	4.90	4.86	5.60	6.10	7.47	6.90	7.10	6.90	7.20	7.90
中东十七国	2.50	2.95	3.70	3.74	4.22	3.80	4.10	3.60	3.70	4.90
非洲	1.50	1.87	2.40	2.69	2.84	2.70	2.70	2.50	2.50	3.40
欧洲	16.20	17.10	16.90	18.00	16.38	16.40	15.60	13.60	12.80	14.00

续表

年份 地区	2005	2006	2007	2008	2009	2010	2011	2012	2013	2014
#欧盟	14.00	15.72	14.80	15.92	15.04	14.70	13.70	11.90	11.20	12.40
俄罗斯	0.70	0.76	1.40	1.19	0.69	1.00	1.20	1.10	1.10	1.10
拉丁美洲	2.40	2.97	3.60	3.96	3.78	4.50	4.90	4.70	4.30	4.40
北美洲	25.20	23.85	21.60	20.49	20.44	19.70	17.70	17.00	15.80	16.50
#美国	24.00	22.45	20.00	19.12	19.18	18.50	16.60	15.90	14.70	15.50
大洋洲	1.30	1.25	1.40	1.41	1.59	1.50	1.60	1.50	1.40	1.50

注：表中带#项为前一项的构成部分，例如，表中第三行#港澳台地区表示该地区属于亚洲的构成部分；第四行日本表示日本属于亚洲的构成部分。其他选项，以此类推。此外，考虑到篇幅，该表格仅列出了亚洲、欧洲、北美洲中的占比相对较高的区域，而没有显示占比相对较小的其他区域的相关数据。

资料来源：根据历年《广东统计年鉴》整理得到。

在进口市场结构方面，表11-4显示，亚洲同样是广东进口产品的主要市场，所占份额高达70%。国际金融危机之后，港澳台地区、日本、中东十七国等的市场份额都表现为一定程度的下降，东盟的市场份额在经历一定程度的扩张之后也呈现出缩减的趋势。欧洲市场份额表现出与东盟类似的情况。美洲和拉丁美洲的进口市场份额整体都呈缩减的趋势。相对而言，拉丁美洲和大洋洲的进口市场份额整体呈增加的趋势。

表11-4　2005~2014年广东外贸进口市场结构　　　　单位:%

年份 地区	2005	2006	2007	2008	2009	2010	2011	2012	2013	2014
亚洲	81.30	81.43	81.50	80.26	79.19	78.70	75.90	74.50	75.20	75.50
#港澳台地区	19.70	18.04	17.60	16.23	15.37	15.00	13.50	14.40	16.30	14.40
日本	15.90	14.78	14.80	14.82	14.30	14.00	12.70	11.00	9.10	9.80
东盟	13.30	13.09	13.40	13.60	14.46	14.90	14.50	12.80	12.40	14.20
中东十七国	3.60	3.55	3.40	4.09	3.19	3.30	3.80	3.50	3.60	4.20
非洲	1.00	1.00	1.20	1.47	1.39	1.90	4.10	6.60	6.40	6.40
欧洲	8.70	8.32	8.20	8.87	9.43	9.10	9.00	8.30	7.60	8.10
#欧盟	7.10	7.32	7.20	7.65	7.87	7.90	7.00	6.40	5.60	5.90
俄罗斯	0.70	0.35	0.30	0.34	0.76	0.50	0.50	0.30	0.20	0.20
拉丁美洲	2.20	2.23	2.40	2.77	2.59	2.90	2.80	2.60	2.40	2.40
北美洲	5.30	5.44	5.40	5.39	5.43	5.10	5.00	5.10	6.20	5.70

续表

地区 年份	2005	2006	2007	2008	2009	2010	2011	2012	2013	2014
#美国	4.70	4.84	4.90	4.79	4.76	4.40	4.30	4.40	5.50	5.10
大洋洲	1.50	1.57	1.30	1.24	1.97	2.40	3.20	2.90	2.40	1.90

注：表中带#项为前一项的构成部分，例如，表中第三行#港澳台地区表示该地区属于亚洲的构成部分；第四行日本表示日本属于亚洲的构成部分。其他选项，以此类推。此外，考虑到篇幅，该表格仅列出了亚洲、欧洲、北美洲中的占比相对较高的区域，而没有显示占比相对较小的其他区域的相关数据。

资料来源：根据历年《广东统计年鉴》整理得到。

在外商直接投资方面，表11-5显示，亚洲一直是广东外商直接投资的主要来源地，其所占份额高达60%，而其中50%以上的外商直接投资源自中国的港澳台地区。国际金融危机之后，来自亚洲特别是港澳台地区的外商直接投资占比呈快速增长的趋势。相对而言，日本、非洲、拉丁美洲、北美洲、大洋洲的外商直接投资力度整体呈缩减的趋势。来自欧洲的外商直接投资在经历一定程度的缩减之后开始缓慢回升。

表11-5　2005~2014年广东分国别（地区）实际利用外商直接外资占比 单位:%

地区 年份	2005	2006	2007	2008	2009	2010	2011	2012	2013	2014
亚洲	64.24	62.88	60.35	66.09	71.08	73.38	75.27	76.86	77.38	77.58
#港澳台地区	52.11	52.34	52.78	58.49	63.74	66.46	66.98	64.86	66.96	66.01
日本	7.63	5.03	3.52	2.76	3.24	2.52	3.18	4.72	3.54	3.17
非洲	0.91	1.04	1.00	1.11	0.91	0.84	0.98	0.58	0.78	0.59
欧洲	6.74	3.77	2.73	2.32	2.17	3.88	3.46	3.11	6.47	5.42
拉丁美洲	19.23	22.14	29.44	23.57	19.24	14.96	12.40	10.65	9.27	9.86
北美洲	2.81	3.73	1.96	2.28	1.67	2.01	1.82	2.56	1.90	1.18
#美国	2.08	2.24	1.35	1.63	1.20	1.25	1.20	1.99	0.83	0.46
大洋洲	4.67	4.05	3.69	3.60	3.18	2.62	3.00	1.71	1.70	1.35

注：表中带#项为前一项的构成部分，例如，表中第三行#港澳台地区表示该地区属于亚洲的构成部分；第四行日本表示日本属于亚洲的构成部分。其他选项，以此类推。此外，考虑到篇幅，该表格仅列出了亚洲、北美洲中的占比相对较高的区域，而没有显示占比相对较小的其他区域的相关数据。

资料来源：根据历年《广东统计年鉴》整理得到。

广东外贸进出口产品结构、市场结构、外商直接投资来源地的变化都说明，在世界经济联系日益密切的背景下，国际金融危机的冲击促使世界经济格局正在发生深刻的调整，使得广东经济发展将面临新的机遇与挑战。在未来，广东需要根据世界经济格局的变化积极地调整自身对外贸易、经济合作等的空间布局，把握经济发展的新机遇，从而尽快摆脱国际金融危机的影响，迈入经济高质量发展阶段。

2. 第三次工业革命的兴起

2011 年，美国学者杰里米·里夫金（Jeremy Rifkin）出版了 *The Third Industrial Revolution* 一书。2012 年，该书的中文版在我国出版，被译为《第三次工业革命》。杰里米·里夫金（2012）依据推动产业发展的主要能源或者动力和通信技术，把世界产业发展过程划分为三个阶段或者类型（见表 11-6）。他认为，"历史上新兴通信技术与新型能源系统的结合，预示着重大的经济转型时代的来临""如今，我们正处在信息技术与能源体系相融合的时代。互联网信息技术与可再生能源的出现让我们迎来了第三次工业革命"。而且，他预言，"第一次工业革命使 19 世纪的世界发生了天翻地覆的变化，第二次工业革命为 20 世纪的人民开创了新世界，第三次工业跟同样也将对 21 世纪产生极为重要的影响，它将从根本上改变人民生活和工作的方方面面"。第三次工业革命的重要标志是能源互联，也就是可再生能源与互联网技术的融合形式。杰里米·里夫金（2012）认为，第三次工业革命将催生新的经济模式，从而改变世界经济发展的方式。

表 11-6　杰里米·里夫金的工业革命划分标准

工业革命	主导能源	通信技术
第一次工业革命	煤炭	印刷
第二次工业革命	石油	电子通信
第三次工业革命	可再生能源	互联网

资料来源：杰里米·里夫金. 第三次工业革命［M］. 张体伟，译. 北京：中信出版社，2012.

国际金融危机之后，世界各国都在积极寻求摆脱危机影响、寻找新的经济发展方向和重构发展竞争力和提升竞争地位的道路。第三次工业革命这个思想为有关国家和组织提供了一条可选择的道路。杰里米·里夫金的第三次工业革命思想提出之后，德国、美国、欧盟等国家和国际组织，以及许多大型跨国企业对第三次工业革命做出了积极的响应，标志着第三次工业革命从思想到行动的转变。2007 年，欧洲议会发布了一份正式书面申明，宣布把第三次工业革命作为长远的经济规划以及欧盟发展的路线图。目前，欧洲委员会的诸多机构及其成员国正在执行第三次工业革命路线图（杰里米·里夫金，2012）。正是由于这些有影响力的发达国家、国际组织及企业的推动，引领世界经济发展新趋势的第三次产业革命逐渐兴起。

杰里米·里夫金的《第三次工业革命》在我国出版之后，引起了较大的反响。第三次工业革命已经成为影响我国经济转型发展的一种新思想。杰里米·里夫金在《第三次工业革命》中文版的序言中对中国进行第三次工业革命提出了很高的预期。他认为，"如果在本世纪上半叶实现对第三次工业革命基础设施的构建，中国还需要近40年的努力，而这将创造数以千计的商业机遇，提供数百万的可持续发展的工作职位，并将使中国成为下一次工业革命的领军人""如果选择了第三次工业革命这条道路，那么中国极有可能成为亚洲的龙头，引领亚洲进入下一个伟大的经济时代"。

第三次工业革命给世界带来的巨变主要体现在经济发展的模式改变及创新上。就目前可见的趋势来看，最为值得重视的是，能源互联网、信息网、物联网这三大新网络的快速发展及相互融合，正在催生出新的产业、新的业态、新的经济发展模式，共享或者分享经济正破土而出，呈现出与第二次工业革命完全不一样的经济发展新方式。在欧洲，这个新时代被称为数字时代。为了迎接数字时代的到来，欧盟将投入近50亿欧元，大力推动"欧洲工业数字化战略"（科技部，2016）。我国则推出了"互联网+"等战略，以抢抓第三次工业革命的新机遇。

目前，广东经济发展正处在结构调整和转变经济发展方式的关键时期。产业结构的调整方向在哪里？如何转变经济发展方式？这是广东经济发展要解决的方向性、战略性问题。从大方向来看，作为我国的相对发达区域，广东经济发展的大方向必定是紧跟第三次工业革命的潮流，否则，就将偏离世界经济未来发展的大趋势，落后于新的时代。

3. 国际产业发展格局及资本流动的新变化

国际金融危机之后，世界产业发展的竞争格局及与之相伴的资本国际流动格局出现了引人注目的新变化。

其一，部分发达国家大力实施"再工业化"战略。为了寻求从金融危机的困境中走出来，2009年，奥巴马刚上任美国总统，就提出了"再工业化"战略。这个战略的主要内容包括两个方面：一是吸引美国的制造业资本从国外回流，以促进制造业复苏，并通过制造业的发展创造就业岗位来缓解就业压力；二是推动美国制造业朝高端化方向发展，谋求在信息通信、清洁能源、环境和气候变化、交通、医疗、新材料等领域占据制造业的产业链高端。前者是美国"再工业化"的近期目标，后者则是美国"再工业化"的长期目标。为此，奥巴马政府推出了《制造业促进法案》，以及"购买美国货""促进就业措施"等措施。除了美国，英国、欧盟等国家和国际组织也在积极推动"再工业化"进程。2013年，欧盟推出了"欧洲工业复兴战略"，目标是到2020年工业占GDP的比重由 15.6% 提高至 20%。一直重视制造业发展的德国推出了"工业 4.0"战略。这个战略主要是把信息通信技术与网络空间虚拟系统——信息物理系统结合起来，促进制造业向智能化转型，大力建设智能工厂、智能生产、智能物流，从而巩固德国在世界高端制造业的领先地位。

从产业发展的关系看，制造业与服务业尤其是生产性服务业之间存在着相互依存关系。美国推动"再工业化"就是为了解决过去"去工业化"而导致的制造业与服务业发展脱节的问题，促使制造业与服务业形成协调共生发展关系，从而保持经济稳定增长（黄永春等，2013）。其他发达国家和欧盟推动"再工业化"也是基于同样的道理。

其二，印度、越南、缅甸、柬埔寨、马来西亚、泰国等亚洲国家因土地和劳动力成本低，投资环境不断改善，成为劳动密集型制造业新的集聚地。2014年，越南国会通过了《投资法》和《越南企业法》，大幅降低市场准入门槛、放松政府管制，使越南对外资的吸引力明显提升。2015 年，越南吸引外资达 145亿美元。与之相反，由于要素成本上升、环保要求提高，以及产业结构调整政策等原因，原在我国的欧美、日韩等劳动密集型产业资本大量流向上述亚洲国家，我国本土的这类资本也开始流向这些国家。

上述两个方面的新变化，对于广东经济发展而言，将产生以下几个方面的影响：一是发达国家"再工业化"引起了其海外资本回流，那么，广东来自于相关发达国家的投资有可能相对减少。同时，广东与相关发达国家之间的产业分工将由过去的垂直分工、相互竞争小转向在高端制造业、生产性服务业领域的直接竞争。二是劳动密集型产业资本向亚洲其他国家转移，虽然在总体上有利于广东的产业结构调整，但是对于粤东、粤西、粤北等区域而言，也相对失去了一定的发展劳动密集型产业的机遇。所以，面对这些方面的变化，广东如何根据自身的发展基础和条件，从长远出发选择好产业结构调整和升级的方向，处理好制造业与服务业发展的关系，根据内部各个区域不同的发展情况，制定出有效的产业发展战略等，都是必须思考的重要问题。

二、国内经济环境变迁

2008 年国际金融危机发生之后，我国的内部经济环境发生了重要的改变。一方面，我国经济发展受到了较大的冲击，特别是世界市场的持续低迷，显著削弱了对外贸易对于我国经济增长的拉动作用，经济增速持续下降，迫使我国积极启动国内市场、开辟新的世界市场，并同时大力推动产业结构调整和空间结构调整；另一方面，我国从长期发展的战略考虑，推出一系列促进结构调整和转型升级的战略和政策。这两个方面的共同作用导致国内经济环境发生了前所未有的新变化。这些新变化也对广东经济发展产生深刻的、全面的影响。

1. 经济发展进入新常态

新常态是我国政府对当前及今后一段时期全国经济发展状态所做的一种战略性判断，并逐渐成为治国理政的一种新理念。

众所周知，受国际金融危机的冲击，我国的经济增长速度从 2007 年 14.2% 大幅下降到 2014 年的 7.3%。面对持续下降的经济增长速度，我国经济究竟向什么方向发展一时成为争论不休的问题。2014 年，习近平总书记在河南考察时首次提出了经济进入新常态这个判断。① 其后，在 2014 年 11 月 9 日召开的亚太经合组织（Asia-Pacific Economic Cooperation，APEC）工商领导人峰会开幕式上，习近平总书记作了题为《谋求持久发展，共筑亚太梦想》的演讲，对经济新常态作了全面的阐述，指出我国经济新常态有如下几个主要特点：一是经济增长速度从高速增长转为中高速增长。二是经济结构不断优化升级，第三产业、消费需求逐步成为主体；城乡区域差距逐步缩小，居民收入占比上升，发展成果惠及更广大民众。三是经济增长的动力从要素驱动、投资驱动转向创新驱动（习近平，2014）。

由此可见，我国经济新常态不是仅仅表现为经济增长速度的下降，由改革开放以来的平均两位数的增长速度转为 6%~7% 的中高增长速度，更重要的是，要推动产业结构优化升级，要通过缩小城乡差距和区域差距，提高居民收入，使发展成果惠及更广大的民众，推动经济增长的动力由要素和投资驱动转为创新驱动。

习近平总书记在上述演讲中指出，新常态将给中国带来新的发展机遇，主要表现在，经济增速虽然放缓，但实际增量依然可观；经济增长更趋平稳，增长动力更为多元；经济结构优化升级，发展前景更加稳定；政府大力简政放权，市场活力进一步释放（习近平，2014）。

经济新常态标志着我国经济进入了一个新的发展阶段，这个阶段与改革开放以来 40 年的发展阶段存在着显著区别。对于广东经济发展来讲，如何适应经济新常态，需要做好以下工作：

第一，改变过去主要追求经济高速增长的做法，把提高经济增长质量和效益放在经济发展的首位。在经济增长速度方面，把中高速作为目标，以便从容地进行经济结构调整和空间布局优化。

第二，积极、坚定地推动产业结构调整，促进产业发展转型升级。

第三，着力解决广东长期以来存在的区域发展不平衡、城乡发展不协调问

---

① 习近平在河南考察时提出"我国发展仍处于重要战略机遇期，我们要增强信心，从当前我国经济发展的阶段性特征出发，适应新常态，保持战略上的平常心态"。

题，以及贫困问题，从而促进全省人民更好地分享经济发展的成果。

第四，构建创新驱动发展机制，及时将经济发展的动力从过去依靠简单劳动力和增加投资转为依靠创新。同时，注意在产业结构调整中、在空间布局优化中培育新的发展动力，从而形成以创新为主导，新产业、新空间为支撑的多元、多样化经济发展动力。

2. 全国性产业转型升级

随着中国经济进入新常态，经济发展的条件和环境都发生了重大的变化。经济结构不断优化，三次产业之间的比重关系得到显著改善，产业结构正在朝着合理化的方向演进（金京等，2013）。在三次产业构成方面，图 11-6 显示，第一产业占 GDP 的比重呈不断下降的趋势，第二产业占 GDP 的比重虽然呈下降的趋势，但始终保持在 42%~48%，在 GDP 构成中具有较高的稳定性。其中，工业占 GDP 的比重最大，位于 38%~42%。第三产业占 GDP 的比重则保持在 41% 以上，并呈稳步上升的趋势，在 2012 年超过了第二产业，在 2014 年达到 48.1%。

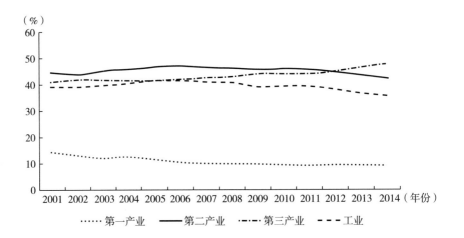

图 11-6 2001~2014 年全国国内生产总值的三次产业构成

资料来源：根据《中国统计年鉴》（2015）整理得到。

从三次产业对经济增长的贡献来看，图 11-7 显示，第一产业对 GDP 增速的贡献最小，并且呈不断下降的趋势，截至 2014 年，其贡献仅为 0.3%。第二产业对 GDP 增速的贡献在 2002~2013 年最大，这主要依赖于工业的增长。国际金融危机之后，第二产业对 GDP 增速的贡献呈下降趋势。第三产业对 GDP 增速的贡献在 2014 年超过了第二产业，达到 3.5%。因此，中国的产业结构实现了从第一产业占优势比重向第二产业占优势比重的转变，并正在经历从第二产业占优势比重向第三产业占优势比重演进的产业升级过程。

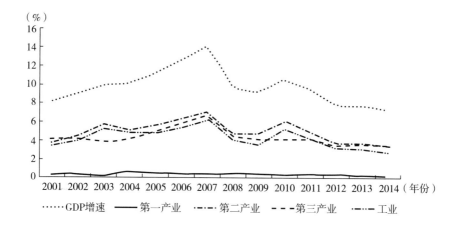

图 11-7 2001～2014 年三次产业及工业对 GDP 增长速度的拉动

资料来源：根据《中国统计年鉴》（2015）整理得到。

伴随产业之间的升级，三次产业的内部结构也发生了显著的变化，产业内部的加工与再加工程度逐渐向纵深化发展，推动产业内升级。表 11-7 显示，农林牧渔业的增加值占 GDP 的比重在不断降低。采矿业，制造业，以及电力、燃气及水的生产和供应业的增加值占比也在不断降低，建筑业的增加值占 GDP 的比重在不断提高。信息传输、计算机服务和软件业，批发和零售业，金融业，房地产业，租赁和商务服务业，科学研究、技术服务和地质勘查业，教育等的增加值占 GDP 的比重整体呈上升趋势。

表 11-7 2005～2014 年分行业增加值占 GDP 的比重 单位:%

年份 行业	2005	2006	2007	2008	2009	2010	2011	2012	2013	2014
农林牧渔业	12.24	11.34	10.77	10.73	10.33	9.91	9.70	9.69	9.57	9.34
采矿业	5.63	5.70	5.06	6.25	4.91	5.10	5.37	4.64	4.28	3.64
制造业	32.81	33.60	32.91	32.65	32.30	31.86	31.98	31.42	30.55	30.38
电力、燃气及水的生产和供应业	3.71	3.78	3.62	2.58	2.46	2.74	2.53	2.59	2.52	2.30
建筑业	5.53	5.59	5.75	5.97	6.57	6.65	6.73	6.83	6.87	6.97
交通运输、仓储和邮政业	5.91	5.89	5.49	5.21	4.91	4.59	4.46	4.40	4.38	4.43

续表

年份 行业	2005	2006	2007	2008	2009	2010	2011	2012	2013	2014
信息传输、计算机服务和软件业	2.60	2.51	2.52	2.50	2.39	2.19	2.11	2.21	2.31	2.48
批发和零售业	7.39	7.30	7.88	8.34	8.50	8.78	8.94	9.22	9.46	9.69
住宿和餐饮业	2.29	2.26	2.09	2.11	2.09	1.89	1.75	1.76	1.72	1.73
金融业	3.44	4.01	4.64	4.73	5.21	6.28	6.27	6.51	6.92	7.25
房地产业	4.50	4.56	5.20	4.69	5.47	5.76	5.76	5.78	6.05	5.90
租赁和商务服务业	1.59	1.55	1.77	1.79	1.82	1.83	1.93	2.08	2.24	2.37
科学研究、技术服务和地质勘查业	1.12	1.14	1.29	1.27	1.39	1.39	1.62	1.75	1.85	1.90
水利、环境和公共设施管理业	0.46	0.45	0.42	0.40	0.43	0.44	0.44	0.47	0.51	0.54
居民服务和其他服务业	1.71	1.67	1.50	1.47	1.55	1.57	1.54	1.51	1.45	1.51
教育	3.09	2.92	2.89	2.83	3.07	2.94	3.02	3.08	3.18	3.29
卫生、社会保障和社会福利业	1.60	1.51	1.51	1.47	1.49	1.43	1.52	1.67	1.85	1.98
文化、体育和娱乐业	0.65	0.63	0.61	0.61	0.65	0.65	0.64	0.65	0.65	0.66
公共管理和社会组织	3.73	3.59	4.07	4.39	4.45	3.99	3.69	3.72	3.64	3.65

资料来源：根据历年《中国统计年鉴》整理得到。

随着新一轮信息技术与制造业的深度融合，第二产业尤其是工业的内部结构正在发生深刻的变化。表 11-8 关于工业企业的部分统计数据显示，截至 2014 年，酒、饮料和精制茶制造业，纺织业，纺织服装、服饰业，造纸和纸制品业，制鞋业等附加值较低或技术含量较低的行业的销售额占工业销售总额的比重逐渐下降。相比之下，化学原料和化学制品制造业，金属制品业，通用设备制造业，专用设备制造业，交通运输设备制造业等附加值较高或技术含量较高的行业的销售额占工业销售总额的比重呈增加的趋势。这些变化趋势表明，一般加工制造业在工业中的比重相对稳定或有所下降，而具有资本或技术密集型特征的行业则增长较快，由此推动我国工业结构转型升级。

表 11-8　部分规模以上工业企业销售额占工业销售总额的比重　　　单位:%

行业	2001 年	2005 年	2014 年	行业	2001 年	2005 年	2014 年
煤炭采选业	1.63	2.28	2.38	化学原料和化学制品制造业	6.58	6.49	7.54
石油和天然气开采业	2.97	2.54	1.07	医药制造业	2.06	1.62	2.12
农副食品加工业	4.27	4.21	5.82	化学纤维制造业	1.06	1.04	0.66
食品制造业	1.69	1.50	1.82	非金属矿物制品业	4.16	3.63	5.33
酒、饮料和精制茶制造业	1.91	1.22	1.50	黑色金属冶炼和压延加工业	6.06	8.52	6.50
烟草制品业	1.81	1.17	0.83	有色金属冶炼和压延加工业	2.47	3.15	4.23
纺织业	5.80	5.02	3.45	金属制品业	2.96	2.61	3.35
纺织服装、服饰业	2.70	1.96	1.93	通用设备制造业	3.63	4.18	4.32
皮革、毛皮、羽毛及其制品和制鞋业	1.64	1.37	1.27	专用设备制造业	2.42	2.39	3.21
木材加工和木、竹、藤、棕、草制品业	0.77	0.72	1.24	交通运输设备制造业	6.84	6.32	7.78
造纸和纸制品业	1.89	1.65	1.26	电气机械和器材制造业	5.70	5.49	6.13
石油加工、炼焦和核燃料加工业	4.88	4.81	3.74	计算机、通信和其他电子设备制造业	9.56	10.69	7.81

资料来源:根据《中国工业统计年鉴》(2002,2006,2015)计算所得。

　　总体来看,产业转型升级是我国经济由量到质、由弱到强转变的必经过程。根据钱纳里等人的工业化阶段理论,我国总体上已经达到了工业化的中后期阶段(汪一洋等,2015)。在这一阶段,产业转型升级显得尤为紧迫。当前,在创新驱动发展、"互联网+"等战略的指导下,我国已经进入新一轮的全国性产业升级阶段。一方面,随着新型工业化、信息化、城镇化、农业现代化"四化"同步推进,国内需求潜力不断得到释放,为产业发展提供了广阔的空间。另一方面,以"互联网+"为依托形成的智能制造等新兴产业在引领制造业生产方式变革的同时,正在加速重塑产业价值链,引导产业向先进制造业、现代服务业等转型升级。我国既是制造业大国,也是互联网大国,制造业作为国民经济的主体,成为实施"互联网+"行动的主战场。推动制造业与互联网的深度融合,充分释放出"互联网+"的力量,促使制造业由制造向智能制造、"制造+服务业"转型升级,将改变我国参与全球价值链分工与生产的方式。

广东在互联网的使用与建设方面具有得天独厚的优势。那么，在全国性产业转型升级的大背景下，如何在既有产业的基础上利用"互联网+"引领广东产业转型升级，为广东抢占智能制造制高点，提升自身产业参与全球价值链的深度与广度，是未来广东经济发展需要重点关注的问题。

3. 全面开放新格局的形成

对外开放是我国走向繁荣富强的必经之路。1978 年以来，受资源禀赋、地理位置以及经济基础等多种因素的制约，我国采取了由东向西逐渐从沿海、沿江到内陆与沿边地区的梯度渐进开放模式，形成了由"经济特区—沿海开放城市—沿海经济开放区—沿江和内陆开放城市—沿边开放城镇"组成的多层次对外开放格局（见表 11-9）。在这种梯度推进的对外开放模式下，东部地区成为开放型经济发展的高地，直接面对来自发达经济体的巨大需求市场，中西部地区则成为对外开放的洼地，对其他发展中国家与地区的市场需求也有待进一步开拓。

表 11-9　1980~2001 年我国对外开放类型及区域构成

时间段	开放类型	区域构成
1980~1983 年	经济特区	深圳市、珠海市、汕头市、厦门市、海南省
1983~1985 年	沿海开放城市	大连、秦皇岛、天津、烟台、青岛、连云港、南通、上海、宁波、温州、福州、广州、湛江、北海
1985~1988 年	沿海经济开放区	长江三角洲、珠江三角洲、闽南厦漳泉三角地区、辽东半岛、山东半岛
1988~1992 年	沿边、沿江及内陆开放城镇	芜湖、九江、岳阳、武汉、重庆、合肥、南昌、长沙、成都、郑州、太原、西安、兰州、银川、西宁、乌鲁木齐、贵阳、昆明、南宁、哈尔滨、长春、呼和浩特、黑河、绥芬河、珲春、满洲里、二连浩特、伊宁、博乐、塔城、普兰、樟木、瑞丽、畹町、河口、凭祥、东兴等
2001 年	加入 WTO	全国

资料来源：笔者统计而来。

随着全球经济进入深度调整阶段和我国经济发展进入新常态，我国继续采用低成本方式参与国际竞争的优势逐渐消失。对此，为巩固与现有经济体之间的经贸关系以及开拓与广大发展中国家之间的贸易往来，我国开启了新一轮的全面对外开放，以构建一种全方位、多层次的对外开放新格局。2013 年 8 月，国务院决定设立中国（上海）自由贸易试验区；同年 9 月，习近平在哈萨克斯坦纳扎尔巴耶夫大学提出了构建"丝绸之路经济带"的倡议；同年 10 月，习近平在访问印度尼西亚时提出了建设"21 世纪海上丝绸之路"的构想，形成了

"一带一路"倡议；2014 年底，国务院又相继设立了中国广东、天津、福建三个自贸区，并扩大了上海自贸区的区域范围（见表 11-10）。

表 11-10　2013 年以来我国新增的对外开放区域

名称	国内涵盖的区域范围
丝绸之路经济带	新疆、重庆、陕西、甘肃、宁夏、青海、内蒙古、黑龙江、吉林、辽宁、广西、云南、西藏
21 世纪海上丝绸之路	上海、福建、广东、浙江、海南
自贸区	上海自由贸易试验区（外高桥保税区、外高桥保税物流园区、洋山保税港区、上海浦东机场综合保税区、金桥出口加工区、张江高科技园区、陆家嘴金融贸易区）；广东自由贸易试验区（广州南沙新区、深圳前海蛇口、珠海横琴新区）；天津自由贸易试验区（天津港片区、天津机场片区、滨海新区中心商务区）；福建自由贸易试验区（福州片区、厦门片区、平潭片区）

资料来源：笔者统计而来。

这种全面开放新格局是对我国实施开放发展，建立开放型经济的多维度拓展与深化。第一，在新的对外开放格局中，我国中西部地区被纳入全球经济网络之中，形成陆海内外联动、东西双向互济的开放格局，东中西部地区的对外开放更趋平等，区域开放整体空间布局持续优化。第二，自贸区建设、"一带一路"倡议实施等巩固了我国与既有经济体之间的经贸关系，加大我国向西、向南对外开放的速度，深入对接来自东南亚、南亚、中亚等国家的需求市场，中西部地区逐渐从开放的末梢走向开放的前沿，拓宽了我国对外开放的空间，形成了更为全面和多元化的全球伙伴关系。第三，国际分工深度调整加速我国"引进来"和"走出去"的产业逐渐由制造业占主导地位向智能制造、"制造业+服务业"转型，产业开放的领域更趋广泛、结构更趋均衡。第四，对外开放的方式实现了由政策开放转向制度开放的创新。

广东作为我国改革开放的先行地区，对构建开放型经济具有举足轻重的战略地位。改革开放 40 年来，广东充分利用毗邻港澳的区位优势发挥改革"试验田"的作用，抓住了国际产业转移和要素重组的历史机遇，率先建立起开放型的经济体系，成为我国对外开放的窗口和经济社会发展的强大引擎。然而，随着我国进入全面对外开放的新时代，广东长期以来具有的对外开放先行先试的优势被削弱，既有的外部市场需求被其他省（区、市）所分割。因此，在新形势下，广东应当充分利用"一带一路"建设、粤港澳大湾区、泛珠三角合作、中国—东盟自贸区建设等重大区域合作平台，加强与世界主要经济体的经贸关系，积极主动参与国际分工和承接国际高技术产业的转移，提升参与全球价值链的深度与广度，继续在全国改革开放中发挥示范与带动作用。

4. 产业的区际转移

产业转移是经济发展到一定阶段之后必然出现的经济现象，而合理的产业区际转移是推动区域协调发展的重要途径。

改革开放以来，良好的区位优势和大量的政策倾斜与支持促使我国的产业活动多集中于东部沿海地区。同时，作为我国改革开放先行先试的地区和对外开放的"窗口"，东部沿海地区也是国际产业转移的主要迁入地。相比之下，中西部地区的产业活动则相对较少，承接的国际产业转移也相对较少，全国形成了具有显著差异的产业分布空间格局。

随着我国经济的快速发展，国内的产业转移与承接发生了重要的转变。一方面，东部沿海地区的劳动密集型产业已基本趋于饱和，而且，随着东部地区产业参与全球价值链的深度与广度不断提升，本地产业加速向先进制造业、现代服务业等转型与升级，促使部分劳动密集型产业、能源产业等传统产业迫于生产成本、交通拥挤或环境污染等压力逐渐向其他地区扩散和转移（曲玥等，2013）。同时，东部地区也面临着因国际贸易摩擦增加而出现的外商直接投资流出和部分产业向其他低成本国家或地区转移的现实。另一方面，在西部大开发、中部崛起、振兴东北老工业基地、"一带一路"倡议等实施之后，中西部地区的经济发展环境不断优化，资源要素汇聚能力不断提高，承接来自东部地区和国外的资本和技术密集型产业转移不断增多。在区域产业链不断延伸与拓展促使产业联系日趋网络化的背景下，产业转移逐渐从少数单个企业的"零散式"转移向以龙头企业为主导、上下游相关企业抱团的集群式转移演化。因此，中西部地区的发展对东部地区承接国际产业转移形成了一定的竞争。

产业转移是产业分工深化和产业结构升级的过程，可通过改变区域技术结构或改变区域需求结构等影响一个区域的三次产业结构。广东是一个典型的外向型经济，是国际产业转移的主要承接地之一。随着经济的进一步发展，劳动力工资等要素价格上升、贸易摩擦等因素促使广东的部分劳动密集型产业、加工制造业等传统产业逐渐向其他成本更低的中西部地区或东南亚、非洲国家与地区转移。这在一定程度上替代了从广东的产品进口，造成广东出口企业的外部需求减少。由于产业转移是产业结构转型升级过程中必然面临的问题，广东在实施产业转型升级过程中需要避免过度或者过快的产业转移可能带来的产业空心化问题。对此，广东可以采取如下措施：

（1）在积极引导本地失去比较优势的传统产业进行区际转移的同时，采取措施大力推进省内先进制造业、现代服务业以及战略性新兴产业的发展，积极主动承接国际先进制造业产业转移，提升广东参与全球价值链的深度与广度，有效避免因缺乏具有结构升级带动力和产业控制力的主导产业等而形成的产业空心化现象。

（2）对传统产业释放出来的资源，特别是劳动力，进行相关的技能培训，以适应先进制造业与现代服务业对人力资本的需求，将其有效地利用到技术进步和产业结构升级中去。

（3）在产业转型升级过程中，坚持制造业等实体经济部门的中心地位，适度控制虚拟经济部门的发展速度和规模，有效避免因大量产业资金涌入互联网等新经济领域而造成的"脱实向虚"等问题。

5. 区域发展竞争

21世纪以来，我国东部沿海地区逐渐进入了经济增长速度减缓和产业结构调整的关键时期，中西部地区则进入了经济快速增长的阶段，形成一种继东部地区之后的区域接力发展的趋势（安树伟和常瑞祥，2016）。例如，在经济总量方面，中西部地区的山西、内蒙古、吉林、江西、河南、湖南等多个省（区）的GDP总量占全国GDP总量的比重在上升，东部的上海等地区的占比则有所下降。在经济增长率方面，东部地区多数省份的经济增长率呈大幅下降的趋势，中西部地区的安徽、江西、湖北、湖南、重庆、贵州等多个省份均保持较快的经济增长趋势（见表11-11）。

表11-11 2001~2014年全国各省份GDP增长率　　　　单位:%

年份 地区	2001	2002	2003	2004	2005	2006	2007	2008	2009	2010	2011	2012	2013	2014
北京	11.2	10.4	11.0	14.1	11.8	12.8	14.5	9.1	10.2	10.3	8.1	7.7	7.7	7.3
天津	12.0	12.5	14.8	15.8	14.7	14.5	15.5	16.5	16.5	17.4	16.4	13.8	12.5	10.0
河北	8.7	9.6	11.6	12.9	13.4	13.4	12.8	10.1	10.0	12.2	11.3	9.6	8.2	6.5
上海	10.2	10.9	12.3	14.2	11.1	12.0	15.2	9.7	8.2	10.3	8.2	7.5	7.7	7.0
江苏	10.2	11.6	13.6	14.8	14.5	14.9	14.9	12.7	12.4	12.7	11.0	10.1	9.6	8.7
浙江	10.5	12.5	14.7	14.5	13.9	13.9	14.7	10.1	8.9	11.9	9.0	8.0	8.2	7.6
山东	10.1	11.6	13.4	15.4	15.2	14.8	14.3	12.0	12.2	12.3	10.9	9.8	9.6	8.7
福建	9.0	10.5	11.5	11.8	11.6	14.8	15.2	13.0	12.3	13.9	12.3	11.4	11.0	9.9
广东	9.6	11.7	14.8	14.8	13.8	14.6	14.9	10.4	9.7	12.4	10.0	8.2	8.5	7.8
山西	8.4	11.7	14.9	15.2	12.6	11.8	15.9	8.5	5.4	13.9	13.0	10.1	8.9	4.9
内蒙古	9.6	12.1	17.6	20.9	23.8	18.7	19.2	17.8	16.9	15.0	14.3	11.5	9.0	7.8
辽宁	9.0	10.2	11.5	12.8	12.3	13.8	15.0	13.4	13.1	14.2	12.2	9.5	8.7	5.8

续表

年份 地区	2001	2002	2003	2004	2005	2006	2007	2008	2009	2010	2011	2012	2013	2014
吉林	9.3	9.5	10.2	12.2	12.1	15.0	16.1	16.0	13.6	13.8	13.8	12.0	8.3	6.5
黑龙江	9.3	10.3	10.2	11.7	11.6	12.1	12.0	11.8	11.4	12.7	12.3	10.0	8.0	5.6
安徽	8.3	8.9	9.4	13.3	11.6	12.8	14.2	12.7	12.9	14.6	13.5	12.1	10.4	9.2
江西	8.8	10.5	13.0	13.2	12.8	12.3	13.2	13.2	13.1	14.0	12.5	11.0	10.1	9.7
河南	9.1	9.5	10.7	13.7	14.2	14.4	14.6	12.1	10.9	12.5	11.9	10.1	9.0	8.9
湖北	9.1	9.1	9.7	11.2	12.1	13.2	14.6	13.4	13.5	14.8	13.8	11.3	10.1	9.7
湖南	9.0	9.0	9.6	12.1	11.6	12.2	15.0	13.9	13.7	14.6	12.8	11.3	10.1	9.5
广西	8.2	10.5	10.2	11.8	13.2	13.6	15.1	12.8	13.9	14.2	12.3	11.3	10.2	8.5
海南	8.9	9.3	10.6	10.7	10.2	12.5	15.8	10.3	11.7	16.0	12.0	9.1	9.9	8.5
重庆	9.0	10.3	11.5	12.2	11.5	12.2	15.9	14.5	14.9	17.1	16.4	13.6	12.3	10.9
四川	9.2	10.6	11.3	12.7	12.6	13.3	14.5	11.0	14.5	15.1	15.0	12.6	10.0	8.5
贵州	8.8	9.1	10.1	11.4	11.6	11.6	14.8	11.3	11.4	12.8	15.0	13.6	12.5	10.8
云南	6.5	8.2	8.8	11.3	9.0	11.9	12.2	10.6	12.1	12.3	13.7	13.0	12.1	8.1
西藏	12.8	12.9	12.0	12.1	12.1	13.3	14.0	10.1	12.4	12.3	12.7	11.8	12.1	10.8
陕西	9.1	9.7	11.8	12.9	12.6	12.8	15.8	16.4	13.6	14.6	13.9	12.9	11.0	9.7
甘肃	9.4	9.4	10.7	11.5	11.8	11.5	12.3	10.1	10.3	11.8	12.5	12.6	10.8	8.9
青海	12.0	12.4	11.9	12.3	12.2	12.2	13.5	13.5	10.1	15.3	13.5	12.3	10.8	9.2
宁夏	10.1	10.2	12.7	11.2	10.9	12.7	12.7	12.6	11.9	13.5	12.1	11.5	9.8	8.0
新疆	8.1	8.1	11.2	11.4	10.9	11.0	12.2	11.0	8.1	10.6	12.0	12.0	11.0	10.0

资料来源：根据历年《中国统计年鉴》计算得出。

中西部地区经济的快速增长主要得益于以下几个方面：一是中西部地区具有接近能源与原材料供应地、拥有较为低廉的劳动成本等优势，在经过一段时间的发展之后，已经具备了经济迅速增长的能力。在国际金融危机导致外部需求不足进而逐渐转向国内需求之后，中西部地区巨大的国内市场需求潜力成为该地经济快速增长的基础。二是"十一五"以来，东部地区的产业逐渐向先进制造业、现代服务业等转型升级，促使部分劳动密集型、加工制造等传统产业向中西部地区转移，进一步巩固了中西部地区经济快速发展的产业基础。同时，劳动密集型产业转移引发了劳动力回流现象，为中西部地区的经济增长提供了必要的人力资本。三是"一带一路"倡议等的实施加快了我国向西、向南开放的步伐，促使东部地区独享的开放优惠政策逐渐扩大到中西部地区，增加了中西部地区直接投资、承接国际产业转移等的吸引力。四是国家一系列支持中西部地区的政策措施形成了中西部地区快速发展的政策基础。例如，西部大开发、中部崛起等国家战略的实施。截至 2014 年底，在中西部地区设立了重庆两江新区、兰州新区、西咸新区、贵安新区、天府新区，以及皖江城市带承接产业转移示范区、广西桂东承接产业转移示范区、重庆沿江承接产业转移示范区、湘南承接产业转移示范区、晋陕豫黄河金三角承接产业转移示范区、湖北荆州承接产业转移示范区和江西赣南承接产业转移示范区七个国家级产业转移示范区，都为中西部地区的经济发展创造了良好的条件。

中西部地区经济的快速发展对广东的经济发展产生了较大的压力。在未来，作为我国经济发展的前沿阵地，广东应当积极采取措施加速推进产业转型升级，提高参与国际分工的深度与广度，顺利度过经济结构调整的关键时期，进入经济快速发展的新时期，从而避免陷入经济低速增长的衰退阶段。

6. 发展理念的变化

改革开放 40 年来，我国经济实现高速增长的动力主要源于资源、劳动力以及资本等要素的大量投入。随着经济发展进入新常态以及经济发展的国内外环境、条件、任务、要求的变化，党的十八届五中全会在关于"十三五"规划建议中提出了"创新、协调、绿色、开放、共享"五大发展理念。其中，创新是引领发展的第一动力，协调是持续健康发展的内在要求，绿色是发展的必要条件和人民对美好生活追求的重要体现，开放是国家繁荣发展的必由之路，共享是中国特色社会主义的本质要求（刘云山，2015）。

五大发展理念的提出对我国经济发展的方向和发展的方式产生了重要的影响。对正处于经济增长速度减缓和经济结构调整关键时期的广东而言，这要求坚决摒弃片面追求 GDP 的发展理念，促使经济增长由要素投入或者资源拉动向由创新驱动转变；由"先污染后治理"向"青山绿水就是金山银山"转变；由先效率而后公平向效率与公平兼顾转变等，切实做到以新的发展理念引领新的经济发展实践。对此，广东应当在适应和引领经济发展新常态这个大趋势下，顺应国内外经济形势的变化，以创新驱动发展战略、"互联网+"战略等为指导，充分发挥广东在大数据、物联网、人工智能技术等领域的优势，着力构建现代产业体系，推动产业向全球价值链高端攀升，切实转变经济增长的动力，继续发挥广东在全国经济发展中的引领作用。

第二节 发展机遇与挑战

经济全球化和区域经济一体化深入推进促使国际与国内经济发展环境发生了巨大的变化，这既为广东经济发展提供了有利的条件和广阔的发展空间，也带来了一定的挑战。

一、"一带一路"倡议

"一带一路"倡议意在打通中国与南亚、东南亚、印度洋、南太平洋，以及欧洲、非洲等区域之间的联系通道，推动沿线国家共同构建一条横跨亚欧非大陆的巨型经济带。这个巨型经济带的形成必然会带来国际需求、国际贸易结构的大幅调整，重振丝绸之路经贸轴心，建立全球经济新循环，重塑世界经济格局。同时，"一带一路"倡议也将进一步加强中国与东盟国家和地区的经济联系与文化交流，加快中国—东盟自贸区建设的步伐。

广东拥有毗邻港澳、东南亚等地区的区位优势，是我国参与"一带一路"建设的重要环节，将在"一带一路"倡议实施中面临重要的发展机遇。

1. 中国重塑世界经济格局

"一带一路"倡议的提出标志着中国开启了全面对外开放的新格局，必将对世界经济格局产生显著而深远的影响。

首先，"一带一路"倡议实施将打破美国的贸易封锁，扩大中国等发展中国家对外贸易的生存空间，重塑世界贸易与投资格局。一方面，"一带一路"从古代陆上丝绸之路、海上丝绸之路两个方向以多条路径连通亚欧非大陆上的各个国家，形成陆海统筹的经济大循环，将打破长期以来陆权与海权相互分离的空间格局。而且，"一带一路"东接亚太经济圈，西连欧洲经济圈，中间部分的国家多属于发展中国家，这种梯级层级结构使得沿线国家拥有巨大的合作潜力和较强的国际贸易需求与供给能力，将加速形成以亚欧为核心，亚欧大陆与太平洋、印度洋与大西洋联系密切的全球第三大贸易轴心。另一方面，亚洲基础设施投资银行、丝路基金等为沿线国家互联互通建设提供投融资服务的机制体系逐渐建立，将引导国际资本向"一带一路"沿线国家转移，改变国际投资格局。"一带一路"倡议实施必然引发美俄印等大国战略冲突。中国依托"一带一路"倡议实现了从东、西两个方向接入国际经济大循环，有助于破解美国等通过

TPP、RCEP、TTIP[①] 等区域贸易协定构建的全面性贸易壁垒，提升中国等发展中国家在国际上的影响力与竞争力。

其次，"一带一路"沿线国家利用比较优势差异和在产业结构等方面的互补性进行产业转移与升级，重塑亚洲产业分工格局，形成经济增长新动力。20 世纪 50~80 年代，世界经历了从美国到日本、从日本到亚洲"四小龙"，再从亚洲"四小龙"到东盟和中国的三次产业转移。这种以美国为"领头雁"的产业转移在为亚洲地区提供经济增长动力的同时也加剧了区域内部的不平衡发展程度。进入 21 世纪，一方面，东南亚及中欧的一些国家由于受到经济结构失衡的影响而陷入了发展困境，产业转型升级迫在眉睫。另一方面，伴随亚洲"四小龙"、中国和东盟经济的快速发展，传统的垂直分工模式逐渐被复杂的国际生产网络所取代，供应链与价值链深度融合。"一带一路"倡议将推动沿线国家以产业级差为基础，以要素自由流动为条件，以市场机制为约束进行产业转移，带动沿线国家的产业转型升级，重构亚洲地区的产业分工格局，形成一个更大范围、更多层次、更宽领域的经济合作，构建我国与沿线国家商品、资本、交通、物流等自由流动"大通道"。这有利于激发沿线国家的发展潜力，形成以我国为"领头雁"的新型产业转移模式，改变以美日为主导的产业转移造成的亚洲地区发展不平衡困境，提高经济的稳定性。

最后，以"一带一路"倡议为依托推进自贸区建设将有效提升中国等发展中国家在书写全球贸易规则中的话语权。21 世纪以来，国际分工的深化引致全球治理模式发生转变，区域双边或多边合作中的"规则之争"逐渐成为新一轮全球化博弈中的角力点。"一带一路"倡议以既有的中国—东盟"10+1"、亚太经合组织（APEC）、亚欧会议（ASEM）、亚洲合作对话（ACD）、大湄公河次区域（GMS）、欧盟、太平洋联盟等双边、多边合作机制为基础，以政策沟通、道路联通、贸易畅通、货币流通、民心相通为重点，在我国与沿线各国之间搭建灵活开放的战略伙伴关系网络，充分挖掘沿线国家的经济互补性，拓展经济发展空间，培育引领国际合作与竞争的新优势。随着"一带一路"倡议的深度实施，以区域贸易规则创建为基础构建"以周边为基础加快实施自由贸易区战略"和"面向全球的高标准自贸区网络"，形成多边贸易投资规则（陈淑梅，2015），将大大提升中国等发展中国家在未来国际经贸规则制定和世界经济格局中的话语权。

---

① TPP（Trans-Pacific Partnership Agreement）指跨太平洋伙伴关系协定；RCEP（Regional Comprehensive Economic Partnership）指由东盟十国发起的区域全面经济伙伴关系；TTIP（Transatlantic Trade and Investment Partnership）指跨大西洋贸易与投资伙伴协议。

2. 中国—东盟自贸区建设

21 世纪以来，以建立自由贸易区等方式加强区域经济合作和促进区域经济一体化，成为推动世界经济向多极网络空间发展格局演化的重要动力。顺应国际国内发展环境的变化，2002 年，中国与东盟正式开启自贸区谈判，2010 年中国—东盟自贸区成立。合作国家在货物贸易、服务贸易、双向投资方面等收效明显。"一带一路"倡议的实施，将加快中国—东盟自贸区建设的步伐。

第一，作为实施"一带一路"倡议的重要环节，中国—东盟自贸区建设成为我国打破美国"重返亚太"战略封锁和东盟推行"大国平衡"战略的重要支撑。国际金融危机之后，美国制定了"重返亚太"战略，致使亚洲地区的经济合作基本形成了以美国为主导的以 TPP 为代表的"美国自贸区版图"和以东盟为主导的以 RCEP 为代表的"亚洲自贸区版图"。中国和多数东盟成员国都属于发展中国家，具有一定的地缘优势，中国—东盟自贸区的成立为成员国避免在新一轮的亚洲经济合作中被弱化和边缘化具有重要的价值。"一带一路"倡议提出之后，中国—东盟自贸区在该战略中占据着沟通东西、连接南北的战略地位，"五通"① 成为引导自贸区建设的目标。随着"一带一路"倡议的深入实施，中国—东盟自贸区将成为世界多极格局中的重要一极。

第二，"一带一路"倡议将加速推进中国—东盟自贸区的产业深度融合，构建基于产业链的区域性产业体系，全面提升参与全球竞争的能力。中国与东盟各国在要素禀赋、经济发展阶段等方面存在较大的差异。而且依托地缘优势，中国与东盟国家经贸往来密切，在制造业等领域具有较强的互补性，具备良好的产业合作基础。"一带一路"倡议实施之后，沿线国家面临的提升基础设施和互联互通水平等的巨大需求将加速东盟国家工业化进程和我国企业"走出去"，特别是以高铁等为代表的高端技术输出以及优势产能的国际转移，加快中国—东盟自贸区建设步伐。同时，这也有利于深化我国产业与东盟国家的裕廊化工岛、启奥生物医药研究园，曼谷、北榄府、罗勇府的汽车产业群，槟榔屿电子产业群等优势产业集群建立产业联系和进行深度合作，真正嵌入到本地的产业分工体系之中，提升区域性产业分工的深度与产业融合度，加快形成基于供应链、产业链以及价值链的区域分工协作体系。

第三，"一带一路"倡议下的中国—东盟自贸区建设将加速推进粤港澳的深度合作，为粤港澳大湾区向世界级湾区转变提供新动力。2014 年底，国务院决定设立中国（广东）自由贸易试验区。该自贸区具有毗邻港澳和充分接近东盟国家的区位优势。而且，广东是典型的外向型经济，在参与国际分工中形成了

---

① 即政策沟通、设施联通、贸易畅通、资金融通、民心相通。

一定的产业优势。特别是在交通运输、芯片制造、机电制造等先进制造业以及现代服务业都具备了较高的国际水准。"一带一路"倡议、中国—东盟自贸区建设，将为粤港澳大湾区的发展开辟更广泛的国际市场，有利于香港、澳门、广东更广泛、更深层次地参与国际分工，顺利实现产业转型升级，全面提升粤港澳大湾区参与全球竞争的经济实力，加快向世界级湾区迈进。

当然，"一带一路"倡议的实施在带来重大发展机遇的同时也会带来一定的挑战。例如，"一带一路"倡议促使我国进入了一种海陆内外联动，东西双向开放的全面开放阶段，打破了东部地区在对外开放中所具有的独特优势，中西部地区被推向对外开放的前沿，这可能会在一定程度上削弱广东出口的竞争优势，进而对广东发展开放型经济产生一定的负面影响。这是广东在未来经济发展中需要注意的问题。

二、快速交通网络发展

交通基础设施是影响经济增长的重要因素之一（张学良，2012）。2007 年，武广高铁开通标志着我国正式进入了"高铁时代"。从此，以高速铁路、高速公路、航空运输等构成的快速交通网络正在加速重塑中国区域经济格局。高铁经济带建设成为经济发展的必然趋势，这为第一批迈入"高铁时代"的广东带来了新的发展机遇。

1. 快速交通网络重塑中国区域经济格局

快速交通网络对区域经济增长最直观的影响就是区域可达性的改变，形成当前区域经济格局演变的主要驱动力。2007 年武广高铁开通以来，由高速铁路、高速公路、航空运输等构成的快速交通网络大大压缩了区域之间的时间距离，提高了区域可达性。资本、劳动、技术等生产要素区际流动的速度增加，促使生产要素在区际间重新分配与组合，形成要素在沿线区域之间集聚或分散，区域经济联系不断增强，全国基本形成了以北京、上海、广州和重庆为顶点的"菱形"联系格局（劳昕等，2015），推动城市发展逐渐由单中心向多中心演变。以中心城市展开的"小时圈"得到不同程度的扩张，广东的经济腹地也因此拓展至全国。总体上，依托快速交通网络引导和布局经济要素区际流动与转移，我国基本形成了由七大国家增长极和八大国家发展轴组成的多极网络空间发展格局（覃成林等，2016）。

快速交通网络以其在时间成本节约等方面的优势成为新一轮区域产业布局的关键因素，正在促使我国的产业空间布局发生深刻的调整。一方面，快速交通网络弱化了产业布局的区域束缚，引发产业、就业、要素流动等在空间上的结构性调整。一部分劳动密集型、资本密集型产业逐渐从东部沿海地区向中西部地区和国外转移；中高端制造业也开始逐渐从中心城市向周边地区转移；先进制造业和现代服务业成为产业转型升级的主要方向。另一方面，依托快速交通网络带来的产业布局自由度的提升，区际产业专业化分工程度加深，总部经济成为打造产业链、提升价值链的重要方式。依托快速交通网络带来的要素流动速度提升和空间范围扩大，企业能够在更广阔的空间范围内进行产业布局。由此，一部分跨国、跨区域企业开始在全国布点，形成了总部—区域—生产基地的分工模式，提升企业和区域参与全球价值链分工的水平。

快速交通网络具有很强的跨区域网络特征——规模经济效应。在开放经济环境中，任何一个区域加入快速交通网络不仅影响本地的经济活动，还将通过改变各种要素的流动方向和速度，调整产业空间布局等对其他区域产生显著影响。根据梅特卡夫法则（Metcalfe's Law），随着快速交通网络中区域节点数量的增加，依托快速交通网络进行的信息传播和要素流动的速度更快，途径更加多元化，这必然带来资源空间再配置效率的成倍提升。广东是中国较早加入快速交通网络的区域之一。截至 2014 年，广东已经与全国多数大中城市依托快速交通建立了联系，在快速交通网络中占据了优势地位。随着其他区域加入到快速交通网络中，参与要素的空间再配置都将为广东经济发展带来新的发展机遇。

2. 高铁经济带建设

高速铁路不仅直接改变了区域之间的时间成本，还通过改善沿线生产要素的流动性而深刻地改变着我国的经济地理。伴随高铁网络的形成，一种以高铁为引领，整合与优化沿线生产要素配置，带动沿线区域经济发展的新型经济带——高铁经济带应运而生。2014 年 12 月，广东、广西和贵州三个省（区）的主要领导人在贵阳签署了粤桂黔高铁经济带建设合作框架协议，这标志着我国正式进入了高铁经济带建设的时代。

目前，我国基本形成了由京广、京沪、杭福深高铁、沪昆、徐兰、沪汉蓉等高铁线路组成的横贯东西、联通南北的高铁网络格局。在广袤的国土空间上，依托高速铁路构建高铁经济带成为我国经济发展的必然趋势。这是由于：其一，高铁大大改善了区域可达性与要素的区际流动性，人才、知识与技术等高质量资源在沿线区域实现共享，沿线区域的区位优势更加突出。这将促使原本同质化的产业逐渐向差异化、专业化方向转变，并依托产业梯度转移以及深化区域分工与合作等形成合理的产业区际分工，增强跨区域协同创新能力，推动建立现代产业体系。其二，建立高铁经济带能够有效实现市场区域的整合，推进区域经济一体化，构建联动发展的空间格局，形成支撑全国经济发展的主要轴线，拓宽沿线区域的发展空间，增强发展后劲。

高铁经济带建设将大大释放广东在高铁网络中的发展潜能，打造支撑高铁经济带建设的南端重要增长极。截至 2014 年底,广东已正式接入京广高铁、杭福深高铁、南广高铁、贵广高铁等多条高铁线路,建立了与长三角、京津冀等发达地区以及内陆地区之间的联系通道,大大拓展了广东经济发展的腹地。2014 年,依托良好的区位优势和经济实力,广东与广西、贵州率先签署了粤桂黔高铁经济带合作协议,抢占了高铁经济带建设的先机。在高铁网络不断完善以及我国构建全面对外开放格局的背景下,广东应当抓住高铁经济带建设的良好机遇,继续推进贵广高铁、南广高铁经济带建设,加强和深化泛珠三角区域合作,以充分发挥粤港澳大湾区对内陆地区的辐射带动作用。此外,还要加强与京广、杭福深高铁等沿线区域的合作,发挥在高铁经济带建设中的主动性,打造衔接"一带一路"倡议、长江经济带战略、京津冀协同发展战略的枢纽,全面提升广东的全球竞争力。

三、互联网经济

在第三次工业革命来临之际,以大数据、云计算、移动互联网、物联网等为标志的互联网通信技术与经济社会各个领域相融合,形成了一种新的经济形态——互联网经济,成为世界各国参与新一轮全球产业竞争的角力场(李晓华,2016)。随着互联网与传统产业的深度融合,互联网经济带来的增长方式转换正在加速重构我国的经济增长动力。对广东而言,互联网经济不仅带来经济形态的革命性变化,还能有效地克服地理障碍对广东经济发展的束缚,增强广东与其他地区之间的经济联系,促使广东在对接"一带一路"倡议、中国—东盟自贸区建设中的优势更加突出。

1. "互联网+"对经济形态的革命性影响

在 2015 年全国"两会"上,马化腾在人大提案中提出,"'互联网+'是以互联网平台为基础,利用信息通信技术与各行业的跨界融合,推动产业转型升级,并不断创造出新产品、新业务与新模式,构建连接一切的新生态"。[①] 2015 年 3 月,"互联网+"首次出现在政府工作报告之中。2015 年 7 月,国务院发布了《国务院关于积极推进"互联网+"行动的指导意见》。至此,"互联网+"成为我国构建经济发展新优势与新动能的重要举措。随着互联网通信技术与实体经济的广泛与深度融合,"互联网+"将对我国经济形态产生革命性的影响。

其一,"互联网+"与传统产业广泛和深度融合将重塑产业竞争优势,推动产业转型升级与融合,形成"互联网+"新生态。"互联网+"率先在第三产业得到广泛应用,形成了诸如互联网金融、互联网交通等新业态,并加速向第一、

---

① 马化腾. 关于以"互联网+"为驱动,推进我国经济社会创新发展的建议[EB/OL]. [2015-03-16]. http://finance.china.com.cn/roll/20150306/2988785.shtml.

第二产业渗透，促使传统产业借助互联网平台进行自我变革，推动第一、第二、第三产业共同升级与跨界融合。例如，"互联网+"向制造业渗透推动制造业向装备制造、智能制造等领域转型，加速信息化与工业化融合；"互联网+"向农业渗透促使农业从电子商务等网络销售环节向生产领域渗透，加速农业的现代化进程；"互联网+"向产品设计、运营与制造、销售等多个产业链环节渗透，通过发挥互联网在资源配置中的主导作用，实现产业链关联与价值链重构，形成产业化与服务化彼此融合的趋势，打造具有国际竞争力的现代产业体系。

其二，以"互联网+"为驱动推进大众创业、万众创新，形成经济发展新引擎。新一代信息技术革命正在加速互联网从信息传递向价值传递、价值创造演进，从线上向线下、从虚拟经济向实体经济延伸。这有效地整合了资源、要素与市场，推动形成一个跨区域、多领域、网络化的协同创新平台，引导和推动全社会进入大众创业、万众创新阶段，加速经济增长的动力由要素驱动向创新驱动转型。同时，在"互联网+"背景下，互联网与产业链各个环节的深度融合突破了地理空间对产业布局的限制，加快重塑生产者与消费者的供求关系——价值链中以供给为主导的商业模式逐步让位于以需求为导向的商业模式，企业的生产方式由规模化生产向定制化、专业化生产转型，以满足消费者个性化、多样化需求。

2. 克服地理障碍与增强经济网络联系

新一代互联网技术在经济活动中的广泛应用有效地克服了地理障碍对经济活动的束缚，扩大了广东与其他地区的经济网络联系，塑造新的发展动力，拓宽经济发展新空间。

依托移动智能、大数据、物联网等信息技术形成的网络服务平台，"互联网+"打破了区域之间信息不对称的制度藩篱，以及地理空间因素对经济活动空间布局的束缚，充分发挥了网络在资源配置方面的独特优势。一方面，"互联网+"大大增强了各种要素的区际流动性，经济主体得以在全球范围内进行资源要素配置，并逐渐将产品设计、生产与销售布局在不同的区域，实现产品生产与销售的空间分离，在形成全球生产网络、区际生产网络的同时推动区域专业化分工不断深化和产业转型升级。另一方面，"互联网+"降低了区域之间、消费者与生产者之间的信息不对称程度，消费者对差异化产品的需求和生产者对产品的供给能够通过"互联网+"实现精准匹配，推动市场向精准化转变。

广东是一个开放型经济体，拥有较强的互联网基础，具备抢占"互联网+"推动经济发展的先机。利用既有的互联网基础，加速"互联网+"与经济活动的深度融合，更广泛和更深入地接入全球生产网络，推动广东省内专业化分工与产品内分工不断深化，加快产业转型升级的步伐和实现经济增长动力的转换。

充分利用"互联网+"与经济社会各个领域的融合来盘活现有经济资源，通过企业之间的交易互动、信息互动和关系互动等，消除与"一带一路"沿线国家、东盟各国以及发达国家的地理障碍、制度障碍等，建立和强化与这些国家和地区的经济网络联系，重构区域供应链、价值链和产业链，从而建立自身在对接"一带一路"建设、中国—东盟自贸区建设，以及粤港澳大湾区向世界级湾区靠拢的价值网络，提升广东在全球生产网络中的地位与作用。

四、创新驱动战略

党的十八大从建设创新型国家的战略高度提出了实施"创新驱动发展战略"的重大决策和"创新、协调、绿色、开放、共享"五大发展理念，着力解决经济增长由要素和投资驱动向创新驱动转变的问题。2015 年 3 月，国务院发布了《中共中央国务院关于深化体制机制改革加快实施创新驱动发展战略的若干意见》。这些政策措施为加快实施创新驱动发展战略吹响了总号角，为广东经济发展带来了新的机遇。

第一，破解广东经济发展瓶颈，推动经济增长动力由要素驱动转向创新驱动。随着经济进入新常态，广东面临的劳动力、土地、资源等要素驱动经济增长动力不足的问题日益突出。实施"创新驱动战略"有利于广东抓住新一轮科技革命和产业变革的重大机遇，破除制约创新的思想障碍和制度藩篱，实现以创新改善物质资源的约束瓶颈和增强经济发展内生动力与活力，加快转变经济增长方式，破解经济发展深层次矛盾，从而拓宽广东经济可持续发展的新空间，推动广东经济向高质量发展"换挡"。

第二，加速广东的产业增长动力转换，实现产业转型升级。产业转型升级本质上是一场抢占新科技制高点与全球价值链高端的竞赛。以"互联网+"为依托，深入实施"创新驱动发展战略"，有利于广东推进创新链与传统产业链的有效融合，培育新兴产业和发展现代服务业。同时，加速形成现代服务业与制造业互动发展机制，推动传统产业向战略性新兴产业转型升级，加快构建现代产业体系。此外，实施创新驱动战略终将促使产业增长动力由工业占主导向智能制造和现代服务业共同推动转变，推动广东产业结构不断向高级化迈进，实现自主创新能力和产业竞争力"双提升"。

第三，加速以创新为依托深入参与国际分工，实现全球价值链攀升。广东是一个典型的外向型经济，既拥有高度参与全球产业分工的优势，也面临着内外部需求不足和处于全球价值链低端的劣势。实施"创新驱动战略"，一方面，以创新实现比较优势动态转换，形成内生增长和集约化发展的动态适应机制（王涛和邱国栋，2014），提升广东参与国际分工的深度与广度，推动全球价值链向广东进一步延伸和实现向价值链高端攀升。另一方面,有利于广东充分发挥毗邻港澳的区位优势,并依托"一带一路"建设、中国—东盟自贸区建设、中国(广东)自贸区建设、粤港澳大湾区建设等重大平台,构建以广东高端制造业和现代服务业为引领的区域价值链,打造金融、产业与科技融合的"创新生态链",形成"引进来"和"走出去"并举的高水平对外开放新格局,增强广东经济的国际竞争力。

第四,形成"大众创业、万众创新"新格局,构建高效、开放的区域创新体系。实施"互联网+"行动计划,本质上是深入推进互联网与经济活动全面融合,贯彻落实创新驱动战略,激发"大众创业、万众创新"的活力。企业是创新的主体,创新驱动不是技术水平的单兵突进,而是上下游企业之间分工水平的不断深化、企业之间竞争与合作的水平不断增强以及相关企业之间协作网络的不断延展,推动整个产业链进化。依托"互联网+"与创新活动和创新成果转化相结合实施创新驱动战略有利于广东明确企业在新一代技术革命中所拥有的主体地位,攻克一批关键核心技术,营造创新生态环境,培育"大众创业、万众创新"新趋势,形成开放合作创新新格局。

第五,推动创新成果在区际之间的广泛应用,实现区域协调均衡发展。创新是引领经济发展的第一动力。创新驱动不仅是创新在某个企业或某个区域转化为新技术应用,更重要的是自主创新成果能及时地在全社会推广和扩散,形成"创新—转化—应用—再创新"的良性循环。长期以来,广东经济总量虽位居我国前列,但也面临着发展不平衡、不协调和不可持续等问题。创新成果空间分布不均产生的创新驱动力不足是形成这些问题的重要原因。实施"创新驱动战略",利用"互联网+"平台有效降低地理因素的约束,有利于实现创新资源在广东各个区域的扩散与传递以及创新成果的转化,形成珠三角创新"雁阵"带动粤东、粤西和粤北地区的发展,推动各个区域实现协调发展。

五、区域竞争与合作

合理的区域竞争与合作是保持经济活力,促进区域协调发展的重要途径。当前,"一带一路"倡议、长江经济带、京津冀协同发展等的实施,正在加速推进新一轮区域经济整合。这将打开区域竞争与合作的新篇章,为广东的经济发展及参与区域竞争与合作带来新的发展机遇。第一,泛珠三角区域合作与"一带一路"、长江经济带存在重叠区域,这些重叠区域构成了连接广东与两大国家级战略合作区的桥梁。因此,以泛珠三角区域合作为基础,加强广东与"一带一路"、长江经济带两大经济区沿线区域的联系,有利于实现广东与"一带一路"和长江经济带沿线区域的互联互通与互动发展,扩大广东的经济发展腹地和发展空间。第二，泛珠三角区域合作与"一带一路"、长江经济带沿线区域在经济发展水平、产业结构、要素禀赋等方面存在明显的梯度差异，有利于广东与这些区域进行分工与合作，扩大区域经济合作空间与合作深度，重塑三大经济区互联互通的纽带，强化广东与"一带一路"、长江经济带沿线区域的渗透与融合，分享来自两大国家战略的政策红利（郝寿义等，2015）。第三，泛珠三角区域合作与"一带一路"、长江经济带沿线区域的经济势能差为广东进行产业转型升级提供了广阔的空间，有利于广东以产业合作和产业转移为契机加强与这些区域的经济联系，整合和延伸产业链，推进产业链上下游深度合作，构建以广东为引领、产业合理分工和有序转移的跨经济区产业链（高新才，2015），提升广东"腾笼换鸟"的经济效率，加速产业结构调整与升级。

当然，新一轮的区域经济整合也为广东开展区域合作带来了一定的挑战。其一，不同方式的区域合作在合作动力机制、利益分配和补偿机制、政策红利等方面的差异将制约泛珠三角区域合作的内部协调，对广东切实融入"一带一路"、长江经济带形成不利影响。例如，泛珠三角区域合作属于自下而上的合作模式，"一带一路"与长江经济带属于自上而下的合作模式。尽管两者的空间范围存在重合，但是，国家战略具备的强执行力和巨大的政策红利吸引力很可能改变重合区域参与泛珠三角区域合作的利益协调与合作动力，不利于广东建立与"一带一路"、长江经济带的经济网络联系和形成互促互进的良性循环。其二，产业结构趋同和缺乏区域产业链层面的分工与合作将导致区域经济合作路径不畅以及合作机制"失灵"。在泛珠三角区域合作中，除了广东省之外，其他多数区域都面临着产业结构相似的问题，广东省与其他省份的合作领域层次较低，而且没有从整体上构建或形成产业链层面上的泛珠三角区域分工与合作体系，市场分割现象比较突出，这将在一定程度上影响广东进行产业梯度转移和实施"腾笼换鸟"的经济效率。

六、区域发展不平衡与协调发展

区域发展不平衡是一个长期积累的问题，也是制约经济可持续发展的重要问题。1978年以来，在国家改革开放政策的支持下，广东跃升为支撑我国经济增长的引擎。但同时，广东省经济发展的不平衡问题也变得十分突出，成为广东经济发展面临的重要挑战。

1. 核心—边缘结构

改革开放以来，在梯次对外开放政策影响下，广东省内形成了以珠三角地区为核心、其他地区为边缘的核心—边缘空间结构。具体地，珠三角地区依托良好的区位优势和政策帮扶以全省23%的土地面积贡献了全省78%以上的GDP

总量，成为支撑广东经济增长的引擎；粤东、粤西和粤北地区则由于地理、人文等因素的制约发展相对滞后，与珠三角地区存在明显的脱节与断层。这三大板块的 GDP 总量占广东省 GDP 总量的比重都在 6%~8%。其中，粤北地区的占比最低，在 2014 年仅为 6.30%（见表 11-12）。

表 11-12　2006~2014 年广东省各区域占全省 GDP 的比重　　单位:%

年份 地区	2006	2007	2008	2009	2010	2011	2012	2013	2014
珠三角	79.80	79.74	79.46	79.39	79.30	79.20	79.10	79.00	78.90
粤东	6.60	6.56	6.53	6.72	6.80	6.70	6.80	6.90	6.90
粤西	7.50	7.24	7.32	7.20	7.50	7.60	7.80	7.80	7.90
粤北地区	6.10	6.46	6.69	6.69	6.40	6.50	6.30	6.30	6.30

资料来源：根据历年《广东统计年鉴》整理得到。

总体来看，改革开放至 2014 年，广东的区域发展不平衡经历了快速扩张—波动扩张—收缩调整—相对稳定四个阶段，形成了具有较高时空稳定性的核心—边缘空间结构。珠三角、粤东、粤西和粤北四大区域之间的发展不平衡是影响广东经济发展不平衡的主要原因（程玉鸿和黄顺魁，2011）。为破解核心—边缘结构，缓解区域发展不平衡问题，广东省实施了"双转移"①等措施，加大对粤东、粤西、粤北地区的扶持力度，取得了一定成效。粤东、粤西和粤北地区经济增长明显高于珠三角地区；四大区域的产业结构正在不断优化。图 11-8 显示，珠三角地区第二产业占 GDP 的比重虽有所下降，但基本稳定在 40% 左右，第三产业的比重则稳步上升，产业结构更趋优化；粤东、粤西和粤北地区正处于由第一产业向第二、第三产业转型升级的过程中，经济增长的动力正随着产业结构的转型升级而发生相应的调整。

四大区域之间的产业发展差异是造成广东省内经济发展不平衡的根本原因。具体是，其一，四大区域之间的产业增长动力存在较大的差异，其中，珠三角地区产业集聚和产业结构更为优化，粤东、粤西和粤北地区的产业发展相对落后，产业关联不足，这导致四大区域经济增长的动力有所不同，进而产生经济发展不平衡。其二，长期以来，四大区域之间缺乏完善的产业合作与产业链，也并没有因后期的产业转移和产业合作而构建完善的跨区域产业链，因此没有形成分工合理的现代区域产业体系，这使得珠三角地区强劲的经济发展并没有与

①　2008 年，广东省出台了《关于推进产业转移和劳动力转移的决定》，把推进产业和劳动力的区际转移作为缩小地区差距、促进区域协调发展的重要战略。

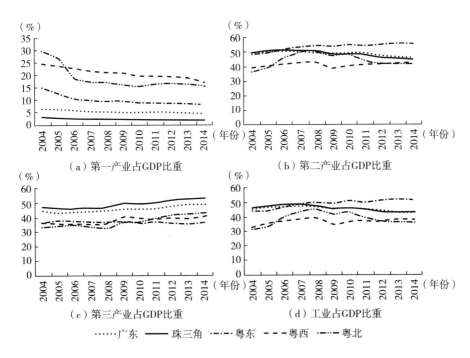

（a）第一产业占GDP比重　　　　（b）第二产业占GDP比重

（c）第三产业占GDP比重　　　　（d）工业占GDP比重

·······广东　——珠三角　·—·—·粤东　— — —粤西　—··—··粤北

图 11-8　2004~2014 年广东省及四大区域的产业结构

资料来源：根据历年《广东统计年鉴》计算而来。

粤东、粤西和粤北地区形成良性的互动，因而难以对粤东、粤西和粤北地区产生辐射带动作用以缩小区域发展不平衡。尽管"双转移"等政策取得了一定的效果，但受到实际操作困难、产业链条不完整等因素的制约，该政策的实施，并未释放出珠三角地区"推动效应"和产业间的"连锁效应"来带动全局发展。

2. 消除贫困

城乡收入差距拉大，局部地区陷入贫困是制约经济可持续发展的重要因素。消除贫困，加快贫困地区的经济发展是广东经济健康发展和率先全面建成小康社会面临的又一挑战。2008 年来，广东采取了推进产业和劳动力"双转移""规划到户、责任到人"等措施，以期消除贫困和解决省内的区域发展不平衡问题。截至目前，在产业发展扶贫、劳动力就业扶贫、治理扶贫等方式的共同作用下，广东的脱贫攻坚取得了显著成效。农村贫困人口从 2010 年的 314 万人减少到 2014 年的 82 万人，贫困发生率由 2010 年的 4.6% 下降至 2014 年的 1.2%（见表 11-13）。城乡基本公共服务均等化问题得到适度解决。广东在脱贫之路上走在了全国前列。

表 11-13　2010~2014 年全国与广东农村贫困人口规模与贫困发生率

项目	地区	2010 年	2011 年	2012 年	2013 年	2014 年
贫困人口规模（万人）	全国	16567	12238	9899	8249	7017
	广东	314	166	128	115	82
贫困发生率（%）	全国	17.2	12.7	10.2	8.5	7.2
	广东	4.6	2.4	1.9	1.7	1.2

资料来源：《2015 中国农村贫困监测报告》。

尽管如此，广东目前除了珠三角地区之外，粤东、粤西和粤北地区的人均GDP 尚不足全国和全省的平均水平，消除贫困仍是制约广东经济发展的一大挑战。在广东四大区域与全国平均水平的对比方面，表 11-14 显示，珠三角地区与全国人均 GDP 之比均在 200% 以上，其中，广州的占比高达 260%，深圳的占比则高达 300%。相对来说，粤东、粤西和粤北地区的人均 GDP 均低于全国人均 GDP。2014 年，粤东人均 GDP 仅为全国人均 GDP 的 63.04%，粤西的人均GDP 仅为全国人均 GDP 的 78.86%，粤北地区的人均 GDP 仅为全国人均 GDP 的60.15%。

表 11-14　2004~2014 年广东省四大区域名义人均 GDP 与全国人均 GDP 之比

单位:%

年份	2004	2005	2006	2007	2008	2009	2010	2011	2012	2013	2014
珠三角	278.13	282.88	281.44	262.08	248.75	235.84	225.74	215.69	213.52	215.95	215.42
粤东	72.20	68.23	66.34	63.08	62.86	63.47	61.60	60.50	61.52	62.49	63.04
粤西	82.69	81.41	81.29	75.34	75.79	73.88	75.44	76.20	76.45	78.27	78.86
粤北	62.73	61.98	63.84	65.35	66.64	65.64	61.74	60.75	59.50	59.43	60.15

资料来源：根据历年《广东统计年鉴》和《中国统计年鉴》（2015）整理得到。

在广东省的四大区域与全省平均水平的对比方面，表 11-15 显示，珠三角地区的人均 GDP 与全省人均 GDP 的比值均在 150% 以上。相对地，粤东、粤西和粤北地区的人均 GDP 则远低于全省的均值水平，位于 60% 以下。2014 年，粤东、粤西和粤北地区的人均 GDP 与全省均值之比分别仅为 46.31%、57.93% 和44.19%，这仅相当于珠三角地区人均 GDP 的 29.2%、36.6% 和 28%。

表 11-15　2004~2014 年广东省四大区域名义人均 GDP 与全省人均 GDP 之比

单位:%

年份	2004	2005	2006	2007	2008	2009	2010	2011	2012	2013	2014
珠三角	165.20	163.65	163.75	160.19	158.03	155.23	154.17	152.80	155.87	159.01	158.26
粤东	42.89	39.47	38.60	38.56	39.94	41.78	42.07	42.86	44.91	46.01	46.31
粤西	49.11	47.10	47.30	46.05	48.15	48.63	51.52	53.98	55.81	57.63	57.93
粤北	37.26	35.86	37.15	39.94	42.33	43.20	42.16	43.04	43.44	43.76	44.19

资料来源：根据历年《广东统计年鉴》整理得到。

上述数据表明，广东省内区域差异十分明显。粤东、粤西与粤北地区的经济发展水平基本相当于 20 世纪 80 年代中后期的珠三角水平，成为制约广东经济平衡与协调发展，率先全面建成小康社会的严重短板。那么，如何缩小粤东、粤西、粤北地区与珠三角地区之间较大的经济发展差异，消除贫困是制约广东完成"三个定位、两个率先"[①] 基本任务，实现经济协调发展亟须解决的问题。

七、资源环境约束与可持续发展

长期以来，广东形成了高投入、高消耗、高排放、低效率的粗放型经济发展方式。这种发展方式产生的资源浪费、利用效率低、环境问题等使得广东的能源、资源、生态环境难以为继，资源与环境约束已经成为制约广东经济可持续发展的重要瓶颈。

第一，资源供需矛盾激化、资源消费结构不合理导致广东经济发展的资源约束日益强化。广东是典型的资源消耗大省。长期以来，受到自身资源相对不足的制约，广东经济发展所需要的资源很大一部分依赖于外省运入或者进口。伴随经济总量的不断攀升，资源消耗刚性增长与资源供给缓慢增长引致的资源需求与供给矛盾更加突出。以能源为例，表 11-16 显示，在能源生产方面，能源生产总量整体呈增加趋势，其中，电力和天然气的供应量上升速度较快，原煤和原油的供应量有所下降。在能源消费方面，一次能源消费总量和终端能源消费总量都呈快速增加的趋势。在一次能源消费总量中，原煤消费所占份额最大，原油消费增长速度较快，天然气消费所占的比重相对较低；在终端能源消费总量中，电力和油品的消费总量所占比重最大。

---

①　即广东发展成为中国特色社会主义的排头兵、深化改革开放的先行地、探索科学发展的试验区，率先全面建成小康社会、率先基本实现社会主义现代化。

表 11-16　2005~2014 年广东省能源生产总量与消费总量及构成

年份		2005	2006	2007	2008	2009	2010	2011	2012	2013	2014
能源生产总量 (万吨标准煤)		4759	4160	3924	4415	4392	5269	4847	5089	5365	5595
构成 (%)	原煤	7.2	0	0	0	0	0	0	0	0	0
	原油	44.1	45.9	45.9	44.5	43.8	37.85	33.98	34	34.4	31.8
	电力	36.2	38.4	36.3	37.4	38.5	40.7	43.17	44.2	47	48.3
	天然气	12.5	15.7	17.8	18.1	17.7	21.45	22.85	21.8	18.6	19.9
一次能源消费总量 (万吨标准煤)		13087	15281	17344	17679	19236	22317	24131	24081	24931	25636
构成 (%)	原煤	52.8	50.4	52	50.8	46.5	47.1	51.5	48.7	46.4	43.7
	原油	26.1	26.2	24.2	24.6	27.5	28.5	26.1	26.8	27.1	26.6
	电力	20.8	22.1	20.3	20.5	20.6	18.8	16.2	18.2	20	22.9
	天然气	0.3	1.3	3.5	4.1	5.4	5.6	6.2	6.3	6.5	6.8
终端能源消费量总量 (万吨标准煤)		17256	19254	21427	22672	23943	26345	27780	28377	27666	28670
构成 (%)	原煤	10.9	12.5	12	13.8	12.2	11.4	12.3	11.6	10.4	10.2
	油品	23.6	23.7	22.2	21.2	20.9	18.9	17.3	17.2	16.8	16.6
	电力	50.7	48.7	49.3	48.5	46.3	47	48.6	49.2	51	53.5
	其他	14.8	15.1	16.5	16.5	20.6	22.7	21.8	22	21.8	19.7

资料来源：根据历年《广东统计年鉴》整理得到。

　　产业结构不合理引致的资源消费结构不合理也加速了广东省资源约束的形成和能源供需矛盾的激化。以能源消费为例，表 11-17 的分行业数据显示，工业能源消费在能源总消费中占主要地位，并以制造业的能源消费量为最大。对于原煤消费而言，工业中电力、燃气及水的生产和供应业的原煤消费最大，其次是制造业；对于电力消费而言，制造业的电力消费最大。由此可见，工业是广东能源消费最大的行业。除了能源之外，伴随经济结构转型和升级，农民工返乡创业、高素质劳动需求与供给缺口扩大加速形成了劳动力"用工荒"等现象，增强了对广东经济发展的资源约束。

　　第二，资源利用效率低、经济结构不合理产生的环境问题使广东经济发展面临严峻的生态环境挑战。自 1978 年以来，广东经济迅速发展跃升全国前列，但由于在许多地方和领域没有处理好经济发展与生态环境之间的关系，以无节制消耗资源、环境为代价换取经济发展，导致环境问题日益突出，部分地区的环境承载能力甚至达到或者接近上限。尽管广东环保力度不断加大，环境质量有

表 11-17 2005~2014 年广东省分行业能源消费及构成

年份	2005	2006	2007	2008	2009	2010	2011	2012	2013	2014
能源消费总量（万吨标准煤）	17769	19765	21912	23072	24654	27195	28480	29144	30180	29593
#农林牧渔业	461	436	424	431	409	818	446	464	476	491
#工业合计	11533	13196	14677	15376	16259	17662	18190	18409	18682	18253
##采矿业	111	106	127	148	182	211	182	259	502	201
##制造业	9612	11192	12682	13197	14123	15285	15874	15635	15721	15617
##电力、燃气及水的生产和供应业	1810	1897	1868	2031	1954	2166	2134	2515	2460	2435
##建筑业	187	198	222	227	235	645	695	715	713	738
#交通运输、仓储及邮政业	1923	1987	2191	2372	2546	2797	2916	2951	3386	3034
#批发和零售贸易餐饮业	758	849	926	919	1075	1223	1206	1304	1380	1415
#其他行业	807	874	972	1033	1175	1217	1342	1467	1520	1581
#生活消费	2100	2227	2501	2714	2955	3046	3685	3835	4023	4080
原煤消费总量（万吨）	9683	10776	12065	12578	12509	14488	17100	16304	16967	15924
#农、林、牧、渔业	68	60	55	58	58	60	62	61	60	59
#工业合计	9524	10637	11930	12438	12369	14340	16950	16154	16813	15766
##采矿业	10	8	12	12	30	42	8	6	7	5
##制造业	3148	3790	4136	4512	4266	4597	5207	5083	5441	5094
##电力、燃气及水的生产和供应业	6367	6840	7782	7915	8073	9702	11735	11065	11365	10667
##建筑业	2	2	2	2	3	3	3	3	4	4
#交通运输、仓储及邮政业	1	2	2	2	2	2	2	2	3	4
#批发和零售贸易餐饮业	23	26	28	28	31	35	37	40	42	43
#其他行业			0	0	0				2	2
#生活消费	65	50	47	49	46	49	46	43	44	44
电力消费总量（亿千瓦小时）	2674	3004	3394	3507	3610	4060	4399	4619	4830	5235
#农、林、牧、渔业	65	69	74	74	67	65	75	79	82	87

年份	2005	2006	2007	2008	2009	2010	2011	2012	2013	2014
#工业合计	1848	2083	2365	2399	2392	2775	2960	3048	3207	3455
##采矿业	18	10	12	14	16	20	20	20	19	22
##制造业	1455	1605	1848	1869	1871	2192	2355	2323	2471	2694
##电力、燃气及水的生产和供应业	375	468	504	516	506	563	586	705	717	739
##建筑业	35	37	43	47	46	50	51	53	51	60
#交通运输、仓储及邮政业	30	32	37	40	45	54	65	68	72	76
#批发和零售贸易餐饮业	150	173	188	191	204	214	236	251	261	273
#其他行业	216	243	274	296	338	351	389	430	446	475
#生活消费	329	366	413	460	517	552	623	690	711	811

注：表中带#项为前一项的构成部分。例如，表中第三行#农林牧渔业表示该行业产生的能源消费是能源消费总量的构成部分；第五行##采矿业则表示采矿业产生的能源消费是工业能源消费的构成部分。其他选项以此类推。

资料来源：根据历年《广东统计年鉴》整理得到。

了明显好转，但由于经济发展方式并没有完全实现由粗放型向集约型转变，环境污染存量和增量都将持续增加，环境继续恶化的趋势没有得到根本性的扭转。而且，随着广东工业化与城市化进程的加快，工业结构中以煤炭、石油为主的能源结构难以在短期内发生根本性的改变，促使生活能源消耗和生活废弃物的排放将进一步加剧。例如，表 11-18 显示，2011~2014 年，废水的排放量稳步上升，这主要源于城镇生活污水排放的增加；烟（粉）尘排放量稳步上升。由此可见，环保工作仍将面临巨大的压力和挑战，这将严重制约广东的经济发展。

表 11-18　2011~2014 年广东环境污染排放量及构成

年份	2011	2012	2013	2014
废水排放总量（万吨）	785587	838551	862471	905082
#工业废水	178626	186126	170463	177554
#城镇生活污水	606589	651883	691295	726799
二氧化硫排放总量（吨）	847728	799223	761896	730147
#工业	825952	771467	731995	699102

续表

年份	2011	2012	2013	2014
#生活	21326	27205	29517	30840
烟（粉）尘排放量（吨）	324203	328252	353968	449549
#工业	263918	267498	296664	395328
#生活	12459	12670	12077	12412
工业废气排放量（亿立方米）	31464.9	27078.2	28433.7	29793.8
一般工业固体废物产生量（万吨）	5849	5965	5912	5665
氮氧化物排放总量（吨）	1388135	1303429	1204239	1122112
#工业	895892	809107	722639	682729

注：表中带#项为前一项的构成部分。例如，表中第三行#工业废水属于废水排放总量的构成部分。其他选项，以此类推。

资料来源：根据历年《中国环境统计年鉴》整理得到。

八、港澳台增长乏力

广东具有毗邻港澳台的地缘优势，是港澳台地区产业转移的前沿阵地。中华人民共和国之后，广东抓住港澳台地区产业转移的机遇，顺利实现了产业扩张与经济增长动力的转换。当前，港澳台地区因产业发展进入瓶颈期而表现出增长乏力的趋势。例如，图11-9显示，2001年以来，香港和台湾的经济增长率均在10%以下，并且，受金融危机的影响，其经济增长率一度为负；澳门虽然经济增长速度相对较高，但波动也较大，2014年其经济增长率仅为-0.4%。港澳台地区经济增长乏力对广东产业转型升级、区域价值链构建、经济结构调整以及经济增长动力的转换等都产生了一定的制约作用。

港澳台地区经济增长乏力使得广东利用承接先进产业转移实现产业转型与升级的空间大幅压缩，增加产业转型与升级的时间成本和风险。广东的产业扩张与产业形成与港澳台地区的产业转型与升级密不可分。一直以来，港澳台地区与广东在产业结构方面的层次差异为港澳台地区产业向广东转移提供了空间与动能，并且形成一种港澳台地区产业升级所导致的产业转移必将拉动广东产业转移与升级的联动状态。得益于港澳台地区产业转型升级和产业向内陆地区转移，广东经济迅速增长，其中资本的流入成为广东技术进步的主要动力，加速了广东本土产业链的形成。随着港澳台地区因产业结构不合理、产业空心化等问题引致产业发展动力不足，广东通过港澳台地区产业转移实现产业转型升级的空间变窄和动力不足的问题日益突出。

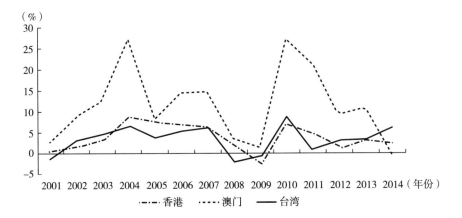

图 11-9   2001~2014 年港澳台地区实际经济增长率

资料来源：笔者绘制。

港澳台地区经济增长乏力不利于广东企业"走出去"和区域价值链向纵深演化。一直以来，通过承接来自港澳台地区的产业转移，广东与港澳台地区形成相互依存、分工合作、优势互补的产业关系，港澳台地区成为广东企业"走出去"的重要平台。伴随着港澳台地区产业增长动力不足，广东企业通过产业合作"走出去"的难度增加。而且，随着新一轮国际产业转移与国际分工深化，广东与港澳台地区也进入了新一轮更高层次的产业整合过程，带动整个产业不断向信息化、服务化、高技术化方向发展。至此，简单的垂直分工合作模式已不能满足港澳台地区与广东经济发展的需要，深化区域分工与合作，构建区域价值链和推动区域价值链向纵深演化成为必然选择。港澳台地区经济增长乏力使得广东产业发展面临技术合作的门槛，对广东产业升级和工业化进程产生十分不利的影响。

港澳台地区经济增长乏力提升了广东经济增长动力转换的难度。迄今为止，广东利用港澳台地区的产业转移实现了经济增长动力由传统农业向以工业为主导的演变。目前，广东经济与港澳台地区经济同时面临转型与升级。其中，受产业结构单一、产业空心化等问题制约，港澳台地区原有的经济发展模式的问题已经充分暴露，经济发展的深层次矛盾、产业发展的结构性矛盾没有得到彻底解决，经济增长的动力机制和经济发展后劲还需要进一步巩固和强化，经济增长动力进一步削弱，广东依托港澳台地区产业转移实现产业转型升级进而实现经济增长动力转换的难度大大增加。

九、增长与转型

经济增长与转型是一种动态平衡关系，经济转型是经济增长发展到一定阶段必然出现的现象，以不断适应供求关系变化，实现长期持续的高速增长。国际金融危机之后，外部需求锐减、投资增速放缓、劳动力供求矛盾突出、资源与环境约束、发展失衡等一系列突出问题和矛盾使高速增长难以为继，广东步入新旧动能转换的经济结构调整期。在面临内需不断扩大和内需结构优化调整、新兴市场形成、产业结构优化与消费结构升级等良好机遇的同时，也面临着如下挑战：

第一，广东经济发展的驱动力尚未发生根本性转变，对原有经济发展方式的路径依赖性明显。在经历30多年的快速发展之后，当前支撑广东经济增长的原始动力正在减弱，而新的经济增动力尚未完全形成，经济增长快速下滑，经济结构进入调整期。图11-10显示，自2000年以来，内外部需求、投资对广东经济增长的贡献与拉动作用发生了明显的变化。其中，最终消费支出对广东经济增长的贡献率整体呈增加趋势，资本形成总额对经济增长的贡献率呈波动递增趋势，货物和服务净流出对经济增长的贡献率呈波动下降的趋势，在2008年以后，其贡献率一度为负。

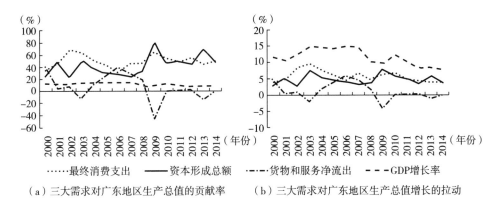

（a）三大需求对广东地区生产总值的贡献率　　（b）三大需求对广东地区生产总值增长的拉动

图11-10　2000~2014年三大需求对广东地区生产总值增长的贡献率和拉动

资料来源：根据《广东统计年鉴》（2015）整理得到。

第二，产业增长新旧动能转换与现代产业体系建设尚未完成是制约广东产业发展与结构调整的突出短板。经济增长动力的转换主要来自产业增长动力的转换。迄今为止，依据供求结构变动进行的比较优势动态调整，广东产业增长动力正在经历由低要素成本驱动向"投资+创新"驱动转变，资源要素从低附加值领域向资本、技术密集型等高附加值领域转移。这一过程中，关键技术缺失、制造业与服务业高端供给不足等问题促使经济增长对传统产业发展路径具有明显的依赖性，供求层次不匹配的结构性矛盾突出。由此，以先进制造业和现代服务业为主体，第一、第二、第三产业协同发展的现代产业体系尚未形成，并且，随着产业转型与升级，"技术前沿"拓展困境促使创新进入瓶颈期，在传统产业发展和战略性新兴产业之间形成断层，抑制经济的长期增长动力。

第三，区域发展不平衡制约经济增长与转型的顺利实现。经济结构调整不仅发生在行业之间，也发生在不同的区域之间。目前，广东形成了以珠三角地区为核心，粤东、粤西和粤北地区为边缘的非均衡空间结构，珠三角地区成为支撑广东经济增长的引擎。但是，由于粤东、粤西和粤北地区比较优势不足，没有与珠三角地区建立良好的互动、互补与合作关系。"双转移"政策的推行虽然在一定程度上增强了珠三角地区与粤东、粤西和粤北地区基于产业分工而建立的经济联系，增强同等水平产业链跨区域布局与空间位移，但并未彻底解决广东经济发展的不平衡问题。珠三角与粤东、粤西和粤北地区之间的发展不平衡程度较全国更深，是制约广东经济增长与转型的重要瓶颈。

十、工业化与城市化

工业化与城市化具有双向互动关系（倪鹏飞等，2014），是推动区域经济发展的主要动力。改革开放以来，广东通过发展外向型经济实现了工业化与城市化的快速发展，并超过全国平均水平。随着经济进入新常态，经济结构调整、产业转型与升级、资源短缺与环境污染等一系列问题使得广东的工业化与城市化发展面临严峻的形势，制约广东经济可持续发展。

（1）工业化与城市化发展相互促进的动力有待加强。长期以来，广东的外向型发展方式促使工业化的发展速度优先于城市化发展速度，工业化与城市化的不协调问题历来较为突出。图11-11显示，2004～2015年，广东的建成区面积与工业增加值虽然都呈不断增加的趋势，但工业增加值的增幅明显快于建成区面积扩张的速度，城市化滞后于工业化的现象较为明显。目前，广东的工业化与城市化度过了快速发展的阶段，工业化与城市化发展的动力正在发生转变。外部需求萎缩、资源与环境等问题弱化了工业化与城市化发展的联动关系（倪鹏飞等，2014），以出口为导向的工业化与城市化推动经济增长显得动力不足，

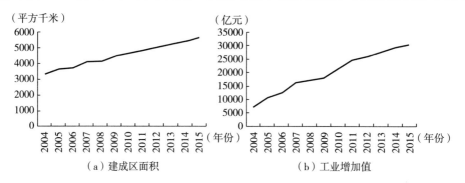

图11-11 2004~2015年广东省建成区面积与工业增加值

工业化对城市扩张的积极作用整体呈下降趋势。工业化与城市化分别进入向新型工业化与新型城镇化转型的阶段。

（2）工业化与城市化发展的区域差异问题制约广东经济可持续发展。受要素禀赋、区位条件等的影响，广东的工业化与城市化发展具有一定的地域性和时序性特征。在地域性方面，广东的工业化与城市化发展主要集中在珠三角地区，粤东、粤西和粤北地区由于基础设施长期滞后、要素流动不畅等原因，资源要素聚集能力较差，工业化与城市化发展严重滞后，多数区域的城镇化率和人均国内生产总值低于全国平均水平。在时序性方面，广东省内各区域的工业化与城市化发展处于不同的阶段，珠三角地区与粤东、粤西和粤北地区没形成良好的统筹，出现了二元经济等问题。

（3）产能过剩及资源与环境问题对工业化与城市化发展的约束愈加明显。一方面，在粗放的经济增长方式后劲乏力之时，城镇化发展的结构性失衡矛盾日益暴露。改革开放至今，快速的城镇化带动了固定资产投资快速增长，加速了资本深化的进程，同时也拉动了钢铁、水泥等相关重化工业加速增长。然而，前期城镇化的快速发展引致重化工业快速增长惯性，促使相关重化工业产业出现周期性的产能过剩问题。另一方面，珠三角地区是广东工业化与城市化发展较快的地区，在粗放的经济发展方式下，资源要素的过度开发与低效率利用使得生态环境破坏、资源浪费等环境约束愈加明显。加上区域环境治理速度较为缓慢，当前仍难以从实质上改变资源与环境约束对工业化与城市化乃至经济增长的约束。

第三节　经济发展趋势判断

随着广东经济进入新常态，经济发展总体向好的基本面没有改变，经济增长速度、发展方式与发展动力、经济结构、经济协调发展、开放型发展等都呈现出一系列新的趋势性变化。总体上看，珠三角地区逐渐步入持续平稳的高质量增长阶段，粤东、粤西和粤北地区经济后发优势明显，转方式调结构的大趋势已定。

一、经济增长压力

随着经济结构进入深度调整时期，经济发展方式由粗放型向集约型转变，广东经济中高速增长态势基本确立，经济增长压力日益增大。一方面，支撑广东经济高速增长的传统动力减弱，新的经济发展动能尚未形成。这主要表现在，投资、消费、进出口的增速进一步放缓，它们对经济增长的拉动作用也有所下降。图 11-12 显示，2010~2015 年，虽然广东 GDP 不断攀升，但经济增长速度却呈下降的趋势。其中，固定资产投资、社会消费品零售总额、进出口总额等的增长率均呈下降的趋势，并且进出口总额增速的下降幅度最大。

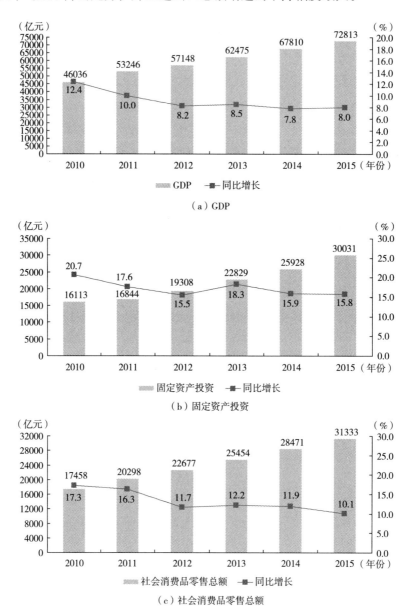

（a）GDP

（b）固定资产投资

（c）社会消费品零售总额

图 11-12　2010~2015 年广东省 GDP、固定资产投资、
社会消费品零售总额、进出口及其增长速度

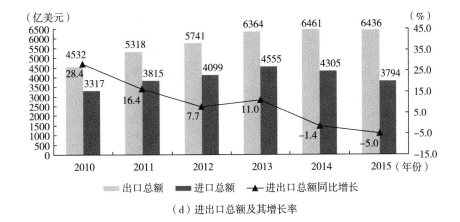

（d）进出口总额及其增长率

图 11-12　2010~2015 年广东省 GDP、固定资产投资、社会消费品零售总额、进出口及其增长速度（续图）

资料来源：《2015 年广东国民经济和社会发展统计公报》。

　　另一方面，内外部经济环境变化增强了广东的经济增长压力。广东是一个外向型经济体，随着国际分工的深化，国际经济环境的不确定性、不平衡性、不稳定性等有所增加，贸易摩擦、贸易壁垒、投资外流等现象更为突出，这使得广东参与全球价值链分工、深化国际经济与合作等处于较为不利的位置。同时，内部的资源与环境约束、劳动力短缺以及区域经济发展不平衡、不协调等问题在很大程度上制约广东经济的可持续健康发展。上述这些来自内外部环境变化的双向约束使得广东的经济增长在一定时期内保持较高的稳定性。

二、经济结构战略性调整

　　经济结构战略性调整主要是消除经济发展过程中积累的结构性问题，是加快转变经济发展方式的主攻方向。随着经济进入新常态，广东的经济增长方式、经济结构以及经济增长的基础正在发生深刻的变化，进入经济转型与升级的关键时期。未来，广东经济结构的战略性调整主要体现在以下五个方面：

　　（1）由消费、投资、出口组成的需求结构持续优化，市场需求增速总体趋于平稳。长期以来，广东发展外向型经济，其经济增长对外部需求表现出明显的依赖性。伴随着国际国内经济形势的变化和广东经济结构的深度调整，消费对经济增长的贡献不断增加。其中，内部需求稳步增长，对经济增长的拉动作用显著增强，投资需求与外贸需求的增速明显回落，内需与外需、投资与消费失衡的局面得到一定的改善。广东省总体上形成以投资带消费、以消费促投资，需求结构不断优化的良性发展趋势，不断夯实经济持续稳定增长的基础。

（2）产业结构进一步优化，推动经济增长动力加速转换。随着"互联网+"与传统产业的深度与广泛融合，一方面，广东省农业现代化、新型工业化与服务业现代化迅速发展，促使三大产业之间实现协调与转型升级，推动经济增长的动力加速由主要依靠第二产业带动向第一、第二、第三产业协同带动转换；另一方面，推动传统产业向节能环保、新一代信息技术、生物、高端装备制造、新能源、新材料以及新能源汽车等高新技术产业、战略性新兴产业转型与升级，形成以制造业为基础、现代服务业为支撑的现代产业体系，实现三大产业内部的协调与升级，促进产业增长动力转换，最终实现经济增长动力加速转换。

（3）要素投入结构进一步优化，以创新为主要驱动力的经济增长方式逐渐形成。广东省要基于市场需求变化以及内外部环境对经济增长的约束，不断地调整生产要素构成比例与组合方式，广东的自主创新能力与资源整合能力得到提升，减缓经济增长对物资资源投入的过度依赖，降低资源与环境对经济增长的约束，推动经济增长实现由主要依靠增加物质资源消耗向主要依靠科技进步、劳动力素质提升、创新等转变，形成创新驱动经济增长的基本格局。

（4）区域经济结构进一步优化，各个区域之间既有分工、又有协作的区域经济格局基本形成。依托"互联网+"与传统产业相融合，以及持续推进的"双转移"政策等，在珠三角地区与粤东、粤西、粤北地区之间建立基于产业分工的良性区域竞争与合作关系，逐渐消除产业同构现象，形成由珠三角地区向粤东、粤西、粤北地区梯次递减的、具有层级性的产业分布，增加珠三角地区对粤东、粤西、粤北地区辐射带动作用的路径与强度，推动区域经济协调发展。

（5）城乡互动、工农互促的协调发展机制基本形成，城乡二元经济结构转化滞后得到改善。通过产业区际转移与产业合作等建立城市与乡村之间的经济联系，推动要素在城乡之间自由流动，城乡要素错配的程度进一步降低，城乡二元经济结构得到顺利转化。增强工业化与城市化的良性互动，促进产城融合，以工业化推动城市化建设，逐渐消除城乡之间的生活条件与基本公共服务差距，特别是珠三角与粤东、粤西、粤北地区之间的城乡发展差异，推进城乡统筹发展。

三、经济发展动力转换

经济发展动力转换是广东实现高质量发展的关键。随着"互联网+"与传统产业的深度融合以及创新驱动战略的实施，广东经济增长动力源泉正在经历由要素驱动、投资驱动向创新驱动转变，新的经济增长动力正在加速形成，并处于全国领先地位。

一方面，经济结构、产业结构均处于不断优化的过程，经济增长的高质量发展稳步推进。统计数据显示，2015 年，广东经济增长率为 8%，其中，第一、第二、第三产业的增加值分别增长 3.4%、6.8% 和 9.7%，它们对生产总值增长的贡献率分别为 1.7%、41.2% 和 57.1%。在现代产业中，依托"互联网+"与科技进步，高技术制造业增长 9.8%、先进制造业增长 10%、现代服务业增长 11.9%。在第三产业中，批发和零售业、住宿和餐饮业、金融业、房地产业分别增长 5.0%、3.0%、15.6%、11.4%。与此同时，经济发展的要素投入结构不断改善，能源消耗增长率不断下降。2015 年，广东规模以上工业综合能源消费量达 14037.18 万吨标准煤，比 2014 年下降 4.0%，单位工业额增加值能耗下降 10.5%，工业供电量下降 0.4%。[①]

另一方面，广东省内各区域的经济增长动力转换正在有条不紊地推进。受要素禀赋、区位条件、政策等因素的影响，广东省内各个区域的经济发展处于不同的发展阶段，基本形成了创新驱动、要素和创新"双引擎"驱动、要素驱动三种经济增长动力并存的局面。具体来说，珠三角地区始终是广东经济发展的中坚力量，其经济增长动力正在由要素驱动、规模扩张加速向创新驱动转变，并通过产业转移、产业合作、劳动力转移等途径对粤东、粤西和粤北地区产生较强的辐射带动作用；在粤东、粤西和粤北地区中，一部分发展较快的区域已经进入由要素驱动向要素与创新"双引擎"驱动转变阶段；另一部分经济发展较为缓慢和经济基础较差的区域则仍处于要素驱动阶段。

总体而言，在时间维度上，创新对广东经济发展驱动效应持续增长；在空间维度上，创新对经济增长的驱动效应表现出以珠三角为集聚中心向粤东、粤西和粤北地区递减的格局。同时，受到粗放型经济发展方式、资源与环境约束趋紧、企业生产要素成本上升与自主创新能力不足、区域发展不平衡等因素的制约，广东经济增长动力实现由要素驱动向创新驱动转变将经历一个较长的时期。

四、区域经济协调发展

区域经济协调发展是制约经济可持续发展的关键因素。广东省"十三五"规划和 2015 年政府工作报告将区域协调发展作为一项重要的经济发展方针。随着经济结构的持续调整，广东省内区域差距扩大的趋势已经得到有效控制，广州、深圳等中心城市加快对其他地区产生辐射带动作用，区域协调发展水平整体趋于上升（覃成林等，2013；姜文仙，2013）。区域合作成为推动区域经济协调发展的重要方式（覃成林，2011）。

---

① 统计数据来自《2015 年广东国民经济和社会发展统计公报》。

在区域内部合作方面，随着珠三角地区产业向先进制造业、现代服务业等转型与升级，部分传统的劳动密集型等产业自发地向粤东、粤西、粤北地区转移，推动广东的产业结构层次不断提升，产业空间布局不断优化；随着"双转移"战略的深入实施，粤东、粤西和粤北地区承接传统产业转移快速增长，传统产业的生命周期和产业链条得以延长，将巩固粤东、粤西、粤北地区经济发展所需的产业基础，推动区域工业实现有序转型；珠三角地区与粤东、粤西、粤北地区按照经济发展阶段、产业基础和条件差异等确立产业发展方向和重点，形成合理的产业分工，并建立珠三角与粤东、粤西、粤北地区在现代服务业与制造业、先进制造业与一般制造业之间的双向互动关系，推动广东产业结构持续向高级化发展。广东经济的发展态势由单极拉动向区域协调发展嬗变。

在区域外部合作方面，伴随广东省区域内部合作取得质的提升，区域合作机制、方式、内容、地域范围等发生深刻的变化，跨区域合作成为必然趋势。珠江—西江经济带、粤港澳大湾区建设、泛珠三角区域合作、粤桂黔高铁经济带、武广高铁经济带、南广高铁经济带、贵广高铁经济带建设、中国—东盟自贸区建设、"一带一路"建设等一系列跨区域合作连续展开，打通广东与周边省（区）及国家间的联系通道，拓展了广东经济发展的腹地。同时，各区域在经济发展阶段、基础资源、区域合作进程及政策工具使用等方面的异质性将引导资源要素在更广阔的空间上进行优化配置，全面深化广东与其他地区的经济分工与合作，形成产业错位发展、区域优势互补的良好发展格局，拓展广东经济发展空间。

在区域内外部合作有条不紊的推动之下，广东的区域合作方式、渠道逐步向多元化趋势演化，合作的空间范围逐渐扩大，推动广东与其他地区之间的关系由合作区向区域合作网络演进，形成多层次、多样化的区域合作体系，推动区域经济协调发展的路径多元化。

五、开放型经济发展

改革开放以来，广东凭借低成本优势已深度嵌入全球价值链中，形成了开放型的经济发展模式。伴随全球经济格局的深度调整，广东参与和引领国际经济合作与竞争的新优势正在加速形成，推动广东形成多层次、宽领域、全方位的对外开放新格局。广东开放型经济发展跃上一个新台阶。

一方面，贸易与投资的国际双向互动及层次提升推动广东经济向"引进来"和"走出去"并重转变。在贸易方面，以技术、标准等为核心的外贸竞争优势加速重构广东在全球产业链和价值链中的分工，服务贸易与技术贸易的比重不断上升，促使广东企业由价值链低端向价值链高端攀升，贸易结构持续优化。

在投资方面，利用外资的质量和效益提升，通过吸引优质外资引进先进技术，实现科技创新资源与产业资本、金融资本的融合，破解广东产业链布局中的技术孤岛困境。同时，企业积极建设营销网络、生产基地或区域总部等，大胆"走出去"，深度参与全球资源要素再配置，提升广东在全球创新链、产业链和资金流"三链融合"的创新大潮中的地位和作用，投资结构持续优化。总的来看，投资与贸易的国际双向互动加速形成进出口贸易、贸易方式、外贸区域结构、出口市场结构、引资和对外投资等多元化平衡结构，形成参与和引领国际经济合作竞争的新优势。

另一方面，以自贸区模式推动更高水平和更大范围的开放，建立多层次、宽领域、全方位的开放新格局。依托现有的中国—东盟自贸区、内地与港澳更紧密经贸关系安排（CEPA）、中国（广东）自由贸易试验区等重大合作平台，建立广东与全球经济的网络联系，深度参与国际分工与合作，重塑广东参与国际竞争的新优势。积极参与"一带一路"建设、区域全面经济伙伴关系协定（RCEP）等，以多边贸易体制为基石，发展面向全球的高水平自贸区网络，发挥广东自贸区在国家开放型战略、粤港澳大湾区深度合作中的核心枢纽功能，提升广东作为陆海内外联动、东西双向互济的开放新格局中的重要枢纽。以自贸区为平台，深化泛珠三角区域合作，推动区域内外协调开放发展。

总体上，在新一轮的对外开放中，广东积极开展与国内区域梯度发展合作和与周边国家与地区的经济合作，将国内与国际经济联动效应渗透到经济发展的各个环节，加强区域一体化合作，推动全球价值链、区域价值链构建，形成广东参与国际竞争的新优势。积极开展全球价值链合作，发挥自贸区的开放引领作用，为广东的产业链延伸和腹地延展提供广阔的空间。

第十二章　经济发展战略选择

经济发展战略选择是促进经济发展阶段转换、实现高质量发展的关键。在新的国际国内经济发展形势下，广东的经济发展在推动我国经济发展阶段转换、实现经济高质量发展、全面提升国家参与全球化能力等方面具有至关重要的作用。根据广东经济发展的趋势和新形势下广东经济发展面临的机遇与挑战，科学、合理地确定广东经济发展的战略取向与战略重点，推动广东经济率先向高质量发展阶段转换是广东顺应经济发展形势、引领全国经济发展的必然选择。本章将从广东经济发展的战略取向、战略重点两个方面对广东经济发展战略选择进行系统分析。

第一节　战略取向

一、基本完成经济结构战略性调整

经济结构战略性调整是加快转变经济发展方式的主攻方向，是实现经济可持续发展的必经过程。广东省应积极推行《广东省国民经济和社会发展第十三个五年规划纲要》①，在"创新、协调、绿色、开放、共享"五大发展理念指导下，推动需求结构、产业结构、投入结构、区域结构协同联动、持续优化，基本完成经济结构的战略性调整，加速经济发展动力由要素投入驱动向创新驱动转变，打造广东经济升级版。

在需求结构方面，消费对经济增长的贡献稳步提升，并逐渐发挥主导作用；合理有效的投资显著增加，投资结构持续优化，推动新的消费增长点加速形成；出口对经济增长的贡献相对下降，经济增长对外需的过度依赖得到有效缓解。经济增长的动力由主要依靠投资、出口拉动向依靠消费、投资、出口协同拉动

---

① 2016年1月30日，广东省十二届人大四次会议审议批准。

转变，打造支撑经济持续稳定增长的坚实基础。

在产业结构方面，三次产业结构迈向中高端，经济增长基本实现由第二产业推动向第一、第二、第三产业协同推动转变；"互联网+"与传统产业的广泛和深度融合，现代农业、先进制造业、现代服务业、战略性新兴产业等快速发展，基本形成具有全球竞争力的现代产业体系，产业增长动力加速转换；工业化与信息化深度融合，在智能制造、生物技术、新能源和新材料、空间利用和海洋开发技术等重点领域和关键环节走在全国前列。

在投入结构方面，生产要素的投入与组合方式快速转变，资源使用效率不断提升，经济由高投入、高污染、高排放、低效率的粗放型发展方式向绿色、低碳、环保、高效的集约型发展方式转变；创新驱动战略取得良好开局，"大众创业、万众创新"持续推进，自主创新能力显著提升，基本形成开放型区域创新体系和创新型经济形态，经济增长动力由要素驱动向创新驱动转变，推动广东充当全国创新驱动发展的排头兵。

在区域结构方面，珠三角地区优化发展取得新进展，粤东、粤西和粤北地区振兴发展成效显著；"双转移""双到"等区域政策进一步加强珠三角与粤东、粤西和粤北地区之间的经济联系、合作以及辐射带动作用，经济活动的区域布局更加合理；新型城镇化快速发展，"广佛肇+清远、云浮""深莞惠+汕尾、河源""珠中江+阳江"三个新型都市区建设取得显著成效，区域协同、城乡一体化有序推进；工业化与城市化形成良性互动，产城融合加快，贫困问题基本得到解决。

二、巩固在全国经济发展中的领先地位

顺应全国经济进入新常态的发展趋势，广东以"三个定位、两个率先""一个率先、四个基本"（朱小丹，2016）为指导，率先迈上以"创新、协调、绿色、开放、共享"五大发展理念为指导的发展道路，巩固广东在全国经济发展中的领先地位，引领全国经济发展新常态。

首先，创新驱动发展战略取得良好开局，基本建成创新驱动发展先行省。珠三角国家自主创新和全面创新改革实验试点省建设取得新进展；深入推进"大众创业、万众创新"，初步形成开放型区域创新体系和创新型经济形态，自主创新能力居于全国前列，综合指标达到创新型国家水平；初步完成经济发展动力向创新驱动转换，推动经济发展迈向中高端。

其次，工业化与信息化深度融合，推动产业结构持续优化，基本形成由先进制造业、现代服务业、战略性新兴产业组成的现代产业体系，建立具有全球竞争力的产业创新体系，全面提升广东参与国际竞争的优势，引领全国产业结

构调整与转型升级，率先基本实现社会主义现代化建设，引领全国现代化建设的方向。

再次，对外开放合作实现新突破，基本建立具有全球视野的全方位开放发展新格局。依托"一带一路"建设、中国—东盟自贸区建设、粤港澳大湾区、中国（广东）自由贸易试验区建设、泛珠三角区域合作、高铁经济带建设等国际国内区域合作平台，积极参与国际分工、提升参与全球价值链的广度与深度，形成内外需协调、进出口平衡、"引进来"和"走出去"并重的开放型发展新格局；创造领先于国际、国内其他区域的营商环境和政策环境，建成全国改革开放的排头兵和对接国际市场的窗口。

最后，率先破解经济发展不平衡难题，消除贫困，在区域经济协调发展、城乡一体化发展等方面走在全国前列，经济可持续发展能力增强，率先全面建成小康社会。

三、提升参与全球化的竞争力

经过改革开放40年的沉淀，广东已经具备了参与全球竞争的基础和实力。在新一轮国际分工加速重构全球竞争格局的背景下，广东从传统产业、先进制造业、现代服务业和战略性新兴产业等多个方面加快转型升级，加速产业增长动力转换，系统增强广东经济的竞争优势和参与全球化的竞争力，是促进经济发展的重要战略取向之一。

第一，传统产业参与全球化竞争的能力和实力不断增强。广东传统产业依托"一带一路"、中国—东盟自贸区建设、粤港澳大湾区、中国（广东）自贸区建设等重大战略平台以及第三次工业革命等带来的市场机遇，在全球范围内进行资源配置和区域价值链构建、全球价值链整合。一方面，产品技术、工艺装备、能效环保等水平全面提升，特别是建筑材料、家电制造、服装制造等行业的市场空间扩大和全球竞争力不断增强，产能过剩的问题得到有效解决；另一方面，"互联网+"与传统产业深度融合，塑造出表征"广东品质""广东质量"的国际品牌，推动传统产业不断向全球价值链的品牌、营销和服务等高附加值环节攀升，增强传统产业参与国际竞争的实力。

第二，先进制造业成为广东参与全球化竞争的重要领域之一。创新驱动发展取得显著成效，"众创空间"、广深港创新走廊、珠三角国家自主创新示范区、国家科技产业创新中心等创新平台基本形成，开放型区域创新体系和人才培养体系基本建立，"大众创业、万众创新"取得良好成效，推动广东制造业不断迈向高端化，由"广东制造"向"广东智造"转变；互联网、物联网、大数据等新一代信息技术及新型商业模式与制造业深度融合，工作母机类装备制造业、高档数控机床和机器人等智能装备、新能源等的研发与产业化发展进程加快，珠江西岸先进装备制造业产业带基本而形成。广东参与全球竞争的综合实力不断提升。

第三，基本建立高效的生产服务体系，现代服务业的全球竞争力快速提升。基本形成承接先进制造业研发设计、信息服务、供应链服务、产权股权交易等与制造业密切相关的生产性服务业，建立融合尖端科技及创新设计、供应链优化等智能服务的先进制造业模式，培育先进制造业与生产性服务业"无缝衔接"的新型制造业形态，市场多元化战略取得新进展；与欧美等发达国家和世界 500 强企业的经济合作更加密切，深度嵌入全球经济联系网络；金融、现代物流、电子商务、信息传输、软件和信息技术服务业等新业态快速发展，推动生产性服务业向专业化和价值链高端延伸。

第四，高新技术、战略性新兴产业快速成长，形成广东参与全球化的新优势。"互联网+"行动计划深入实施，云计算、大数据、物联网、智能机器人等新业态快速发展，形成一批具有相当规模的生物医药、新一代移动通信设备、新型平板显示、半导体照明、新材料、3D 打印、可穿戴设备等战略性新兴产业集群，以大数据、物联网、互联网与产业融合发展的方式实现广东产业全球价值链攀升。

四、基本实现区域经济协调发展

区域经济协调发展是经济长期平稳、高效发展的重要保障（覃成林，2011；姜文仙，2013）。对于广东而言，珠三角地区优化发展、粤东、粤西和粤北地区振兴发展、城乡一体化、消除贫困是全省实现区域经济协调发展的重要战略取向之一。

首先，珠三角地区优化发展取得显著成效，基本建成引领全国经济发展和参与国际竞争重要平台。珠三角地区产业转型升级基本完成，基本建立由先进制造业、现代服务业、战略性新兴产业等组成的现代产业体系；完善城市职能分工，推动开启智慧城市与智慧城市群的建设，广州、深圳等中心城市的辐射带动作用增强；区域合作与融合发展进程加快，"广佛肇+清远、云浮""深莞惠+河源、汕尾""珠中江+阳江"三大新型都市圈一体化建设进程加快，共同打造引领全国经济发展和参与国际竞争的重要平台。

其次，粤东、粤西和粤北地区振兴发展取得显著成效，基本建成支撑广东经济发展的新增长极。紧抓"双转移"和珠江三角洲地区"腾笼换鸟"等机遇，增强珠三角与粤东、粤西和粤北四大区域之间的经济联系，推动粤东、粤西和粤北地区产业结构不断优化，四大区域之间的产业合作与产业链不断完善；主体功能区规划建设取得显著成效，形成珠三角与粤东、粤西和粤北地区之间良性互动和区域分工合理有序的产业空间布局，有效缓解广东的核心—边缘空间结构，加速形成区域经济协调发展新局面。

再次，城乡一体化和以人为核心的新型城镇化有序推进，打造支撑经济发展的新增长点。以人为核心的城镇化快速、有序推进，城镇化水平、城镇化质量位居全国前列；交通基础设施网络建设、产业园区扩能增效、中心城区扩容提质和全面对口帮扶等一系列政策取得显著成效，广东省的城乡一体化进程加快，城乡居民收入差距缩小，如期实现率先全面建成小康社会的奋斗目标；城乡基本公共服务均等化和社会保障城乡一体化问题得到有效解决。

最后，消除贫困，城乡一体化发展格局初步形成。创新消除贫困新方式，对口帮扶、"双转移""规划到户、责任到人"等脱贫措施取得显著成效，珠三角与粤东、粤西和粤北地区之间的非均衡发展问题得到有效解决，率先全面完成脱贫攻坚任务，迈上社会主义现代化建设新征程。

第二节　战略重点

一、构建创新驱动机制

创新是引领发展的第一动力，是建设现代化经济体系的战略支撑。加快区域创新体系[①]、重大创新平台建设，构建创新驱动机制，是广东省实现创新驱动强省、引领全国经济发展新常态的战略重点之一。

1. 区域创新体系建设

建设区域创新体系是构建创新驱动机制的重要环节。从拓宽区域创新主体、完善创新基础设施、优化创新资源配置以及创新环境等方面系统构建区域创新体系，是广东实施创新驱动发展战略，实现经济高质量发展的重要战略支撑（罗彬，2013；廖晓东和郑秋生，2015）。

首先，整合与优化区域创新资源要素，推进区域创新主体的多元化与合理分工，全面提升区域自主创新能力。深入推行"互联网+"行动计划、"大众创业、万众创新"等，广泛提升区域内外创新主体和创新资源的参与度，开拓创新的源泉；强化企业及企业家在技术创新中的主导作用，并以中介机构、政府等为纽带，积极构建企业技术创新与大学、科研机构的知识创新、人才输送、

---

① 在《国家中长期科学和技术发展规划纲要（2006—2020 年）》《珠江三角洲地区改革发展规划纲要（2008—2020 年）》中都强调了构建区域创新体系的重要性。

科技传播及成果应用之间的良性循环，建立交互学习、知识共享、空间溢出等多种区域创新机制；转变地方政府的职能，发挥政府在建立与维护区域创新网络中的重要性，推动多元区域创新主体之间形成一种互动互补、合理分工的区域创新网络，建立创新与成果转化及应用为一体的区域创新体系。

其次，促进区域创新内容多样化，增强区域创新体系的功能，培育支撑经济增长新动力。提升以企业为主体的技术创新，加强区域内的制度创新、管理创新、服务创新等，建成集技术创新、制度创新、管理创新、服务创新等诸多创新功能为一体的区域创新产业链；充分利用国家创新型试点省的重大机遇，主动承接和融入国家创新体系，在农业、材料、能源、网络信息、智能制造等领域集中攻克一批重大科学问题，加快推进创新驱动发展体系化工程，推动创新链、产业链条延伸，实现创新与生产体系的全面融合，构建信息化、数字化时代的新型区域创新体系，培育创新发展新动力，引领经济发展新常态。

再次，深入实施对外开放，建立自主创新与开放创新高度统一的开放型区域创新体系和创新型经济形态。充分利用现有的创新资源集聚与对外开放的优势，在更广阔的空间范围内布置研发机构，整合区域创新资金、创新人才、创新技术、知识与信息等创新资源，实现创新主体要素与创新对象的有机结合，全面提升广东的持续创新能力与竞争优势；整合与优化区域创新网络；主动嵌入全球研发网络、创新网络，实现对全球创新资源的整合与优化，打造全球创新网络的重要节点和枢纽，提升对世界创新活动的控制与支配能力。

最后，营造优质的区域创新环境。建立健全技术标准、数据库与网络平台、重点实验室、高科技园区、孵化器等区域创新基础设施，建立创新与创新成果转化绿色通道；完善区域经济网络，消除区域创新体系发展的壁垒和创新资源流动的制度障碍，推动资金、人才等创新要素形成空间集聚与跨界融合，激发区域创新活力；建立健全区域创新政策法规、管理体制、知识产权制度、创新平台建设制度等多元化的区域创新体制机制，营造良好的区域创新环境。

2. 重大创新平台建设

重大创新平台建设[①]是实施创新驱动战略的重要路径（陈曦，2013），是广东构建创新驱动体制机制，也是建立开放型区域创新体系的战略重点之一。这主要表现为构建由实验室体系、技术创新中心体系、科技服务平台体系等组成的、领域布局合理、功能层次明确、创新链条全面的科技创新平台体系。

（1）构建多层次、宽领域、优势明显的实验室体系，大幅提升原始创新能力。积极筹建和申报国家级实验室，加快推进中国（东莞）散裂中子源、国家

---

①　2014年6月《中共广东省委　广东省人民政府关于全面深化科技体制改革加快创新驱动发展的决定》、2016年11月《广东省科技创新平台体系建设方案》等都强调了重大创新平台建设的重要性。

超级计算机广州中心、国家超级计算机深圳中心、江门中微子实验室、深圳国家基因库等重大科学工程建设，加强"天河二号"超级计算机系统应用，推动国家重大基础设施落户广东；规划和建设广东省实验室、省重点实验室，深入推进"互联网+"与创新活动的融合，在量子信息、生物医药、人工智能、移动互联、智能制造等领域取得关键性突破；加强高等院校的重点实验室、工程研究中心、国际合作平台、专业型性研究院等创新平台建设；依托龙头企业搭建智慧医疗、智能制造等新一代智能开发平台。广东省基本建成由国家级实验室、省级实验室、地方级实验室等标准实验室组成的多层次实验室体系，打造全面支撑产业技术创新的大平台。

（2）构建梯次发展的新型技术创新中心体系，提升产业技术的核心竞争力。依托国家级高新区推进国家技术标准创新基地建设，推进国家科技产业创新中心、珠三角国家自主创新示范区等国家技术创新中心、国家级工程技术中心建设，培育与国际创新对标的科研实力，主动融入全球创新平台，嵌入全球创新网络；加快南沙、前海、横琴和中新知识城、中德（揭阳）金属生态城、中德（佛山）工业服务区、中以（东莞）国际科技合作产业园、东莞两岸生物技术产业合作基地、珠海航空产业园、湛江南方海谷等重科技大平台建设，组建一批广东省技术创新中心、省级工程技术研究中心等；建立国家级"双创"示范基地，优化布局省级"双创"示范基地，在生物技术、信息技术、新材料技术、先进制造、先进能源、海洋技术等方面取得重大突破，共同培育经济发展新动能。

（3）构建科技服务平台体系，提升创新成果转化为经济发展动能的能力。建设重大科技成果转化数据库、高端科技智库等科技成果转移与转化平台，创建国家科技成果转移转化示范区，建立重大科技基础设施与共享机制，推动科技成果与企业需求的有效对接，将创新成果落实到产业上；科学制定科技成果信息采集与服务规范，建设面向供需双方的技术产权交易平台，推动产业链与创新链紧密融合，形成产业技术研发、成果转化、企业孵化成果共享机制；重点培育华南（广州）技术转移中心等有利于多种创新主体彼此融合的国家级、省级技术创新长效公共服务平台，基本实现科技成果转移与转化在地级以上和省级以上高新技术产业开发区的全面覆盖；积极推动"大众创业、万众创新"，加快"互联网+"与创新的融合，大力发展"创客空间""科研众包"等新型创新服务平台，全面激发创新活力。

二、建成现代产业体系

构建现代产业体系是增强产业可持续发展能力、促进区域协调发展的重要途径，也是产业转型升级的必由之路和建成现代经济体系的重要基础。系统提升产业的全球竞争力、建成现代产业体系、推动区域产业结构差异化协同是广东建成现代产业体系，引领全国经济新常态的战略重点。①

1. 提升全球竞争力

提升全球竞争力是构建现代产业体系的目标。推动产业结构优化升级、产业增长动力转换、实现全球价值链攀升和区域价值链构建是建成现代产业体系，提升广东全球竞争力的关键。

首先，加快产业结构的优化与升级，实现经济发展动力转换。加快产业转型升级步伐，推动三次产业结构进一步优化，现代服务业、先进制造业超过传统产业占据主导地位；现代农业、高新技术产业、战略性新兴产业快速发展，基本形成产业结构高级化、产业布局合理化、产业发展集聚化、产业竞争力高端化的现代产业体系，推动经济增长动力由第二产业驱动向以先进制造业、现代服务业为主的创新驱动转变，率先迈上现代化经济体系建设和高质量发展新征程。

其次，推动产业内部结构调整和产业增长动力转换，全面提升产业全球竞争力。抓住第三次工业革命和国际分工调整的重大机遇，推动制造业向装备制造、智能制造等先进制造业转型升级；推动服务业向现代服务业转型升级；发展现代农业、战略性新兴产业、高新技术产业等，基本实现产业高端化发展；加快"互联网+"与产业发展的深度融合，基本建立技术创新成果转化为产业增长动力的共享机制，夯实产业创新基础。广东省基本建成实体经济、科技创新、现代金融、人力资本协同发展的现代产业体系，打造广东参与全球竞争产业新优势。

最后，深化区域内外合作，推动全球价值链攀升与区域价值链构建。依托现代产业体系建设，全面提升广东参与全球价值链的深度与广度，改变广东正在丧失的低成本参与国际分工的优势和处于全球价值链低端的劣势，推动产业迈向全球价值链中高端；依托"一带一路"建设、中国—东盟自贸区建设、粤港澳大湾区建设、中国（广东）自由贸易区建设、高铁经济带建设、泛珠三角区域合作等国际国内区域合作平台，整合全球价值链、构建区域价值链，推动价值链延伸，提升广东对全球资源的整合与控制能力。

2. 基本建成现代产业体系

结合《广东现代产业体系建设总体规划（2010—2015年）》，广东建成现

---

① 2010年《广东省现代产业体系建设总体规划（2010—2015年）》、2016年《"十三五"国家战略性新兴产业发展规划》《广东省国民经济和社会发展第十三个五年规划纲要》均强调了建设现代产业体系的重要性。

代产业体系的战略重点在于建设现代产业体系主体框架、培育战略性新兴产业、建设现代产业发展空间载体和优化产业空间布局。

首先，着力提升产业层次、优化产业结构，基本建成现代产业体系主体框架。包括：建设"互联网+"引领的智能制造产业价值链体系，发展以装备制造、智能制造为主体的先进制造业；发展金融、现代物流、电子商务、信息服务以及与先进制造业研发设计等环节相联系的生产性服务业，建立现代服务业与先进制造业良性互动新格局；发展以电子信息产业为主导的高新技术产业；发展以品牌为动力的优势传统产业；发展以高质量、高效益为导向的现代农业体系；发展以能源、交通、水利等为支撑的基础产业，建立重大产业上下游和关联产业的配套联系，形成完善的产业链，发挥高效的产业协同效应。

其次，着力培育发展战略性新兴产业，构建产业发展的新优势。物联网、云计算、大数据等新兴技术与经济社会各个领域深度融合，推动新一代信息网络、新型显示、智能制造、生物医药、智能交通装备、高端制造材料等战略性新兴产业规模发展壮大，着力打造一批具备国际竞争力与品牌影响力的行业龙头企业和服务平台；区域创新能力和科技成果转化效率显著提高，着力打造具有自主技术支撑的新兴产业体系；珠三角国家战略性新兴产业区域集群发展试点等多个覆盖新一代移动通信、平板显示、半导体照明、生物医药、智能装备制造、新材料等新兴产业的产业集群快速成长，集聚效应不断显现，着力打造全球战略性新兴产业重要集聚区。

再次，着力建设多元化产业集聚区，打造支撑现代产业体系的空间载体。统筹基础设施建设、产业布局、城乡规划、环境保护及公共服务"五个一体化"规划，[①] 着力建设珠三角现代产业核心区；全面落实"双转移"政策及相关配套措施，着力建设粤东、粤西及粤北地区产业转移工业园区；统筹规划信息网络，推进"三网融合"，着力建设"数字广东"；构建以广州、深圳为核心，珠三角、粤东、粤西和粤北四个城市群为支撑的现代流通网络体系，着力打造广东现代流动大商圈；完善粤港澳合作机制，着力建设粤港澳金融合作平台；培育文化新业态，着力建设珠江两岸文化创意产业圈；探索加工贸易转型升级新方向，着力建设全国加工贸易转型升级示范区。

最后，优化产业空间布局，打造支撑区域经济协调发展的多层次产业圈。积极推行主体功能区规划，以广州、深圳为引领，在珠三角地区优先发展先进制造业、现代服务业、战略性新兴产业，建成现代产业核心支撑，充分发挥广佛肇、深莞惠、珠中江三大经济圈区域产业协调布局，着力构建珠三角产业优

---

① 《广东省现代产业体系建设总体规划（2010—2015年）》。

化发展区；加快推进"双转移"和区域经济一体化进程，着力发展粤东地区为产业转移承接区和重化工业产业带，发展粤西地区为临港重化工业与现代服务业产业带，实施开发与保护有机结合，发展粤北地区为生态旅游等生态产业带。

3. 区域之间产业结构差异化协同

区域之间产业结构差异化协同是构建现代产业体系，推动区域经济协调发展的重要途径。对此，推动珠三角内部以及珠三角与粤东、粤西和粤北地区之间的产业结构差异化协同是广东实现区域经济协调发展的战略重点。

重点推进珠三角地区内部产业结构差异化协同，打造产业结构高级化、产业发展集聚化、产业竞争高端化的高技术产业集群。加快珠三角国家自主创新示范区建设，提升广州、深圳等核心城市的创新能力，建立创新成果转化为产业增长动力的机制；有序推进珠江西岸先进装备制造产业带建设，加速扩大汽车、轨道交通、新能源、通用航空等装备制造业规模，稳步推进北斗卫星导航、机器人、3D打印、可穿戴设备等战略性新兴产业的重大项目实施；有序推动珠江西岸信息产业带建设，推动珠江三角洲整体形成集先进制造业、现代服务业、高技术产业、战略性新兴产业为一体的现代产业集群，步入以质量效益为中心的持续平稳增长阶段。

重点推进珠三角与粤东、粤西和粤北地区产业结构差异化协同，打造产业层次清晰、配套完备的现代产业体系。加速推动要素跨区域流动和珠江三角洲地区劳动力密集型产业向粤东、粤西和粤北地区转移，优化珠三角产业空间布局，打造由先进制造业和现代服务业双轮驱动的主体产业集群；加强粤东、粤西和粤北地区交通基础设施、产业转移示范园区建设，形成集高新区、产业园区、专业镇等层次分明的产业集群，推动珠三角与粤东、粤西和粤北地区的产业分工与产业链全面融合创新，打造粤东、粤西和粤北地区为珠三角现代产业发展的配套基地；重点建设珠三角海洋经济优化发展区和粤东、粤西和粤北海洋经济重点发展区，推动沿海重化工业产业带快速发展，打造现代海洋产业体系。广东省基本形成以珠三角为核心辐射带动粤东、粤西和粤北地区发展的多层次产业集群和优势互补、互利共赢的产业协作体系。

三、塑造区域经济协调发展新格局

按照国家战略部署，深入实施区域协调发展战略。对广东而言，主要是优化区域功能和空间布局，推动省内多极网络空间发展格局和省外多层次区域合作体系建设，实现区域融合与开放合作协同并进，增强广东经济发展的整体性，塑造区域经济协调发展新格局。

1. 打造多极网络空间格局

立足功能定位，深入实施珠三角优化发展和粤东、粤西和粤北地区振兴发展战略，形成基于产业的区域分工与合作，优化区域生产力空间布局和产业链对接，着力打造多极网络空间发展格局，拓展经济发展空间，推动区域经济朝着相对平衡的方向发展。

一方面，重点规划和建设"一核一带一区"多层次增长极，打造支撑广东省经济发展的多层次增长极体系。紧抓国家自主创新示范区、先进制造业、"互联网+"与产业融合等重大发展机遇，优化珠三角生产力布局，推进珠三角核心区开放合作、产业集聚与产城融合发展，全面提升珠三角作为广东省经济发展第一层次增长极的持续发展能力和辐射带动能力；以"双转移"、建设海洋经济圈、发展临港经济为契机，推动"汕潮揭"同城化与"湛茂阳"一体化发展，与珠三角核心区"串珠成链"，建成沿海经济带，引领粤东、粤西经济发展，构建支撑全省经济发展的第二层次增长极；以生态优先和绿色发展理念为引领，加强粤北地区生态功能区建设，全面深化对口帮扶，推动粤北地区在高水平保护中实现高质量发展，构建带动本地和支撑广东省经济发展的第三层次增长极。

另一方面，完善交通、信息、能源等基础设施网络，打造支撑资源要素自由流动的互联互通网络体系。继续完善珠三角城际轨道交通系统，推进厦深高铁、贵广高铁、南广高铁等快速交通网络建设，构建铁路、公路、水路"无缝衔接"的便捷高效综合交通运输网络；大力提高互联网的覆盖空间和信息传输速度，推动互联网、电信网络、电视广播网络"三网融合"，建设互联互通信息网络；重点发展可再生能源，优化能源网络布局，提高能源生产与保障能力，稳定经济发展基础。

2. 建设多层次区域合作体系

广东应实施更加积极主动、互利共赢的对外开放战略，把握国家全面对外开放的重大机遇，以开放合作拓展发展新空间，建设国际国内多层次区域合作体系，形成全方位、多层次、宽领域、高水平的开放型经济发展新格局。

建设多层次国际合作体系，建成我国对接国际市场、融入全球经济网络的重要门户。高标准建设广东自贸试验区，推进南沙、前海蛇口、横琴分工协作与优势互补，打造内地企业"走出去"的重要窗口和综合服务平台，辐射带动泛珠三角区域发展；积极参与"一带一路"建设，推进基础设施互联互通、国际产能与商贸合作等，完善双边、多边合作机制，建成"一带一路"倡议枢纽与经贸合作中心，打造支撑"一带一路"倡议的重要引擎；立足区域分工与协作，推动产业转移与承接、全球价值链整合与区域价值链构建，打造推动中国—东盟自贸区建设关键节点和中国对外开放的前沿阵地。

建设多层次区际合作体系，建成支撑全国经济发展的重要引擎。优化区域经济空间布局，推进重点领域合作，充分发挥广州、深圳、香港、澳门等核心城市的辐射带动与示范作用，加快粤港澳大湾区建设世界级城市群的步伐；以粤港澳大湾区建设为龙头，推进珠江—西江经济带建设，推动泛珠三角建成全国改革开放先行区和国家经济发展重要引擎；积极推进高铁经济带建设，增强广东与长三角、环渤海等发达地区之间的经济联系，建立与成渝城市群、中原城市群、长江中游城市群等中西部地区的经济联系，强化广东的主体地位，加快形成高效、共赢的多层次区域合作体系，建成引领全国经济发展的核心板块。

创新区域合作新模式，全面提升广东对外开放的深度与广度，推动区域经济一体化发展。立足多层次区域合作体系建设，开展基础设施共同开发、加强互联互通、打造产业园区与跨境经济合作、设立自贸区等区域、次区域经济合作，开辟以核心城市为支撑促进区域合作的新形式；建立基于经济政策、产业合作、贸易网络与投资、基建工程、旅游、人才交流等多元化区域合作内容，形成全领域"共商、共建、共享"的区域合作新范式，培育广东参与区域合作新优势，推动广东从积极参与全球化向引领全球化、区域一体化的角色转换。

四、推进新型城镇化建设

根据区域经济协调发展的基本要求，继续推动新型城镇化，提升城乡一体化发展水平是广东发展的战略重点之一。主要包括，以人的城镇化为核心，加快推进新型都市圈建设、中心城市建设，大力发展县域经济，城镇化与新农村互促共进，加快推进城乡一体化发展。[①]

1. 建设三大新型都市圈

加强珠三角核心区与粤东西北地区各个城市之间的分工与合作，积极推进"广佛肇+清远、云浮、韶关""深莞惠+河源、汕尾""珠中江+阳江"三大新型都市圈建设，构建国际化大都市连绵区和创新珠三角世界级城市群的合作机制，培育支撑区域发展的多极增长格局，全面提升珠江三角洲城市群作为引领全国发展主要空间载体的集聚辐射功能与国际竞争力。

（1）加快构建以广州为核心，由佛山、肇庆、韶关、清远和云浮组成的、以现代制造业和工商服务业为主导的"广佛肇"新型都市圈。充分发挥广州作为省会城市的优势，主动对接"一带一路"、中国—东盟自贸区、粤港澳大湾区建设，打造广东省辐射能力最强的综合服务中心；基于产业分工与协作，加速广佛同城化发展，以肇庆新区、肇庆高新区发展为引领，发挥粤桂黔高铁经济合作试验区、珠江—西江经济带等区域合作平台的作用，强化肇庆、云浮"东

---

① 2014年《中共广东省委广东省人民政府关于促进新型城镇化发展的意见》、2016年《广东省国民经济和社会发展第十三个五年规划纲要》、《广东省新型城镇化规划（2016—2020年）》均强调了新型城市化的重要性。

引西连"的区位优势，推动云浮加快融入广佛肇都市圈；加快清远、韶关的中心城市与广州北部地区的融合发展，全面拓展珠三角的经济腹地，建成对接国家纵向发展轴的南部起点和重要门户。

（2）加快构建以深圳为核心，由东莞、惠州、河源、汕尾组成的，以现代服务业、金融业、创新科技为主导的"深莞惠"新型都市圈。强化深圳的创新引领地位，建设高水平国家自主创新示范区，打造具有国际影响力的科技创新中心与服务中心；建立健全区域分工协作机制，推进前海、松山湖国家高新区、长安新区、大亚湾新区、潼湖生态智慧区等重大战略性平台建设，充分发挥深圳科技创新、东莞制造业与惠州石化产业优势，加强深莞惠之间的基础设施建设互联互通，推进深莞惠一体化发展；提升惠州—河源城镇轴发展水平，建设深圳、惠州南、惠东、汕尾沿海城市发展带，推动河源、汕尾全面融入深莞惠都市圈。

（3）加快构建以珠海为核心，由中山、江门、阳江组成的，以旅游、绿色经济、现代制造业等为主导的"珠中江"新型都市圈。以港珠澳大桥、深中通道、深茂铁路、广佛江珠城际轨道交通等区域重点交通基础设施建设为契机，推动"珠中江"大力发展临港工业与综合服务功能，打造珠海、中山、江门、阳江沿海城市带，建成"深中半小时、大珠三角一小时"经济生活圈。深化区域分工与合作，打造珠海为世界级海洋工程装备制造业基地，强化珠海的区域性综合服务功能，提升珠海的辐射带动能力；打造中山为世界级现代装备制造业基地、珠江西岸区域性综合交通枢纽；依托江门国家级高新区，打造江门为珠三角西翼与粤西地区的联系门户，积极参与珠三角世界级城市群和粤港澳大湾区建设，推动"珠中江"一体化发展；依托阳江滨海新区，加快推进阳江国家新能源基地建设。

2. 建设一批中心城市

加快推动中心体系完善、功能协调发展的"双核、多中心"城市等级体系建设，明确各级中心城市的发展定位，全面提升广东的城镇化发展质量。

着力建设广州、深圳两大中心城市，打造引领广东经济发展的"双引擎"。充分发挥广州作为国家中心城市的引领作用，推动建设集国际交通枢纽、科技创新中心和国际商贸中心于一体的全球城市；充分发挥深圳作为国家创新型城市的引领作用，加快建立现代化、国际化的创新型城市；以全面创新为引领、以自由贸易试验区、国家自主创新示范区、国家级高新区、国家级经济技术开发区等重大区域发展平台为依托，加强广州与深圳之间的创新合作和城市功能互补，加快构建开放型区域创新体系和现代产业体系，引领珠三角世界级城市群建设。

着力建设珠海、汕头、湛江三大省级副中心城市，打造支撑广东经济发展的新支点。加快珠海建设国际化创新型城市的步伐，培育形成连通港澳、服务珠江西岸的区域创新中心，打造21世纪海上丝绸之路的战略支点；建设汕头为粤东经济中心，加快推进"汕潮揭"同城化发展，增强粤东地区与珠江东岸各城市、海西经济区的对接与合作，打造粤港澳大湾区辐射延伸区，拓宽经济发展腹地；建设湛江为粤西经济中心，加速推进"湛茂一体化"发展，增强粤西地区与珠江西岸各城市、北部湾城市群的对接合作，构建连接西南地区交通大通道，打造临港世界级重化工业基地、临港装备制造基地和全省海洋经济发展重要增长极。

着力建设一批区域性中心城市，建立健全的经济发展中心城市支撑体系。加快珠三角的佛山、惠州、东莞、中山、江门等区域性中心城市的建设，推进城市间的创新合作和城市功能互补，系统提升珠三角城市群对周边小城市和小城镇的辐射带动作用，巩固提升珠三角城市群的核心竞争力；加快粤东的汕尾、揭阳等区域性中心城市建设，加强与汕头的经济联系，打造珠三角辐射带动粤东经济发展的战略支点，培育形成粤东增长极；加快阳江、茂名等区域性中心城市建设，加强其与湛江的经济联系，打造珠三角辐射带动粤西经济发展的战略支点，培育形成粤西增长极；加快清远、韶关等区域性中心城市建设，构建珠三角辐射带动粤北经济发展的战略支点，培育形成粤北增长极。

3. 加快发展县域经济

在广袤的国土空间上，落实县域主体功能定位，加快发展县域经济也是广东经济发展的战略重点之一。主要包括：分类推进县域经济发展，优化区域生产力布局，构建以县城为中心、乡镇为纽带、农村为腹地的县域经济发展体系，加快工业化、城镇化和农业现代化进程，确保县域经济社会发展水平与全面建成小康社会相适应。

增强县城中心集聚力，打造一批综合实力强、有特色的县城，形成辐射带动周边地区的经济增长点。着重建设产业园区等平台，引导产业资源在环境承载力强、发展潜力大的县城布局，构建县域产业新体系，吸引人口、产业等向县城集中；依托资源优势发展特色产业，培育特色支柱产业，建设特色产业集群；加强互联互通现代化基础设施体系建设，扩展县域与中心城市、乡镇等的网络化联系，增强县城与中心城市、其他重点乡镇的产业分工与合作，实现产业园区建设与县城建设的有机衔接，强化县城带动县域发展和服务农村建设的能力。

加强产业区域分工与协作，打造一批具备服务功能和就业承载能力超强的专业乡镇，构建区域经济发展新支撑。开展小城镇培育试点工作，完善县域、城镇与农村的交通网络，整合公共资源，建设一批具有一定产业基础的专业乡镇；深入推行"双转移"政策和主体功能区划，深化珠三角对粤东、粤西和粤北地区的全面对口帮扶，加快产城融合的步伐；开展特色小城镇规划建设，建成一批产业有序发展、环境优美、适宜居住的特色乡镇，强化乡镇对农村的辐射和带动作用。

建立支撑农村发展的现代农业体系，打造一批服务县城、小城镇的专业化农村。调整农业农村产业结构，促进种植业、林业、畜牧业、渔业，以及农产品加工流通业、农业服务业转型升级与融合发展，构建现代农业产业体系；加快新兴科技与农业发展的融合，推进科技创新成果的转化与应用，实现农业生产经营机械化与信息化，构建现代农业生产体系；培育新型职业农民和家庭农场、种养大户、合作社、农业企业等新型经营主体，发展多元化经营方式，推进小农户与现代农业发展有机衔接，构建现代农业经营体系；发展多元化农业生产性服务，构建现代农业社会化服务体系。

4. 推进城乡一体化建设

破除城乡二元结构，加快城乡一体化建设步伐是推进新型城镇化建设、解决农村发展不充分问题的重要内容。推进城乡统一要素市场建设，促进城乡基本公共服务均等化是广东实现城乡一体化的战略重点。

第一，建立健全城乡融合发展机制，消除城乡要素流动障碍，建设城乡统一要素市场。加快推进城乡户籍制度改革，加快农业转移人口市民化，建立城乡劳动者平等就业、同工同酬的统一人力资源市场；加快农村集体土地确权和农村集体经营性建设用地流转，推进农村土地制度创新，建立城乡统一的建设用地市场；建立健全人才下乡、农业科技成果转化、先进农业技术推广等激励机制，创新农村金融服务，引导人才、技术、资金等要素向农业、农村流动。

第二，加快推进城乡基本公共服务均等化和资源配置一体化进程，缩小城乡基本公共服务水平差距。加大公共服务投入，加快建成覆盖公共教育、公共卫生、医疗保障、生活保障、就业保障、住房保障等的基本公共服务体系，推动公共服务向农村、欠发达地区和困难群体延伸，加快实现公共资源在城乡之间的均衡配置；建立健全城乡交通、通信、水利设施等基础设施网络，突出重大交通、信息化基础设施的布局衔接和功能互补，构建城乡基本公共服务均等化保障。

五、建设现代化基础设施网络

对接国家基础设施网络布局，重点建设和完善快速交通网络、信息网络等基础设施网络，基本建成功能完善、布局合理、结构优化、运行高效的互联互通现代化基础设施体系及多元化出省通道，重塑区域空间关系，增强广东经济发展的后劲。[①]

1. 建设快速交通网络，打造现代化综合交通运输体系

科学布局综合交通网络，重点推进高速铁路、高速公路、航空运输等快速交通网络的建设，加强综合交通枢纽建设，基本形成内联外通、衔接顺畅、辐射泛珠、服务全国、联通世界的现代化综合运输体系，打造广东一体化高效交通枢纽和国际综合交通门户。

建设和完善高速铁路网络，打造广东为快速交通网络中的资源配置中心。加快推进广东省内各城市之间高铁网络建设，构建资源要素空间再配置的高快速通道，有效推进珠三角优化发展与粤东、粤西和粤北地区振兴发展；完善省内城际网络，推动形成"小时经济圈"；对接全国高铁网络，加强广东与南广高铁、贵广高铁、京广高铁、东南沿海高铁等沿线区域的分工与合作，提升广东在高铁网络中的交通枢纽位置和对全国资源的整合控制能力，推动形成以广东为中心的"小时经济圈"和支撑国家发展轴的重要增长极。

建设和完善高速公路网络，打造资源要素空间优化配置的重要渠道。加快广东省内高速公路网络建设，强化中心城市的交通枢纽位置，构建贯穿省内各城市之间要素流动与整合的高快速通道，推动形成合理有序的区际分工与合作，建立以珠三角为核心的多极网络空间发展主体框架；打造实施产业转移和珠江三角洲地区辐射带动粤东、粤西和粤北地区经济发展的大通道，加速推动广东省区域一体化发展进程；建设和完善经由粤东、粤西和粤北地区的出省通道，提升珠三角与粤东、粤西和粤北地区的快速通行能力，发挥该地区在快速网络中的"门户节点"作用。

建设和完善航空网络，打造广东内联外通的国际国内综合交通门户。加强广东省内的民用机场、国际机场建设，建成国际国内航空网络中的关键节点，全面提升广东参与国际国内资源配置的能力；加强广州、深圳等国际机场航班通行能力，构建主动融入全球经济网络的重大平台和交通基础，打造全球知名城市和国际航空枢纽，发挥广东国际综合交通枢纽对空间结构优化的导向作用，形成国际国内经济联动效应，以及对全国经济的辐射带动效应，进而重塑全球经济网络与国际经济格局。

2. 统筹推进新一代信息基础设施网络建设

统筹推进新一代信息基础设施网络建设是建成现代化基础设施网络的重要内容。广东应继续实施信息化战略，超前建设新一代信息基础设施，继续实施"互联网+"行动计划和大数据战略，拓宽网络空间，努力打造全国信息化先导

---

① 《珠江三角洲地区改革发展规划纲要（2008—2020年）》《广东省国民经济和社会发展第十三个五年规划纲要》均强调了构建现代化基础设施网络的重要性。

区，构建世界级宽带城市群，抢占国际经济制高点。

第一，重点推进信息基础设施网络建设，打造国际信息枢纽中心。加强以广州、深圳为中心，珠江口东西两岸各城市节点互联互通的信息基础设施网络建设，建成便捷高效的信息网络体系，推动全球网络资源优化配置与共享，打造国际信息化先导区；加强珠三角与粤东、粤西和粤北地区宽带接入网、骨干网以及国际出入口能力的建设，优化信息基础设施网络的空间布局；继续实施"互联网+"和大数据战略，推动"互联网+"与产业深度融合、网络能力创新与应用服务创新深度融合，培育经济发展新业态、新模式，打造国际互联网与产业深度融合先行区。

第二，统筹推进光纤入户和"三网融合"，打造城乡融合发展的世界级宽带城市群。统筹推进光纤入户、农村宽带网络建设和下一代广播电视网络建设，全面实现光纤入户与电信网、互联网和广播电视网"三网融合"，构建宽带、融合、安全、泛在的下一代国家信息基础设施体系；发展物联网、云计算、大数据、新一代无线宽带通信等新技术新应用，推动信息化、工业化、城镇化、农业现代化同步发展，构建网络与信息安全保障体系；统筹推进第三代移动通信网络、无线局域网、新一代移动通信网络发展，落实千兆光网城市、百兆光纤进农村，构建新一代移动通信网络，实现珠三角地区高质量无线网络全覆盖和全省城镇公共服务区域全覆盖，推进"随时随地随需"无线网络城市群建设；推动互联网与产业深度融合，实现发展模式创新和商业智能化发展，推动广州、汕头等面向 5G 技术的物联网与智慧城市示范区建设，打造世界级智慧城市群。

六、构建国土空间开发新秩序

持续推行主体功能区建设，根据优化开发、重点开发、生态发展与禁止开发的分类标准，积极推动多中心与发展轴建设，建立环境保护、污染治理与生态建设之间的区域互动机制，构建"核心优化、双轴拓展、多极增长、绿屏保护"的多中心网络化国土开发格局，推动形成人口、经济、资源环境相协调的国土空间开发新秩序。①

1. 加快推进主体功能区建设

广东应以资源环境承载力为基础，以优化开发和重点开发区域为重点，以重要交通干线为轴带，全面协调和统筹推进国土的集聚开发、分类保护、区域联动等任务，构建功能定位清晰的多中心网络化国土空间开发新格局。

实施建设用地与开放强度"双控制"，打造"多中心网络型"城镇开发格

① 2012 年《广东省主体功能区规划》。

局，提高国土开发的效率。以优化开发和重点开发区域为重点，推进以珠三角为国家层面核心优化开发区，以潮汕城镇密集区、湛茂城镇密集区、韶关城镇密集区等重点开发区为广东经济发展新引擎的国土开发集聚区建设，引导人口、产业相对集中分布，构建多中心、多层次的城镇体系；以高速铁路、高速公路等快速交通干线为依托，推进沿海发展轴、深穗—穗韶发展轴等若干连接集聚区的国土开发重要轴带建设，促进生产要素有序流动和高效集聚，打造网络化国土集聚开发总体框架，全面提升国土开发效率与整体竞争力。

实施分类分区引导产业结构调整与布局优化，打造层次清晰、结构合理的产业空间布局。立足区域产业基础与比较优势，推动珠三角核心区重点发展以先进制造业、高端服务业、都市型现代农业为主导的现代产业体系；推动珠三角外围片区、海峡西岸经济区粤东部分、北部湾地区湛江部分、粤西沿海片区、粤北山区点状片区重点建设承接珠三角产业转移区和能源产业、特色农业、海洋渔业发展区；推动珠三角外围生态屏障建设、蓝色海岸带以及南岭山地森林及生物多样性生态功能区粤北部分、北江上游、东江上游、韩江上游、西江流域、鉴江上游等广东省生态屏障与生态廊道网络体系建设；推动农产品主产区县优质水稻、甘蔗和水产品等国家级农产品主产区建设。整体上，在广东省基本形成区域分工合理、优势互补、联动发展的新格局。

实施陆域和海域国土开发统筹规划，打造国土全方位开发开放新模式。统筹规划粤东沿海片区、粤西沿海片区等沿海陆域及相关海域的国土开发，推动沿海经济带建设，构建以沿海经济的先行发展带动近海内陆和整体经济发展的国土开发新模式；推动建设港口与高速铁路、高速公路等快速交通运输"无缝衔接"的综合交通运输体系，形成海洋资源优势与产业转型升级、开放型经济发展紧密结合，形成沿海与内陆腹地互动发展、实现全面对外开放的重要窗口。

2. 建立环境保护、污染治理与生态建设的区域互动机制

在"绿水青山就是金山银山"的新形势下，正确处理环境保护与经济发展关系是经济可持续发展的必然要求。由此，建立环境保护、污染治理与生态建设的区域互动机制成为广东实现可持续发展的战略重点。

以环境保护为抓手强化源头防控，降低资源环境对高质量发展的约束，实施绿色发展战略。包括：科学规划生产、生活和生态空间，增强对于环境的引导和调控作用，推动广东省经济结构战略性调整和产业转型升级，建立与国土开发类型相适宜的产业空间布局；发展绿色循环经济，推动珠三角地区率先建成国家绿色发展示范区，预防产能过剩与落后产能跨区转移，推动粤东、粤西和粤北地区在承接产业转移中实现绿色振兴发展；全面加强区域之间的环保合作，开展工业污染源治理与移动污染源防治，推动形成区域资源共享、功能清

晰、一体化融合发展的绿色发展新格局。①

严格落实环境空间管制，协同推进污染治理与生态建设，全面改善环境质量。依据国土开发类型，对优化开发区、重点开发区、生态发展区与禁止开发区实施差异化的区域环境保护与污染治理政策，增强战略与规划对环境保护的指导作用；完善珠三角环保一体化机制，深化"广佛肇+清远、云浮、韶关""深莞穗+汕尾、河源""珠中江+阳江"经济圈内部的环保合作以及"汕潮揭"城市群之间的污染联防联治，建立健全涵盖多要素的立体生态环境监测网络；增强对城中村、老旧城区和城乡接合部的污染治理与防治。建立健全陆海统筹的污染防治与环境保护互动机制。

坚持绿色发展、环境优先，构建生态文明制度体系。深化环境保护体制机制改革，按照"源头严防、过程严管、后果严惩"的要求实行最严格的环境保护制度，激发环境问题治理与生态保护的内生动力，构建系统完善、适应生态文明建设的环境保护制度体系；立足资源节约型、环境友好型社会建设，以生态文明建设为统领，强化法治与社会共治，着力推进政府、企业、个人等多元共治的环境治理体系和环境治理能力现代化建设；优化生态文明绩效评价考核与责任追究制度；建立健全资源有偿使用与生态补偿制度；建立资源总量管理与全面节约制度等，建立健全生态文明制度体系，构建环境保护、污染治理与生态建设的良性区域互动机制。

---

① 2015 年《中共中央　国务院关于加快推进生态文明建设的意见》强调了生态文明建设的重要性。

参考文献

［1］安树伟，常瑞祥．中国省际经济增长的传递及其机制分析［J］．中国软科学，2016（11）：74-83．

［2］蔡国田，汪鹏，赵黛青．广东天然气平衡格局时空演进过程研究［C］．中国地理学 2012 年学术年会论文集，2012．

［3］陈德宁，沈玉芳．广东城市化的动力特征与发展方向探讨［J］．经济地理，2004（1）：76-80．

［4］陈恩，唐洁．CEPA-粤台经贸合作的契机与策略［J］．产经评论，2006（21）：39-44．

［5］陈强，黄勋拔．广东省情读本［M］．广州：广东人民出版社，2006．

［6］陈淑梅．"一带一路"引领国际自贸区发展之战略思考［J］．国际贸易，2015（12）：48-51．

［7］陈曦．创新驱动发展战略的路径选择［J］．经济问题，2013（3）：42-45．

［8］程玉鸿，黄顺魁．改革开放以来广东省经济发展不平衡时空演变［J］．经济地理，2011（10）：1592-1598．

［9］程玉鸿．新时期广东区域差异变动实证分析［J］．产经评论，2010（1）：79-89．

［10］大卫·哈维．跟大卫·哈维读《资本论》（第一卷）［M］．刘英，译．上海：上海译文出版社，2013．

［11］戴宾．城市群及其相关概念辨析［J］．财经科学，2004（6）：101-103．

［12］丁明军，陈倩，等．1999~2013 年中国耕地复种指数的时空演变格局［J］．地理学报，2015（7）：1080-1090．

［13］冯邦彦．粤台经济合作及其与香港的关系［J］．学术研究，2002（12）：311-315．

［14］高新才．丝绸之路经济带与长江经济带的互联互通［J］．中国流通

经济，2015（9）：33-37.

　　[15] 顾朝林，庞海峰．基于重力模型的中国城市体系空间联系与层域划分 [J]．地理研究，2008（1）：2-8.

　　[16] 顾乃华，夏杰长．服务业发展与城市转型：基于广东实践的分类研究 [J]．广东社会科学，2011（4）：67-72.

　　[17] 广东省地方史志编纂委员会．广东省气象志 [M]．广州：广东人民出版社，1996.

　　[18] 广东省人力资源和社会保障厅．2015年四季度广东人力资源市场供求和企业用工监测情况 [EB/OL]．[2016-02-02]．http：//www. gdhrss. gov. cn/publicfilessinessmlfiles/zwgk/1315/201602/56506. html.

　　[19] 广东省人民政府．广东省主体功能区规划 [EB/OL]．[2014-12-30]．http：//www. gdei. gov. cn/flxx/cyzc/cyjgtz/201412/t20141230_ 113696. htm.

　　[20] 广东省统计局．2014年广东城镇劳动力就业和失业状况分析 [EB/OL]．[2015-06-05]．http：//www. gdstats. gov. cn/tjzl/tjfx/201507/t2015071 4_ 309476. html.

　　[21] 广东省政府发展研究中心课题组．前海自贸片区以五大创新高地打造"中国创新极" [J]．广东经济，2017（1）：26-28.

　　[22] 广州地理研究所．广东清远市主体功能规划试点工作情况介绍 [N]．安康日报，2013-11-03（002）.

　　[23] 郭静，等．广东新能源的发展前景如何？[N]．广东科技报，2017-12-22.

　　[24] 郭贤明，钟式玉．广东新能源产业对经济发展的作用与潜力 [J]．电力与能源，2015（10）：653-657.

　　[25] 郭贤明．广东天然气利用现状及其相关问题 [J]．电力与能源，2018（4）：235-238.

　　[26] 国家发展和改革委员会．广州南沙新区发展规划 [Z]．2012.

　　[27] 国家信息中心．中国区域间投入产出表 [M]．北京：社会科学文献出版社，2005.

　　[28] 国务院．横琴总体发展规划 [Z]．2009.

　　[29] 国务院．前海深港现代服务业合作区总体发展规划 [Z]．2010.

　　[30] 郝寿义，曹清峰，程栋．新形势下泛珠三角区域合作的战略思考 [J]．区域经济评论，2015（1）：80-85.

　　[31] 何光军，夏帆，陈和平．广东邮政业与宏观经济和产业发展的关系 [J]．发展改革理论与实践，2018（3）：27-32.

［32］黄声驰．"十一五"时期广东统筹城乡发展一体化的实践及启示［J］．南方农村，2011（6）：27-29.

［33］黄永春，郑江淮，杨以文，等．中国"去工业化"与美国"再工业化"冲突之谜解析——来自服务业与制造业交互外部性的分析［J］．中国工业经济，2013（3）：7-19.

［34］贾善铭，覃成林．区域经济多极增长的概念界定与辨析［J］．兰州学刊，2015（5）：144-152.

［35］贾善铭．区域经济多极增长机制研究［D］．广州：暨南大学博士学位论文，2014.

［36］姜文仙．广东省区域经济协调发展的效应评价［J］．发展研究，2013（5）：41-46.

［37］姜文仙．区域协调发展的动力机制研究［M］．北京：经济科学出版社，2017.

［38］蒋玉涛，郑海涛．创新型城市建设路径及模式比较研究——以广州、深圳为例［J］．科技管理研究，2013（14）：24-30.

［39］杰里米·里夫金．第三次工业革命［M］．张体伟，译．北京：中信出版社，2012.

［40］金凤君．基础设施与人类生存环境之关系研究［J］．地理科学进展，2001（9）：276-285.

［41］金京，戴翔，张二震．全球要素分工背景下的中国产业转型升级［J］．中国工业经济，2013（11）：57-69.

［42］康就升．以"主体功能扩展"推进城乡统筹发展——以广东省云安县为例［C］//广东经济学会．市场经济与转型升级——2011年广东经济学会年会论文集，2011.

［43］康永超．发达地区的城乡发展一体化之路与前瞻——以苏州、嘉兴、中山为例［J］．经济研究参考，2014（5）：52-55.

［44］科技部．欧盟正式出台欧洲工业数字化战略［EB/OL］．［2016-05-27］．http：//www.most.gov.cn/gnwkjdt/201605/t20160527_125814.htm.

［45］劳昕，王彦博，沈体雁．基于交通网络和经济网络的中国城市体系空间结构对比研究［J］．经济体制改革，2015（3）：49-55.

［46］李郇，黎云．农村集体所有制与分散式农村城市化空间［J］．城市化研究，2005（7）：39-41.

［47］李俊莉，曹明明．国家可持续发展实验区研究状况及其展望［J］．人文地理，2011（1）：66-70.

［48］李晓华．"互联网+"改造传统产业的理论基础［J］．经济纵横，2016（3）：57-63.

［49］李学鑫．基于专业化与多样性分工的城市群经济研究［D］．开封：河南大学博士学位论文，2007.

［50］梁育填，刘鲁论，柳林，陈蔚珊．广东省与"一带一路"沿线国家（地区）出口贸易格局的时空变化［J］．热带地理，2015（5）：664-670.

［51］廖晓东，郑秋生．广东省实施创新驱动发展战略的路径选择与对策研究［J］．决策咨询，2015（3）：79-84.

［52］刘玲，等．基于政策引导的试验区可持续发展探讨［J］．广州大学学报（社会科学版），2015（1）：69-73.

［53］刘荣增，王淑华．城市新区的产城融合［J］．城市问题，2013（6）：18-22.

［54］刘玉．主体功能区建设的区域效应与实施建议［J］．宏观经济管理，2007（9）：16-19.

［55］刘云山．牢固树立和自觉践行五大发展理念［J］．党建，2015（12）：8-11.

［56］柳卸林，高太山．中国区域创新能力报告2014［M］．北京：知识产权出版社，2015.

［57］吕拉昌，黄茹．广东区域发展重大问题研究［M］．广州：华南理工大学出版社，2015.

［58］吕玉琳．广东电信的业务单元发展战略分析研究［D］．兰州：兰州大学硕士学位论文，2014.

［59］罗彬．实施创新驱动战略加快广东转型升级［J］．广东经济，2013（1）：28-30.

［60］马国霞，赵学涛，石勇．京津主导产业选择与优化研究［J］．地域研究与开发，2011，30（4）：66-70，80.

［61］曼纳·彼得·范戴克．新兴经济中的城市管理［M］．姚永玲，译．北京：中国人民大学出版社，2006.

［62］苗长虹，王海江．河南省城市的经济联系方向与强度——兼论中原城市群的形成与对外联系［J］．地理研究，2006（2）：222-233.

［63］倪方树，孙海军．新型城镇化建设路径探索——基于浦东、深圳、滨海新区的比较分析［J］．北华航天工业学院学报［J］．2014，24（3）：34-39.

［64］倪鹏飞，颜银根，张安全．城市化滞后之谜：基于国际贸易的解释［J］．中国社会科学，2014（7）：107-124.

［65］聂炳华．珠三角一体化发展的经验及对蓝色经济区建设的启示［J］．经济与管理评论，2011，27（1）：127-130.

［66］牛文元．可持续发展理论的基本认知［J］．地理科学进展，2008（5）：1-6.

［67］曲玥，蔡昉，张晓波．"飞雁模式"发生了吗？——对1998~2008年中国制造业的分析［J］．经济学（季刊），2013（3）：757-776.

［68］任杰，王宇飞．粤澳地区经济增长的协同性研究［J］．北京理工大学学报，2014，16（2）：64-68.

［69］申东辉．论广州城市管理中的公众参与［J］．探求，2010（5）：16-20.

［70］沈志江，张园．工业结构升级的主导产业研究——以绍兴市为例［J］．西安交通大学学报（社会科学版），2011，31（3）：38-43.

［71］覃成林，贾善铭，杨霞，种照辉．多极网络空间发展格局：引领中国区域经济2020［M］．北京：中国社会科学出版社，2016.

［72］覃成林，熊雪如．我国制造业产业转移动态演变及特征分析——基于相对净流量指标的测度［J］．产业经济研究，2013（1）：12-21.

［73］覃成林，张华，张技辉．中国区域不平衡的发展新趋势及成因——基于人口加权变异系数的测度及其空间和产业的二重分解［J］．中国工业经济，2011（10）：37-45.

［74］覃成林，郑云峰，张华．我国区域经济协调发展的趋势及特征分析［J］．经济地理，2013（1）：9-14.

［75］覃成林．区域协调发展机制体系研究［J］．经济学家，2011（4）：63-70.

［76］谭建军．主体功能区视角下生态文明建设和生态体制改革——以清远为例［J］．岭南学刊，2014（6）：104-107.

［77］唐灵．近代广东铁路研究（1927~1927）——以报刊为主要研究资料［D］．广州：暨南大学硕士学位论文，2014.

［78］仝德，刘涛，李贵才．外生拉动的城市化困境及出路——以珠江三角洲地区为例［J］．城市发展研究，2013（6）：80-86.

［79］汪一洋，李延强，许修雷．新常态下产业转型升级的路径研究［J］．广东经济，2015（6）：6-15.

［80］王春亮．中国电力资源供需区域分布与输送状况［J］．电网与清洁能源，2015（1）：69-74.

［81］王德，宋煜，沈迟，朱查松．同城化发展战略的实施进展回顾［J］．

城市规划学刊，2009（4）：74-78.

［82］王珺，谢小平，郭惠武．地区收入差异与产业结构调整——对广东实践的分析［J］．学术研究，2012（4）：68-74.

［83］王敏红．粤桂合作试验区的合作机制研究［D］．南宁：广西大学硕士学位论文，2015.

［84］王鹏，谢丽文．粤台高科技产业合作模式及其影响因素研究［J］．台湾研究，2014（1）：52-62.

［85］王少剑，王洋，赵亚博．广东省区域经济差异的多尺度与多机制研究［J］．地理科学，2014，37（10）：1184-1192.

［86］王涛，邱国栋．创新驱动战略的"双向驱动"效用研究［J］．技术经济与管理研究［J］．2014（6）：33-38.

［87］王玉琦．珠澳合作的回顾与畅想［J］．中共珠海市委党校珠海市行政学院学报，2008（6）：51-54.

［88］魏宗财，陈婷婷，甄峰，王波．对我国同城化规划实施的思考——以《广佛同城化发展规划》为例［J］．城市规划学刊，2014（2）：80-86.

［89］温浩．金融支持广东新能源产业发展的实证研究［D］．广州：华南理工大学硕士学位论文，2012.

［90］文雅．航空物流业发展机制研究［D］．广州：暨南大学硕士学位论文，2011.

［91］吴郁文．广东经济地理［M］．广州：广东人民出版社，1999.

［92］吴郁文．广东省经济地理［M］．北京：新华出版社，1986.

［93］锡华，匡贤玲．先行一步，扎实推进——"两院"副院长黄宁生谈广东可持续发展［J］．广东科技，2008（1）：22-26.

［94］习近平．谋求持久发展，共筑亚太梦想［EB/OL］．［2014-11-10］．http：//politics.people.com.cn/n/2014/1110/c1024-26000531.html.

［95］向晓梅．区域产业合作的机理和模式研究——以粤台产业合作为例［J］．广东社会科学，2010（5）：31-36.

［96］谢宝剑，陈广汉．粤澳合作开发横琴的现状和前瞻［J］．亚太经济，2012（1）：143-148.

［97］熊雪如，王元林．深圳地域与海上丝绸之路关系的历史演变［J］．岭南文史，2016（3）：33-37.

［98］徐旳，陆玉麟，高等级公路网建设对区域可达性的影响——以江苏省为例［J］．经济地理，2004（11）：830-833.

［99］薛德升，郑莘．2001中国乡村城市化研究：起源、概念、进展与展望

［J］．人文地理，2001（5）：24-28.

［100］闫小培，刘筱．珠江三角洲乡村城市化的形成机制与调控措施［J］．热带地理，1998（3）：7-11.

［101］杨爱平，黄泰文．区域府际契约执行中地方政府的决策偏好分析——以珠三角一体化为例［J］．天津行政学院学报，2014（4）：32-39.

［102］杨本建，王珺．地方政府合作能否推动产业转移——来自广东的经验［J］．中山大学学报（社会科学版），2015，55（1）：193-208.

［103］杨英，秦浩明．粤港澳深度融合制度创新的典型区域研究——横琴、前海、南沙制度创新比较［J］．科技进步与对策，2014（1）：39-43.

［104］叶显恩．清代广东水运与社会经济［J］．中国社会经济史研究，1987（4）：1-10.

［105］易经纬．广东电力低碳转型研究：路径、政策和价值［D］．合肥：中国科学技术大学博士学位论文，2011.

［106］尹涛，张赛飞．广州创新型城市发展报告（2015）［M］．北京：社会科学文献出版社，2015.

［107］中共云安县委，云安县人民政府．云安改革巡礼（一）——广东省云安县县域主体功能区划的实践与探索［J］．中国机构改革与管理，2012（2）：46-50.

［108］增城市人民政府．广州增城市规划建设三大主体功能区的实践与探索［R］．2011.

［109］张军．"珠三角"区域经济一体化发展研究［D］．成都：西南财经大学博士学位论文，2011.

［110］张宪平，石涛．我国目前城市化典型特点分析及对策研究［J］．经济学动态，2003（4）：35-37.

［111］张学良．中国交通基础设施促进了区域经济增长吗？——兼论交通基础设施的空间溢出效应［J］．中国社会科学，2012（3）：60-77.

［112］张雪球．广东省"十二五"天然气供需平衡分析［J］．中国能源，2013（5）：39-41.

［113］赵祥．城市化失衡及其治理对策探析——基于广东地级以上城市数据的实证分析［J］．贵州社会科学，2014（11）：118-125.

［114］郑蒙蒙．高速公路建设对广东省地区经济发展影响的实证分析［D］．广州：暨南大学硕士学位论文，2017.

［115］中国互联网络信息中心．第 34 次中国互联网络发展状况统计报告［J］．互联网天地，2014（7）：71-89.

［116］钟逢干．广东乡村城市化与可持续发展［J］．中山大学学报（社会科学版），1999（1）：109-116.

［117］周婕．主体功能区建设与财政均等化——以广东省为例［D］．广州：暨南大学硕士学位论文，2012.

［118］周运源，卢扬帆，孔超，张帆．广东省广佛肇等三大经济圈建设与发展探讨［J］．广东经济，2012（5）：34-39.

［119］朱小丹．广东十三五目标为"一个率先，四个基本"GDP 预计年增7%［EB/OL］．［2016-01-25］．http：//gd. people. com. cn/n2/2016/0125/c123932-27619287. html.

［120］朱小丹．广东探索主体功能区建设新路子［J］．行政管理改革，2011（4）：26-30.

［121］朱允光．航线遍全球机型冠亚洲——记广东民航 60 年建设成就［J］．广东交通，2009（5）：10-12.